Für Horst Heimann,

dem unermüdlichen
Kämpfer für einen
Demokratischen Sozialismus

und Lehrer im Kampf
gegen den von der
wahren Linie abweichenden
Antirevisionismus.

Udo Vorholt, 23.8.98

Dr. Udo Vorholt

Die politische Theorie Leonard Nelsons

Eine Fallstudie zum Verhältnis von philosophisch-
politischer Theorie und konkret-politischer Praxis

 Nomos Verlagsgesellschaft
Baden-Baden

Die Deutsche Bibliothek – CIP-Einheitsaufnahme

Vorholt, Udo:
Die politische Theorie Leonard Nelsons : Eine Fallstudie zum Verhältnis von philosophisch-politischer Theorie und konkret-politischer Praxis / Udo Vorholt. – 1. Aufl. – Baden-Baden : Nomos Verl.-Ges., 1998
  Zugl.: Dortmund, Univ., Habil.-Schr., 1998
  ISBN 3-7890-5550-6

*Für Anne Katrin
und Laura Kristin*

Vorwort

Bei dieser Studie handelt es sich um eine überarbeitete Fassung meiner Habilitationsschrift. Der Dank an dieser Stelle gehört Katrin, Corinna, Ingo und Beate, die durch ihre Mithilfe zu dem Gelingen dieser Studie mit beigetragen haben. Ein besonderer Dank gilt Prof. Dr. Dieter Birnbacher für ein gemeinsam durchgeführtes Seminar zur Philosophie Leonard Nelsons. Dr. Horst Heimann gab manchen wichtigen Hinweis zu theoretischen und historischen Fragen. Für Anregungen und Hinweise bin ich Frau Prof. Dr. Susanne Miller sehr dankbar. Prof. Dr. Gerhard Wuthe und Prof. Dr. Thomas Meyer gaben mir die Gelegenheit, im Rahmen meiner Tätigkeit im Fach Politikwissenschaft an der Universität Dortmund diese Arbeit zu erstellen. Der Druck dieser Arbeit wurde dankenswerterweise von der Philosophisch-Politischen Akademie gefördert.

Dortmund, im März 1998   Udo Vorholt

Geleitwort

Die politische Theorie des Göttinger Philosophen, Mathematikers und Pädagogen Leonard Nelson ist aus mehreren Gründen von hochgradigem aktuellen Interesse. Es handelt sich um einen der wenigen integralen Theorieentwürfe im Bereich der normativen Begründung politischen Handelns, der sich von der Gesellschaftsanalyse bis hin zur politischen Programmatik erstreckt. Darüber hinaus hat Leonard Nelson auch den Brückenschlag zwischen normativer politischer Theorie und politischer Praxis unternommen und selbst politische Organisationen geschaffen und geleitet, die befähigt sein sollten, sein wissenschaftlich begründetes politisches Handlungsprogramm auch in der Praxis umzusetzen. Nelsons Theorie hat über eine Reihe seiner herausragenden Schüler vor allem in den fünfziger und sechziger Jahren Einflüsse auf Pädagogik und Politik in der Bundesrepublik Deutschland ausgeübt, ist als solches aber wie viele andere interessante Denkansätze der Weimarer Zeit in Vergessenheit geraten. Erst seit 1989 sind die Archivbestände, die über Nelsons Handeln in der Praxis, über die Aktivitäten der beiden von ihm gegründeten politischen Organisationen und die Rolle des Gründers und Leiters in ihnen für die wissenschaftliche Forschung ohne Einschränkung zugänglich.

Udo Vorholt präsentiert mit der vorliegenden Arbeit die erste umfassende Darstellung und kritische Würdigung der Nelsonschen politischen Theorie. Er rekonstruiert ihr Wissenschaftsverständnis, ihre normativen Grundlagen und ihre gesellschaftstheoretischen und programmatischen Elemente sowie ihren Zusammenhang untereinander. Darüber hinaus, und das verleiht dieser Arbeit über ihren theoriegeschichtlichen Hintergrund hinaus ein aktuelles politikwissenschaftliches und politisches Interesse, untersucht er den Zusammenhang zwischen politischer Theorie und politischer Praxis an diesem fast einzigartigen Beispiel, das in mehr als einer Hinsicht zwar eine typische Hervorbringung der Zwischenkriegszeit war, aber auch für aktuelle Fragen des Verhältnisses von Theorie, Programmatik und Handeln von Interesse ist.

Im politischen Denken und Handeln Leonard Nelsons laufen mehrere Entwicklungsstränge zusammen. Nelson steht einerseits in der Tradition einer auf Kant und Fries begründeten praktischen Philosophie, die den Anspruch erhebt, moralische Grundnormen wissenschaftlich begründen zu können. Dieser Traditionsstrang, der in Deutschland lange Zeit unterbrochen war, ist seit den siebziger Jahren wieder aufgegriffen und fortgeführt worden. Nelsons Beiträge verdienen in diesem Zusammenhang eine erneute Würdigung in so wichtigen Fragen wie die der politischen Bedeutung des Gerechtigkeitskonzeptes, des Rechts der Tiere und des Verhältnisses von Eigentum und Freiheit. Nelson gilt aber auch als einer der Begründer des ethischen Sozialismus in Deutschland, da er aus seiner praktischen Philosophie die Konsequenz einer Gesellschaft des Rechts gezogen hat, die die gleiche Würde aller Menschen durch Eigentumskontrolle und umfassende

Sozialpolitik gewährleistet. Nelson hat darüber hinaus eine pädagogische Theorie entwickelt und diese in einer eigenen Reformschule in die Praxis umgesetzt, die mit dem Ideal der Gesellschaft des Rechts und dem Anspruch der Einzelnen auf vernünftige Selbstbestimmung übereinstimmt. Darüber hinaus hat er sowohl als Weg der Selbstaufklärung mündiger Subjekte wie auch als methodisches Unterrichtsprinzip das Sokratische Gespräch neu entdeckt und systematisch begründet sowie in der Praxis angewandt.

Jede einzelne dieser Traditionen verdient eine Neubesinnung für aktuelle Fragestellungen in Philosophie, Politikwissenschaft, Pädagogik und Politik. Udo Vorholt rekonstruiert Nelsons Beiträge in diesen Bereichen nicht nur, sondern analysiert sorgfältig ihren Zusammenhang und ihre Rolle für die politische Praxis in der Demokratie und für die politische Praxis, die Nelson selbst auf der Grundlage der eigenen Theorie betrieben hat. Er rekonstruiert Nelsons Theorie- und Praxisverständnis zwar immanent, aber mit der gebotenen wissenschaftlichen Distanz. Er formuliert wichtige Gesichtspunkte sowohl einer immanenten Kritik wie auch für eine Auseinandersetzung mit Nelsons Denken und Handeln aus der Sicht der späteren wissenschaftlichen und politischen Entwicklung.

Durch den integralen Ansatz der Nelsonschen Theorie eignet sich diese besonders als Anregung für interdisziplinäre Studien und Diskurse in den Bereichen Pädagogik, Philosophie, Politik und Recht. Dafür enthält die vorliegende Studie ein Reihe weiterführender Anstöße.

Prof. Dr. Thomas Meyer

Inhaltsverzeichnis

Abkürzungsverzeichnis

Abt.	Abteilung
ADGB	Allgemeiner Deutscher Gewerkschaftsbund
Bd.	Band
Bl.	Blatt
CAS	Centralarbeitsstätte für Jugendbewegung
DDR	Deutsche Demokratische Republik
FES	Friedrich Ebert Stiftung
FVP	Fortschrittliche Volkspartei
GPU	Gosudarstwennoje politscheskoje uprawlenije
	(Staatliche Politische Verwaltung - Geheimpolizei)
IJB	Internationaler Jugend-Bund
ISK	Internationaler Sozialistischer Kampf-Bund
KJD	Kommunistische Jugend Deutschlands
KPD	Kommunistische Partei Deutschlands
KPO	Kommunistische Partei Deutschlands - Opposition
MSPD	Mehrheits-Sozialdemokratische Partei Deutschlands
NEP	Neue ökonomische Politik
NSDAP	Nationalsozialistische Deutsche Arbeiterpartei
PPA	Philosophisch-Politische Akademie
RSHA	Reichssicherheitshauptamt
SA	Sturmabteilung
SAJ	Sozialistische Arbeiterjugend
SDAPR	Sozialdemokratische Arbeiterpartei Rußlands
SED	Sozialistische Einheitspartei Deutschlands
SPD	Sozialdemokratische Partei Deutschlands
SU	Sowjetunion
UdSSR	Union der Sozialistischen Sowjetrepubliken
USPD	Unabhängige Sozialdemokratische Partei Deutschlands

1   Einführung

Der Göttinger Philosoph, Politiker und Pädagoge Leonard Nelson entwickelte eine integrale politische Philosophie mit einem starken Praxisbezug. Er legte eine geschlossene Theorie vor, indem er zunächst eine Philosophie entwickelte und dann, daraus ableitend, eine politische Theorie und eine pädagogische Konzeption ausarbeitete. Er bot damit in der Zwischenkriegszeit des 20. Jahrhunderts eine umfassende politische Idee für eine von den Prinzipien der Vernunft und der Menschenwürde ausgehende Neugestaltung der Gesellschaft und der internationalen Ordnung an. Insbesondere nach der Katastrophe des ersten Weltkriegs waren alte Orientierungen auf der politischen Rechten und Linken gleichermaßen brüchig geworden. Nelson bemühte sich, diese Lücke mit einer wissenschaftlich fundierten politischen Philosophie zu füllen. Es wird jedoch noch zu zeigen sein, wie diese aus einer seltsamen Paradoxie von Vernunftorientierung und Sektierertum besteht.

Nelson konnte durch seinen Anschluß an die Arbeiterbewegung und die Aufgabe seines Wirkens innerhalb des politischen (Links-) Liberalismus des wilhelminischen Kaiserreichs eine Massenwirksamkeit, die bis in die Bundesrepublik hinein folgenreich war, erreichen. Dies und vor allem die enge Verbindung von politischer Theoriebildung und politischer Praxis machen Nelsons Werk, seine politische Theorie, seine politische Praxis und das Verhältnis beider zueinander für eine wissenschaftliche Studie in besonderem Maße interessant. Nelson war nicht der Theoretiker, der mit seinem erreichten Erkenntnisfortschritt allein zufrieden war. Ihn drängte es danach, eine politische Philosophie mit einem direkten Praxisbezug zu entwickeln und diese Praxis auch selbst zu organisieren.

Dies hatte eine bestimmte, noch darzustellende Wirkungsgeschichte in der Arbeiterbewegung und insbesondere in der Sozialdemokratischen Partei Deutschlands. Nelson ist ein wichtiger Vertreter der Theorie eines „ethisch begründeten freiheitlichen Sozialismus", der eine politische Theorie auf der Grundlage der kantischen Ethik aufbaute (vgl. Meyer 1994). Ohne wichtige Theoriekerne der Nelsonschen Philosophie lassen sich programmatische Dokumente, wie etwa das Godesberger Grundsatzprogramm der SPD von 1959, nicht zureichend verstehen. Auch das politische Wirken von Willi Eichler, engster Mitarbeiter von Leonard Nelson und einflußreicher Programmatiker in der Nachkriegssozialdemokratie, im nationalen wie im internationalen Rahmen, ist ohne Bezug zur Nelsonschen Theorie und Praxis nicht nachzuvollziehen. Dies sind einige der maßgeblichen Argumente, um die integrale Philosophie Leonard Nelsons einer eingehenden Analyse zu unterziehen und sie auf die Entwicklung der politischen Theorie in Deutschland zu beziehen. Die aktuelle Bedeutung der Philosophie Leonard Nelsons liegt in ihrem Anspruch, eine von Vernunft und Moral geleitete politische Praxis zu begründen. Wichtige Elemente des Nelsonschen Denkens beginnen, in den gegenwärtigen Diskussionen eine interessante Rolle zu spielen.

Nelsons philosophisches System erhebt den Anspruch, auf einer wissenschaftlich exakten Grundlegung aufzubauen. Er war der Überzeugung, für seine ethischen Erkenntnisse ein Verfahren gefunden und bewiesen zu haben, das letzte Gewißheit ermöglicht. Dieses empirisch-psychologische Begründungsverfahren war Nelson wichtig, um sich von den Vorstellungen abzugrenzen, nach denen letzte Erkenntnisse nicht möglich oder nur unverbindlich seien, und darum rechtliche und moralische Beliebigkeit aus dem öffentlichen Leben nicht fernzuhalten seien. Nelson wandte sich entschieden gegen den Relativismus und Skeptizismus seiner Zeit. Erst heute ist die wissenschaftliche Begründbarkeit einer normativen Ethik in der praktischen Philosophie wieder anerkannt. Sowohl der historische Materialismus, wie auch bestimmte Beliebigkeitstendenzen seiner Zeit hatten die Begründung der Ethik als Unmöglichkeit bezeichnet. Nelsons Rigidität und argumentative Klarheit sollten den Weg zu einer zwingenden Begründung von Ethik und Recht ebnen. Es reichte nicht, etwas zu klären, die Probleme des gesellschaftlichen Zusammenlebens sollten vollständig gelöst werden. Er wollte einen absoluten Wahrheitsanspruch einlösen, dieser apodiktische Geltungsanspruch machte die Nelsonsche Philosophie für den wissenschaftlichen Diskurs jedoch uninteressant.

Es zeigt sich, daß auch bei einer Kritik einzelner Bestandteile der Philosophie Nelsons im Lichte des heutigen Erkenntnisstandes, die Theorie in wichtigen Grundzügen schlüssig bleibt und nicht insgesamt als überwunden gelten muß. Dies gilt insbesondere für das von Nelson in Fortführung Kants aufgestellte Sittengesetz, das eine allgemeine Bestimmung für das Zusammenleben von Menschen auf der Grundlage einer gleichberechtigten Teilhabe aller am öffentlichen Leben in einer menschenwürdigen Form möglich machen soll. Das universell geltende Sittengesetz stellt das übergeordnete Motiv der politischen Theorie dar. Es ist das Kontinuierliche in der Philosophie Nelsons.

Nelson hielt eine wissenschaftliche Grundlage der Ethik nicht nur für möglich, sondern auch für allgemeingültig beweisbar. Dabei kann der reine Inhalt des Sittengesetzes auch ohne die Letztbegründung der Philosophie Nelsons einen Geltungsanspruch erheben. Dieses muß also nicht zwingend aufgegeben werden, wenn der Begründungsversuch Nelsons verworfen wird. Der Inhalt des Sittengesetzes als Idee der Gerechtigkeit ist mit unterschiedlichen Begründungsansprüchen verträglich. Das Wesen der Menschen liegt ihm zufolge in ihrer Würde, die die Befähigung und die Verpflichtung zur vernünftigen Selbstbestimmung impliziert. Hier wird Nelsons konsequenter Humanismus deutlich, der von der gleichen Würde aller Menschen ausging. Diese heute unter dem Begriff „Chancengleichheit" verstandene Strategie lehnte jedoch konsequent jede Form einer gesellschaftlichen oder staatlichen Postulierung von „Zielgleichheit" - etwa im Sinne des Kollektivismus - ab. Genau wie Kant übertrug Nelson diese Idee auf das Zusammenleben der Völker und Staaten insgesamt. Er plädierte uneingeschränkt für eine rechtlich strukturierte Weltgesellschaft gegenüber einer nationalstaatlich organisierten Konkurrenz.

Aus dem Sittengesetz leitete Nelson eine Regelung ab, nach der konfligierende Interessen gelöst werden konnten. War dieses egalitäre Abwägungsgesetz von Nelson mit seiner Einbeziehung der Interessen der Betroffenen noch monologisch strukturiert, so erweiterte sich in dem noch darzustellenden sokratischen Gespräch die Konsensfindung zu einer dialogischen Form. Damit erweist sich Nelson als Vorreiter der heutigen Dialog- und Diskurstheorien (Friedrich Kambartel, Paul Lorenzen, Jürgen Habermas, Karl Otto Apel). Nelson stand mit seiner politischen Philosophie in der Wirkungstradition des Sokrates, für beide war Philosophie vor allem praktische Philosophie. Eine Philosophie, nur um des Erkenntnisgewinns willen, verfehlte nach Nelson ihren Zweck. Dieser besteht in dem Anspruch, das theoretisch Erkannte auch in die Praxis umzusetzen, ja dieses geradezu als oberste Pflicht zu verstehen. Damit war Philosophie vor allem politische Philosophie.

In der vorliegenden Studie werden Architektur und Begründung dieser politischen Philosophie kritisch analysiert, um beispielhaft strukturelle Grundfragen des Verhältnisses von politischer Theorie und politischer Praxis zu klären. Dazu werden neben der veröffentlichten Literatur vor allem alle zugänglichen Quellen zur theoretischen und praktischen Arbeit Nelsons ausgewertet.

Forschungsstand

Das Schrifttum von Leonard Nelson ist durch eine umfangreiche neunbändige Werkausgabe breit dokumentiert (Nelson 1970f.). Nahezu alle Publikationen und Reden Nelsons sind hier zentral verfügbar. Leider konnten sich die Herausgeber der Werkausgabe, allesamt Schüler Nelsons, nicht dazu entschließen, zwei meiner Meinung nach wichtige Texte aus dem Spätwerk Nelsons zur Frage der Bewertung der Sowjetunion und zur sozialistischen Theorie abzudrucken.[1] Quellenkritisch anzumerken ist die Vermischung von Originaltexten und aus dem Nachlaß herausgegebenen Schriften Nelsons. Zwei der neun Bände haben Mitarbeiter Nelsons aus nicht von Nelson autorisierten Mitschriften seiner Vorlesungen aus dem Nachlaß publiziert. Der fünfte Band „System der philosophischen Ethik und Pädagogik" wurde 1932 aus verschiedenen Vorlesungen Nelsons aus den Jahren 1916, 1920 und 1924 zusammengestellt. Der siebte Band „Fortschritte und Rückschritte der Philosophie. Von Hume und Kant bis Hegel und Fries" wurde 1962 herausgegeben. Eine Fußnote unterrichtet die Leser beiläufig, daß Nelson dieses Thema in mehrfach wiederholten dreisemestrigen Vorlesungen in den Jahren 1919 bis 1926 an der Göttinger Universität ausgebaut habe.

---

1   Leonard Nelson: Bericht über die Rußlandreise 1927 vom 17.7.1927 - vgl. Kapitel 3.6; Leonard Nelson: Das zerschnittene Tischtuch. Rede vor der Kasseler Arbeiterschaft am 6.1.1926 - vgl. Kapitel 3.5.

Zusätzlich liegt eine kommentierte Neuausgabe der wichtigsten Texte Nelsons unter bestimmten inhaltlichen Fragestellungen vor (Nelson 1992). Eine erste Herausgabe von Schriften Nelsons nahm dessen engster politischer Mitarbeiter Willi Eichler bereits im Pariser Exil vor (Eichler 1938).

Zur Biographie Leonard Nelsons liegt die Arbeit von Holger Franke (1991) vor, der allerdings stark auf die rechts- und staatsphilosophischen Arbeiten Nelsons eingeht. Eckehard Hieronimus (1964) gab in seiner Arbeit einige Informationen über das Leben Nelsons, einen aktuelleren Überblick vermittelt Susanne Miller (1997). Insbesondere die Lebensjahre Nelsons von 1891 bis 1916 sind durch Publikationen von Briefen Nelsons durch Erna Blencke (1960, 1983) dokumentiert. Zur Arbeit von Leonard Nelson an der Universität Göttingen vergleiche die Studien von Dahms (1987) und Herrlitz (1987).[2]

Die Organisationsgeschichte des Internationalen Jugend-Bundes (IJB) und des Internationalen Sozialistischen Kampf-Bundes (ISK), beide von Nelson gegründet und dominiert, ist demgegenüber etwas breiter dokumentiert. Eine Pionierstudie legte Werner Link (1964) vor. Diese Marburger Dissertation bei Wolfgang Abendroth stützt sich in der Darstellung der philosophischen Grundlagen der Politik der Nelsonbünde auf eine marxistische Argumentation. Ein Mangel der Studie von Link ist die Materialbasis; dies ist ihm aber nicht anzulasten, er konnte nicht auf entsprechende Originalquellen und Archivbestände von IJB und ISK zurückgreifen. Der historisch-soziologisch vorgehenden Arbeit fehlt damit das Wesentliche, da Link keinen Zugang zu den internen Diskussionen und Bewertungen hatte. Viele Wertungen von ihm sind nur so zu erklären. Der wissenschaftlichen Öffentlichkeit stehen die wichtigsten Quellenbestände über Leonard Nelson (Potsdam) und den IJB und den ISK (Bonn) erst seit Anfang der neunziger Jahre bzw. Anfang der achtziger Jahre offen. Eine erste Bewertung der Quellen in Bonn nahm Karl Heinz Klär (1982) vor, der die umfangreichen Bestände im Archiv der sozialen Demokratie sortiert und verzeichnet hatte. Einiges an Fehldeutungen früherer Arbeiten konnte so bereits korrigiert werden. Einen kurzen Überblick über den ISK gab Miller (1990). Zu einzelnen Fragen über den ISK vergleiche die Arbeiten des Verfassers (Vorholt 1991, 1995).

Zu den Personen des Nelson-Umfeldes liegen wissenschaftlich solide Studien über Willi Eichler (Lemke-Müller 1988), Gustav Heckmann (Miller 1983), Grete Henry (Miller 1985), Änne und Josef Kappius (Miller 1988, Vorholt 1993), Minna Specht (Hansen-Schaberg 1992, Harder-Gersdorff 1989), Helmut von Rauschenplat (Koszyk 1966) vor; einen interessanten Überblick über „Frauen im ISK" gab Susanne Miller (1995). In diesen Arbeiten wird neben der biographischen Darstellung der entsprechenden engen Mitarbeiter Nelsons auch auf die philosophischen, politischen oder pädagogischen Grundlagen eingegangen. Weitere Arbeiten zu Einzelpersonen aus dem Spektrum des Internationalen

---

2   Leider nur bibliographisch konnte eine Arbeit von Zhu Yan Kun (1926): Die kritische Vernunft des Philosophen Nelson. Sein Leben und seine Theorie (in chinesischer Schrift), nachgewiesen werden.

Jugend-Bundes (IJB) und des Internationalen Sozialistischen Kampf-Bundes (ISK) wurden ebenfalls herangezogen. Diese biographischen Arbeiten geben einen Einblick in die Vielschichtigkeit, insbesondere in den persönlichen Bereich hineingehend, des Verhältnisses von Nelson und seinen Mitstreitern (vgl. Adant 1996, Dertinger 1989, Dertinger 1995, Grabenhorst 1991, Haas-Rietschel/Hering 1990). Memoiren oder Augenzeugenberichte verfaßten Hanna Bertholet (1960), René Bertholet (1960), Beyer (1984), Dehms (1953), Lehmann (1983), Lewinski (1953), Oettli (1983), Saran (1979), Torboff (1985), Walter (1983) und Kalbitzer (1997), allesamt Anhänger der Nelsonbewegung.

Philosophische Überblicksarbeiten über Leonard Nelson gaben Beck (1967), Bernays (1953), Blanshard (1958), Birnbacher (1997), De George (1959), Franke (1994), Henry-Hermann (1967), Körner (1979), Kraft (1953), Meyer (1982, 1983, 1987, 1989), Miller (1982, 1983a, 1986, 1987) und Weisser (1961). Detailliertere Studien über das philosophische Werk Nelsons liegen von seiner ehemaligen Assistentin Henry-Hermann mit einer kritischen Weiterentwicklung (1953), den grundlegenden Studien von Meyer (1992a, 1995), einer bei Hans Albert in Mannheim verfaßten Dissertation von Jakovljevic (1988), einer insbesondere den Theorierahmen Nelsons zurückweisenden Arbeit von Kleinknecht (1994) und Arbeiten von Westermann (1969, 1977), der als einziger noch Nelsons Arbeiten zu den sog. dunklen unmittelbaren Erkenntnissen aufrecht erhält, vor.

Die politische Theorie Nelsons behandelten Grunebaum (1951), Heckmann (1973), Tegelen (1958) und, in einen größeren Zusammenhang einordnend, Horster (1993, 1995a). Zu Einzelfragen der Theorie Nelsons liegen nur wenige Arbeiten vor. Mit Fragen der Rechtspolitik setzten sich Stiens (1975) und Tegelen (1958) auseinander. Aufsätze zu sozialpolitischen Themen liegen von Brockhaus (1983) und Weisser (1953) vor.

Zur Thematik „ethischer Sozialismus" argumentierte Kofler aus einer marxistischen Position kritisch gegen diese sozialistische Theorie (Kofler 1955). Eine allgemeine Darstellung des ethischen Sozialismus, aber auch der ethischen Position Leonard Nelsons, nahm Meyer vor (1988, 1991, 1994). Zur Einordnung von Nelson in die verschiedenen Strömungen der deutschen Arbeiterbewegung, insbesondere in der Weimarer Republik, vergleiche die Arbeiten von Miller (1982, 1986).

Quellenbasis

In staatlichen Archiven konnten folgende Quellenbestände über Leonard Nelson nachgewiesen werden:
• Der mit 460 Dokumentenboxen umfangreichste Bestand des Nelson-Nachlasses fand sich im ehemaligen Zentralen Staatsarchiv der DDR in Potsdam, heute Bundesarchiv - Abteilung III. Dieser Bestand hat eine eigene

Geschichte. Ursprünglich wurde er nach dem Tod Nelsons in dem Gebäude der Philosophisch-Politischen Akademie auf dem Gebiet des Landerziehungsheims Walkemühle im hessischen Melsungen verwahrt. Nach der Machtübernahme der Nationalsozialisten 1933 besetzte die SA die Walkemühle, die Enteignung und Umwandlung in eine SA-Standartenschule fand 1934 statt. Der Nelson-Nachlaß wurde zunächst zur Gestapo nach Kassel gebracht. Durch die Verfolgung des Internationalen Sozialistischen Kampf-Bundes und seiner Mitglieder durch die Geheime Staatspolizei wurden alle Aktenbestände über den ISK zentral in Berlin beim Geheimen Staatspolizeiamt und seit dessen Gründung am 1.10.1939 beim Reichssicherheitshauptamt (RSHA) zusammengefaßt und ausgewertet. Auch der Nelson-Nachlaß ging von Kassel nach Berlin. Im Zuge des Kriegsverlaufs wurden seit 1942 Organisationseinheiten ausgelagert. Ende 1944 existierten nicht weniger als 44 Ausweichstellen des RSHA. Nach der Befreiung durch die alliierten Truppen im Mai 1945 fiel ein Großteil dieser Materialien in russische Hände. Diese Unterlagen wurden später von der Sowjetunion der DDR übergeben und dort im Zentralen Parteiarchiv der SED und im Zentralen Staatsarchiv der DDR aufbewahrt. Doch zu DDR-Zeiten konnten nur wenige Wissenschaftler den Nelson-Nachlaß einsehen, öffentlich zitiert wurde er meines Wissens nicht.[3] Seit der Übernahme durch das Bundesarchiv steht dieser zentrale Bestand der wissenschaftlichen Öffentlichkeit zur Verfügung.

- Im Bundesarchiv in Koblenz ist zu dem Themenkomplex Schriftgut in den Beständen Reichssicherheitshauptamt, Reichsminister des Innern, Reichskommissar für die Überwachung der öffentlichen Ordnung und Nachrichtensammelstelle im Reichsministerium des Innern sowie der Zeitgeschichtlichen Sammlung vorhanden. Dabei handelt es sich in der Regel um Materialien der staatlichen Verfolgerseite, so daß jederzeit die Gefahr berücksichtigt werden muß, auf die Intentionen und Interpretationen der quellenproduzierenden Instanzen einzugehen (vgl. Botz 1983).
- Das Geheime Staatsarchiv Preußischer Kulturbesitz, Abteilung Merseburg enthält in den Beständen Kultusministerium und Finanzministerium Materialien über die Tätigkeit Nelsons an der Universität Göttingen in den Jahren 1916 bis 1928. Dieser Bestand des ehemaligen DDR-Staatsarchivs war erst nach 1990 zugänglich.
- Ein kleiner Bestand über das von Nelson gegründete Landerziehungsheim Walkemühle im hessischen Adelshausen befindet sich im Hessischen Staatsarchiv Marburg.
- Unterlagen über den Nelsonkreis, insbesondere die Verfolgungs- und Enteig-

---

3   Erst in den späten achtziger Jahren wurde die Philosophisch-Politische Akademie auf diesen Bestand aus der DDR aufmerksam gemacht. Im Zuge einer Anfrage nach Material über Jakob Friedrich Fries, der an dem Promotionsverfahren von Karl Marx 1841 in Jena mitgewirkt hatte (vgl. Die Promotion von Karl Marx, 1983, S. 203), wurde auf den Nelson-Nachlaß hingewiesen.

nungsmaßnahmen im Nationalsozialismus nach 1933, finden sich im Hessischen Hauptstaatsarchiv in Wiesbaden.

Im Bereich der nichtstaatlichen Archive fanden sich weitere Materialien:
- Das Archiv der sozialen Demokratie der Friedrich-Ebert-Stiftung in Bonn ist zu einem weiteren zentralen Standort für eine Quellenauswertung zu der Nelsonbewegung geworden. Erst nach der Übergabe des bis 1979 intern verwalteten ehemaligen Organisationsarchives des Internationalen Jugend-Bundes und des Internationalen Sozialistischen Kampf-Bundes an das Archiv der sozialen Demokratie der Friedrich-Ebert-Stiftung in Bonn, standen die entsprechenden Dokumente der interessierten wissenschaftlichen Öffentlichkeit ab 1981 zur Verfügung. Weiterhin umfassen die Sammlungen des Archivs seit Beginn der neunziger Jahre den leider bisher nicht geordneten und verzeichneten Nachlaß von Minna Specht und einen Teil-Nachlaß von Leonard Nelson im Umfang von 92 Archivboxen.
- Ein weiterer Bestand, der aus persönlichen Sammlungen von Heinz Joachim Heydorn stammt, u.a. mit einer kleinen Korrespondenz zwischen Nelson und Hermann Lietz, ist heute im Archiv für Hessische Schulgeschichte am Institut für Allgemeine Erziehungswissenschaft der Johann Wolfgang Goethe-Universität in Frankfurt verfügbar.
- Einzelne Dokumente stellten ehemalige Mitglieder bzw. Anhänger des Nelsonkreises zur Verfügung.

Übersicht zur Studie

Diese Studie behandelt die Rekonstruktion der politischen Theorie Leonard Nelsons und die Analyse ihres Bezugs auf Nelsons politischer Praxis. Grundlage ist die Darstellung der Wert- und Zielorientierung des Politikverständnisses Nelsons. Weiterhin wird der Frage nachgegangen, wie die theoretisch konzipierte Politik praktisch durchgesetzt werden soll.

Leitendes Forschungsinteresse dieser Studie war die Überprüfung und Neuformulierung von bisherigen, auf einer nur eingeschränkten Materialbasis argumentierenden, Vorstudien. Erst in den achtziger (Freigabe von Archivbeständen für die wissenschaftliche Öffentlichkeit) und neunziger Jahren (Freigabe von bisher westlichen und wohl zum Teil auch den eigenen Forschern nicht zugänglichen Archivbeständen der ehemaligen DDR) wurde eine Quellenbasis zugänglich, die eine valide und reliable Untersuchung möglich macht.

Zusätzlich geht diese Studie von der Voraussetzung möglicher Objektivität aus. Die Frage der Auswahl der entsprechenden Quellen als „empirische Basis" liegt letztlich immer beim Bearbeiter. Er muß sicherstellen, daß seine Subjektivität dabei möglichst keine Rolle spielt. Dies ist nicht in allen Studien über Leonard Nelson der Fall. Der Grundsatz „show all work!" muß zur leitenden

Fragestellung werden. Nur so kann ein selektiver Zugriff auf die Datenbasis vermieden werden, der „kritisches" Material aus einer bestimmten Grundhaltung heraus nicht anführt. Daher wird in dieser Studie nach dem Grundsatz verfahren, eher zuviel als zuwenig zu zitieren, um auf diese Weise jederzeit Transparenz und Kontrollierbarkeit der Argumentation zu gewährleisten.

Die notwendige wissenschaftliche Distanz zu einer Beschäftigung mit einer solch schwierigen Persönlichkeit wie Nelson, der, wie noch zu zeigen ist, einen Hang zum Fundamentalismus hatte, fand sich bei Max Weber: „Man braucht nicht Cäsar zu sein, um Cäsar zu verstehen" (Weber 1972, S. 2).

Das folgende zweite Kapitel stellt, um das Weber-Zitat aufzunehmen, die schillernde Persönlichkeit Nelsons vor. Dabei wird quellengestützt ein kritisches politisches Portrait erarbeitet.

Das dritte Kapitel behandelt umfassend die politische Theorie Leonard Nelsons. Ausgegangen wird zunächst von den philosophischen Grundlagen und einer Einordnung Nelsons in die zeitgenössische Wissenschaft, insbesondere in den Neukantianismus. Nach einer Darstellung des Liberalismus-Konzeptes, das eine wichtige Vorstufe für die spätere Theorie des liberalen Sozialismus ist, wird diese in den größeren Zusammenhang der Sozialismusdiskussion der Weimarer Republik gestellt. Die Gesellschaftstheorie Nelsons wird in den Bereichen politische Theorie, Innenpolitik und Internationale Politik abgehandelt. Drei wichtige Politikbereiche werden gesondert dargestellt. Zum einen Nelsons umstrittene Ablehnung der Demokratie und seine Konzeption der Herrschaft der Weisen, zweitens die eindeutige Ablehnung des Kommunismus als Gesellschaftstheorie und drittens seine politische Konzeption eines liberalen Sozialismus.

Das vierte Kapitel umfaßt den wichtigsten Teil der politischen Praxis Nelsons, nämlich die historiographische, organisationspolitische Darstellung der beiden von ihm initiierten politischen Gruppen, Internationaler Jugend-Bund (IJB) und Internationaler Sozialistischer Kampf-Bund (ISK). Dabei wird auf neues, bisher nicht zugängliches Quellenmaterial zurückgegriffen. Wichtig ist dabei, zu zeigen, wie die spezifische Theorie Nelsons in die Organisationsgründung, die politischen Konzeptionen und den politischen Alltag umgesetzt wurde.

Das fünfte und letzte Kapitel bringt Folgerungen. Kann es Theorieelemente des Nelsonschen Denkens geben, die auch heute noch aktuell oder gültig sind und daher in die wissenschaftlichen wie die politischen Diskurse neu einzubringen sind.[4]

---

4   Eine Anmerkung zur Zitierweise: Um eine Transparenz und Nachvollziehbarkeit der Argu-
    mentation zu gewährleisten, werden die Zitate aus Werken Nelsons, Verweise auf
    zeitgenössische Publikationen und die ausgewerteten Quellen in den Fußnotenapparat
    ausführlich aufgenommen. Alle anderen Literaturverweise werden direkt in den Text
    integriert. Bei sich wiederholenden Zitaten aus dem gleichen Werk wird die entsprechende
    Stelle nur noch mit Nennung der Seitenzahl direkt im Text angegeben.

2   Die Biographie Leonard Nelsons

„Man konnte zu Leonard Nelson nur ja oder nein sagen - Gleich-
gültigkeit, Indifferenz ihm gegenüber gab es nicht. Darin lag wohl
die bezwingende Wirkung, die von seiner Person ausging"
(Lewinski 1953, S. 271).

Diese Ansicht wird - in einer negativen Sichtweise - exemplarisch von Georg
Elias Müller bestätigt, er war seit 1881 Professor an der Philosophischen Fakultät
der Universität Göttingen und Begründer der Experimentellen Psychologie.
Müller hielt in einem Gutachten zu einem Habilitationsgesuch Nelsons im Jahre
1906 fest, Nelson sei ein junger Mann, der „den Eindruck erweckt, sich in die
Anschauungen des ersten ihm in einem unreifen Lebensalter in die Hände gefal-
lenen Philosophen in einer ganz befremdlichen Weise verrannt zu haben und
ganz unfähig zu sein, diesen engen Gedankenkreis auch nur zeitweilig zu verlassen und einer kritischen Untersuchung zu unterziehen [...]".[1] Seit seinem fünf-
zehnten Lebensjahr war Nelson „Friesianer". In einem Brief aus dem Jahr 1901
bekannte er, das Werk von Jakob Friedrich Fries sei das Herrlichste und Wahrste,
es sei ein neues Evangelium (Franke 1991, S. 59f.). In seinem ersten Studiensemester schrieb er, daß er seine „Kinderkrankheit, die Frieselei [...] zeitlebens
behalten werde".[2] Dies ist erstaunlich, war doch der Antisemitismus von Fries
deutlich ausgeprägt und in seinen Schriften enthalten.
  Leonard Nelson (vgl. Eichler/Hart 1938; Eichler 1972; Blencke 1960; Miller
1982; Franke 1991; Meyer 1995, Miller 1997) wurde am 11. Juli 1882 in Berlin
am Alexanderplatz geboren.[3] Sein Vater Heinrich Nelson war Rechtsanwalt,
später Justizrat und entstammte einer jüdischen Kaufmannsfamilie. Die Mutter
Elisabeth Nelson hatte künstlerische und wissenschaftliche Vorfahren in ihrer
Familie. Von ihr wurde Nelson künstlerisch geprägt und übernahm den Sinn für
die Ästhetik. Heinz-Joachim Heydorn schilderte das Elternhaus Nelsons, das
liberal geprägt war und jüdische und hugenottische Herkunft vereinte, als „späte
bürgerliche Hochkultur".[4]

---

1   Gutachten Müller vom 23.5.1906, in: Acta der Philosophischen Fakultät, Universitäts-
     archiv Göttingen, zitiert nach: Hoffmann 1989, S. 355.

2   Brief Nelsons an Gerhard Hessenberg vom 24.7.1901, in: Bundesarchiv Potsdam, Nachlaß
     Nelson, Mappe 389, Bl. 1.

3   Handschriftlicher Lebenslauf Nelsons, in: Geheimes Staatsarchiv Preußischer Kulturbesitz,
     Abt. Merseburg, Bestand Preußisches Ministerium für Wissenschaft, Kunst und Volks-
     bildung, Rep 76 Va Sek 6 Tit IV Nr 4 Bd 5, Bl 45f. Geburtsurkunde und Taufschein
     (evangelisch) in: Archiv der sozialen Demokratie, Bonn, Nachlaß Leonard Nelson, Mappe
     34.

4   Leonard Nelson. Ausgewählte Schriften, herausgegeben und eingeleitet von Heinz-Joachim
     Heydorn, mit einem Vorwort zur Neuausgabe von Thomas Meyer, Frankfurt a.M. 1992, S.
     13.

Über Nelsons Jugend gibt ein Bericht von Bertha Gysin aus dem Jahr 1917 Auskunft. Seine damalige Privatsekretärin schilderte die Jugendzeit als „vielfach bedrückende und die Seele mit schweren Hemmungen für das spätere Leben belastende Zeit". Einen Zugang zu anderen Kindern fand er nicht, er „zog sich mehr und mehr in sich selbst zurück und wurde ein Sonderling", der sich vor allem „seine Einsamkeit" wünschte[5]. Sein Lebensinhalt war dem Bericht zufolge ein gewaltiger Forschertrieb in den Naturwissenschaften. Holger Franke spürte einen weiteren, von ihm psychologisch begründeten Charakterzug Nelsons auf. Die Introvertiertheit vor allem seiner unmittelbaren Umgebung gegenüber, verbunden mit einer gleichzeitigen Rebellion nach außen soll ihren Ursprung in einer Familienkonstellation gehabt haben, in der die Mutter die allein dominierende Person war. In einer ex-post Erinnerung wurde festgehalten: „[...] daheim konnte er sich nicht aufbäumen, da rebellierte er gegen die Lehrer, gegen die Schule und gegen alles, was ihm Freiheit und freies Denken zu nehmen suchte" (Franke 1991, S. 56).

Nelsons Schulzeit in dem Königlich-Französischen-Gymnasium in Berlin war nicht erfolgreich, sein Interesse galt den mathematisch-naturwissenschaftlichen Bereichen. Der Vater Heinrich Nelson schrieb später darüber, daß die Lehrer das Interesse für die Fächer nicht wecken konnten. Sie hätten ihn „teils für faul, teils für gleichgültig, teils für ganz unbegabt" gehalten.[6] Sein einziges Ziel in der Schule war „mit möglichst großer Energieersparnis durch die Schule hindurch und zum akademischen Studium zu kommen".[7] Über die erfahrene humanistische Bildung urteilte Nelson später: „Was die Schattenseiten der Schuljahre betrifft, so glaube ich, daß sie weniger auf Rechnung des Zwanges an sich, als gerade auf den Mangel an wahrer geistiger (und körperlicher) Beschäftigung und die Abspeisung mit mechanischem und totem Lehrstoff kommen."[8] Und: „Auf die sogenannte allgemeine Bildung lege ich sehr wenig Wert und halte es für sehr viel besser selbst zu denken, als sich den Kopf mit fremden Gedanken anzufüllen."[9] Sein Reifezeugnis spiegelte dies auch wieder, siebenmal erhielt er die Note genügend, nur das Fach Griechisch wurde mit gut bewertet.[10]

---

5 Bertha Spindler-Gysin: Aufzeichnungen über einige Punkte aus Nelsons Leben, über seine Arbeitsweise und seinen Charakter, in: Archiv der sozialen Demokratie, Nachlaß Nelson, Mappe 40. Die handschriftlichen Aufzeichnungen wurden zwischen dem 25.11. und 18.12.1917 verfaßt und im August 1973 aus dem Nachlaß als Manuskript veröffentlicht.

6 Heinrich Nelson: Notizen über das Leben Leonard Nelsons vom 18.4.1928, in: Archiv der sozialen Demokratie, Nachlaß Nelson, Mappe 40.

7 Spindler-Gysin: Aufzeichnungen, a.a.O., S. 5.

8 Brief Nelsons vom 22.7.1901, in: Erna Blencke (1960): Leonard Nelsons Leben und Wirken im Spiegel der Briefe an seine Eltern, 1891-1915, in: Erziehung und Politik, Hrsg.: Hellmut Becker, Willi Eichler, Gustav Heckmann, Frankfurt, S. 14.

9 Brief Nelsons vom 27.12.1901, in: Leonard Nelson: Vom Selbstvertrauen der Vernunft, Hrsg.: Grete Henry-Hermann, Hamburg 1975, S. 234.

10 Reifezeugnis des Königlich-Französischen-Gymnasiums in Berlin vom 20.3.1901, in: Archiv der sozialen Demokratie, Nachlaß Nelson, Mappe 37.

Demgegenüber wurde das Interesse für die Philosophie und insbesondere für den Neukantianer Jakob Friedrich Fries durch Ernst Halliers Buch „Kulturgeschichte des 19. Jahrhunderts in ihren Beziehungen zu der Entwicklung der Naturwissenschaften", 1889 erschienen, geweckt, das er als Schüler bekam.[11] Die Wiederentdeckung des fast vergessenen Philosophen Fries und die Weiterentwicklung seiner Ideen beschäftigten Nelson fortan. Durch dieses zufällige Kennenlernen der Philosophie von Fries hatte Nelson, wie sich zeigen sollte, seine Lebensaufgabe gefunden, in der er doch gerade den Zufall, sowohl in der Philosophie wie in der Politik, ausschließen wollte. Nelson akzeptierte nur noch Fries als seinen „philosophischen Führer". Zunächst sammelte er nach und nach alle Schriften von Fries, die zum größten Teil vergriffen waren, sowie die seiner Schüler. „Hier fand er seine philosophischen Lehrer, und von ihnen angeregt, fing er selbst auch bald an, als philosophischer Lehrer zu wirken. Nun hatte er ein Interesse, das ihm den Weg zu anderen Menschen erschloß. Nun wußte er etwas mit anderen Menschen anzufangen, wenigstens mit denen, die wie er den Trieb zur Wahrheit empfanden."[12] Als Primaner war Nelson dann an der Gründung eines philosophischen Diskussionskreises beteiligt. Wie sehr er sich dem Lebenswerk dieses Philosophen widmete, wird aus diesem Zitat deutlich: „Ich meinerseits sehe in diesem Mann den einzigen wirklichen Fortbildner, den die Kantische Philosophie im 19. Jahrhundert gefunden hat."[13]

Nach einem einsemestrigen „studium generale" an der Ruprecht-Karls-Universität in Heidelberg von April bis August 1901 studierte Nelson von Oktober 1901 bis zum Sommersemester 1903 an der Königlich-Friedrich-Wilhelm-Universität zu Berlin Mathematik und Naturwissenschaften. Politik findet in dieser Zeit noch nicht sein Interesse. „Zeitung lese ich absolut nicht. Nur wenn zufällig im Restaurant eine vor mir liegt, sehe ich nach, ob es den Buren gut geht."[14] Im Oktober 1903 wechselte er zur Georg-August-Universität in Göttingen und intensivierte das Studium der naturwissenschaftlichen Fächer, hinzu kamen Studien in Philosophie und Psychologie. Eine Analyse der Berliner und Göttinger Studienbücher Nelsons ergab, daß er einen deutlichen Schwerpunkt in den mathematisch-naturwissenschaftlichen Bereichen legte, genau wie sein

---

11   Ernst Hallier, Naturphilosoph und Botaniker, war Schüler des Fries-Mitarbeiters Ernst Friedrich Apelt in Jena. Nelson konnte ihn auf einer Reise nach München noch treffen. Vgl. auch Nelsons Nachruf: Ernst Hallier gestorben, in: Kant-Studien 11. Bd. (1908), H. 1, S. 142. - Hallier arbeitete intensiv über Fragen der Ästhetik im Anschluß an Kant und Fries, er wollte eine Synthese aus Kantischer Vernunftkritik und Darwinscher Abstammungslehre entwickeln.

12   Spindler-Gysin: Aufzeichnungen, a.a.O., S. 6.

13   Leonard Nelson: Fortschritte und Rückschritte der Philosophie. Von Hume und Kant bis Hegel und Fries (1962, aus dem Nachlaß herausgegeben), in: Gesammelte Schriften Bd. 7, S. 557. Es handelt sich hierbei um Vorlesungen Nelsons, die er im dreisemestrigen Turnus von 1919 bis 1926 an der Universität Göttingen hielt.

14   Brief Nelsons vom 25.6.1901, in: Blencke 1960, S. 14

Vorbild Fries.[15] Die ersten beiden Promotionsversuche im Jahr 1903 in Berlin und Göttingen mit der Arbeit „Die kritische Methode und das Verhältnis der Psychologie zur Philosophie"[16] scheiterten, er war erst im sechsten Studiensemester. Am 29. Juli 1904 promovierte er dann im dritten Anlauf an der philosophischen Fakultät der Göttinger Universität bei Professor Julius Baumann mit einer Dissertation über „Jakob Friedrich Fries und seine jüngsten Kritiker" mit magna cum laude, das Hauptfach war Philosophie, die Nebenfächer Psychologie und angewandte Physik.[17]

Bereits 1903 hatte sich aus einer philosophischen Diskussionsgemeinschaft in Göttingen die Neue Friessche Schule gebildet. Gründungsmitglieder waren neben Nelson Alexander Rüstow[18], Carl Brinkmann, Heinrich Goesch und wohl auch Rudolf Otto. Daneben wirkten Karl Kaiser, Gerhard Hessenberg, der einst Nelson in der Schule Nachhilfe in Mathematik gegeben hatte und Richard Courant in dem Kreis mit. Ziel der von Nelson initiierten Gemeinschaft war die Weiterentwicklung der Philosophie Kants und Fries'. Damit wollte man den in der philosophischen Zunft vorherrschenden beiden Richtungen der Neukantianer (vgl. Ollig 1982) entgegentreten, der Marburger Schule um Hermann Cohen und der Südwestdeutschen Schule mit Wilhelm Windelband und seinem Schüler Heinrich Rickert: „Die Geschichte der Wissenschaften lehrt, daß es die Methode ist, die der Wahrheit den Sieg erringt über alles regellose Spiel der Parteimeinungen. Mit derselben Unwiderstehlichkeit, mit der die Methode der Induktion der Naturwissenschaft ihre Herrschaft im wissenschaftlichen und öffentlichen Leben erobert hat, mit derselben Unwiderstehlichkeit wird auch die von Kant, Fries und Apelt ausgebildete Methode der Kritik der Vernunft der kritischen Philosophie den Sieg erringen" (Blencke 1978, S. 203). Durch Reisen nach Jena und Forschungen in den dortigen Archiven und Bibliotheken gelang es, bisher noch nicht bekannte Arbeiten von Fries und seinem Schüler Ernst Friedrich Apelt zu entdecken und zu publizieren. Nelson gab seit 1904 zusammen mit Karl Kaiser und Gerhard Hessenberg die „Abhandlungen der Friesschen Schule. Neue

---

15 Studienbücher, in: Archiv der sozialen Demokratie, Nachlaß Nelson, Mappe 34. - In seiner Berliner Zeit belegte Nelson folgende Vorlesungen und Übungen: Chemie (7), Mathematik (6), Physik (3), Philosophie (3), Sonstige (4). In Göttingen legte er einen deutlicheren Schwerpunkt in die Philosophie: Mathematik (12, darunter mathematisch-philosophische Themen: 2), Philosophie (8), Physik (8), Psychologie (4).

16 Leonard Nelson: Die kritische Methode und das Verhältnis der Psychologie zur Philosophie (1904), in: Gesammelte Schriften Bd. 1, S. 9-78.

17 Leonard Nelson: Jakob Friedrich Fries und seine jüngsten Kritiker (1905), in: Gesammelte Schriften Bd. 1, S. 79-150.

18 Rüstow, der in Göttingen studierte, wurde zunächst stark durch Leonard Nelson beeinflußt: Einem Mentor und Freund, mit dem er nicht nur die Vorliebe für reine Logik, sondern auch die Ehrfurcht vor dem Muminosen teilte" (Rustow 1981, S. 369-378). Rüstow schrieb jedoch später: „Ich wurde [...] wohl der erste Abtrünnige und Ketzer der Friesschen Lehre." Brief an Martin Schäfer vom 19.9.1958, in: Archiv der sozialen Demokratie, Nachlaß Nelson, Mappe 6. Vgl. auch Eisermann 1963, S. 593-604.

Folge"[19] heraus. Die „Abhandlungen" dienten nach Aussage Nelsons zur Verbreitung „unserer Philosophie, [...] durch das sie einen öffentlichen Einfluß gelten machen und dadurch schließlich zu einer realen Macht auch im praktischen Leben werden kann"[20]. Die Friessche-Schule erhielt aus dem Nachlaß des nationalliberalen Reichstagsabgeordneten Otto Fries, einem Enkel Jakob Friedrich Fries', eine größere finanzielle Unterstützung für die Herausgabe der Fries-Werke.[21] Sie veranstaltete zunächst Diskussionen in Nelsons Göttinger Wohnung und von 1909 bis 1913 regelmäßig mehrtägige Tagungen.

Neben der Friesschen Schule entwickelte sich später, im Mai 1913, die Jakob Friedrich Fries-Gesellschaft. In der Satzung wurde als Zweck der Gesellschaft angegeben, daß man sich die Verbreitung dieser Philosophie nach außen und die Unterstützung solcher Bestrebungen, die sich ihre Anwendungen zur Aufgabe mache, zum Ziel gesetzt habe. Organisationspolitisch kann die Fries-Gesellschaft als eine Vorfeldorganisation der Friesschen Schule bezeichnet werden, für die sie Werbungsaufgaben und Öffentlichkeitsarbeit übernehmen sollte.

1905 veröffentlichte Nelson eine Rezension über ein Werk von Hermann Cohen (vgl. Holzhey 1994a), dem Nestor der Marburger Schule des Neukantianismus.[22] Cohen hatte den Lehrstuhl 1876 von seinem Förderer Friedrich Albert Lange übernommen und ihn bis zur Emeritierung 1912 innegehabt, danach engagierte er sich an der Lehranstalt für die Wissenschaft des Judentums in Berlin. Nelsons Vater schrieb später, diese Rezension habe ihm „den Haß fast aller deutschen Philosophieprofessoren" zugezogen. Nelson hatte Cohen der „Unkenntnis" bezichtigt und schloß mit dem Kant-Zitat: „Wer einmal Kritik gekostet hat, den ekelt auf immer alles dogmatische Gewäsch an."[23] Diese

---

19   Nelson knüpfte damit an den Vorgänger gleichen Namens von Ernst Friedrich Apelt an, der jedoch 1847 und 1848 nur zweimal erschien. - Karl Kaiser schied nach zwei Bänden 1908 als Herausgeber aus. 1918 erschien der vierte und letzte Band, an dem Nelson mitwirkte. Nach Nelsons Tod gaben Otto Meyerhof, Franz Oppenheimer und Minna Specht 1929 einen fünften Band heraus, in dem ein Vorwort Nelsons aus dem Jahr 1922 abgedruckt war. Nelson hatte offensichtlich die Arbeit an einem neuen Band zugunsten anderer Aufgaben eingestellt.

20   Brief Nelsons vom 1.9.1904, in: Leonard Nelson: Vom Selbstvertrauen der Vernunft, Hrsg.: Grete Henry-Hermann, Hamburg 1975, S. 240.

21   Testamentseröffnung Otto Fries vom 26.9.1905, hier war ein Betrag von 10.000,- Mark für die Friesschule (Dr. L. Nelson) verzeichnet, in: Archiv der sozialen Demokratie, Nachlaß Nelson, Mappe 26.

22   Leonard Nelson: Rezension von Hermann Cohen: System der Philosphie, 1. Teil (1905), in: Gesammelte Schriften Bd. 2, S. 1-27.

23   Heinrich Nelson: Notizen, a.a.O., in: Archiv der sozialen Demokratie, Nachlaß Nelson, Mappe 40. Nelson: Rezension Cohen, a.a.O., S. 27. - Nelson wiederholte das Kant-Zitat noch einmal in dem Vorwort seiner Schrift: Über das sogenannte Erkenntnisproblem (1908, in: Gesammelte Schriften Bd. 2, S. 88). - Auch der Tod Cohens im April 1918 konnte Nelsons Polemik nicht stoppen. Auf eine Bitte einer Zeitung für einen Nachruf, schrieb Nelson, man solle es sich doch noch einmal überlegen, Cohen sei ein „Scharlatan", der nur durch den trostlosen Zustand der Geistesbildung den „Ruhm eines Philosophen einheimsen" konnte. (Franke 1991, S. 78)

schroffe Kritik trug erheblich zu Nelsons Schwierigkeiten im akademischen Bereich bei. Bereits in der erwähnten Schrift „Die kritische Methode und das Verhältnis der Psychologie zur Philosophie" hatte er deutliche Kritik an Cohen geübt. Er konstatierte, daß Cohen, obwohl er selbst sich dagegen aussprach, die Verquickung von philosophischen Grundgesetzen mit psychologischen Tatsachen vorgenommen habe, und resümierte mit polemischen Worten: „Ich dächte aber doch, daß derjenige, der andere über Kant zu belehren oder gar ihn selbst weiterzubilden beansprucht, besser täte, ihn zuvor zu lesen."[24] Ernst Cassirer konterte die Kritik Nelsons in einer kleinen Schrift, die in dem ersten Heft der Zeitschrift „Philosophische Arbeiten", herausgegeben von Hermann Cohen und Paul Natorp, erschien. „Der Kantischen Philosophie ist ein neuer Retter erstanden. Wenn sie bisher durch den Streit der Schulen bis zur Unkenntlichkeit entstellt wurde, […] so ist nunmehr endlich die Lösung des Rätsels gefunden, das uns seit einem Jahrhundert gequält hat." An die Stelle der schwankenden Parteimeinungen trete ein exaktes Lehrgebäude, dies sei die Konsequenz einer neuen Methode. „Eine Methode, die freilich heute noch kaum gekannt und verstanden wird, die aber nichtsdestotrotz die alleinige und sichere Gewähr für allen künftigen Fortschritt in sich birgt" (Cassirer 1906, S. 1). Nelsons Arbeit sei keine ruhige und sachliche Darstellung, sondern enthalte polemische Angriffe, pathetische Beteuerungen, höhnische Glossen und Zwischenbemerkungen, so Cassirer. Noch heute wird deutlich, was Nelson mit seiner Kritik an Cohen erreicht hatte; er stand im wissenschaftlichen Abseits.[25] In seiner Analyse des Nelsonsschen Ansatzes kam Cassirer zu dem Ergebnis, daß es in dem Unvermögen Nelsons liege, sich auch nur vorübergehend in den Standpunkt und in die Fragestellung der modernen Erkenntniskritik zu versetzen (S. 31; zu Cassirer vgl. Paetzold 1995, Schwemmer 1997).

Auch die Habilitation von Nelson gelang erst beim zweiten Versuch. Nelson reichte im April 1906, er war im zehnten Studiensemester, bei der Philosophischen Fakultät der Universität Göttingen die bereits erwähnte Schrift „Die kritische Methode und das Verhältnis von Psychologie zur Philosophie" ein. Nelson wurde von der Habilitationskommission „Selbstüberschätzung" vorgeworfen, da die Schrift nur 70 Seiten umfaßte und es sich dabei um einen gescheiterten Promotionsversuch Nelsons handelte. Hinter den Kulissen wirkte der Begründer der Phänomenologie Edmund Husserl nach einer Aussage von Theodor Lessing, der sich in dieser Zeit ebenfalls in Göttingen zu habilitieren versuchte, an dem Scheitern mit (Hoffmann 1989, S. 355, Hieronimus 1964, S. 22). Bereits 1903

---

24 Nelson: Die kritische Methode, a.a.O., S. 72.

25 Wie man sich mit einer Publikation in das wissenschaftliche Aus begeben kann, verdeutlichte der Philosoph Hans Vaihinger mit seinem 1911 erschienenen Werk „Die Philosophie des Als Ob". Zuvor als Gründer der „Kant-Studien" und der „Kant-Gesellschaft" ein geachteter Vertreter der Zunft, wurde er durch seine polemische Fiktionalität ein Außenseiter. Ähnlich wie Nelson glaubte Vaihinger, die Probleme der Philosophie endgültig gelöst, die Kantische Philosophie von ihren Fehlern befreit und modernisiert zu haben.

hatte Nelson in seinem ersten Semester in Göttingen mit Husserl, damals noch außerordentlicher Professor, einen Disput in einen Seminar gehabt. Selbstkritisch notierte Nelson: „Zu einer Freundschaft mit Fachphilosophen scheine ich doch nun einmal kein Talent zu haben."[26] Husserl, obwohl nicht Mitglied der Habilitationskommission, versuchte eine akademische Karriere Nelsons zu behindern, da er Paul Natorp oder Ernst Cassirer, beides Vertreter der Marburger Richtung des Neukantianismus und Anhänger bzw. Schüler von Cohen, für eine Professur in Göttingen gewinnen wollte.

Die Tatsache, daß der Entscheidungsprozeß über wissenschaftliche Qualifikationen nicht ausschließlich reiner Logik entsprach, belegte einer der Gutachter Nelsons. Der Philosoph Julius Baumann, der die Annahme der Schrift empfahl, hatte sie zwei Jahre zuvor noch als Promotion abgelehnt, weil, wie Nelson berichtete, sie kein wissenschaftliches Gewicht hätte (Franke 1991, S. 75). Ende 1908 reichte Nelson seine Schrift „Untersuchungen zur Entwicklungsgeschichte der Kantischen Erkenntnistheorie" als Habilitationsgesuch ein. Trotz Bedenken Husserls wurde er damit am 6. März 1909 in der naturwissenschaftlichen Abteilung der philosophischen Fakultät der Universität Göttingen habilitiert.[27] Nelson hatte dabei die Unterstützung des Göttinger Mathematikers David Hilbert, mit dem ihn eine Freundschaft verband.

Im Jahr 1907 begann der Kontakt zu Hermann Lietz. Im Mai besuchte Nelson das Landerziehungsheim Schloß Bieberstein auf der Rhön. Nach dem Besuch schilderte er seine Erfahrungen: „Es ist wundervoll hier und ich bedaure, nicht noch mal in die Schule gehen zu können [...]. Ich habe verschiedenem Unterricht beigewohnt, [...] der ganz famos ist. Es ist alles buchstäblich so in Wirklichkeit, wie ich es mir geträumt habe."[28] Nelson intensivierte den Kontakt zu den Landerziehungsheimen von Lietz, er besuchte im September 1910 auch Gustav Wynekens Freie Schulgemeinde in Wickersdorf und trat dem Verein der Freunde der deutschen Landerziehungsheime bei, an deren Jahreshauptversammlung er im Dezember 1912 in Berlin teilnahm. Zu dem Gründer von Schloß Salem, Kurt Hahn, stand Nelson bereits seit seiner Jugend in Berlin in Verbindung, die beiden Familien kannten sich. Diese Vertreter der Reformpädagogik hatten einen großen Einfluß auf die Ausbildung der bildungstheoretischen Arbeiten Nelsons, vor allem an die Charaktererziehung Lietz' und dessen pädagogische Praxis knüpfte Nelson später wieder an.

Leonard Nelson heiratete im August 1907 Elisabeth Schemann, sie trennten sich aber bereits 1910 wieder. Aus der Ehe ging der Sohn Gerhard hervor, er fiel

---

26   Brief Nelsons vom 28.11.1903, in: Blencke 1960, S. 20.

27   Brief der Philosophischen Fakultät der Georg-August-Universität an das Ministerium vom 22.3.1909, in: Geheimes Staatsarchiv Preußischer Kulturbesitz, Abt. Merseburg, Bestand Preußisches Ministerium für Wissenschaft, Kunst und Volksbildung, a.a.O., Bl. 44. - Leonard Nelson: Untersuchungen zur Entwicklungsgeschichte der Kantischen Erkenntnistheorie (1912), in: Gesammelte Schriften Bd. 2, S. 405-457.

28   Brief Nelsons vom 18.5.1907, in: Blencke 1960, S. 27f.

im Zweiten Weltkrieg. Elisabeth, die danach den Philosophen Paul Hensel geheiratet hatte, starb 1954.

1907 wandte sich Nelson der direkten parteipolitischen Betätigung zu, Politik war für ihn aber zunächst nur eine Ergänzung seiner sonstigen Aktivitäten. In einem Brief schrieb er: „Ich brauche ja immer eine Nebenbeschäftigung, in Berlin ist es die Kunst und hier die Politik [...].“[29] Durch die linksliberale Freisinnige Vereinigung in Göttingen lernte er Friedrich Naumann kennen. Naumann sei der einzige Politiker, von dem man sich etwas versprechen könne, ohne alle seine Ansichten zu teilen. Nelson war Mitglied in dem „Agitationsverband-Die Hilfe“, ein Zusammenschluß sozialgesinnter Liberaler, der sich aus Lesern der von Naumann editierten Zeitschrift „Die Hilfe“ gebildet hatte und ihn politisch, aber auch finanziell, unterstützte.[30] Am Gründungsparteitag der Fortschrittlichen Volkspartei (FVP) im März 1910, einer Verschmelzung der Deutscher Volkspartei, der Freisinnigen Vereinigung und der Freisinnigen Volkspartei, nahm Nelson als Göttinger Delegierter teil (Blencke 1960, S. 42; Langewiesche 1988, S. 226). Nelsons aktive frühe politische Betätigung war somit in den politischen Linksliberalismus einzuordnen. Die FVP forderte in ihrem Programm die Steigerung des Einflusses des deutschen Bürgertums und den Ausbau der politischen Freiheit (Lösche 1994, S. 47 f.).

In seinem Vortrag „Was ist liberal?“, am 23. November 1908 auf der Eröffnungsveranstaltung des Akademischen Freibundes in Göttingen gehalten, bestimmte er die Grundlagen der liberalen Weltanschauung, die er als Weltanschauung, nicht als ein politisches Parteiprogramm verstand.[31] „Der Liberalismus aber ist das Prinzip des Selbstvertrauens der Vernunft“ (S. 11f.). Nelson wandte sich gegen den derzeit vorherrschenden Historizismus, der Liberalismus könne seine Ideale nur in der Zukunft suchen. Er forderte eine liberale Ethik: „Es kann keinen politischen Liberalismus geben, wenn es keinen ethischen Liberalismus gibt. Es kann aber keinen ethischen Liberalismus geben, wenn es nicht einen wissenschaftlichen Liberalismus gibt. Und wir haben heute keinen wissenschaftlichen Liberalismus“ (S. 17).

Seine Lösung war denn die Kantische, das Schicksal des Liberalismus sei untrennbar mit dem Gelingen der „Kritik der Vernunft“ verbunden. „Die Kantische Philosophie war die größte Anstrengung des Liberalismus in der Menschheitsgeschichte [...]“, hielt Nelson fest (S. 13). Doch der philosophische Liberalismus sei in Vergessenheit geraten, es „ist die kritische Philosophie, wie sie von Fries ausgebildet worden ist“ (S. 19). Die beiden großen Gegner des Liberalismus, der „klerikale Konservatismus und der ökonomische Materialismus“ hätten durch ihre philosophischen Begründungen zur Bildung von mächtigen Parteien

---

29   Brief Nelsons vom 13.7.1907, in: ebenda.

30   Schreiben des Agitationsverbandes vom 1.4.1911 in: Archiv der sozialen Demokratie, Nachlaß Nelson, Mappe 34. - Schriftleiter der Zeitschrift war von 1905 bis 1912 Theodor Heuss.

31   Leonard Nelson: Was ist liberal? (1908), in: Gesammelte Schriften Bd. 9, S. 1-26.

geführt. Heute sei es die dringende Aufgabe, diese 100 Jahre in Vergessenheit geratene Denkschule wieder in die öffentliche und wissenschaftliche Diskussion zu bringen.

Nelson wurde Vorsitzender des Göttinger Akademischen Freibundes. Auf der Freibundtagung 1909 referierte er zu dem Thema: „Die philosophischen Grundlagen des Liberalismus".[32] Die „Kritik der Vernunft" bestimmte Nelson hier als die Maxime, „keine anderen Einschränkungen menschlicher Betätigung anzuerkennen, als die durch Vernunft gebotenen".[33] Nelson definierte „Liberalismus, als das Prinzip der nur durch Vernunft eingeschränkten Freiheit" (S. 35) und konkretisierte drei konstituierende Prinzipien; das Prinzip der Denkfreiheit, das Prinzip der Gewissensfreiheit oder der sittlichen Freiheit und das Prinzip der Freiheit des äußeren Handelns oder der politischen Freiheit. Denkfreiheit werde durch das Prinzip der Toleranz bestimmt, sittliche Freiheit bedeute die Unabhängigkeit des Willens von allen anderen Bestimmungsgründen als den Forderungen der eigenen Vernunft. Politische Freiheit bedeute die Gleichheit aller vor dem Gesetz, das nicht im Dienst des Interesses einzelner oder einzelner Gruppen stehe, sondern der gerechten Ausgleichung der Interessen zu dienen habe. „Die Gerechtigkeit fordert Gleichheit der persönlichen Würde, aber nicht Gleichheit des physischen Besitzes oder der Befugnisse überhaupt" (S. 41). Weitere Vorträge innerhalb der Freibund-Organisation führten Nelson nach Frankfurt, Bonn und Münster.

Mit dieser Sichtweise setzte sich Nelson strikt von der sozialistischen Forderung der Vergesellschaftung ab. „Gleichheit vor dem Gesetz, Freiheit der Kritik der bestehenden Staatseinrichtungen und Öffentlichkeit der Rechtspflege sind also die allgemeinen Grundforderungen des politischen Liberalismus im engeren Sinne." Die positive Verwirklichung dieser Idee sei jedoch nur eine sittliche Aufgabe, sie könne nicht durch ein Gesetz erzwungen werden. „In diesem Sinne bedeutet der politische Liberalismus über die Forderung jener Rechte hinaus vor allem eine sittliche Pflicht, nämlich die Pflicht, mit allen gesetzlichen Mitteln der bestehenden Staatsordnung auf die Realisierung der Idee des Rechtes hinzuwirken [...]. Politisch liberal sein, heißt also: sich verpflichtet fühlen, an seinem Teil mitzuarbeiten an der Verwirklichung der Idee des Rechts" (S. 42).

Nach mehreren Konfrontationen mit nationalistischen Korpsstudenten und Burschenschaftlern und entsprechenden heftigen Reaktionen Nelsons darauf, geriet er auch innerhalb des Akademischen Freibundes in die Defensive und mußte 1911 als Vorsitzender zurücktreten.

Einen wichtigen Einfluß auf Nelson hatte Wilhelm Ohr, Generalsekretär des 1907 gegründeten Nationalverein für das liberale Deutschland, der politische Bildungsarbeit für die Liberalen leistete (vgl. Link 1964a). Von ihm übernahm er

---

32   „Frankfurter Zeitung" vom 25.4.1909.

33   Leonard Nelson: Die philosophischen Grundlagen des Liberalismus (1910), in: Gesammelte Schriften Bd. 9, S. 30.

die Ideen eines politischen Erziehers, einer Erziehungsorganisation, der strengen Disziplin in der Bildungsarbeit und den Gedanken einer politischen Akademie.[34] Ohr, der sich selbst als politischer Erzieher der nächsten Generation sah, versuchte seine Idee einer Partei- oder Gesinnungsschule des Liberalismus zu verwirklichen.[35] Diese politische Akademie sollte wissenschaftlich begründet sein und die erkannten Erziehungsideale verwirklichen.[36] Ohrs Kandidatur für den Reichstag in Jahr 1912 wurde von Nelson auch mit einer Spende unterstützt. Nelson nahm seit 1908 an den von Ohr ins Leben gerufenen Sommerakademien teil. Auf dem Kurs des Nationalvereins im August 1912 in Frankfurt referierte Nelson wiederum zu dem Thema „Was ist liberal?".[37] Theodor Heuss urteilte in seiner Naumann-Biographie über Ohr, er habe früh resigniert, sein historisch-romantischer Ansatz eines politisch-pädagogischen Wanderbetriebes sei im Experimentellen steckengeblieben (Heuss 1963, S. 380).

Die Bildungsarbeit des Nationalvereins brachte Nelson auch erstmals direkt mit der Arbeiterschaft in Berührung. Gemeinsam mit dem Düsseldorfer Arbeitersekretär Anton Erkelenz, der von den linksliberalen Hirsch-Dunckerschen Gewerkvereinen kam und die gewerbliche Arbeiterschaft ansprach, führte er Seminare mit Arbeitern durch.

Nach der geschilderten Habilitation im Jahr 1909 hielt Nelson als Privatdozent Vorlesungen an der Göttinger Universität; diese umfaßten die Gebiete Erkenntnistheorie, Ethik, Pädagogik, Religionsphilosophie, Rechts- und Staatsphilosophie sowie philosophische Probleme der Mathematik und Naturwissenschaften. Wissenschaftlich beschäftigte Nelson sich in den Jahren 1905 bis 1914 mit philosophischen Fragen der Mathematik[38], der Philosophie der Naturwissenschaften[39] und Grundlagen der Philosophie (Erkenntnistheorie, Theorie des wahren Interesses) sowie der Fortführung seiner Studien über Kant und Fries.[40]

---

34   Leonard Nelson: Wilhelm Ohr als politischer Erzieher (1917), in: Gesammelte Schriften Bd. 8, S. 417-447, hier: S. 430f. und S. 446.

35   Friedrich Naumann: Ein Gedenkblatt, in: Wilhelm Ohr zum Gedächtnis, Gotha 1918, S. 30f.

36   Alfred Heller: Wilhelm Ohr als Freistudent, in: ebenda, S. 71.

37   Briefe der Geschäftsstelle des Nationalvereins für das liberale Deutschland vom 28.1.1911 und 18.8.1912, in: Archiv der sozialen Demokratie, Nachlaß Nelson, Mappe 30.

38   Leonard Nelson (1905/06): Bemerkungen über die nicht-euklidische Geometrie und den Ursprung der mathematischen Gewißheit, in: Gesammelte Schriften Bd. 3, S. 3-52; Kant und die nicht-euklidische Geometrie (1906), in: ebenda, S. 53-94; Leonard Nelson/Kurt Grelling: Bemerkungen zu den Paradoxien von Russell und Burali-Forti (1908), in: ebenda, S. 95-127.

39   Leonard Nelson (1908): Ist metaphysikfreie Naturwissenschaft möglich?, in: Gesammelte Schriften Bd. 3, S. 233-281; Über wissenschaftliche und ästhetische Naturbetrachtung (1908), in: ebenda, S. 283-303.

40   Leonard Nelson (1908): Über das sogenannte Erkenntnisproblem, in: Gesammelte Schriften Bd. 2, S. 59-393; Die Theorie des wahren Interesses und ihre rechtliche und politische Bedeutung (1913), in: Gesammelte Schriften Bd. 8, S. 3-26; Die kritische Ethik bei Kant, Schiller und Fries (1914), in: ebenda, S. 26-192.

Nelson nahm an mehreren wissenschaftlichen Kongressen teil. Im September 1908 fand in Heidelberg der dritte internationale Kongreß für Philosophie statt, an dem Nelson sich an der Diskussion mehrerer Vorträge beteiligte. Auf dem vierten internationalen Kongreß für Philosophie im April 1911 in Bologna hielt Nelson einen Vortrag zum Thema „Die Unmöglichkeit der Erkenntnistheorie", der auf seine Publikation „Über das sogenannte Erkenntnisproblem" aus dem Jahr 1908 zurückging.[41] Im April 1914 beteiligte sich Nelson mit einem mathematischen Vortrag an der Gründung der „Société internationale de philosophie mathématique" in Paris.[42]

Nelson wirkte auch im politischen Leben an der Göttinger Universität mit. Im Sommersemester 1914 hielt er eine Vorlesung über „Philosophische Rechtslehre und Politik", am 31. Juli 1914 - einen Tag vor Ausbruch des Ersten Weltkrieges - beschäftigte er sich in der Schlußvorlesung mit dem Thema „Vom Staatenbund", sie war eine Kampfansage an jede nationale Machtpolitik. Hier plädierte er für einen dauernden Friedenszustand zwischen den Völkern: „Es ist also Pflicht jedes Gebildeten, sich an der Arbeit für die Realisierung eines dauernden Friedenszustandes zwischen den Völkern mit aller Kraft zu beteiligen."[43]

Gemeinsam mit Kurt Grelling veröffentlichte Nelson im September 1914 eine „Denkschrift betreffend die Einführung eines Staatenbundes und der damit zu verbindenden inneren Reformen".[44] Susanne Miller resümierte über die Denkschrift, daß diese im wesentlichen die Überzeugungen widerspiegelten, die Nelson damals mit dem größten Teil des liberalen Bürgertums teilte. Mit Kurt Grelling verband Nelson eine seit 1906 andauernde Freundschaft. Grelling gehörte auch zur Neuen Friesschen Schule, zur Fries-Gesellschaft und hat auch an der Arbeit des Internationalen Jugend-Bundes zu Beginn teilgenommen. In der Denkschrift schlugen die Verfasser die Einrichtung eines Weltstaatenbundes und als Vorstufe dazu einen europäischen Staatenbund vor. Innenpolitisch sprach man sich für eine Umwandlung des bisherigen Klassenstaates durch Demokratisierung und Sozialisierung in einen Rechts- und Volksstaat mit republikanischer Verfassung aus. Neben diesen reformerischen Vorschlägen sind jedoch auch Inhalte enthalten, die charakteristisch für Nelsons noch liberale Auffassung im Jahr 1914 sind. Unter der Überschrift „Staat und Sozialdemokratie" notierte er: „Unter den mannigfachen erfreulichen Erscheinungen, welche diese so ernsten Wochen

---

41 Leonard Nelson (1911): Die Unmöglichkeit der Erkenntnistheorie, in: Gesammelte Schriften Bd. 2, S. 459-483.

42 Leonard Nelson (1914): Über die Grundlagen der Geometrie, in: Gesammelte Schriften Bd. 3, S. 157-185.

43 Leonard Nelson: Vom Staatenbund (1914), in: Gesammelte Schriften Bd. 9, S. 43-57, hier S. 56. - Aufgrund der Pressezensur während des Krieges war eine Veröffentlichung erst im November 1918 möglich. - Vgl. Kapitel 3.3.3 dieser Arbeit.

44 Leonard Nelson: Denkschrift betreffend die Einführung eines Staatenbundes und der damit verbundenen inneren Reformen (1914), in: Gesammelte Schriften Bd. 9, S. 59-110. Vgl. auch die Einleitung von Susanne Miller zur Denkschrift S. 60-62.

gezeitigt haben, ist wohl eine der großartigsten, daß die Sozialdemokratie bedingungslos treu zum Vaterlande steht."[45] Zur Frage der Frauenemanzipation - die SPD hatte bereits 1891 im Erfurter Programm als erste Partei die Forderung nach einem aktiven und passiven Wahlrecht für Frauen aufgestellt, Bebels „Die Frau und der Sozialismus" war 1909 bereits mit knapp 200.000 Exemplaren in der 50. Auflage erschienen - merkte Nelson an: „Aber auch der von den Frauen schon lange erhobenen Forderung nach ihrer politischen Mündigkeitserklärung muß man wenigstens in etwas entgegenkommen. Man sollte damit beginnen, ihnen das kommunale Wahlrecht zu geben" (S. 108). Nach Meinungsverschiedenheiten zwischen den beiden Verfassern im Oktober 1914 übernahm Nelson nach einer Überarbeitung die Verantwortung für die Denkschrift alleine. Die Differenzen betrafen vor allem die Beurteilung der Stellung Deutschlands im Krieg und den vorgeschlagenen Staatenbund.[46] Nelson stand noch ganz auf der Seite des Bürgertums, wenn er sich für einen schnellen Sieg der Mittelmächte aussprach und der Reichsregierung gute Absichten unterstellte. In einem Brief äußerte er die Meinung, ein einfacher Sieg Deutschlands könne noch nicht die Vorbedingungen für den von ihm vorgeschlagenen Staatenbund erfüllen, dazu müßten die Gegner „vielmehr gänzlich darniederliegen (wenigstens England und Rußland)".[47]

Der zweite Teil der Denkschrift stand unter der Überschrift „Innere Reformen", mit seinen politischen Forderungen und Konsequenzen fiel er deutlich aus dem Rahmen des ersten Teils. Man könnte diese Gegensätzlichkeit mit dem erwähnten „Erfurter Programm" der SPD vergleichen, dessen erster Teil von Karl Kautsky verfaßt, revolutionär-marxistisch, dessen zweiter, von Eduard Bernstein geschriebener Teil, politisch-pragmatisch ausgerichtet war.[48] Der Unterschied zu Nelson wäre dann der, daß sein zweiter Teil der progressivere war.

Auffallend an diesem Teil der Denkschrift ist die positive Würdigung der Sozialdemokratie aus Nelsons Sicht. Die bereits zitierte „Treue der SPD zum Vaterland" - gemeint ist die Zustimmung zu den Kriegskrediten - mag für manche politische Kommentatoren früher wie heute ein grundlegender politischer Fehler gewesen sein, Nelson zog jedoch daraus den Schluß, daß die SPD nun ihre klassenkämpferische Einstellung aufgeben werde. Es ist an dieser Stelle nicht die Aufgabe zu überprüfen, ob die SPD zu Beginn des 20. Jahrhunderts „klassenkämpferisch" eingestellt war, jedenfalls hielt es Nelson für nicht möglich, nach einer Phase der nationalen Solidarität, in der man „Schulter an

---

45 Nelson: Denkschrift, a.a.O., S. 99.

46 Brief Nelson an Eduard Bernstein vom 10.10.1914, in: Archiv der sozialen Demokratie, Nachlaß Nelson, Mappe 38.

47 Brief Nelsons an Walter Schücking vom 7.10.1914, zitiert nach Miller: Einleitung zur Denkschrift a.a.O., S. 62.

48 Der Kautsky-Text ist eine zum Teil wörtliche Wiedergabe des siebten Abschnitts des 24. Kapitels „Geschichtliche Tendenz der kapitalistischen Akkumulation" des „Kapitals" von Karl Marx. - Zu Bernstein vgl. u.a. Heimann (1990).

Schulter auf den Schlachtfeldern gekämpft" habe, zu der alten Politik zurückzukehren. Nelson plädierte ausdrücklich für eine Aufgabe der „gesellschaftlichen
Ächtung der Sozialdemokratie" und sprach sich für eine Neuorientierung der
Regierungspolitik aus, die unter Einbeziehung der SPD notwendige Reformen,
insbesondere in der Sozialpolitik und der Erweiterung der Volkspolitik, voran-
bringen müßte (S. 48f.).

Die inneren Reformen, die schon deutliche Anklänge an den späteren
„liberalen Sozialisten" Nelson zeigten, faßte dieser in fünf Punkten zusammen:

- Erweiterung der Volksrechte: Reform des preußischen Wahlrechts, Gleich-
  behandlung aller Bürger;
- Sozialpolitik: Sozialversicherung, Reform des Arbeitsrechts, gleiche
  Bildungsmöglichkeiten, Einheitsschule;
- Sicherung der Geistesfreiheit: Trennung von Staat und Kirche, ethische
  Ausbildung der Lehrer;
- Beseitigung von Nationalitätenproblemen: keine Diskriminierungen gegen-
  über anderen Nationalitäten;
- Verstaatlichung der Rüstungsindustrie: dieses „wurde von sozialdemokra-
  tischer Seite schon lange mit Recht gefordert" (S. 107f.).

Nelson stand hier durchaus noch in einer Tradition, die er mit den politischen
Grundüberzeugungen Friedrich Naumanns teilte. Wenn er auch dessen bedingt
nationalistisch-imperialistische Politik nicht fortsetzte, forderte Nelson doch auch
ein starkes Deutsches Reich als Voraussetzung für innenpolitische soziale
Reformen. Naumann war, wie Peter Lösche feststellte, Sozialimperialist; Verteilungsgerechtigkeit in Deutschland sollte durch eine aktive Weltpolitik erreicht
werden. Naumann hatte bereits mit der Gründung des Nationalsozialen Vereins
1896 den Versuch unternommen, ein Bündnis mit der Sozialdemokratie vorzubereiten. Ziel sollte die Ablösung der Konservativen sein. Doch die politischen
Zielsetzungen Naumanns verhinderten dies zunächst noch. In den Grundlinien
des Nationalsozialen Vereins[49], gegen heftige Widerstände von Max Weber und
anderen durchgesetzt, bekannte man sich zu einer imperialistischen Politik als
Voraussetzung für eine innere Politik sozialer Reformen. Die ökonomische und
politische Machtentfaltung der deutschen Nation nach außen einschließlich einer
Ausweitung der deutschen Kriegsflotte sei die notwendige Vorbedingung, hieß es
in dem Programm. Doch Naumanns Bündnis des Linksliberalismus mit der Sozialdemokratie scheiterte. Trotz eines Wahlkampfabkommens der Parteispitze mit
der SPD bei den Reichstagswahlen 1912 entschied sich die liberale Basis statt für
die sozialdemokratischen Kandidaten für das bürgerliche Lager (Lösche/Walter
1996, S. 13). Erst im Jahr 1917 kam es durch die Initiative des Zentrumspoli-
tikers Matthias Erzberger zu dem Interfraktionellen Ausschuß zwischen MSPD,
Zentrum und Fortschrittspartei, der dann das Muster für die spätere Weimarer
Koalition bildete.

---

49   In: Wilhelm Mommsen (1960): Deutsche Parteiprogramme, München, S. 166 f.

Anfang September 1917 war Nelson zum Göttinger Regiment einberufen worden. Er versuchte zwar, den Militärdienst mit Attesten über seine chronische Schlaflosigkeit zu umgehen, doch wurde er im Oktober zum 83. Infanterie-Regiment/Genesenenkompanie mit dem Standort Kassel versetzt. Dort war er bis zu seiner Entlassung im Sommer 1918 mit dem Sammeln und Sortieren von Zeitungsausschnitten beschäftigt.

Ein Umbruch in Nelsons Orientierung wurde durch den Eindruck der Katastrophe des Krieges ausgelöst, sie wurde für ihn zu einem Schlüsselerlebnis. Er forderte dazu auf, über die rein wissenschaftlichen Aufgaben hinauszugehen und sich aktiv der pädagogisch-politischen Durchsetzung des theoretisch Erkannten anzunehmen. Nelson versuchte die Mitglieder der Fries-Gesellschaft für diesen Weg zu gewinnen. Doch ein Teil dieser bisher nur der wissenschaftlichen Arbeit dienenden Gemeinschaft verschloß sich Nelsons Intention. Nelson setzte sich auch nicht mit seinem Vorschlag durch, die Gesellschaft zu einer Philosophen-Schule im Sinne Platons umzugestalten (Blencke 1978, S. 207).

Diese neue Überzeugung wurde auch in zwei Briefen deutlich. In einem Brief an seinen Vater notierte er: „Es gilt das unendlich Schwere, [...] die einmal gewonnenen Schüler festzuhalten und willensmäßig zu beeinflussen. Denn schwerer als den tiefsten Gedanken zu finden, ist es, den Menschen zu finden, der bereit ist, mit ihm ernstzumachen. Und was nutzen uns die besten Gedanken ohne solche Menschen."[50] 1916 schrieb er an Hermann Lietz: „Der Krieg hat mir die Notwendigkeit realistischer Anschauungsweise in erhöhtem Maß vor Augen geführt. Ich kann mich der Erkenntnis nicht verschließen, daß wir ernster und der Verantwortung für das öffentliche Leben sich bewußter Männer nicht nur nach dem Krieg mehr denn je brauchen, sondern daß die Zahl dieser zur Führung Berufenen auf eine erschreckende Minderheit herabgesunken ist, eine Minderheit, die des engsten Zusammenschlusses bedarf, um überhaupt auch nur die Möglichkeit offen zu lassen, sich irgend einen Einfluß auf die Umgestaltung der Dinge im Frieden zu verschaffen."[51]

1917 erschien der erste Band der dreireihigen „Vorlesungen über die Grundlagen der Ethik" unter dem Titel „Kritik der praktischen Vernunft". Die drei Bände der Vorlesungen stellen das wissenschaftliche Hauptwerk von Nelson dar.[52] Sie entstanden aus mitstenographierten Vorlesungen Nelsons an der Göttinger Universität, die von ihm dann überarbeitet, zum Teil neugehalten und

---

50 Brief Nelsons an seinen Vater von 1915, in: Henry-Hermann 1985, S. 99.

51 Brief Nelsons an Lietz vom 14.8.1916, in: Nelson Archiv im Archiv für Hessische Schulgeschichte der Universität Frankfurt, Mappe VI-501.

52 Zur Entstehungsgeschichte siehe Brief Nelsons vom 13.11.1916, in: Blencke 1983, S. 69. Leonard Nelson: Kritik der praktischen Vernunft. Vorlesungen über die Grundlagen der Ethik, 1. Band (1917), in: Gesammelte Schriften Bd. 4, Hamburg 1972; System der philosophischen Ethik und Pädagogik. Vorlesungen über die Grundlagen der Ethik, 2. Band (1932, aus dem Nachlaß herausgegeben), in: Gesammelte Schriften Bd. 5, Hamburg 1970; System der philosophischen Rechtslehre und Politik. Vorlesungen über die Grundlagen der Ethik, 3. Band (1924), in: Gesammelte Schriften Bd. 6, Hamburg 1976.

wieder verbessert wurden. Die Schriften Nelsons zeichnen sich daher durch einen didaktisch mündlich geprägten Stil aus, neben der streng formal argumentierenden Deduktion und dem exakten Sprachgebrauch sicherlich ein Grund für die Verständlichkeit der Texte. Diese „kommunikative" Philosophie zeichnete sich durch eine ähnlich präzise Sprache aus, wie man sie auch bei John Locke findet. Zur Zeit Nelsons übertraf die Ästhetik seiner Sprache wohl nur noch Georg Simmel.[53] Die „Kritik der praktischen Vernunft" konnte mit einigen Schwierigkeiten noch während des Krieges erscheinen. Nelson stellte den dritten Band „System der philosophischen Rechtslehre und Politik" 1924 noch selbst fertig. Den zweiten Band gaben die Nelson-Mitarbeiterinnen Grete Hermann[54] und Minna Specht unter dem Titel „System der philosophischen Ethik und Pädagogik" im Jahr 1932 aus Vorlesungsmitschriften Nelsons heraus. Eine Übersicht über die Veröffentlichungen Nelsons bietet das von Grete Hermann und Hellmut von Rauschenplat zusammengestellte „Verzeichnis der Schriften Leonard Nelsons".[55]

Nelson konnte Zeit seines Lebens nie Ordinarius werden. Auch die außerordentliche Professur, die er im Juni 1919 mit der Bezeichnung „systematische Philosophie der exakten Wissenschaften" erhielt, erreichte er erst im dritten Anlauf. Die Gründe dafür lagen sowohl in dem politischen Engagement Nelsons, der mit seinem Eintreten für eine Friedenspolitik in der Zeit des Ersten Weltkrieges viele Konflikte - u.a. mit der Göttinger Universität - auszutragen hatte als auch in seiner Persönlichkeit selbst begründet. Diese zeichnete sich zum Teil durch Rigorismus und Überheblichkeit aus, seine wissenschaftliche Laufbahn begann Nelson mit einer kaum nachvollziehbaren Polemik. Es gelang ihm nicht, Freundschaften mit Fachkollegen zu schließen und Förderer zu gewinnen; einzig zu manchen Mathematikern und Naturwissenschaftlern konnte er Arbeitszusammenhänge aufbauen. Die These Heydorns, wonach Nelson aufgrund seiner kritischen Grundposition eine systembedingte Zurücksetzung erlebte, hielt Hoffmann nach seiner Analyse der Göttinger Universitätsakten für nicht haltbar (Heydorn 1992, S. 15; Hoffmann 1989, S. 357). Dennoch, Nelson war, und dies ist unstrit-

---

53   Zwischen Nelson und Simmel gibt es einige Parallelen. Simmel (1858-1918) stammte aus einer begüterten jüdischen Familie, war evangelisch getauft und hatte nach der Habilitation, da er quer zum wissenschaftlichen Diskurs stand, lange Zeit nur ein Extraordinariat inne. Erst im Alter von 56 Jahren konnte er 1914 eine Professur erhalten, vorher war er mehrfach übergangen worden. Seine nationale Begeisterung im Ersten Weltkrieg überwand er erst 1917. Simmel stand zudem 1918/19 auf einer Berufungsliste der Göttinger Philosophischen Fakultät, für die die mathematisch-naturwissenschaftliche Abteilung Nelson in einem Minderheitenvotum unterstützte.

54   Grete Hermann stammte aus einer protestantisch-konservativen Familie, die allerdings mütterlicherseits mit der Familie Engels aus Wuppertal verwandt war.

55   In: „Abhandlungen der Friesschen Schule, Neue Folge", Bd. 5, H. 1, Göttingen 1929, S. 79-94. Eine verkürzte Zusammenstellung, die die fremdsprachigen Veröffentlichungen nicht berücksichtigt, bietet: Leonard Nelson zum Gedächtnis, Hrsg.: Minna Specht und Willi Eichler, Göttingen 1953, S. 293-301.

tig, wie Eduard Bernstein festhielt, „ein scharfer Kritiker der reaktionären Tendenzen in der modernen deutschen Wissenschaft".[56] David Hilbert, Lehrstuhlinhaber für Mathematik in Göttingen, hatte eine Berufung Nelsons mehrfach protegiert, 1917 wurde Nelson durch ihn zum erstenmal für eine Professur ins Gespräch gebracht. Die historisch-philologische Abteilung der Philosophischen Fakultät hatte die Stelle von Edmund Husserl wieder zu besetzen, gegen deren Vorschlag opponierte die mathematisch-naturwissenschaftliche Abteilung unter Führung Hilberts, die Nelson präferierten. Diese konnte sich jedoch nicht durchsetzen, man kritisierte Nelsons „abstoßenden Formalismus" und warf ihm einen zu großen Einfluß auf die Jugend vor, denn „er werbe agitatorisch und seine erzieherische Einwirkung auf die Studierenden erscheint vielen von uns - insbesondere auch in vaterländischer Hinsicht - als eine sehr wenig erfreuliche" (Dahms 1987, S. 171). Auch bei einer weiteren Berufung kam Nelson nicht zum Zuge, mit der Ernennung von Hermann Nohl setzte sich in Göttingen die Dilthey-Schule durch.

Unterstützung erhielt Nelson durch eine wahrscheinlich von David Hilbert initiierte Denkschrift, der sich weitere 36 Persönlichkeiten anschlossen. Vertreten waren 20 Professoren und neun Privatdozenten überwiegend der Mathematik und Naturwissenschaften, davon fünf aus Göttingen, nur ein einziger Philosoph war darunter. Auch Hermann Lietz als Direktor des Landerziehungsheimes Haubinda bekannte sich zu Nelson. Die Unterzeichner der Denkschrift unterschieden zwischen einer experimentell-psychologischen und einer rein historisch orientierten Philosophierichtung an den Hochschulen und kamen zu dem Schluß, daß Nelson fast der einzige Vertreter sei, der diese beiden Schulen sinnvoll miteinander verknüpfe.[57] Das Kultusministerium griff im Oktober 1918 als Kompromiß einen Vorschlag der mathematisch-naturwissenschaftlichen Abteilung auf und schlug der Philosophischen Fakultät ein Extraordinariat für systematische Philosophie der exakten Wissenschaften vor. Dieser nichtplanmäßigen außerordentlichen Professur stimmte die Universität im Januar 1919 zu und schlug Nelson und Moritz Schlick vor. Das Ministerium entschied sich am 18.6.1919 für Nelson (Hoffmann 1989, S. 352). Seine kritische, streng logisch aufgebaute Philosophie wurde von den Fachvertretern kaum zur Kenntnis genommen, dies belegt auch die erwähnte „Denkschrift". Nelson selbst hatte auch, wie er Franz Oppenheimer schrieb, keine Illusionen mehr, daß die philosophische Fachwissenschaft seine Arbeiten rezipieren werde, um so mehr war er auf die Bestätigung von anderen Wissenschaftsdisziplinen, wie der Mathematik, angewiesen.[58]

Durch seine politische Tätigkeit und seine fast fanatische Rigidität in den immer wiederkehrenden Konflikten an der Universität Göttingen blieb es nicht

---

56 Eduard Bernstein (1919): Völkerrecht und Völkerpolitik, Berlin, S. 101.

57 Denkschrift an den Kultusminister, in: Geheimes Staatsarchiv Preußischer Kulturbesitz, Abt. Merseburg, Rep 76 Va Sek 6 Tit IV Nr. 25, Bl 458f.

58 Brief Nelsons an Franz Oppenheimer vom 5.2.1921, in: Bundesarchiv Potsdam, Nachlaß Nelson, Mappe 33, Bl. 15.

aus, daß Nelson immer mehr vom Hochschulbetrieb ausgegrenzt wurde und sich selber ausgrenzte, selbst Weggefährten und Förderer wie Richard Courant oder David Hilbert zogen sich zurück. Nelsons Schwierigkeiten und Auseinandersetzungen innerhalb der Göttinger Universität waren vielfältig (vgl. Henry-Hermann 1985, S. 186; Herrlitz 1987, S. 87f; Ratzke 1987, S. 202f; Dahms 1987, S. 171f.). Exemplarisch sei nur ein Fall herausgegriffen. 1920 beantragte er einen zusätzlichen Hörsaal, damit neue Studierende unter der Leitung eines Studenten den bisherigen Stoff nacharbeiten konnten. Als ihm dies durchaus zu Recht durch die Philosophische Fakultät mit dem Hinweis darauf verweigert wurde, daß eine Lehrtätigkeit durch Studierende nicht ausgeübt werden könne, zog Nelson sich von dem Professorenkollegium zurück. In einem Brief an den Rektor schrieb er, daß er sich nicht „einer ähnlichen Behandlung auszusetzen" gedenke, die weder seinem Ehrgefühl noch seiner erschütterten Gesundheit zugemutet werden könne.[59] In Folge dieser Auseinandersetzung verweigerte Nelson mehrfach die Ablegung des Eides, dies war wegen der Ernennung zum Hochschullehrer notwendig geworden. Die Ablegung seines Diensteides sei für ihn „eine moralische Unmöglichkeit, die für mich einer physischen gleichkommt". Da der Minister die Universität angewiesen habe, von ihm den Eid zu verlangen, bedeute „die Stellungnahme des Ministers [...] daher in ihrer Konsequenz meine Vertreibung von der Universität". Auch Nelsons Brief an den Minister, in dem er mit der Flucht in die Öffentlichkeit oder ins Ausland drohte, zeigte nicht die erwünschte Unterstützung. Kultusminister Haenisch bestätigte die von der Göttinger Universität getroffene Entscheidung.[60] Doch Nelson selbst schien auch Schwierigkeiten mit seinem Beruf gehabt zu haben. 1923 schrieb er: „Ich habe von neuem Anlaß, auf das tiefste zu bedauern, daß ich im bürgerlichen Beruf Professor der Philosophie bin."[61] In seinem Streit mit der Universität wurde auch ein Charakterzug Nelsons deutlich, der, wenn er der Überzeugung war, im Recht zu sein, zu keinen Kompromissen bereit war und mit aller Vehemenz seine Anschauung der Dinge vertrat. Nelson sprach in einem Brief von Demütigungen, Opfern, Fußtritten, denen er sich ausgesetzt fühlte. Daher habe er „bis auf weiteres den Verkehr" mit der Göttinger Universität abgebrochen. Denn seine Selbstachtung wolle er nicht verlieren, und „Zu-Kreuze-kriechen" werde er nicht, da dann die Universität „bei nächster Gelegenheit dem Vogelfreien das akademische Lebenslicht vollends" ausblase.[62]

---

59 Brief Nelsons an den Rektor vom 11.2.1920 und Brief des Rektors an den Minister für Wissenschaft, Kunst und Volksbildung vom 8.3.1920, beide in: Geheimes Staatsarchiv Preußischer Kulturbesitz, Abt. Merseburg, Rep 76 Ia, Sek 6, Tit IV, Nr. 1, Bd. 26, Bl. 275-276.

60 Brief Haenisch an Nelson vom 24.4.1920 und Antwort Nelsons vom 4.5.1920, beide in: ebenda, Bl. 332f. und 335-337.

61 Monatsantwort Nelsons an die Ortsgruppenleiter des Internationalen Jugend-Bundes vom 26.11.1923, in: Archiv der sozialen Demokratie, IJB-ISK Bestand, Mappe 1.

62 Brief Nelson an Geheimrat Troeltsch vom 10.5.1920, in: Geheimes Staatsarchiv Preußi-

Bestimmend für die Person Nelsons aber auch die Politik seiner Organisationen war die Stellung zur Kirche. Nelsons Ablehnung der Religion und der Institution Kirche war auf das engste mit der philosophischen Erkenntnis der menschlichen Autonomie verbunden. Ein „geistiges Monopolverhältnis" schaffe Abhängigkeiten, da die Kirche meine, ausschließlich im Besitz der Mittel zur Erwerbung des Seelenheils zu sein und daher glaubte, den anderen die Bedingungen vorschreiben zu können, um zum Seelenheil zu gelangen. Mit der Annahme eines Glaubens sei „die Preisgabe einer freien Selbstbestimmung verbunden. Wie der Kapitalismus, so beruht auch der Klerikalismus auf einer Form der Erpressung, indem hier die seelische Not der einen von den anderen ausgebeutet wird, um sich der Herrschaft über ihre Gewissen zu versichern."[63] Es sei eine Aufgabe des Staates, das „Recht auf Geistesfreiheit" zu schützen, dies impliziere, daß er allen Institutionen entgegentrete, deren Zielsetzung sei, Menschen unter eine künstliche Vormundschaft zu bringen. Und in der Nelson eigenen deutlichen Sprache: „Wo es in einem Staate als selbstverständlich gilt, Diebe, Urkundenfälscher und Giftmischer kraft Gesetz unschädlich zu machen, da sollte der Seelenmord nicht als staatlich geschütztes Gewerbe betrieben werden dürfen" (S. 393). Vernünftige Selbstbestimmung liege in der Freiheit von künstlicher Bevormundung, so, auf eine Kurzformel gebracht, Nelsons Maxime. Seine Ablehnung der Institution Kirche, die er philosophisch begründet hatte, war ein Eckpfeiler in den noch darzustellenden politischen Organisationen Internationaler Jugend-Bund und Internationaler Sozialistischer Kampf-Bund.

Nelson geriet auch außerhalb des Hochschulbereichs immer mehr in die Isolation. An Hermann Lietz schrieb er: „Ich habe keine Menschen mehr, auf die ich irgend eine Hoffnung setzen könnte, die wenigen, von denen ich eine wirkliche Mitarbeit erwarten konnte, sind gefallen, oder [...] der Lebensgefahr ausgesetzt." Seine Erfahrungen wären nur auf die akademische Jugend beschränkt, aber die würden ja die Verantwortung in der Zukunft tragen. „Und an dieser Jugend vermisse ich alles [...] es fehlt ihr vor allem an Charakter, an Ernst, an Selbständigkeit, an Selbstlosigkeit."[64] Bereits 1911 hatte Nelson sein Amt als Vorsitzender der Göttinger Gruppe des Akademischen Freibundes wegen seiner Rigidität in politischen Auseinandersetzungen aufgeben müssen, nun war er wegen eines erneuten Konflikts im November 1916 gezwungen, seine Mitgliedschaft ganz zu beenden. Nelson stand dem Zusammenschluß der bürgerlichen Jugendbewegung während des Treffens auf dem Hohen Meißner im Oktober 1913 zur Freideutschen Jugend positiv gegenüber, erkannte aber bald deren politische Neutralität und Passivität. Diese Hinwendung zur Jugendbewegung spiegelte sich auch in Nelsons Schriften wieder. Zu den bisherigen publizistischen Schwerpunkten seiner Arbeit kam ein neues Thema, die Pädagogik. 1916 erschienen die Schriften

---

scher Kulturbesitz, Abt. Merseburg, Rep 76 Ia, Sek 6, Tit IV, Nr. 1, Bd. 26, Bl. 332f.

63   Nelson: Rechtslehre und Politik, a.a.O., S. 413.

64   Brief Nelsons an Hermann Lietz vom 14.8.1916, in: Nelson Archiv im Archiv für Hessische Schulgeschichte der Universität Frankfurt, Mappe VI-501.

„Erziehung zur Tapferkeit" und „Führer und Verführer", letztere entwickelte sich aus einem pädagogischen Seminar im Sommersemester 1916. 1917 faßte dann der Sammelband „Die Reformation der Gesinnung durch Erziehung zum Selbstvertrauen" noch einmal Nelsons pädagogische Arbeiten zusammen.[65]

Die Aktivitäten des Nationalvereins für das liberale Deutschland waren bereits 1913 zurückgegangen.[66] Nelson konnte aber erreichen, daß Anton Erkelenz ab dem Sommersemester 1914 ein einjähriges Stipendium erhielt. Erkelenz besuchte Nelsons Veranstaltungen, und gemeinsam bereiteten sie Reden für die liberalen Organisationen vor. Nelson gelang es, einen kleinen Schülerkreis um sich aufzubauen und auch seinen Einfluß in den liberalen Kreisen auszuweiten. Ein linksliberaler Studentenkreis bat Nelson für das Wintersemester 1914/15 um die Leitung von hochschulpolitischen Seminaren. Auf einer Arbeiterkonferenz des Nationalvereins im September 1914 sollte Nelson nach Absprache mit Wilhelm Ohr das Verhältnis von Staat und Kirche behandeln. Und in dem Sommerkurs des Nationalvereins in Amorbach war Nelson mit einem Beitrag über die theoretischen Grundlagen des Liberalismus vertreten. An der sechsten Tagung der Fries-Gesellschaft Ende Mai 1914, zu der auch Franz Oppenheimer aus Berlin anreiste, nahmen als Hauptreferent Kurt Grelling und neben anderen Paul Bernays, Otto Meyerhof, Arthur Kronfeld, Anton Erkelenz und Julie Pohlmann teil (Blencke 1960, S. 58). Doch der Beginn des Ersten Weltkrieges machten alle diese Aktivitäten zunichte.

Einen Ausweg aus dieser Situation bildete im April 1917 die Gründung des Internationalen Jugend-Bundes (IJB). Der IJB (vgl. Kapitel 4) entstand aus dem Kreis der Studierenden Nelsons. Nelson gelang es, seine Studenten von einer praktischen politischen Tätigkeit zu überzeugen, sie in einer Organisation, dem IJB, zusammenzufassen und ihnen auf diese Weise eine Zukunftsperspektive zu vermitteln. Ein Freundesrat, für den unter anderen Albert Einstein, Käthe Kollwitz, Anton Erkelenz, Elisabeth Rotten und Franz Oppenheimer ihren Namen zur Verfügung stellten, unterstützte den Jugendbund.[67] Einstein, der auch den „Dringenden Appell" des Internationalen Sozialistischen Kampf-Bund (ISK) im Jahr 1932 mitunterzeichnete, schrieb später, er habe Nelson nur oberflächlich gekannt, den Aufruf aber wegen seiner Gesinnung unterschrieben, jede Initiative

---

65   Leonard Nelson: Erziehung zur Tapferkeit (1916), in: Gesammelte Schriften Bd. 8, S. 353-362. Nelson: Führer und Verführer (1916), in: ebenda, S. 387-415. Nelson: Die Reformation der Gesinnung durch Erziehung zum Selbstvertrauen (1917), Verlag Öffentliches Leben, Göttingen 1917 (2. erw. Aufl. 1922).

66   Weitere Aktivitäten des Nationalvereins gab es nicht, Ohr starb 1916 an der Somme im Krieg. - Ohr beeinflußte Friedrich Naumann mit seinem Konzept einer politischen Erziehung. Die 1918 in Berlin gegründete Staatsbürgerschule, die nach Naumanns Tod den Namen Deutsche Hochschule für Politik annahm, hatte Naumann in einem Artikel in der Schrift „Die Hilfe" im Februar 1918 konzeptionell vorgestellt (vgl. Friedrich Naumann (1918): Erziehung zur Politik).

67   Aufruf an die freie Jugend aller Stände und Völker, in: „Die Republik" vom 8.2.1919, zitiert nach: Der Völkerbund der Jugend, Hrsg.: Bertha Gysin, Leipzig 1920, S. 55f.

zu begrüßen, die sich dem sinnlosen nationalistischen Fanatismus entgegenstelle.[68]

„Nelsons Abkehr vom Liberalismus zugunsten des Sozialismus bei ansonsten jedoch gleichbleibender Philosophie" benannte Werner Link die politische Richtungsänderung Nelsons 1918 (Link 1964, S. 64). Diese Sichtweise ist verkürzt, unterstellt sie doch, daß die Begriffe nur ausgetauscht wurden. Nelson entwickelte sich zu einem Sozialisten hin, und die ethische Grundhaltung der frühen Jahre blieb diesem Sozialismusverständnis immer immanent. Auch die Ablehnung des Marxismus, insbesondere des Historischen Materialismus, blieb zeitlebens erhalten. Nelson wandte sich im Einklang mit der Friesschen kritischen Philosophie vom Liberalismus ab, indem er wie Fries den „Grundwert" Gleichheit der Freiheit voranstellte und danach die beiden miteinander verknüpfte. Der entscheidende Wandel von Nelson lag also darin begründet, daß er nicht, wie im sozialen Liberalismus allein, den formal-rechtlichen Aspekt der Freiheit, das Recht zur Selbstentfaltung forderte, sondern eine zweite Ebene des Freiheitsbegriffes einführte. Setzt man den Wert „Gleichheit" - heute würden wir statt dessen „Gerechtigkeit" sagen - über den Freiheitsbegriff, bedeutet dies, daß Freiheit durch das Prinzip Gleichheit eingeschränkt werden muß. Oder, anders ausgedrückt, neben dem formal-rechtlichen Aspekt existiert noch ein materiell-sozialer Aspekt der Freiheit, die Möglichkeit zur Selbstentfaltung. Gleichheit wird so als gleiche Freiheit oder gleiche Lebenschancen für alle verstanden (vgl. Meyer 1991, S. 84). Nelson setzte sich für einen konsequenten Humanismus ein, der nach der Verwirklichung der gleichen Würde aller Menschen in einer Gesellschaft des Rechts strebte. In der Gewichtung dieser Komponente im Freiheitsbegriff liegt auch die logische Anschlußstelle bei Nelsons Übergang vom politischen Liberalismus zum Sozialismus als dem der Ethik am konsequentesten entsprechenden politischen Programm.

Die Mitglieder des Internationalen Jugend-Bundes engagierten sich aktiv in der Arbeiterbewegung. Trotz der Mängel sah Nelson die sozialistische Bewegung als die zukunftsträchtige an, da die „Gebildeten" vor der Aufgabe, die Gesellschaft nach den Kriterien der Vernunft zu gestalten, versagt hätten. Nelson war 1918 Mitglied der USPD geworden, trat jedoch später wieder aus. Für den Nichteintritt Nelsons in die Sozialdemokratische Partei gab dessen engster politischer Mitarbeiter Willi Eichler im Rückblick zwei Gründe an, „den historischen Materialismus bei der SPD" und, als tieferen Grund, daß die SPD nichts „für die geistige Erneuerung ihrer Mitglieder" tun würde.[69] 1923 schloß Nelson sich dann doch der Sozialdemokratischen Partei an.

Minna Specht, später Nelsons engste Mitarbeiterin, studierte von 1914 bis 1917 in Göttingen Mathematik, dort lernte sie auch Nelson kennen. Dieser

---

68   Brief Albert Einsteins an Martin Schäfer vom 30.8.1948, in: Archiv der sozialen Demokratie, Nachlaß Nelson, Mappe 40.

69   Rede Willi Eichlers vom 30.10.1935, in: ebenda, Mappe 55, Bl. 1.

anfänglich distanzierte Kontakt entwickelte sich dann zu einer Lebensgemeinschaft, in der Specht sich zunächst auf die konkrete Umsetzung der Nelsonschen Bildungstheorie konzentrierte, danach aber sehr stark sich auch politisch engagierte und nach Nelsons Tod die Führung der „Nelsonbewegung" übernahm (vgl. Heydorn 1992, Hansen-Schaberg 1992, Harder-Gersdorff 1989). In Specht hatte Nelson eine Vertraute, die ihn rückhaltlos und entschlossen unterstützte. Ohne sie und wenige andere Mitarbeiter, wäre die konkrete Umsetzung der Theorie in ein politisches und pädagogisches Projekt kaum möglich gewesen. Neben Specht war Willi Eichler die zweite zentrale Person für Nelson. Eichler (vgl. Meyer 1996, Lemke-Müller 1988), der aus einer kleinbürgerlichen Berliner Familie stammte, war 1919 durch Vermittlung seines ehemaligen Volksschullehrers Fritz Schmidt zum Internationalen Jugend-Bund gestoßen, in Berlin lernte er zusätzlich Max und Maria Hodann, zwei führende Mitglieder des IJB, kennen. Nelson begegnete er bei dessen Vortrag „Erziehung zum Führer" im April 1920 in Berlin zum ersten Mal.

Eine Unterstützung des Internationalen Jugend-Bundes stellte die am 1. Dezember 1918 gegründete Gesellschaft der Freunde der Philosophisch-Politischen Akademie dar. Durch eine Schenkung von Hermann Roos in Höhe von 12.000 englischen Pfund verfügte die Gesellschaft über ein beträchtliches Vermögen. Der Unternehmer Roos, ein gebürtiger Frankfurter, seit 1890 mit britischem Paß und ab 1920 in der Schweiz lebend, war ein Verwandter Gerhard Hessenbergs, einem langjährigen Mitstreiter Nelsons. Das Geld wurde zinstragend in einem Industriebetrieb angelegt. Im Wintersemester 1921/22 hörte Roos Vorlesungen bei Nelson.[70] Vorsitzender der Freundesgesellschaft war der bereits erwähnte Professor Franz Oppenheimer.

Auf die Zusammenarbeit zwischen Nelson und Oppenheimer sei an dieser Stelle etwas näher eingegangen. Nach dem Urteil des Oppenheimer-Biographen Dieter Haselbach konnte Oppenheimer „als älterer Freund und Mentor der Organisation mit seiner Autorität und Prominenz als Wissenschaftler in der Öffentlichkeit wertvolle Dienste leisten. Gleichwohl blieb sein Engagement für Nelsons politische Aktivitäten merkwürdig zurückhaltend und beschränkte sich auf Protektion [...]" (Haselbach 1985, S. 149; vgl. Gysin 1973, S. 35-48). In seinen späteren Erinnerungen berichtete Oppenheimer nur am Rande über Nelson: „Ganz unabhängig von mir hat damals mein leider so jung verstorbener Freund und Waffenkamerad Leonard Nelson den Plan eines europäischen Völkerbundes ausgearbeitet" (Oppenheimer 1964a, S. 219). Als Ursache für diese Zurückhal-

---

70   Hermann Roos: In Sachen des Landerziehungsheims Walkemühle und der Philosophisch-
      Politischen Akademie, 30.6.1933, in: Bundesarchiv Koblenz, Bestand Reichsministerium
      des Innern R 18, Mappe 6040. Schenkungsurkunde vom 1.2.1923, in: Bundesarchiv Potsdam, Nachlaß Nelson, Mappe 373, Bl. 44. Der Zinsertrag des in der Seifenfirma Max
      Wolf in Schlüchtern angelegten Kapitals wurde in einer Notiz der Gewerbestelle Berlin mit
      9.600 M angegeben. Notiz vom 18.5.1925, in: Staatsarchiv Marburg, Bestand 166-6437 -
      Wolf war durch eine Verwandte, die Mitglied des Internationalen Jugend-Bundes war, auf
      Nelson aufmerksam gemacht worden.

tung kann eine unterschiedliche Beurteilung der Staatspolitik angesehen werden. Nelson selbst gab in einer Diskussionsrede auf dem fünften Deutschen Soziologentag die Antwort: „Hier liegt die Differenz zwischen mir und meinem verehrten Freunde Oppenheimer. Er hat den Föderalismus als Ziel. Was geschieht um dieses Ziel zu sichern? Um diejenigen in Schranken zu halten, die dieses Ziel nicht wollen? Es gibt kein anderes Ziel als dieses: Wie jeder, der ein gesellschaftliches Ziel will, muß er eine zentrale Macht wollen, die die Aufrechterhaltung des Föderalismus sichert [...]".[71] Die von Nelson bevorzugte Herrschaft der Weisen war mit einem föderalen Staatsaufbau nicht in Einklang zu bringen. Anknüpfungspunkte zwischen Nelson und Oppenheimer lagen in der Wirtschaftspolitik und dem Sozialismusverständnis. Nelson hatte Oppenheimers Wirtschaftstheorie, insbesondere die Forderung nach der Aufhebung der Bodensperre - die Aufteilung des landwirtschaftlichen Grundbesitzes - übernommen.[72] Sie wurde, wie Werner Link feststellte, zum „ISK-Schibboleth" (Link 1964, S. 124). Auch sein Verständnis eines „liberalen Sozialismus" deckte sich mit Nelsons theoretischen Arbeiten. In diesen beiden Punkten war die Beziehung von Nelson und Oppenheimer sicherlich eine sehr enge. Oppenheimers Feststellung aus dem Jahre 1929, „Nelson übernahm meine theoretische Auffassung ebenso vollkommen, wie ich seine philosophische. Seine Schüler wurden auch die meinen und umgekehrt" (Oppenheimer 1929, S. 103)[73], muß jedoch in dieser Diktion angezweifelt werden.

Nelson versuchte auch, seine politischen Vorstellungen direkt in die Politik einzubringen. Ausgehend von Berlin war neben den Arbeiter- und Soldatenräten im November 1918 eine kleinere dritte Bewegung entstanden, der „Rat der Geistigen Arbeiter". Nelson arbeitete in dem Göttinger Rat, der sehr stark auf die Strukturen des Internationalen Jugend-Bundes zurückgriff, mit. Diese Bewegung scheiterte aber sehr bald an den internen Meinungsdifferenzen und den starken Vorbehalten, die in der proletarischen Rätebewegung gegenüber den Intellektuellen bestand. Anfang 1919 fand im Kultusministerium in Berlin in Anwesenheit von Kultusminister Haenisch und Staatssekretär Heinrich Becker eine Besprechung statt, in der Nelson seine Idee einer „Führererziehung" vortrug. Von Seiten des Finanzministeriums wurden jegliche finanzielle Forderungen nach einer Unterstützung einer „Führerschule" jedoch abgelehnt. Zwar sagte das Kultusministerium eine Unterstützung zu, doch blieb es bei dieser vagen Zusage,

---

71   Leonard Nelson: Diskussionsrede auf dem 5. Deutschen Soziologentag in Wien am 27.9.1926 in: Demokratie und Führerschaft. Anhang 4 (1927), in: Gesammelte Schriften Bd. 9, S. 560f.

72   Nelson: Rechtslehre und Politik, a.a.O., S. 354.

73   Julius Kraft, Mitherausgeber der Gesammelten Werke Nelsons, promovierte 1924 bei Nelson und war von 1925 bis zur Habilitation 1928 Assistent bei Oppenheimer. Hellmut von Rauschenplat studierte bei Oppenheimer. - Bei Oppenheimer promovierte auch der spätere Bundeskanzler Ludwig Erhard auf der Grundlage der sozialistischen Arbeitswertlehre über „Wesen und Inhalt der Werteinheit".

Nelson konnte nichts konkretes erreichen. Die Konferenz, an der auch Hermann Lietz und Anton Erkelenz teilnahmen, konnte nicht wie geplant fortgeführt werden, da der „Spartakusaufstand" ausbrach und es auch vor dem Ministerium, das an der Straße „Unter den Linden" lag, zu Schießereien kam.[74] Am nächsten Tag erreichte Nelson im Kaiser-Wilhelm-Institut in Dahlem in einer verkleinerten Fortsetzungsrunde, daß er mit finanzieller Unterstützung des Ministeriums ein Gutachten erstellen konnte. Mehr Unterstützung erhielt er von der Kultusbürokratie nicht, zu weiteren Aktivitäten kam es nicht.

Nelson hatte sich sehr positiv über Lietz' Ausführungen in der erwähnten Konferenz geäußert. Der enge Kontakt zu Lietz erscheint auch heute nur schwer nachvollziehbar. Dessen „Kriegsbegeisterung", sein Nationalismus und sein bedingter Antisemitismus (Haubinder Judenkrach mit Theodor Lessing) waren nicht mit den politischen und pazifistischen Ideen Nelsons in Einklang zu bringen. Minna Specht versuchte den „gordischen Knoten" in einem Aufsatz zu lösen, indem sie schrieb: „Merkwürdig, daß der Erzieher Leonard Nelson gerade Hermann Lietz seine Liebe und Bewunderung entgegenbrachte."[75] Als Erklärungsversuch gab Specht die „selbständige Persönlichkeit" und den „Ernst in der Auffassung des Erzieherberufes" bei Lietz an. Diese enge Beziehung zu Lietz erscheint im Rückblick kaum verständlich, es sei nur darauf hingewiesen, daß Lietz anläßlich der Ermordung Rosa Luxemburgs und Karl Liebknechts am 15. Januar 1919 in seinen Heimen die schwarz-weiß-rote Fahne hissen ließ (Röhrs 1980, S. 127). In seinem Buch „Des Vaterlandes Not und Hoffnung" wies Lietz 1919 in dem Kapitel „Die Rassenfrage" auf die Reinhaltung der Rasse und die jüdische Gefahr hin.

Die Philosophisch-Politische Akademie, die die Arbeit des Internationalen Jugend-Bundes und später des Internationalen Sozialistischen Kampf-Bundes unterstützen sollte, wurde am 11. Juli 1922 gegründet.[76] Weitere Ziele der Akademie waren die Neuherausgabe des wissenschaftlichen Werkes von Fries und die Gründung einer eigenen Schule. Diese Schule, das Landerziehungsheim Walkemühle im hessischen Adelshausen in der Nähe von Melsungen, konnte am

---

74   Minna Specht: Bericht über die Arbeit im Kultusministerium in der Zeit vom 4.-9.1.1919, in: Bundesarchiv Potsdam, Mappe 44. - Erkelenz wurde vom Kultusministerium gebeten, am 8.1.1919 an einer Besprechung über „Nelsons Führerschulen" teilzunehmen. Vgl. die Einladung in: Archiv der sozialen Demokratie, Nachlaß Nelson, Mappe 38. Hans Spemann, Teilnehmer der Sitzung notierte später: „Es ergab sich von selbst, daß sehr bald nicht mehr von der Nelsonschen Führerschule gesprochen wurde, sondern von den Lietzschen Landerziehungsheimen." Doch Lietz sei wegen seiner Krankheit dem leider nicht mehr gewachsen gewesen und hätte gemeinsam mit seinem Mitarbeiter Alfred Andreesen abreisen müssen (Spemann 1968, S. 46).

75   Minna Specht, Leonard Nelson als Erzieher, in: „Junge Menschen", 7. Jg. (1926) H. 2, S. 31. Vgl. zu dem Verhältnis Nelson - Lietz auch Kapitel 4 dieser Arbeit.

76   Gründungsprotokoll vom 11.7.1922, in: Staatsarchiv Marburg, Bestand 166-6437. Die Philosophisch-Politische Akademie ist die einzige Organisation Nelsons, die noch heute fortbesteht, nach der Zerschlagung durch die Nazis 1933 wurde sie 1949 als "e.V." wieder gegründet. Vgl. Philosophisch-Politische Akademie 1996.

1. Mai 1924 unter der Leitung von Minna Specht und Ludwig Wunder eröffnet werden. Wunder, ein Schüler von Hermann Lietz, hatte sein Landerziehungsheim Nelson zur Verfügung gestellt. Die Walkemühle bestand aus zwei Abteilungen; in einem Grundschulzweig wurden Kinder gemäß der Nelsonschen Pädagogik erzogen, während in der Funktionärsschule zum Teil dreijährige Kurse für Mitglieder der Nelsonbünde durchgeführt wurden. Bereits im August 1923 tagte der fünfte Bundestag des Internationalen Jugend-Bundes in der Walkemühle. Nelson schickte Willi Eichler von Göttingen aus in die Walkemühle, um den Aufbau zu koordinieren. Doch zwischen Wunder und Nelson entstanden Differenzen, Wunder zog die Konsequenz und verließ am 27. November 1924 die Walkemühle. Er gründete später ein neues Landerziehungsheim, Herrlingen bei Ulm. Zur neuen Leiterin der Walkemühle wurde Minna Specht berufen. Nelson berichtete vor den Bewohnern der Walkemühle, daß die Trennung in beiderseitigem Einverständnis über ihre Notwendigkeit erfolgte.[77] Als Ursache gab er an, daß die Mitarbeit im Internationalen Jugend-Bund und somit auch in der Walkemühle keine „Mitgliedschaft, sondern eine dauernde Probe" wäre, die die Bereitschaft beinhalte, aus der Arbeit wieder auszuscheiden. Daher bedürfe es, so Nelson, auch keiner Gründe für die Notwendigkeit des Ausscheidens eines Mitarbeiters, sondern allein das Bleiben müsse begründet werden, eine sonderbare Begründung.

Nach dem Ausschluß der Mitglieder des Internationalen Jugend-Bundes aus der Sozialdemokratischen Partei im November 1925 wurde am 1. Januar 1926 der Internationale Sozialistische Kampf-Bund gegründet; der IJB bestand noch bis April 1926 fort. In einer Schrift, in der er seine Kritik an der marxistischen Begründung des Sozialismus zusammengefaßt hatte, bezeichnete Nelson sich als „revolutionärer Revisionist".[78] Die Arbeiterbewegung erkannte er als die Kraft an, die berufen war, die innere Ordnung wieder neu aufzubauen. Revolutionär war Nelson, da er die Gesellschaft in ihren Strukturen von Grund auf verändern wollte. Revisionistisch war seine Ablehnung des marxistischen Geschichtsdeterminismus und die daraus folgende Begründung des Sozialismus als eine auf Kant aufbauende sittliche Notwendigkeit.

Die Aktivitäten Leonard Nelsons kumulierten mehr und mehr in dem politischen Bereich. Seine Priorität lag eindeutig in der politischen Umsetzung und Verwirklichung des von ihm theoretisch Erkannten. Die reine Wissenschaft trat zurück, ohne jedoch völlig vernachlässigt zu werden. Von dem im September 1926 in Wien veranstalteten fünften deutschen Soziologentag sind zwei Diskussionsreden Nelsons überliefert. Zu der Thematik „Kritische Philosophie und mathematische Axiomatik" sprach Nelson im September 1927 vor der 56.

---

77 Ansprache Nelsons am 27.11.1924, in: Archiv der sozialen Demokratie, IJB-ISK Bestand, Mappe 1. - Wunder erhielt eine Entschädigung von 5.000.- Mark. Leonard Nelson, 26.11.1924, in: Archiv der sozialen Demokratie, Nachlaß Specht.

78 Leonard Nelson: Die bessere Sicherheit-Ketzereien eines revolutionären Revisionisten (1927), in: Gesammelte Schriften Bd. 9, S. 573.

Versammlung Deutscher Philologen und Schulmänner in Göttingen. Dies war sein letztes öffentliches Auftreten, in dem er noch einmal die Leistung Kants mit der Kritik der Vernunft würdigte, „durch die er zum Reformator der Philosophie geworden ist. Unter den Nachfolgern Kants war es allein Fries, der an diesem großen und entscheidenden Entdeckungen festgehalten hat. Und er hat nicht nur an ihnen festgehalten, sondern sie in ihrer Tragweite erst recht zur Geltung gebracht und im einzelnen ausgebaut".[79]

Im April 1927 hatte Nelson zusammen mit Minna Specht Gelegenheit, die UdSSR kennenzulernen. Nach der Moskaureise urteilte er sehr kritisch über die grundsätzliche, aber auch aktuelle Politik in der UdSSR (vgl. Kapitel 3.5) und seine Einschätzung der Demokratie. Vielleicht hätte er seine Ablehnung der Demokratie revidiert, wenn er weitere Erfahrungen hätte machen können. Dazu wäre jedoch auch eine Revision wichtiger Bestandteile seiner Philosophie nötig geworden, ob Nelson dazu bereit gewesen wäre, ist heute jedoch spekulativ.

Leonard Nelson starb am 29. Oktober 1927 im Alter von nur 45 Jahren in Göttingen, er wurde auf dem Gebiet der Walkemühle bestattet.[80] Die innerorganisatorische „Verklärung" von Nelson im Internationalen Jugend-Bund und später im Internationalen Sozialistischen Kampf-Bund, die der sonst streng rationalistischen Philosophie absolut widersprach, wurde in einem Brief Minna Spechts deutlich. Sie schrieb, Nelson „ziehe seine Kraft aus anderen Quellen als die meisten von uns".[81] Das Nelson selbst sich dieses Flair gegeben hatte, ist möglich und wahrscheinlich. Vermutlich hatte seine engste Umgebung, auch aus eigenen Gründen, ihn in dieser Rolle bestärkt. Sie war wohl eine der Faktoren für das ungewöhnlich ergebene Engagement, das viele seiner Schüler ein Leben lang für die von ihm formulierten Ziele aufbrachten.

Ein Resümee

Eine sehr treffende Schilderung der Person Nelsons gab Max Born, der Nelson aus der gemeinsamen Göttinger Zeit gut kannte. Born hatte einige Zeit an den philosophischen Diskussionsabenden bei Nelson teilgenommen, bis ihn dieser bat, nicht mehr zu kommen, „weil meine gegen seine Philosophie gerichteten

---

79 Nelson: Kritische Philosophie und mathematische Axiomatik, a.a.O., S. 193. - In dem Verzeichnis der Schriften von Nelson (in: „Abhandlungen der Friesschen Schule", N.F. Bd. 5, Göttingen 1929, S. 93) wurde angegeben, er habe den Vortrag vor dem zehnten deutschen Philologentag gehalten.

80 1935 wurden die Gräber von Nelson und seinem ebenfalls dort bestatteten Vater nach Protest der inzwischen in der Walkemühle ansässigen Gauleiterschule der NSDAP durch eine Verfügung des Regierungspräsidenten in Kassel auf den örtlichen jüdischen Friedhof umgebettet. Vgl. Der Regierungspräsident in Kassel vom 12.11.1935, in: Geheimes Staatsarchiv Preußischer Kulturbesitz, Abt. Merseburg, Rep 151 Ia, Bl. 111f.

81 Brief Minna Spechts an Lutz Grunebaum vom 10.2.1925, in: Archiv der sozialen Demokratie, Nachlaß Specht.

Argumente seine Anhänger verwirrten". Nelson habe neben wissenschaftlich integeren Persönlichkeiten auch „Käuze und Sonderlinge" angezogen, „die selber nicht dachten, sondern Nelsons Weisheit als Dogma betrachteten. [...] Es gab eine Mehrheit von Frauen, die Nelson ehrfurchtsvoll als Hohenpriester ihrer Sekte betrachteten". Für Born war Nelson ein Sonderling, der immer mehr vereinsamte und sich zum Schluß nur noch in einem Kreis seiner „Jünger" bewegte (Born 1975, S. 144f.). Hermann Nohl, gewiß ein unverdächtiger Zeitzeuge, notierte anläßlich des Todes von Nelson, daß er „nur dadurch mit der Welt in Konflikt geriet, weil er seine Überzeugungen so ernst nahm, daß er nach ihnen leben wollte und das auch von den anderen verlangte" (Hoffmann 1989, S. 357).

Manche konnten die rigiden und fundamentalen, bis in das persönliche und private gehenden Anforderungen nicht ertragen. Bei Nelson sind durchaus Elemente des Doktrinären zu finden. Es trifft auch auf die Nelsonbewegung zu, wenn zu einer politischen Sekte festgestellt wurde: „In der Tat, jede Sekte ist religiös. [...] Die Sekte sucht ihre raison d' être und ihren point d' honeur nicht in dem, was sie mit der Klassenbewegung gemein hat, sondern in dem besonderen Schibboleth, das sie von ihr unterscheidet."[82] Das Schibboleth der Nelsonbewegung bestand in der Lebensführung. Nelson verlangte von seinen Anhängern, zum Teil durchaus im Einklang mit Prinzipien der Jugendbewegung oder Teilen der Arbeiterbewegung, Alkohol- und Nikotinabstinenz; hinzu kam jedoch noch Vegetarismus, Atheismus und als dauernder Konfliktherd das Zölibat für den Funktionärskreis. Für ihn selbst galten diese Forderungen an die Lebensführung zum Teil nicht. Noch heute etwa wird seine Beziehung zu Minna Specht in der entsprechenden Literatur vage als Arbeits- und Lebensgemeinschaft umschrieben.

So ist die Geschichte der Nelsonbünde auch zugleich eine Geschichte von Trennungen, Opfern und „Auf-der-Strecke-Gebliebenen".[83] „In Nelsons Tätigkeit und in seinem Umgang mit Menschen steckte," wie Franz Walter zu Recht resümierte, „dem universellen Postulat der Vernunft, des Rechts und der Gerechtigkeit untergeordnet, ein Stück Unbarmherzigkeit und Gnadenlosigkeit" (Walter 1986, S. 122).

Auf der anderen Seite blieben die, die Nelson gewinnen konnte, oder die absolut von den Ideen überzeugt waren, ein Leben lang dabei. Die Opfer, die die Mitglieder des Internationalen Sozialistischen Kampf-Bundes im Widerstand gegen den deutschen Nationalsozialismus auf sich nahmen, sind nur aus dieser ethischen Grundhaltung zu erklären. Ein Mitglied des ISK, Alexander Dehms, erklärte 1939 vor dem Volksgerichtshof auf die Frage nach seinen Beweggründen

---

82 Karl Marx: Brief an Johann Baptist von Schweitzer vom 13.10.1868, in: Marx-Engels-Werke, Bd. 32, Berlin 1965, S. 569.

83 Ein anschauliches Beispiel für den anfänglich interessierten, später zunehmend kritischen Kontakt zu Nelson stellt Max Fürst in seiner Biographie (Fürst 1976, S. 79f.) dar. Nelson war ihm zu autoritär, zu rabulistisch, als er ihn mit einer Zigarre ertappte, brach er jeglichen Kontakt ab.

für die Widerstandsarbeit: „Aus Überzeugung, meine Pflicht zu tun" (Miller 1983a, S. 53).

Dennoch, Nelson war eine schwierige, auch von inneren Widersprüchen gekennzeichnete Persönlichkeit. Seine Person wie auch die fundamentalen Anforderungen, die er selbst nur teilweise einzuhalten bereit war, seine als schroff und arrogant empfundene Polemik, führten notwendigerweise dazu, daß seine Wirkung auf andere nicht nur positiv war. Damit kam er seinem Vorbild Sokrates, bewußt oder unbewußt sei dahingestellt, nahe, dessen Art mit Menschen umzugehen - man vergleiche etwa Platons Apologie - ihm Feindschaften zuzog, die ihm letztlich zum Verhängnis wurden.

3 Die politische Theorie Nelsons

3.1 Philosophische Grundlagen

Nelson hielt die kritische Philosophie, und nur diese, für „die Beschützerin der Geistesfreiheit und Hüterin der Autonomie der Vernunft. Sie solle dazu verhelfen, gegenüber allen falschen Lehren von der Ohnmacht der menschlichen Vernunft eine Lehre des Selbstvertrauens der Vernunft in ihre Rechte einzusetzen" (Miller 1983a, S. 55).

Leonard Nelson war in seiner Zeit ein wissenschaftlicher Außenseiter, auch weil er am wissenschaftlichen Diskurs nur wenig partizipierte; er blieb auch ein nahezu Unbekannter in der späteren philosophischen Diskussion. Sein wissenschaftliches Hauptwerk, die „Kritik der praktischen Vernunft", erhielt gerade zwei Rezensionen (Franke 1991, S. 44, vgl. zur Philosophie Nelsons: Birnbacher 1997, Meyer 1995). Dies ist sicherlich auch damit zu begründen, daß Nelson sich sehr stark auf den Philosophen Jakob Friedrich Fries bezog. Georg Wilhelm Friedrich Hegel urteilte über Fries, er sei der „Heerführer dieser Seichtigkeit, die sich Philosophieren nennt".[1] Die Fachphilosophie betrachtete Fries' Werke als Ausdruck eines reinen Psychologismus, und beachtete ihn nicht mehr. Zu der Vernachlässigung Nelsons im wissenschaftlichen Diskurs hat vermutlich auch beigetragen, daß er der „kompromißfeindlichste aller Rationalisten" war (Blanshard 1958, S. 79). Seine Philosophie zeichnet sich durch eine „Leidenschaft der Leidenschaftslosigkeit" aus, wie sie auch für „Nelsons Geistesverwandte Spinoza und Wittgenstein" kennzeichnend war (Birnbacher 1997, S. 1). Nelson entwickelte in der Verbindung von Aufklärung und Idealismus, gestützt auf Fries, eine eigene Philosophie, die er unmittelbar in politisches Handeln übersetzen wollte. Dieter Birnbacher wies darauf hin, daß trotz der Luzidität Nelsons die Dilemmata, in die seine Philosophie verstrickt seien, nicht immer offen zu Tage treten (Birnbacher 1995, S. 146).

Es ging Nelson darum, menschliches Handeln durch sein Konzept einer rationalen Ethik dem Zufall zu entziehen. „Denn nur eine wissenschaftliche Ethik vermag die Richtschnur menschlichen Handelns für das Leben des einzelnen wie der Völker zu geben."[2] Nelson war davon überzeugt, daß außer den naturwissenschaftlich-empirischen Wahrheiten auch noch philosophische Wahrheiten existieren, die der menschlichen Vernunft entstammen. Das philosophische Werk Nelsons ist in drei Perioden gegliedert. Zunächst fragte er nach der Methode, die die Philosophie als Wissenschaft begründen konnte. Sodann entwickelte Nelson

---

1 Georg Wilhelm Friedrich Hegel (1820): Grundlinien der Philosophie des Rechts oder Naturrecht und Staatswissenschaft im Grundriß, Stuttgart 1964, S. 26.

2 Brief Nelsons an David Hilbert von Dezember 1916, in: Henry-Hermann 1985, S. 99.

das System der praktischen Vernunft[3], um danach die Umsetzung des auf rein philosophischem Wege Erkannten in die Praxis anzustreben. Die Praxis setzt also die theoretische Bestimmung unverzichtbar voraus, sie bedarf geklärter Prinzipien. „Wie aber soll diese Wissenschaft aussehen [...]? Es gibt hier nur den Weg über das strengste systematische Denken unter völliger Abstraktion von allen Tatsachen der Erfahrung. Denn wenn auch alles Interesse an diesen Untersuchungen von den Problemen der Anwendung ausgeht, so ist es doch nutzlos und muß vielmehr den ganzen Zweck der Untersuchung vereiteln, wenn man, um diesem Interesse entgegenzukommen, früher zu den Anwendungen greift, als bis alle Vorfragen gelöst sind, ohne deren endgültige Beantwortung die Maßstäbe im Dunkeln bleiben, die für die Beurteilung der Tatsachen allein die Entscheidung liefern können. [...] Denn wer hier auf halbem Wege stehen bleibt, aus Besorgnis, den Anschluß an die Tatsachen des Lebens nicht wiederzufinden, gerade der verfällt der Gefahr, die er meiden wollte. In der Tat: Aller Utopismus und Doktrinarismus gedeiht nur auf dem Boden solcher Halbheiten [...]."[4]

John C. Harsanyi bezeichnete Nelson unter Bezugnahme auf dessen Interessenlehre als „neo-Kantian utilitarian philosopher" (1982, S. 56, Anm. 24). Nelsons Ethik zeichnete sich durch eine Integration von kantischen und utilitaristischen Momenten aus (Birnbacher 1997, S. 4f.). Kantisch sei das Prinzip der logischen Universalität - moralische Normen gelten ohne Ansehen der Person - und das Prinzip der Begründungsuniversalität - für die Geltung eines moralischen Prinzips sind lediglich die Gründe relevant, die aufgrund der Vernunft einsichtig sind. Utilitaristisch sei, daß moralische Normen so bestimmt werden, daß sie vom Blickpunkt eines Unbeteiligten Bestand hätten und die Interessen aller Beteiligten gleichermaßen berücksichtigten.

Rückgriff auf Immanuel Kant und Jakob Friedrich Fries

Hier konnte Nelson an die Arbeiten von Immanuel Kant (vgl. u.a. Vorländer 1977, Körner 1980, Höffe 1988 und Grondin 1994) und Jakob Friedrich Fries anknüpfen. Die Philosophieschulen vor Kant hatten sich der logisch-dogmatischen Methode bedient, die die philosophischen Systeme durch logische Schlüsse aus Axiomen und Definitionen gewinnt. Kant wies darauf hin, daß die Grundlagen der Philosophie, die Sätze, nicht wie in der Mathematik zu den klaren Sätzen gehören, sondern zu den dunklen und umstrittenen. Die Philosophie kann daher nicht mit der Aufstellung ihrer Grundsätze bestehen, dies wäre der Versuch, das deutliche aus dem weniger deutlichen zu erklären. Die allgemeinen Sätze müssen durch Zergliederung der besonderen Urteile zunächst

---

3 Vgl. zum Vernunftbegriff: Schnädelbach 1985, S. 77f.

4 Nelson: Rechtslehre und Politik, a.a.O., S. 9. - Vgl. allgemein zur Philosophie Nelsons: Grete Henry-Hermann (1967): Leonard Nelson, in: Encyclopedia of Philosophy, Vol. 5. New York, S. 463-467; Grete Henry-Hermann (1985): Die Überwindung des Zufalls, Hamburg; Vernunft, Erkenntnis, Sittlichkeit (1979).

aufgesucht werden, sie sind als Voraussetzungen der Einzelurteile zu kennzeichnen. Kant entdeckte als den unseren sittlichen Urteilen zu Grunde liegenden Begriff die Pflicht. In seiner Ethik bindet er den Menschen an die Pflicht, er ist nur dem Sittengesetz der Vernunft verantwortlich, das ihm Gesetze vorgibt, nach denen er sich richten soll. Der Mensch wird zum Menschen, indem er sittlich handelt, d.h., indem er die Menschheit in seiner Person wie in der Person eines jeden anderen immer zugleich als Selbstzweck und nie bloß als Mittel gebraucht (kategorischer Imperativ).[5] Nelson lehnte sich an den Kantischen Autonomiebegriff an, der eine instrumentelle Vereinnahmung des Menschen ablehnte. Da der Mensch für Kant „Zweck an sich" sei, dürfe er nicht für andere Zwecke vereinnahmt werden, er ist autonom. Für Kant lag die Autonomie des Menschen somit in der Würde seiner Person. Nelson griff die beiden Hauptthemen Kants, die theoretische und die praktische Grundlegung der „Kritik der Vernunft", sowohl in erkenntnistheoretischer wie auch in handlungspraktischer Sicht, wieder auf.

Fries setzte an Kants „Kritik der praktischen Vernunft" an, die er von dem „Vorurteil" des Transzendentalen befreite. Seine Weiterentwicklung lag in einer deskriptiven, auf dem Prinzip der Selbstreflexion gründenden Betrachtungsweise. Nur durch die Selbstreflexion werde die Kritik der Vernunft zu einer wirklichen Erfahrungswissenschaft. Als Grundfehler der Kantischen Philosophie sah Fries die Vermischung der Begriffe Verstand und Vernunft an. Die kritische Methode, die Methode der psychologischen Deduktion der Prinzipien, wie sie Fries und sein Schüler Ernst Friedrich Apelt entwickelt hatten[6], stellte für Nelson die eigentliche, die wahre Fortführung der Philosophie Kants dar: „Die Geschichte der Wissenschaften lehrt, daß es die Methode ist, die der Wahrheit den Sieg erringt über alles regellose Spiel der Parteimeinungen. Mit derselben Unwiderstehlichkeit, mit der die Methode der Induktion der Naturwissenschaft ihre Herrschaft im wissenschaftlichen und öffentlichen Leben erobert hat, mit derselben Unwiderstehlichkeit wird auch die von Kant, Fries und Apelt ausgebildete

---

5   „Der kategorische Imperativ ist also nur ein einziger und zwar dieser: Handle nur nach derjenigen Maxime, durch die du zugleich wollen kannst, daß sie ein allgemeines Gesetz werde" (S. 421). - „Handle so, als ob die Maxime deiner Handlung durch deinen Willen zum allgemeinen Naturgesetze werden sollte" (S. 421) (Imperativ der Pflicht). - „Handle so, daß du die Menschheit sowohl in deiner Person, als in der Person eines jeden anderen, jederzeit zugleich als Zweck, niemals bloß als Mittel brauchst" (S. 429) (Praktischer Imperativ). - „Handle nach der Maxime, die sich selbst zugleich zum allgemeinen Gesetze machen kann" (S. 436) (Kategorischer Imperativ). - „Handle nach Maximen, die sich selbst zugleich als allgemeine Naturgesetze zum Gegenstand haben können" (S. 437) (Kategorischer Imperativ). - Nach: Immanuel Kant (1785): Grundlegung zur Metaphysik der Sitten, in: Kants gesammelte Schriften, Hrsg.: Königlich Preußische Akademie der Wissenschaften, Bd. 4, Berlin 1911, S. 385-463.

6   Vgl. auch: Arthur Kronfeld (1929): Zum Gedächtnis Leonard Nelsons, in: Abhandlungen der Friesschen Schule. Neue Folge, 5. Bd., Göttingen, S. IXX - XXVII. Vgl. zu Fries: Neumann 1979, S. 170f.

Methode der Kritik der Vernunft der kritischen Philosophie den Sieg erringen."[7]

Urteile werden durch Beweise auf andere Urteile zurückgeführt, letztlich auf nicht mehr beweisbare Grundurteile. Aber auch Grundurteile müssen noch begründet werden. In dem Bereich der Ethik ist aber dieses, nicht mehr Anzweifelbares, nicht bewußt. Wenn jedoch begründete Aussagen existieren, so muß es auch eine unmittelbare Erkenntnis geben. Die kritische Methode ermöglicht die Erhebung einer nicht mehr begründbaren unmittelbaren Erkenntnis. Ihren Wahrheitsanspruch leitet sie aus dem „Selbstvertrauen der Vernunft" (Fries) ab. Darunter verstand Fries das Vertrauen des Menschen in seine Erkenntnis und in die Kraft der menschlichen Natur, sich nach dieser Erkenntnis zu richten. Der Mensch kann selbst die Wahrheit erkennen und danach handeln. Philosophische Grundurteile werden durch das Aufzeigen der unmittelbaren Erkenntnis begründet und erst dann kann darauf das philosophische System aufgebaut werden. Eine unmittelbare Erkenntnis zeichnet sich nach Fries durch drei Merkmale aus:

- es kann kein anderer Grund mehr für sie angegeben werden,
- es kann nicht an ihnen gezweifelt werden, ein Zweifel ist psychologisch nicht möglich und
- was erkannt wird, kann durch einen Satz wiedergegeben werden.

Alle Sinneswahrnehmungen - sogenannte anschauliche Erkenntnisse - sind in diesem Sinn unmittelbare Erkenntnisse. Fries übertrug dann auch die Lösung der anschaulichen Erkenntnisse in den Bereich der nur durch Denken zu gewinnenden Erkenntnisse, der Vernunfterkenntnis. Auch hier müsse es eine nicht der Wahrnehmung zu entnehmende unmittelbare Erkenntnis geben, die jedoch nicht deutlich sei, sondern, in der Friesschen Terminologie, ursprünglich dunkel. Die einzig noch zu lösende Aufgabe sei die Entwicklung einer Methode, die diese „dunkle Vernunfterkenntnis" beweise und offenlege.

Fries erhob nach Meinung Nelsons die Ethik zur Wissenschaft, indem er das Sittengesetz und seine Begründung entdeckte. Fries stellte drei Grundgesetze der Sittengesetzgebung auf, an die Nelson anknüpfte:

- „Jedes vernünftige Wesen hat den absoluten Wert der persönlichen Würde; seine Zustände in der Natur hingegen haben einen endlichen Wert, der größer oder kleiner sein kann" (Grundsatz der persönlichen Selbständigkeit).
- „Jedes vernünftige Wesen als Person existiert als Zweck an sich; jede Sache dagegen als bloßes Mittel" (Grundsatz der persönlichen Unabhängigkeit und äußeren Freiheit).
- „Jede Person hat mit jeder anderen die gleiche Würde; so daß zwar jede Sache, niemals aber eine Person als Mittel zu beliebigen Zwecken verbraucht werden darf" (Grundsatz der Gerechtigkeit und persönlichen Freiheit).[8]

---

7   „Abhandlungen der Friesschen Schule. Neue Folge", I, Bd. 1, Heft III, S. X.

8   Jakob Friedrich Fries (1818): Handbuch der praktischen Philosophie, in: Ders.: Sämtliche Schriften Bd. 10, S. 156. - Zu Fries' Antisemitismus sei darauf hingewiesen, daß dies leider immer noch eine Forschungslücke ist. Zu fragen wäre, inwieweit das Denken der Aufklärung selbst solche Ansätze wie Antisemitismus oder Totalitarismus enthält, oder ob

Das Sittengesetz ist das Rechtsgesetz oder das Gesetz der persönlichen Gleichheit, wobei Fries Gleichheit als Recht verstand und nicht wie Kant als Freiheit. Das Ziel der Rechtspolitik, die Einführung des Prinzips der Gleichheit, ist ein philosophisch bestimmbares Ziel, es ist unabhängig von aller Erfahrung, allein durch Denken auffindbar. Die Mittel, die zur Erreichung des Zieles nötig sind, müssen jedoch der Erfahrung abgefragt werden. Die Philosophie schließt nur bestimmte Mittel als rechtswidrig aus.[9]

Nelsons Beschäftigung mit den philosophischen Theorien von Kant und Fries erfolgte zum einen in der Neugründung des Kantischen Kritizismus, wobei er sich auf die erkenntnistheoretischen Überlegungen von Fries stützte und diese weiter ausbaute und präzisierte. Nelson ging zunächst nicht von der Aufstellung von philosophischen Grundsätzen aus, sondern versuchte zunächst ein Verfahren zu entwickeln, das sich die Auffindung von solchen Grundsätzen erst zum Ziel macht. Er war der Überzeugung, daß gerade die Grundsätze der Philosophie im „metaphysischen Dunkel" lägen: „Die Philosophie beruht in ihren Grundsätzen nicht auf einleuchtenden Wahrheiten. Die Grundsätze sind in ihr vielmehr das Dunkelste, Unsicherste und Umstrittenste."[10]

Begründungsverfahren der Philosophie

In seiner Schrift „Die kritische Ethik bei Kant, Schiller und Fries" skizzierte Nelson seine Philosophie. „Sie geht von der Überzeugung aus, daß es eine unumstößliche, auf wissenschaftliche Form zu bringende und daher auch planmäßig zu erforschende ethische Wahrheit gibt; sie sucht den Weg zu verfolgen, auf dem an der Auffindung dieser Wahrheit bisher gearbeitet worden ist, und die Stelle zu bestimmen, bis zu der man sich dabei diesem Ziele angenähert hat."[11] Dies stellt die platonisch-dogmatische Seite der Nelsonschen Philosophie dar, „der dogmatische Metaphysiker, der - im Namen der »Vernunft« - über die richtigen Antworten zu verfügen glaubt" (Birnbacher 1997, S. 3). Die in seiner Philosophie auch enthaltene induktiv-sokratische Form wird noch darzustellen sein (vgl. Kap. 3.1.2).

Nelson unterschied zwei Formen der unmittelbaren Erkenntnisse; die intuitiven Erkenntnisse der Sinneserfahrung und die nicht-intuitiven Erkenntnisse der Vernunft, letztere sind der Grund der metaphysischen Prinzipien. Die unmittelbaren Erkenntnisse, die mathematischen oder empirischen Urteilen zugrunde liegen, sind anschaulich, d.h. sie sind ohne Reflexion bewußt. „Die unmittelbare Erkenntnis der reinen Vernunft dagegen ist keine Anschauung, d.h. sie kommt

---

dies nur vor-aufklärerische Reste sind.

9   Minna Specht: Jakob Friedrich Fries. Reden, gehalten auf dem 5. und 6. Bundestag des IJB 1923 und 1924, Göttingen 1927.

10 Leonard Nelson (1929): Die sokratische Methode, in: Gesammelte Schriften Bd. 1, S. 279.

11 Leonard Nelson: Die kritische Ethik bei Kant, Schiller und Fries (1914), in: Gesammelte Schriften Bd. 8, S. 36.

uns nicht unmittelbar, sondern nur durch Reflexion zu Bewußtsein."[12] Die Lehre von der unmittelbaren Erkenntnis gilt nicht nur für den Bereich der anschaulichen Erkenntnis (Naturwissenschaft), sondern auch für den Bereich der Erkenntnis, der nur durch Denken zu gewinnen ist (Vernunfterkenntnis).

Die Grundsätze der Ethik lassen sich nicht aus der Wahrnehmung gewinnen, sondern aus einem von der Wahrnehmung verschiedenen Geistesvermögen, der Vernunft. Aufgabe der Philosophie ist es, eine Methode zu entwickeln, durch die die Existenz einer solchen ursprünglich dunklen Erkenntnis bewiesen und ihr Inhalt deutlich gemacht werden kann.[13] Es muß zwischen der Vernunft und dem Verstand unterschieden werden. Einer der Hauptkritikpunkte Nelsons an Kant war, daß dieser Verstand mit Vernunft verwechselt habe. Hier griff Nelson auf Fries zurück, der die Kantische Philosophie von diesen Fehlern befreit habe. „Er trennt den Verstand, der bloß der logischen Kombination fähig ist, scharf von der Vernunft als der Quelle der allgemeinen und notwendigen Wahrheiten. In der menschlichen Vernunft liegen die höchsten Wahrheiten [...] an und für sich dunkel und dem einzelnen unbewußt. Nur in der Anwendung treten sie hervor, und nur durch Nachdenken können sie von ihrer ursprünglichen Dunkelheit befreit und zur Klarheit des Bewußtseins erhoben werden. Durch den Nachweis, daß der Mensch tatsächlich eine solche Vernunft besitzt, hat Fries die philosophischen Wahrheiten gegen alle dialektischen Zweifel sichergestellt."[14]

Nelson bezeichnete den Verstand auch als Reflexion, da dieser nur anderweitig gegebene Gehalte analysieren oder kombinieren kann. Vernunft dagegen heißt das schöpferische Vermögen der nicht anschaulichen, unmittelbaren Erkenntnis. Die sittliche Wahrheit wird nur durch die Vernunft erkannt. Dazu entwickelte Nelson unter Bezugnahme auf Fries die kritische Methode, die aus zwei getrennten Verfahren besteht; der Abstraktion und der Deduktion. Die kritische Methode dient der Aufhellung der ursprünglich dunklen Vernunfterkenntnis. Beide Verfahren haben verschiedene wissenschaftsmethodische Grundlagen:

- In der Methode der Abstraktion werden die Voraussetzungen, die den Erfahrungsurteilen zugrunde liegen, bewußt gemacht. Sie bewirkt, daß man von einem allgemeinen philosophischen Satz mit Gewißheit überzeugt ist. Das Abstraktionsverfahren geht fast axiomatisch davon aus, daß die allgemeine Aussage durch Abstraktion von den besonderen Umständen des vorliegenden Beispiels gewonnen wird. Nelson impliziert hier eine Kausalität der Beziehungen.

---

12   Leonard Nelson (1908): Über das sogenannte Erkenntnisproblem, in: Gesammelte Schriften; Bd. 2, S. 162.

13   Nelson: Kritik der praktischen Vernunft, a.a.O., S. 49f.

14   Leonard Nelson (1915): Vom Beruf der Philosophie unserer Zeit für die Erneuerung des öffentlichen Lebens, in: Gesammelte Schriften Bd. 8, S. 198. - Zur Kritik Nelsons an Fries vgl. Leonard Nelson: Die Theorie des wahren Interesses und ihre rechtliche und politische Bedeutung (1913), in: Gesammelte Schriften Bd. 8, S. 133f., Nelson weist aber einschränkend darauf hin, daß die Mängel größtenteils von Kant übernommen seien.

- Die Methode der Deduktion[15] führt dann den Nachweis, daß der Satz eine unmittelbare Erkenntnis wiedergibt.[16] Der zweite Schritt der Deduktion muß nun sicherstellen, daß das Verfahren der Abstraktion wirklich eine unmittelbare Erkenntnis wiedergegeben hat. „Das Verfahren der Deduktion wird also psychologischer Natur sein müssen. [...] Das empirische Verfahren der Deduktion hat nur den Zweck, diese unmittelbare rationale ethische Erkenntnis als solche aufzuweisen" (Nelson 1917, S. 59). Das empirisch-psychologische Verfahren stellt somit den zweiten Teil der „Letztbegründungstheorie" Nelsons dar.

Hier zeigt sich auch, wie Dieter Birnbacher feststellte, der „Fanatismus der Vernunft", der sich zu kaum mehr nachvollziehbaren erkenntnistheoretischen Letztbegründungsansprüchen aufschwingt, und in dem gleichen Maße, wie er andere Theorien kritisiert, für die Brüche und Risse des eigenen Denkens blind ist (Birnbacher 1995, S. 146). Nelson war jedoch davon überzeugt, daß eine wissenschaftliche Grundlage der Ethik nicht nur möglich, sondern auch auffindbar sei. Damit wandte er sich entschieden gegen den historischen Materialismus und die Beliebigkeitstendenzen seiner Zeit, die Ethik nicht mehr zu begründen. Es sei an dieser Stelle darauf hingewiesen, daß bestimmte „Kerne" seiner Philosophie - etwa der Inhalt des Sittengesetzes - auch ohne seine Letztbegründungstheorie in sich schlüssig sind.

Im Gegensatz zu Kant behauptete Nelson, daß es keine Möglichkeit einer erkenntnistheoretischen Grundlegung einer Erkenntnis gibt. Kants Selbstbegründungsanspruch wird von ihm zurückgewiesen. Im Rückgriff auf Jakob Friedrich Fries suchte Nelson die Lösung, indem er eine psychologische Erkenntnisart, eine innere Erfahrung, erkannte und diese „transzendental-psychologisch" nannte. Der Psychologismusvorwurf, der Nelson gegenüber wiederholt gemacht wurde, ging auf eine Rede des Rektors der Universität Jena, des liberalen Hegelianers Kuno Fischer, im Jahr 1862 zurück. Dieser unterschied zwei Kantische Schulen; eine metaphysische, um Fichte, Schelling und Hegel, für die er votierte, sowie eine anthropologische, eben psychologische, um Fries.[17]

Nelson schloß direkt an Fries an, wenn er feststellte: „Der ethischen Erkenntnis sind wir uns aber nicht unmittelbar bewußt, sondern wir gelangen zum Bewußtsein um die ethischen Wahrheiten nur durch Nachdenken. Die unmittelbare ethische Erkenntnis ist also jedenfalls keine Anschauung, sondern [...] eine ursprünglich dunkle Erkenntnis."[18] An anderer Stelle spricht er von der

---

15   Deduktion im Nelsonschen Verständnis meint die kantische Rechtfertigung, nicht die in heutigen Sinne logische Ableitung.

16   Nelson: Kritik der praktischen Vernunft, a.a.O., S. 10, 13, 42f., 335f.

17   Kuno Fischer (1862): Die beiden Kantischen Schulen in Jena. - Nelson setzte sich im Anhang seiner Schrift: Die Kritische Methode und das Verhältnis der Psychologie zur Philosophie (1904, in: Gesammelte Schriften Bd. 1, S. 64f.) mit dem Psychologismusvorwurf auseinander.

18   Nelson: Kritik der praktischen Vernunft, a.a.O., S. 55.

„ursprünglichen Dunkelheit" auch vom „nicht intuitiven Charakter" der sittlichen Erkenntnis, die weder anschaulich noch direkt begrifflich faßbar sei (S. 653). Ausgehend von Fries war Nelson davon überzeugt, daß es eine inhaltlich bestimmte Grundlage von Vernunfterkenntnissen gebe.

Die Aufgabe der kritischen Philosophie sei es, die Lehre des Selbstvertrauens der Vernunft umzusetzen, da „die notwendigen Erkenntnisse dunkel in der menschlichen Vernunft [liegen], und es bedarf ernster und ehrlicher Arbeit des Verstandes, um sie zur Klarheit des Bewußtseins zu erheben".[19] Bereits Sokrates hatte festgestellt, daß die sittliche Erkenntnis dunkel in uns ruhe, erst durch Philosophieren werde ans Licht gebracht, was wir besitzen, aber nicht wissen, daß wir es besitzen. „Es gibt keine unmittelbare Evidenz metaphysischer Wahrheiten; wir können die fraglichen Erkenntnisse nicht einer »intellektuellen Anschauung« entnehmen, sie kommen uns nur durch Reflexion zum Bewußtsein."[20]

Kritik des Begründungsverfahrens

An dieser Stelle wird keine ausführliche Diskussion des Ansatzes von Nelson vorgenommen, es sei nur auf bestimmte Kritikpunkte verwiesen.[21] Der Berliner Positivist Walter Dubislav kam nach einer intensiven Auseinandersetzung mit der Argumentation von Fries - Apelt - Nelson zu dem Schluß, daß es keine „Erkenntnisse in Gestalt reiner Anschauungen" und auch keine „Existenz von unmittelbaren, ursprünglich dunklen Erkenntnissen" gebe.[22] Heute hält nur noch Christoph Westermann das Nelsonsche Deduktionsverfahren, also die Existenz der unmittelbaren, dunklen Erkenntnisse, aufrecht (Westermann 1969, 1977, 1979). Nelsons Begründungsverfahren erinnert aber an die transzendental-pragmatische Sprachphilosophie und an moderne Formen der kartesianischen Theorie von den angeborenen Ideen (Meyer 1994, S. 307).

Der dänische Philosoph Alf Ross faßte seine Kritik an Nelsons Deduktion der unmittelbaren Erkenntnis in fünf Punkten zusammen. Der Begriff der unmittelbaren Erkenntnis sei widerspruchsvoll und damit sinnlos, die Identität von Auffassung und Aufgefaßtem sei erkenntnistheoretischer Subjektivismus, die Annahme der unmittelbaren Erkenntnis als real-psychologisches Faktum sei erkenntnistheoretischer Psychologismus, seine Vorstellung des Psychischen sei völlig unhaltbar, da empirische, psychologische Wahrnehmungen nicht durch die Einführung prinzipiell unwahrnehmbarer Erkenntnisse unbewußter Natur erklärt

---

19   Nelson: Vom Beruf der Philosophie, a.a.O., S. 210.

20   Leonard Nelson (1911): Die Unmöglichkeit der Erkenntnistheorie, in: Gesammelte Schriften Bd. 2, S. 477.

21   Eine ausführliche Darstellung und Bewertung von insgesamt sieben Kritiken bzw. Einwänden gegen die philosophische Konzeption Nelsons findet sich bei Jakovljevic (1988, S. 112-143).

22   Walter Dubislav (1926): Die Friessche Lehre von der Begründung, Dömitz, S. 103f.

werden könnten und letztlich sei bei Nelson von Realpsychologie keine Rede, „vielmehr nur von erdichteten okkulten Vermögen und Erkenntnissen, die eben die Prätensionen des tatsächlichen Pflichtbewußtseins legitimieren" (Ross 1933, S. 376f.).

Für Hans Albert stellte die „Fries-Nelsonsche Schule des Kantianismus" mit ihrem Rückgriff auf die unmittelbaren Erkenntnisse nur „einen Ausdruck einer psychologischen Form des Dogmatismus" dar (Albert 1969, S. 16f.), ebenso wie Karl Raimund Popper ließ er sich auf die einzelnen Abschnitte der Deduktionsmethode erst gar nicht ein (vgl. Popper 1979, S. 110f.). Gerhard Weisser, 1919/20 Student Nelsons, entwickelte später den Begriff von der psychologischen Lehre von den unmittelbaren Interessen der Kategorienbildung Nelsons (Weisser 1953, S. 172). Thomas Meyer führte aus, daß man „Nelsons Speziallösung des Geltungsproblems - die Existenz nichtanschaulicher unmittelbarer Erkenntnisse und ihren empirischen Beweis - auch als ein Residual betrachten (kann), als die Lösung, die allein noch übrig zu bleiben scheint, nachdem alle anderen als widerspruchsvoll ausgeschieden sind, obwohl sie in sich selbst auch nicht schlüssig darstellbar ist" (Meyer 1983, S. 42).

Reinhard Kleinknecht argumentierte in seiner Analyse der Nelsonschen Begründungskonzeption, es sei Nelsons Tragik, daß er seinem hohen Anspruch, der Philosophie ein sicheres Fundament zu geben, letztlich nicht gerecht geworden sei. Seine Lehren seien „in entscheidender Sicht argumentativ brüchig, ja sogar widersprüchlich". Die Begründungstheorie ende in einem logischen Fiasko. „In seinem Streben nach letzter Sicherheit verstrickte er sich jedoch in einen logischen Dogmatismus, aus dem er nicht mehr herausfand" (Kleinknecht 1994, S. 26, 34). Kleinknecht bezog seine Kritik vor allem auf folgende Ausführungen der Philosophie Nelsons:

- Unmittelbare Erkenntnis: Kleinknecht arbeitet als entscheidenden Mangel heraus, daß Nelson den Begriff des Urteils nicht eindeutig definiere, sondern nur umschreibe. Der Begriff der unmittelbaren Erkenntnis sei sinnlos, da eine Begründung unmöglich sei. Nelson sei somit einem unrettbaren Mystizismus verfallen.
- Regressive Methode der Abstraktion: Nelson verwende in dieser Methode, die Grundurteile aufzufinden versucht, den Begriff der Voraussetzung in zweifacher Bedeutung, zudem sei die Beschreibung in entscheidender Hinsicht unklar und zwiespältig.
- Selbstvertrauen der Vernunft: In dem Verfahren der Deduktion, also der Erschließung der Existenz einer nicht anschaulichen, unmittelbaren Erkenntnis mittels eines psychologischen Verfahrens der inneren Erfahrung, ist nach Kleinknechts Ansicht das Selbstvertrauen der Vernunft nicht zirkelfrei deduzierbar.
- Wahrheitsbegriff: Nelson unterscheide zwischen anschaulicher und nicht anschaulicher Erkenntnis, nach seiner Meinung gebe es eine nicht begriffliche Assertion (Behauptung). Demgegenüber stellte Kleinknecht unter Beru-

fung auf die Wahrnehmungspsychologie fest, daß Wahrnehmungen nur aufgrund begrifflicher Erfassung von Eindrücken möglich seien.

Sittengesetz

In seinem 1917 veröffentlichten Hauptwerk „Kritik der praktischen Vernunft" entwickelte Leonard Nelson ein Sittengesetz, das die Beziehungen der Menschen untereinander regeln sollte. Das Sittengesetz ist zu trennen in die Ableitung, also die Letztbegründung des Gesetzes und den Inhalt. Hier ist wichtig, festzustellen, daß der Inhalt des Sittengesetzes auch unabhängig von dem oben aufgezeigten Letztbegründungsverfahren gilt und mit anderen Varianten argumentierenden Begründungen verträglich ist. Das Sittengesetz muß also nicht aus dem Grund aufgegeben werden, weil das spezifisch Nelsonsche Begründungsverfahren zurückgewiesen wird. Es ist davon relativ unabhängig. Als grundlegenden Inhalt des Sittengesetzes formulierte Nelson: „Jede Person hat als solche mit jeder anderen die gleiche Würde."[23] Drei Bedingungen stellte Nelson an das Gesetz:

- es gebe keine neuen Zwecke, sondern schränke nur die bisherigen Zwecke auf eine gewisse Bedingung ein,
- die Einschränkung erfolge nur im Hinblick auf die Interessen anderer, das Sittengesetz regele daher nur die Handlungen, durch die wir in Wechselwirkung mit anderen Personen treten und
- es müsse Regeln enthalten, nach denen man seine Handlungen hinsichtlich ihres Verhältnisses zu den Interessen anderer einschränken solle.

Das Sittengesetz beinhaltet nicht die Aufforderung zur Realisierung von positiven Zielen. Es stellt nur einen Rahmen der Regelung von Konflikten dar, wenn durch ein Handeln auf die Interessen anderer eingewirkt wird. Ohne Einwirkung auf andere ist unser Handeln frei. Das Sittengesetz ist negativ, da es unmittelbar nur gewisse Handlungen verbietet. Damit das Sittengesetz Anwendungen finden kann, muß erst ein Anlaß vorliegen, es schreibt also nicht positiv vor, wie man handeln soll. Der Maßstab, auf den das Sittengesetz das Handeln einschränkt, liegt in der Würde der Person: „Wahre die Gleichheit der persönlichen Würde oder: handle gerecht" (S. 136). Das Sittengesetz gesteht jeder Person das gleiche Recht zu, daß ihre Interessen geachtet werden.

Als Gebot der Gerechtigkeit soll es die Beziehungen der Menschen untereinander verbindlich regeln, da alle Personen die gleiche Würde haben, läßt es sich auch als Gebot der persönlichen Gleichheit auffassen. Mit dem Gebot der Gleichheit ist jedoch nicht gefordert:

- die Gleichheit der tatsächlichen Beschaffenheit der Person,
- die Gleichheit hinsichtlich des Wertes der Person und
- der Anspruch auf eine gleiche Behandlung.

---

23 Nelson: Kritik der praktischen Vernunft, a.a.O., S. 132. Gleiche Formulierung auch in: Nelson: Ethik und Pädagogik, a.a.O., S. 132.

Das Sittengesetz bezieht sich nur auf die Interessenkollision, bei der nur die Interessen einer Person befriedigt werden können. Daraus abgeleitet stellte Nelson folgendes Abwägungsprinzip vor: „Handle nie so, daß du nicht auch in deine Handlungsweise einwilligen könntest, wenn die Interessen der von ihr Betroffenen auch deine eigenen wären" (S. 133). Zu dem Abwägegesetz muß jedoch noch eine Regel bestimmt werden, die eine Hierarchisierung der konkurrierenden Interessen erlaubt. Dazu schlug Nelson vor, daß man sich, quasi in der Form eines monologischen Gedankenexperiments, die konkurrierenden Interessen in ein und derselben Person vereinigt vorstellen soll, um von dem Unterschied der Personen als solcher zu abstrahieren. Jenes Interesse solle nach der hypothetischen Identifikation vorgezogen werden, welches sich als das vorzugswürdige herausstelle.

In einer späteren Veröffentlichung stellte Nelson zu diesem, wie er es nannte, „Prinzip der Abstraktion von der numerischen Bestimmtheit" (S. 518) eine alternative Vorgehensweise vor. Statt in Gedanken die auf verschiedene Personen verteilten Interessen in einer Person zu vereinen, könne man sich auch sukzessive in die Lage der Personen versetzen, um die Lösung zu finden, welches Interesse das vorzugswürdigere sei.[24] Um allerdings zu dieser Bestimmung zu gelangen, mußte noch ein Entscheidungskriterium eingeführt werden. Nelson nannte dieses das „Prinzip der Interessenreduktion". In seiner Theorie der wahren Interessen unterschied er zwischen minderwertigen und höheren bzw. wertvollen, zwischen subjektiven und objektiven Interessen. „Die Vorzugswürdigkeit eines Interesses gegenüber kollidierenden bestimmt sich durch die relative Stärke des Interesses, das eine vollkommen gebildete Person an seiner Befriedigung haben würde, wenn unter einer vollkommen gebildeten Person eine solche verstanden wird, die einerseits über vollkommene Einsicht verfügt und andererseits stets das als wertvoller Erkannte dem als weniger wertvoll Erkannten vorzieht."[25] Das objektive Interesse ist das Interesse am Wert des Lebens überhaupt, es ist das Interesse an einer vernünftigen Selbstbestimmung.[26] „Sie ist also gerade dadurch charakterisiert, daß die Inkongruenz von Stärke und Wert der Interessen bei ihr nicht besteht."[27] Festzuhalten bleibt, daß Nelson hier durchaus in Übereinstimmung mit neueren gesellschaftstheoretischen Konfliktmodellen steht. Er geht von verschiedenen Interessen und damit auch Konflikten aus, die in einem bestimmten verallgemeinerbaren Regelschema gelöst werden müssen. Die beiden von Nelson aufgestellten Verfahren zur Interessenabwägung werden in der zeitgenössischen Philosophie anderen Autoren zugeschrieben: das Interessenabwägungsverfahren der hypothetischen Identifikation Richard M. Hare und das Modell der sukzessiven Identifikation C. I. Lewis. (Birnbacher 1997, S. 5).

---

24 Nelson: Ethik und Pädagogik, a.a.O., S. 136.

25 Nelson: Theorie des wahren Interesses, a.a.O., S. 13.

26 Nelson: Rechtslehre und Politik, a.a.O., S. 118.

27 Nelson: Kritik der praktischen Vernunft, a.a.O., S. 252.

An dem Begriff der „vollkommen gebildeten Person" ist im Anschluß an moderne Bildungstheorien, die das Prinzip des „lebenslangen Lernens" entwickelt haben, Kritik anzumelden. Nelsons eher statisches Bildungskonzept ist hier unzureichend. Andererseits hatte bereits die Nelson-Schülerin Grete Henry-Hermann nachgewiesen, daß es keinen eindeutig anwendbaren Maßstab für die Interessenabwägung gebe. Die Idee der vollkommen gebildeten Person könne nicht einmal als Idealbild dienen, da das Abwägungsgesetz hier durch eine „seltsam egozentrische Haltung" zum Maßstab für alle anderen gemacht werde (Henry-Hermann 1985, S. 52). Daß diese Theorie eine „ausgesprochene Irreführung" ist, hielt Dieter Birnbacher fest. Denn sie hätte mit den realen oder hypothetischen Wünschen und Bedürfnissen der Menschen nichts zu tun, sondern würde ihnen nur aufgrund eines postulierten Ideals der Bildung zugesprochen (Birnbacher 1995, S. 146).

Neben dem Abwägungsgesetz führte Nelson als dessen Umkehrung ein Vergeltungsgesetz ein: „Du sollst in eine gleiche Nichtachtung deiner Interessen einwilligen, wie du sie anderen gegenüber bewiesen hast."[28] Während sich das erste Gesetz auf die Verletzung der Gleichheit - eigentlich auf die Ausschließung jeglicher Verletzung - bezog, forderte das zweite die Wiederherstellung der Gleichheit.

Lothar F. Neumann entwickelte Nelsons Sittengesetz durch Einbeziehung der Rollentheorie auf mikro-soziologischer Ebene weiter, wenn er formulierte: „Mute niemandem Rollen zu, die du nicht auch akzeptieren könntest, wenn diese Rollen auch deine eigenen wären" (Neumann 1979, S. 178). Interessant ist, wie Robert Alexy bemerkte, die inhaltliche Nähe von Nelsons Abwägungsgesetz und Richard Mervyn Hares Regeln des moralischen Argumentierens, die für die neuere philosophische Moraltheorie eine gewichtige Rolle spielt (Alexy 1979, S. 95f; vgl. Hare 1983).

Weiterentwicklung der Nelsonschen Philosophie

Drei Varianten der Weiterentwicklung der Nelsonschen Philosophie verdienen eine Hervorhebung. Die Nelson-Assistentin Grete Henry-Hermann ging der Frage nach, durch welche Modifikation der Wahrheitskern der Nelsonschen Philosophie von irreführenden Absolutheitsansprüchen befreit und dennoch sinngemäß geltend gemacht werden könne (Henry-Hermann, 1985 S. XI). Damit setzte sie voraus, daß, auch bei einer Revision oder Aufgabe einzelner Bestandteile der Philosophie Nelsons, die Theorie in sich schlüssig bleibt und nicht insgesamt aufgegeben werden muß. Henry-Hermann analysierte Nelsons Methoden der Vernunftkritik und kam im Unterschied zu Nelson zu dem Schluß, daß es keinen Weg gäbe, ein reines unmittelbares sittliches Vernunftinteresse aufzuweisen, das

---

28   Ebenda, S. 136 - Alf Ross wies darauf hin, daß die meisten Aprioriker der Vergeltungslehre huldigten, so auch Nelson in seiner Strafrechtslehre. Ross 1933, S. 381.

einen eindeutigen Maßstab für sittliche Entscheidungen abgeben könnte (S. 94). Der Philosoph Stephan Körner vertrat die Ansicht, daß die Nelsonsche Theorie insgesamt mit gewissen Abschwächungen und Relativierungen einer Prüfung standhielte. Im Gegensatz zu Nelson zeigte er jedoch, daß es eine „Möglichkeit von mehr als einem regressiv aufweisbaren und kritisch begründbaren metaphysischen System" gebe, ohne daß dadurch das gesamte philosophische System Nelsons aufgegeben werden müßte (Körner 1979, S. 15). Auch der Philosoph und Mathematiker Paul Bernays, ebenfalls ein Nelson-Schüler, hielt Nelsons Vernunftbegriff im ganzen nicht aufrecht. Bereits 1929 argumentierte er, daß durch notwendige Modifikationen, die der Entwicklung der Wissenschaft Rechnung tragen würden, die Grundideen der Nelsonschen Philosophie nicht aufgegeben werden müßten (Bernays 1929, S. 113). Entgegen der Sichtweise der Vernunft als „Quelle endgültig maßgeblicher philosophischer Prinzipien" entwickelte Bernays einen Vernunftbegriff, der einen eher suchenden und sich entwickelnden Charakter habe. Mittels Wahrnehmung und Ausprägung von komplexer Erfahrung finde eine „Entwicklung der begrifflichen Deutungen" statt, aufgrund derer ein „Schatz an Deutungskategorien im kollektiven Unbewußten" aufgespeichert werde. Vernunft stellte somit für ihn keine „Quelle endgültig maßgeblicher philosophischer Prinzipien" dar, sie sei nur eine „Quelle sinnhafter, versuchend dargebotener Deutungen" (Bernays 1953, S. 128).

Eine akademische Auseinandersetzung mit der Philosophie Nelsons findet sich in neuerer Zeit in der Dokumentation eines internationalen philosophischen Kongresses (Vernunft, Erkenntnis, Sittlichkeit 1979), der Mannheimer Dissertation bei Hans Albert von Dragan Jakovljevic (1988) und, mehr praxisbezogen und handlungsorientierter, in der Schriftenreihe „Sokratisches Philosophieren" mit den bisherigen Heften „Leonard Nelson in der Diskussion" (1994), „Vernunftbegriff und Menschenbild bei Leonard Nelson" (1996) und „Diskurstheorie und sokratisches Gespräch" (1996). Eine ausgezeichnete Skizzierung der Aktualität Nelsons aber auch der verschiedenen Faktoren die zum Vergessen Nelsons in der akademischen Philosophie der Gegenwart geführt haben, zeigt Dieter Birnbacher auf (Birnbacher 1997).

Die Bedeutung der Nelsonschen Philosophie heute liegt nicht in einzelnen ihrer Resultate, sondern „in deren zwingender Aufgabenstellung, sich für eine von Vernunft und Moral geleitete Praxis einzusetzen" (Miller 1983a, S. 65). Dabei muß jedoch der elitär-platonische Wahrheitsanspruch der Nelsonschen Philosophie nachdrücklich zurückgewiesen werden. Denn das daraus abgeleitete „Philosophen-Königstum" (Birnbacher 1997, S. 3) kann nur scheitern.

3.1.1 Nelson und die zeitgenössische Wissenschaft

Nelson ist philosophiegeschichtlich in den Neukantianismus einzuordnen. Er selbst stimmte dieser Aussage allerdings, genauso wie die Vertreter des Neukantianismus, nicht zu. Dennoch ist sie sachlich gerechtfertigt.

In der Regel wird neben dem frühen physiologischen Neukantianismus (Friedrich Albert Lange, mit Einschränkungen auch Alois Riehl; letzterer verfügt zwar über die transzendentallogische Kantinterpretation, ihm fehlt aber die für die beiden Schulen charakteristische einheitliche Kulturphilosophie), zwischen der Marburger Schule (Hermann Cohen, Paul Natorp, Ernst Cassirer) und der Südwestdeutschen Schule (Wilhelm Windelband, Heinrich Rickert, Emil Lask, Jonas Cohn, Bruno Bauch), gelegentlich auch als Heidelberger, oder seltener, Badener Schule, bezeichnet, unterschieden. Die Marburger Schule entwickelte eine, sich auf die Transzendentallogik stützende Grundlegung der Naturwissenschaften, initiierte aber auch staatstheoretische Vorstellungen einer sozialen Demokratie oder eines ethischen Sozialismus (Cohen, Natorp u.a.). Demgegenüber setzte die Südwestdeutsche Schule mit der Entwicklung einer Wertphilosophie und einer Theorie der Geisteswissenschaften Akzente. Hans Ludwig Ollig ordnete in seiner Überblicksstudie Nelson neben Ernst Troeltsch und Richard Hönigswald in die Kategorie „Kritik und Weiterführung" ein (Ollig, 1982; vgl. allg. Schnädelbach 1983, S. 133f. Zur Kritik an dieser Schuleinteilung vgl. Neukantianismus 1989, S. 10f.).

Im englischsprachigen Raum, in dem Nelson stärker rezipiert wurde, gesteht man ihm eine eigene Schule zu. So unterteilte etwa Beck neben den Anfängen (Eduard Zeller, Kuno Fischer, Hermann von Helmholtz, Friedrich Albert Lange) und den metaphysischen Neukantianern (Alois Riehl u.a.) vier neukantische Richtungen: die Marburger, die Göttinger mit der „Neo-Friesian school under the leadership of Leonard Nelson", die Heidelberger und die soziologische Richtung (Georg Simmel, Max Adler, Karl Mannheim) (Beck 1967, S. 468f.). Das „Cambridge Dictionary of Philosophy" nahm, allerdings unter Rekurs auf Oesterreichs Einteilung in Friedrich Überwegs „Grundriß der Geschichte der Philosophie", eine Klassifikation in sieben Gruppen vor: physiological neo-Kantianism of Helmholtz and Lange, metaphysical neo-Kantianism of Liebmann, realist neo-Kantianism of Riehl, logistic-methodological neo-Kantianism of the Marburg School of Cohen and Natorp, axiological neo-Kantianism of Southwest German School of Windelband and Rickert, relavistic neo-Kantianism of Simmel, psychological neo-Kantianism of Nelson, „originator of the Göttingen School, also known as the neo-Friesian School" (van der Linden 1996, S. 524).

Nelson selbst stimmte der Existenz von zwei nachkantianischen Schulen nicht zu. „Es gibt also nicht, wie die Sage geht, zwei Kantische Schulen; sondern unter den Nachfolgern Kants gibt es eine Reihe von solchen, die seine kritische Methode verlassen [...] haben, während eine geringe Zahl anderer [...] das von Kant begonnene Werk der wissenschaftlichen Einsicht auf dem von ihm eingeschlagenen Wege fortgebildet haben. Diese allein können auf den Ruhm, Kants Schüler zu sein, Anspruch machen."[29] Dieser Anspruch könne ausschließlich für

---

29   Leonard Nelson (1904): Vorwort zur neuen Folge der Abhandlungen der Friesschen Schule, in: Gesammelte Schriften Bd. 1, S. 6f.

Fries, Apelt und - unausgesprochen - Nelson selbst gelten. Nelson verteidigte Fries als den alleinigen Fortführer der Kantischen Philosophie und wies alle anderen Ansprüche zurück. Diese Schulen hätten keine Erneuerung der kritischen Philosophie bewirkt, es sei „widerwärtige Rabulistik" mit der sie ihre „willkürlichen Einfälle als den Ausdruck des wahren Geistes der Kantischen Kritik" interpretierten.[30] Nelson konstatierte bei Heinrich Rickert ein Wiederaufgreifen der „Fichteschen Ich-Metaphysik" und eine „Erneuerung von Hegels absoluter Wissenschaft", bei Hermann Cohen eine „Erneuerung der Hegelschen metaphysischen Logik" (ebenda, S. 215f.).

Insbesondere gegen die Cohen-Schule polemisierte Nelson, wie bereits in seiner Biographie dargestellt wurde. Nelson hatte unmittelbar an Apelts Wort angeknüpft - nur die Kantisch-Friesische Philosophie könne die Probe der Wahrheit bestehen - wenn er feststellte, daß die von Kant begründete und von Fries und Apelt fortgeführte Philosophie die der Zukunft sei und er auf ihren Sieg und ihre Alleinherrschaft baue.[31] Dieser Anspruch wurde von Ernst Cassirer sofort zurückgewiesen (Cassirer 1906). Nelson bezog auch die Friessche Schule in die wissenschaftliche Auseinandersetzung mit ein, Gerhard Hessenberg und Kurt Grelling veröffentlichten in den „Abhandlungen der Friesschen Schule" zwei Gegenschriften zu Cohen. Nelson drängte Otto Meyerhof ebenfalls zu einer öffentlichen Stellungnahme, die dieser unter dem Titel „Der Streit um die psychologische Vernunftkritik. Die Friessche Schule und ihre Gegner" in der „Vierteljahresschrift für wissenschaftliche Philosophie und Soziologie" 1907 veröffentlichte. Die Zeitschrift gibt auch Cassirer direkt die Möglichkeit für eine Stellungnahme. Cassirer betonte die sachliche Argumentation bei Meyerhof und wies auf die Polemiken, verbunden mit persönlichen Angriffen und Beschuldigungen der Nelsonschule hin.[32] Cassirer wies alle Ansprüche von Nelson zurück, erstens die alleinige Schülerschaft von Fries zu Kant zu beanspruchen, und zweitens damit eine Göttinger neukantianisch-friesische Schule zu etablieren.

Nelsons kritische Philosophie, die er von Fries übernahm und weiterentwickelte, wird philosophiegeschichtlich auch als „psychologistisch" gekennzeichnet. Seine enge Verbindung zu Fries schilderte er selbst so: „Ich behaupte nicht, daß von Fries' Lehre allein alles Gute kommen kann. Aber das behaupte ich, daß ohne sie nichts Gutes auf Dauer gedeihen kann, so wenig wie ein Schiff

---

30 Leonard Nelson (1914): Die sogenannte neukantische Schule in der gegenwärtigen Philosophie, in: Gesammelte Schriften Bd. 1, S. 211.

31 Nelson: Vorwort zur neuen Folge der Abhandlungen, a.a.O., S. 7.

32 Otto Meyerhof (1907): Der Streit um die psychologische Vernunftkritik. Die Friessche Schule und ihre Gegner, in: „Vierteljahresschrift für wissenschaftliche Philosophie und Soziologie", Bd. 31, S. 421-439; Ernst Cassirer (1907): Die Frage nach der Methode der Erkenntniskritik, ebenda, S. 440-465. - Meyerhof nimmt dazu noch einmal Stellung: Erkenntnisinteresse und Vernunftkritik, in: „Zeitschrift für Philosophie und philosophische Kritik", Bd. 136, 1909, S. 22-55.

ohne Steuer, so wenig wie ein Charakter ohne Gewissen möglich ist."[33] Der psychologische Materialismus von Fries ging - wie oben dargestellt - davon aus, daß die Existenz des Sittengesetzes eine unbeweisbare Vernunfttatsache sei. Die zu Nelsons Zeit vorherrschende neukantianische Marburger Schule erkannte demgegenüber eine metaphysische Deutung des Sittengesetzes. Für Fries lag das Wissen über die Existenz des Sittengesetzes in einer unmittelbaren Erkenntnis begründet, die keines Beweises bedürfe, weil sie für sich schon sicher sei. Eine unmittelbare Erkenntnis kann durch eine psychologische Erfahrung nachgewiesen werden. Innerhalb des philosophischen „Zeitgeistes" versuchte Nelson die Tradition Jakob Friedrich Fries' wiederzubeleben und den Kantianismus mit der empirischen Psychologie zu verbinden.

Die Stellung Nelsons in der zeitgenössischen Philosophie läßt sich auch anhand seiner Sprache charakterisieren. Nelsons Schriften zeichnen sich durch ein Prinzip der Verständlichkeit[34] aus, das allerdings nicht sprachpuristisch wird. Gegenüber Diltheys Verwendung einer Bildungssprache oder etwa Heideggers maximaler Fremdheit gegenüber Sprache, die er zum Teil neu erfand, lehnte sich Nelson mit seiner klaren analytischen Sprache sehr stark an die mathematischen Methoden an, er wollte einen unmittelbaren und absoluten Wahrheitsanspruch begründen. Seine Rigidität erwartete eine vollkommene Klarheit, es reichte ihm nicht, etwas zu klären, die Probleme mußten vollständig gelöst werden. Dazu bedarf es einer Objektivität des Argumentierens, die gerade in der Philosophie mit weit größeren Schwierigkeiten verbunden ist als in anderen Wissenschaften. „Es ist leicht bei einer mathematischen Untersuchung kühles Blut zu behalten, aber wo Prinzipien in Frage kommen, die die Stellung des Menschen zu religiösen und sittlichen, rechtlichen und politischen Angelegenheiten bedingen, und er um der Wahrheit willen bereit sein muß, sich von allem loszusagen, woran sein Herz hängt, da ist es schwer, die leidenschaftslose Stimmung zu bewahren, ohne die eine vorurteilsfreie Prüfung und Entscheidung nicht gelingt."[35]

Nelson wandte sich entschieden gegen den Relativismus und Skeptizismus seiner Zeit. Dem Kulturpessimismus Oswald Spenglers, formuliert in den zwei Bänden „Der Untergang des Abendlandes" mit der Grundthese, es gebe keine verbindliche Wahrheit und die Menschheit verfüge über kein Ziel und keine Idee, setzte er die strenge Begründung seines Sittengesetzes entgegen.[36] Die Schule der

---

33   Nelson: Vom Selbstvertrauen der Vernunft, a.a.O., S. 240.

34   Dieter Birnbacher wies darauf hin, daß Philosophen, die sich einer ausgesprochen klaren Sprache befleißigen, in Deutschland leicht eines mangelnden Tiefgangs verdächtigt werden: „Man denke an Adornos Bemerkung über John Locke: die beleidigende Klarheit" (Birnbacher 1997, S.13).

35   Leonard Nelson (1918): Von der Kunst zu philosophieren, in: Gesammelte Schriften Bd. 1, S. 232.

36   Vgl. Die Kritik von Nelson an Spengler in: Leonard Nelson (1921): Spuk, in: Gesammelte Schriften Bd. 3, S. 349-552. Die Schrift trägt den Untertitel: „Einweihung in das Geheimnis der Wahrsagerkunst Oswald Spenglers und sonnenklarer Beweis der Unwiderleglichkeit seiner Weissagungen, nebst Beiträgen zur Physiognomik des Zeitgeistes. Eine Pfingstgabe

Lebensphilosophie in der Form des Historismus von Dilthey stellte auf Grund des fehlenden Bezugs zu Wahrheitsfragen eine für Nelson unzureichende Theorie dar. Aus der zeitgenössischen Philosophie dagegen wurde Nelson aufgrund seiner strikten Begründungsansprüche der Vorwurf gemacht, seine Fortsetzung der Kritischen Philosophie sei eine verspätete Wiedergeburt des 18. Jahrhunderts.

Nelsons Modell der Philosophie nach einem mathematischen Schema hat Analogien zur Philosophie Gottfried Wilhelm Leibniz', für den Wahrheiten nicht unverbunden waren, sondern in einem zusammengehörenden System stehen. Leibniz' „architektonisches" Denken setzte voraus, daß die Wahrheit nicht evident sei, sondern erst gefunden werden müsse. Bei Nelson hieß es, die Wahrheit sei ursprünglich „dunkel" und müsse durch philosophische Verfahren sichtbar gemacht werden. Nelson ist in gewisser Sicht mit John Dewey und Bertrand Russell zu vergleichen, die auch pädagogisch-politische Konzeptionen entwickelten, bei denen aber die ethische Skepsis überwog. Seine kritische Methode der Vernunfterkenntnis läßt sich durchaus in Beziehung zu Carl Gustav Jungs psychologischer Theorie des „Kollektiven Unbewußten" setzen. Alle Menschen, so Jung, hätten gemeinsame, unbewußte Erlebnisformen, die als geistige Erbmasse der Menschheitsgeschichte vorhanden wären. Als Inhalte dieses kollektiven Unbewußten benannte Jung die in verschiedenen Kulturen gleichen „Archetypen".

Seine Autonomie und Unerschrockenheit jeglicher Philosophieströmung gegenüber läßt Vergleiche mit David Hume oder John Stuart Mill zu. Franke stellt die Philosophie Nelsons in einen Bezug zur analytischen Philosophie, etwa des logischen Atomismus Bertrand Russells, beide verfügten über ähnliche Merkmale wie die Kritik am deutschen Idealismus (Fichte, Schelling, Hegel), die Beschäftigung mit mathematischen und logischen Grundlagenproblemen und die logische Analyse von philosophischen Problemen (Franke 1994, S. 22). Nelsons Methode zeichnete sich durch eine kompromißlose Strenge aus, er ist durchaus als „Mathematiker" der Philosophie zu beschreiben. Mit seinem Verfahren der Deduktivität, der Bildung von einfachen Dichotomien, läßt er sich als Vorgänger der analytischen Ethik ansehen.

3.1.2   Sokratische Methode als Form des Philosophierens

Das sokratische Gespräch ist eine Variante des dialogischen Philosophierens, des gemeinsamen, reflexiven Denkens oder des Explizierens von Begriffen. Es geht induktiv vom Konkreten aus und versucht zum Allgemeinen vorzudringen. Die Prinzipien stehen demnach bereits fest, sie werden durch das sokratische Gespräch nur wieder aufgefunden. Kant stellte diesem in der „Kritik der reinen Vernunft" das doktrinale Philosophieren entgegen. Durch gemeinsames Abwägen von Gründen und Gegengründen in einer im weitesten Sinne philosophischen

---

für alle Adepten des metaphysischen Schauens".

Fragestellung der Wahrheit näherzukommen, dies ist eine vorläufige Bestimmung des sokratischen Gesprächs. Damit sind reine Informationsfragen, Faktenwissen oder Fragen, die subjektive Urteile beinhalten, ausgeschlossen.

Nelson schloß mit der Form des sokratischen Gesprächs wieder an die Tradition der Gesprächsführung des Sokrates an (vgl. Horster 1995; Martens 1992). Dieser ließ sich in seinen Gesprächen von drei Überzeugungen leiten; der allgemeingültigen, für den Menschen erfaßbaren Wahrheit, der Befähigung zur Vernunft des Menschen und des Dialogs zur Findung der Wahrheit.[37] Sokrates wollte nicht belehrend auf seine Schüler einwirken, sondern sie die Wahrheit durch kritisches Befragen und ständiges Überprüfen der eigenen Aussagen selbst finden lassen. Dennoch, an vielen Stellen hielt Sokrates häufig Monologe, seine Schüler bestätigten häufig nur seine philosophischen Ansichten, von einem realen gleichberechtigten Dialog kann eigentlich nicht gesprochen werden.[38] Der Bildungstheoretiker Heinz-Joachim Heydorn kam denn auch zu dem Urteil, „Sokrates war aber nichts anderes als ein Sophist, er unterschied sich nur im Ergebnis" (Heydorn 1995, S. 18). War Sokrates mit den Sophisten gleichzusetzen? Ihm ging es um den Wahrheitsgehalt einer philosophischen Frage, die Sophisten behaupteten den Subjektivismus. Es gebe nichts feststehendes, oder wie Protagoras es in seinen Antilogien ausdrückte, man könne über alle Dinge zwei sich widersprechende Urteile fällen. „Der Mensch ist das Maß aller Dinge", dieser Satz von Protagoras mit seinem absoluten Relativismus widerlegt Heydorns Sicht von Sokrates. Die große Stärke des Sokrates war der Beweis, daß häufig vermeintlich philosophisches Wissen nicht hinreichend begründet war. Platon hat die Erkenntnis Sokrates' so wiedergegeben, daß die Wahrheit bereits im menschlichen Geist quasi dunkel vorhanden sei, es nur einer besonderen Methode bedürfe, dem sokratischen Gespräch, um sie wieder an das Licht zu holen.

Es war Hannah Arendt, die festhielt, daß Sokrates nichts lehrte und nie eine Antwort auf eine von ihm gestellte Frage wußte. Er pflegte das Untersuchen nur um des Untersuchens, nicht um des Wissens willen. „Die Einzigartigkeit des Sokrates liegt in dieser Konzentration auf das Denken selbst, unabhängig von allen Ergebnissen. [...] Ein darüber hinausgehendes Motiv oder einen darüber hinausgehenden Zweck gibt es für das ganze Unterfangen nicht. Was er in Wirk-

---

37 Die Überlieferung der Gedankenwelt Sokrates' erfolgt durch die beiden Hauptquellen seiner Schüler, die Dialoge Platons und der Schriften von Xenophon, sowie weiterer Quellen von Aristophanes und, ergänzend, Aristoteles. Auf eine Interpretation der durchaus gegensätzlichen Überlieferungen soll hier nicht eingegangen werden, manche, wie Olaf Gigon, halten die Figur des Sokrates für eine Dichtung Platons (vgl. zur Historizität des Sokrates: Figal 1995; Patzer 1987, dort auch Gigon).

38 Als Beispiel sei hier ein Gespräch Sokrates mit Theaitetos über Mäeutik herangezogen. Dessen Antworten bestehen aus kurzen Aussagen oder Sätzen wie: Allerdings; Das habe ich wohl schon gehört; So ist es allerdings; Gar sehr; Offenbar; So ist es; Das habe ich noch nicht so gewußt u.a. In der Erklärung der Mäeutik verfährt Sokrates gar nicht „sokratisch". Platon: Theaitetos, Hamburg 1958, 149a f.

lichkeit tat, war, den Denkprozeß [...] im Diskurs öffentlich zu machen" (Arendt 1985, S. 53).

Zur ersten Einordnung des sokratischen Gesprächs seien drei Systematisierungsversuche angeführt. Dieter Birnbacher faßte Ziele und Methoden der sokratischen Gespräche in vier Postulate zusammen: Selbstdenken der Schüler, durchgängige Rationalität im Abwägen von Gründen und Gegengründen, Ausgehen vom konkret Erfahrenen und Gruppenkonsens als Kriterium fallibler Wahrheit (Birnbacher 1982, S. 44). Das Ziel der sokratischen Methode ist es, für einen Gesprächsteilnehmer nachvollziehbare und hinterfragbare Erkenntnisse im Diskurs mit anderen zu gewinnen.

Wolfgang Klafki unterschied vier Hauptstränge einer Problemgeschichte der sokratischen Methode. Damit setzte er sich zu Recht von der Sichtweise ab, daß von einem sokratischen Gespräch nur in der Form gesprochen werden könne, wie Leonard Nelson es gehandhabt hatte.

- Eine erneute Rezeption des Sokrates in der Aufklärungsbewegung des 17. und 18. Jahrhunderts einschließlich der Entwicklung unterschiedlicher Varianten der sokratischen Unterrichtsmethode.
- Die Wiederentdeckung, Reinterpretation und Neufassung des platonischen Sokrates bei Nelson und die Weiterentwicklung bei Gustav Heckmann.
- Die Sokrates-Rezeption der geisteswissenschaftlichen Pädagogik bei Hermann Nohl, Eduard Spranger, Friedrich Copei bis zum genetisch-sokratisch-exemplarischen Verfahren von Martin Wagenschein.
- Die Rezeption der diskurstheoretischen Beiträge von Jürgen Habermas und Karl-Otto Apel in der neueren emanzipatorischen, kritischen und kritisch-konstruktiven Erziehungswissenschaft (Klafki 1983, S. 278f.).

Gleichberechtigt stehen hier mehrere, unterschiedliche Formen des sokratischen Gesprächs nebeneinander.

Allgemein lassen sich drei Anwendungsbereiche der sokratischen Methode kennzeichnen:

- Ein therapeutischer Effekt fördert die Fähigkeit zur Selbst- und Fremdwahrnehmung sowie die Fähigkeit zum Selbstdenken und das Vertrauen in das eigene Denken.
- Durch die Entwicklung einer Vielfalt der sprachlichen Ausdrucksfähigkeit bedingt, bemüht sich das sokratische Gespräch um gegenseitiges Verstehen und schult die Sprach- und Denkentwicklung.
- Da seit den Frühphasen der Erziehung eine Gewöhnung an eine Fremdbestimmung wie etwa Sachzwänge oder Normen stattfindet, leistet die sokratische Methode eine Befreiung von Sachzwängen und unbegründeten gesellschaftlichen Normen und fördert die Entwicklung des Selbstdenkens (Horster/Krohn 1983, S. 6f.).

Nelson gab folgende kurze Definition des sokratischen Gesprächs: „Die sokratische Methode ist nämlich nicht die Kunst, Philosophie, sondern Philosophieren zu lehren, nicht die Kunst, über Philosophen zu unterrichten, sondern Schüler zu

Philosophen zu machen."[39] Mit diesen Worten beschrieb Nelson in einem Vortrag den Sinn und Zweck der sokratischen Methode, deren Wiederbelebung und Weiterführung er für die kritische Philosophie als dringend geboten ansah. Nelson verwandte hier stillschweigend ein Zitat Kants, der in der „Kritik der reinen Vernunft" ausgeführt hatte, man könne „niemals aber Philosophie (es sei denn historisch), sondern, was die Vernunft betrifft, höchstens nur philosophieren lernen".[40] Im sokratischen Gespräch wird somit kein Wissen angeeignet, sondern, wie Detlef Horster festhielt, „das vorhandene Wissen vertiefter reflektiert" (Horster 1986, S. 28). Nelson hatte die sokratische Methode in seiner Mitarbeit in der liberalen Bildungsarbeit bei Wilhelm Ohr in der Anwendung kennengelernt. In seiner Gedächtnisrede für Ohr verwies er darauf, daß dieser in seinen Bildungsveranstaltungen nach sokratischer Methode gearbeitet habe.[41]

Sokrates habe nach Meinung Nelsons gezeigt, daß Tugend lehrbar sei. Doch dieser Versuch, die Philosophie auf den sicheren Weg der Wissenschaft zu bringen, sei genauso wie der Versuch Kants gescheitert: „Wenn das lebendige, am Einzelproblem sich entfaltende Philosophieren des Sokrates keine Nacheiferer gefunden hat, so ist es nicht zu verwundern, daß der Wahrheitsgehalt der weit abstrakteren methodischen Untersuchungen Kants nicht aufgefaßt und aufgenommen worden ist; abgesehen von den wenigen, die seine Lehre verstanden und fortgebildet haben, aber ihrerseits vollends vom übermächtigen Zeitgeist in den Hintergrund gedrängt und von der Geschichte übergangen worden ist" (S. 277). Nelson sah die kritische Methode Kants als die Wiederaufnahme des sokratisch-platonischen Philosophierens an. Das sokratische Gespräch war nicht ein didaktisches Prinzip, sondern eine philosophie-theoretische Methode. Deutlich betonte Nelson, daß die Lehrweise des Sokrates philosophische und didaktische Fehler enthielt. Dennoch überwogen in seinem Urteil die positiven Elemente, er sprach an einer anderen Stelle von seinem „verehrten Lehrer".[42] Der Erfolg des Sokrates

---

39 Leonard Nelson (1929): Die sokratische Methode, in: Gesammelte Schriften Bd. 1, S. 271. Bei weiteren Zitaten oder Entlehnungen aus diesem Text Seitenangaben direkt im Text. (Zuerst veröffentlicht in: Abhandlungen der Friesschen Schule. Neue Folge, Bd. 5, H. 1, Göttingen 1929, S. 21-78. In jüngster Zeit in Auszügen einer größeren Öffentlichkeit zugänglich in: Will Cremer u.a. (1991): Das sokratische Gespräch, eine Methode der demokratischen Diskussion und Entscheidungsfindung, in: Methoden in der politischen Bildung. Handlungsorientierung, Bonn, S. 42-52. - Quellenkritisch ist anzumerken, daß es sich um einen 1929 publizierten, verschriftlichten Vortrag Nelsons aus dem Jahr 1922 handelt. Nelson selbst sprach hier einleitend von dem Wagnis, die sokratische Methode zu erklären, man könne sie eigentlich nur praktizieren.

40 Immanuel Kant (²1787): Kritik der reinen Vernunft, (B 865), in: Kants Gesammelte Schriften, Hrsg.: Königlich Preußische Akademie der Wissenschaften, Berlin 1911, S. 541f.

41 Leonard Nelson (1917): Wilhelm Ohr als politischer Erzieher, in: Gesammelte Schriften Bd. 8, S. 432. - Ohr habe mehr auf Verständnis und Gründlichkeit im Denken, als auf den Umfang des Wissens Wert gelegt und sei stets bedacht gewesen, den Verführungen der Phrase entgegenzutreten.

42 Leonard Nelson (1927): Demokratie und Führerschaft, in: Gesammelte Schriften Bd. 9, S. 434.

sei die Anregung zum Selbstdenken seiner Schüler gewesen, er habe sie durch seine Fragen zum Eingeständnis ihrer Unwissenheit gebracht und damit jegliche Form von Dogmatismus sowie die Bildung von Vorurteilen unterbunden. „Diese Kunst, zur Freiheit zu zwingen, macht das erste Geheimnis der sokratischen Methode aus" (S. 287). Sokrates habe als erster, getragen von dem Vertrauen in die Kraft des menschlichen Geistes, die philosophische Wahrheit erkannt, daß nur planmäßiges unablässiges Nachdenken in die gleiche Richtung Erfolg habe. Durch die Friessche Reform der Philosophie mit der Methode der Vernunftkritik sei die „wissenschaftliche Vertiefung und Ausführung des Grundgedankens der alten sokratischen Methode und überhaupt des reinen Platonismus gegenüber den Mißdeutungen des Aristoteles"[43] erreicht worden.

Methodisch warf Nelson noch eine Problemstellung auf, wenn er den Rückgang vom Besonderen und Einzelnen zum Allgemeinen in der sokratischen Methode ansprach. Dies sei kein Rückschluß, sondern ein Abstrahieren, indem das Wissen, das man schon besitze, nur durch Denken wieder in das Bewußtsein geholt werde. Das transzendentalphilosophische Verständnis ging von einem bereits vorhandenen Vernunftkern aus, der nur wieder aktiviert werden müßte. Diese Lehre von der Wiedererinnerung sei erst durch Kants und Fries' Methode der regressiven Abstraktion und der Methode der Deduktion wieder sichergestellt worden. Dadurch gelangte das sokratische Vorhaben - Nelson nahm hier in einem Wortspiel ein Zitat von Sokrates auf - „den Nicht-Wissenden dadurch zu belehren, daß man ihn zur Einsicht zwingt, daß wirklich zu wissen, wovon er nicht wußte, daß er es weiß" (S. 290). Hier wird wieder die These von der ursprünglichen Dunkelheit der philosophischen Erkenntnis deutlich. Das pädagogische Problem - von Nelson Fundamentalproblem der Pädagogik benannt - warf Nelson selbst auf, wenn er der Frage nachging, wie Unterricht und damit Belehrung überhaupt möglich sei, wenn jegliches belehrende Urteil aus dem Unterricht verbannt werden müsse: „wie ist es möglich, durch äußere Einwirkung einen Menschen zu bestimmen, sich nicht durch äußere Einwirkung bestimmen zu lassen" (S. 291).[44] Diese Paradoxie wurde an einer anderen Stelle so formuliert, daß der Arbeitsvertrag von den Schülern die „Unterwerfung unter die Methode des Philosophierens" fordere. Holger Franke führte hierzu die Forderung Nelsons nach einer aktiven Beteiligung an dem sokratischen Gespräch an, ein Schweigen wurde von ihm nicht geduldet, es herrschte ein Sprechzwang. Wer sich den autoritären Regeln des sokratischen Gesprächs nicht beugte, wurde ausgeschlossen (Franke 1991, S. 185f.). Die Überbetonung der Sprache in einem sokratischen Gespräch manifestiert die Sicht, daß in dem Sprachreichtum quasi verborgen die Vernunft lebt. Der Verstand wiederum deckt, indem er durch Anschauung bestimmte Vorstellungen trennt, die Vernunfterkenntnis auf. „Philosophieren ist

---

43   Leonard Nelson (1977): Fortschritte und Rückschritte der Philosophie. Von Hume und Kant bis Hegel und Fries, aus dem Nachlaß herausgegeben von Julius Kraft, in: Gesammelte Schriften Bd. 7, S. 598.

44   Auch in: Nelson: Ethik und Pädagogik, a.a.O., S. 349.

demnach nichts anderes, als mit Hilfe des Verstandes jene abstrakten Vernunftwahrheiten zu isolieren und in allgemeinen Urteilen auszusprechen" (S. 282).

Die Gesprächsform des Sokrates wurde von Nelson stillschweigend verändert. Während Sokrates mit einem Schüler oder Gesprächspartner diskutierte, um diesen zur Wahrheit zu führen, leitete Nelson eine Gruppe, ohne selbst, so sein idealtypischer Anspruch, inhaltlich einzugreifen. Die Gruppe sollte ausschließlich allein in einem Dialog unter einer nur formalen, nicht inhaltlichen Gesprächsleitung eine Erkenntnis gewinnen. Nelson gab aus seiner Eigenschaft als „philosophischer Lehrer" einige wenige, praktische Verfahrensanweisungen für die Durchführung der sokratischen Methode, die er in Teilnehmer- und Leiterregeln unterschied. Weitere Konkretisierungen hinterließ er nicht. Folgende acht Verfahrensregeln hielt er für grundlegend:

- Die Schüler müssen von Anfang an das Selbstgehen lernen, der Lehrer dürfe sie nicht vor Irrwegen schützen oder mit richtigen Erkenntnissen vorangehen.
- Dem Schüler werde deutlich gemacht, daß es sich um die Mitteilung von Gedanken und nicht von Wissensstoff handele. Dazu sei eine deutliche, klare Sprache nötig: „Der Arbeitsvertrag fordert von dem Schüler nichts anderes als Mitteilung der Gedanken. […] Er fordert von ihm Unterwerfung unter die Methode des Philosophierens" (S. 308).
- Der Lehrer antworte nicht und stelle auch keine philosophischen Fragen, seine Aufgabe liege einzig und alleine in der Entfesselung eines Frage- und Antwortspiels zwischen den Schülern.
- Der Lehrer stelle die Fragen zur Diskussion. Dabei habe er einen gewissen Spielraum, zu leise und unvollständig formulierte Fragen beachte er nicht. Wirre und unscharfe Fragen würden durch Gegenfragen versucht, zu präzisieren.
- Dem Lehrer gesteht Nelson doch eine Lenkungsfunktion zu, wenn er sie auch nicht explizit ausspricht: „Er wird bestrebt sein, seine eigene Einschätzung der Fragen für den Gang der Aussprache nutzbar zu machen. […] Er wird aufschlußreiche Fragen, oder solche, die bei ihrer Behandlung typische Fehler ans Licht ziehen, in den Vordergrund treten lassen […]" (S. 296). Er schränke dies jedoch dadurch ein, daß weder auf die Zweckmäßigkeit noch auf die Unzweckmäßigkeit einer Frage eingegangen werden solle. Lediglich durch die Aufforderung, sich mit ihnen zu beschäftigen, werde ihr Sinn durch Kreuz- und Querfragen herausgeholt.
- Unverständliche Antworten würden übergangen, alle anderen Antworten durch Gegenfragen untersucht.
- Störungen könnten durch den Leiter weitgehend ausgeschaltet werden, indem er verständnislose Antworten einfach übergehe, die richtigen Antworten mit sokratischer Ironie anzweifele.
- Die in einem sokratischen Gespräch eintretende Phase der Verwirrung scheue der Lehrer nicht, er führe sie sogar herbei. Dabei ließe er sich von Sokrates' Satz leiten: „Weil die Seele imstande ist, […] sich wiederzuerinnern an das, was sie ehedem ja doch wußte" (S. 298). Die Aufgabe des Lehrers liege nun

darin, die Schüler aufzufordern, die ursprüngliche Frage wieder aufzunehmen, um in einer kritischen Beurteilung jedes einzelnen ihrer Schritte die Fehlerquellen zu studieren und die Lösung zu finden. „Es kann sich also nur darum handeln, den Schüler selbst den Weg der regressiven Methode gehen zu lassen" (S. 300).

Holger Franke rekonstruierte aus ausführlichen Gesprächsprotokollen nachträglich Regeln, die Nelson in seinen sokratischen Gesprächen angewandt hatte.[45] Als technische Teilnehmerregeln benannte er:

- Jeder Teilnehmer muß pünktlich zum Gespräch erscheinen.
- Jeder Teilnehmer muß regelmäßig zum Gespräch erscheinen. Ein Fortbleiben ist nur in Fällen von höherer Gewalt (z.B. Krankheit) zu rechtfertigen.
- Jeder Teilnehmer muß laut sprechen und soll sich möglichst kurz fassen.
- Jeder Teilnehmer muß sich verständlich ausdrücken.
- Jeder Teilnehmer muß zur Selbstkontrolle ein Protokoll anfertigen.

Von diesen unterschied Franke inhaltliche Teilnehmerregeln, die er in vier Punkten aufschlüsselte:

- Jeder Teilnehmer muß sich aktiv am Gespräch beteiligen. Dies bedeutet:
  - Jeder Teilnehmer muß die Bedeutung der gesprochenen Worte als auch die zu behandelnde Frage erfassen.
  - Jeder Teilnehmer muß sich äußerlich am Gespräch beteiligen, d.h. er darf nicht schweigen.
- Jeder Teilnehmer hat das Recht, alles anzusprechen, was er bei der Behandlung des Problems glaubt sagen zu müssen. Hierzu zählt insbesondere das Recht, darauf hinzuweisen, etwas nicht verstanden zu haben.
- Jeder Teilnehmer muß sich von vorgefaßten Meinungen über die Probleme, welche behandelt werden, freimachen und offen sein.
- Kein Teilnehmer darf versuchen, ein Ergebnis durch Berufung auf Autoritäten zu begründen.

Aus der weiteren Analyse der Protokolle ergaben sich drei Regeln für den Leiter des sokratischen Gesprächs:

- Der Leiter muß sich größte Zurückhaltung in bezug auf den Inhalt des Themas auferlegen.
- Der Leiter darf Teilnehmer nicht selbst fragen, wenn sie sich nicht melden.
- Der Leiter ist berechtigt, bei Regelverletzungen eines Teilnehmers diesen zurechtzuweisen (Franke 1991, S. 183f.).

Der Nelson-Text ist in sich nicht widerspruchslos. Quasi als Dogma des sokratischen Gesprächsleiters stellte Nelson die Forderung auf, daß dieser auf gar keinen Fall inhaltlich eingreifen dürfe, auch wenn der Gedankengang in die Irre führe: „Der philosophische Lehrer, der nicht den Mut hat, seine Schüler vor diese Probe der Verwirrung und Entmutigung zu stellen […], er täuscht sie über ihr

---

45 Kursorische Berichte von sokratischen Gesprächen mit Nelson gibt Lehmann (1983, S. 77-87).

eigenes Können und macht sie unehrlich gegen sie selbst" (S. 298). Doch bereits drei Seiten weiter gibt Nelson ein Beispiel aus einer Logikübung, in der sich die Teilnehmer über eine von ihm vorgetragene Frage hinweggesetzt hätten, um erst nach Stunden wieder zu ihr zurückzukehren und so die Lösung zu finden. Da seine Frage eine eindeutig gesprächssteuernde Funktion hatte und inhaltlicher Natur war (Sokratiker würden hier sagen: inhaltliche Entscheidungs- oder Ergänzungsfrage), widerspricht er sich hier selbst (S. 301).

In der Literatur wird zum Teil versucht, aus diesem schmalen Nelson-Text, der zudem eine Verschriftlichung einer Rede ist, eine Methode des Philosophierens und eine allgemeine Unterrichtsmethode zu konstruieren. Das strapaziert diesen Text jedoch über Gebühr. Nelson hat die sokratische Methode ausschließlich als Methode des philosophischen Unterrichts im Sinne der Kunst des Philosophierens verstanden. Detlef Horster hielt zu Recht fest, Nelson wolle „das sokratische Gespräch zunächst nur für den Philosophieunterricht an den Universitäten zu neuem Leben erwecken" (Horster 1994, S. 26; vgl. Birnbacher 1996). Nelson ging es ausdrücklich nicht um eine reine Wissensvermittlung, da die Teilnehmer eines sokratischen Gesprächs bereits über Wissen verfügen und kein neues Wissen bilden müssen. Damit ist auch eindeutig, daß er keine allgemeine Unterrichtsmethode für viele Disziplinen, sondern eine Methode entwickelte, in der nur vorhandene Kenntnisse deutlich gemacht werden. In seiner bereits zitierten Rede führte er dazu aus: „Wir verfahren regressiv, indem wir von den Folgen zu den Gründen aufsteigen. Bei diesem Regreß abstrahieren wir von den zufälligen Tatsachen, auf die sich das Einzelurteil bezieht, und heben durch diese Absonderung die ursprünglich dunkle Voraussetzung heraus, auf die jene Beurteilung des konkreten Falles zurückgeht. Die regressive Methode der Abstraktion, die zur Aufweisung der philosophischen Prinzipien dient, erzeugt also nicht neue Erkenntnisse, weder von Tatsachen noch von Gesetzen. Sie bringt nur durch Nachdenken auf klare Begriffe, was als ursprünglicher Besitz in unserer Vernunft ruhte und dunkel in jedem Einzelurteil vernehmlich wurde." In der „Kritik der praktischen Vernunft" beschrieb Nelson die sokratische Methode als „Regressus vom Besonderen zum Allgemeinen", nicht mittels Schlüssen, sondern alleine mit Zergliederungen werde gearbeitet.[46] Darum stellte der Ausgangspunkt eines sokratischen Gesprächs ein konkretes Beispiel aus der Alltagswelt der Beteiligten dar. Detlef Horster hob hervor, daß nur ontologisch-metaphysisch die Wahrheit in einer empirisch wahrnehmbaren Einzelheit enthalten sei. Nur so könne man sicher sein, am Ausgang eines Gesprächs zu einer wahren Aussage zu gelangen. Konstruierte Beispiele oder reine Phantasiegebilde bergen die Gefahr in sich, durch Zergliederungen nicht zu ihrem Wesenskern, einer wahren Erkenntnis, vorzustoßen (Horster 1994, S. 32). Franke kam zu der interessanten Bewertung, daß aufgrund Nelsons absoluter Überzeugung von der Wahrheit seiner eigenen

---

46 Nelson (1929): Die sokratische Methode, a.a.O., S. 281f.; Nelson (1917): Kritik der praktischen Vernunft, a.a.O., S. 28.

Philosophie den sokratischen Gesprächen ein problematisches Moment innewohne. „Die von ihm geleiteten sokratischen Gespräche standen daher in Gefahr, auf ein Ergebnis herauszulaufen, der Rechtfertigung der Fries-Nelsonschen Philosophie" (Franke 1991, S. 191).

In zeitgenössischen Publikationen wurde auf die Nelson-Schrift nicht eingegangen. In der 1929 erschienenen Sokratesstudie von Benno Böhm urteilte dieser über die moderne Sokratesbewegung, daß diese ein Irrweg sei, ein Versuch, den Lauf der Kultur zurückzuschieben. „Seitdem das Christentum in die Welt kam, ist Sokrates überwunden [...]" (Böhm 1929, S. 312).

Nelson stand in der Tradition des Sokrates, für beide war Philosophie immer auch praktische Philosophie. Da diese in die jeweilige Gemeinschaft - die athenische Polis wie die Gesellschaft des Deutschen Reiches - eingebettet war, hatte sie zugleich den Anspruch einer politischen Philosophie. Die Methode des sokratischen Gesprächs wurde insbesondere von dem Nelson-Schüler Gustav Heckmann (Heckmann 1953, 1993, Heckmann/Krohn 1988) und dem Hannoveraner Sozialphilosophen Detlef Horster (Horster 1986, 1989, 1994) weiterentwickelt.[47]

Das sokratische Gespräch bietet eine kommunikative Gesprächskultur an, in der wieder gemeinsame, gleichberechtigte Diskussionen über Ziele des Zusammenlebens und der Organisierung von gesellschaftlichen Interessen sowie deren Begründungen stattfinden kann. „In unserer industriellen Gesellschaft haben die Sachzwänge aller Art die Macht übernommen, so daß sich eigenes Denken und eigene Zielbestimmungen zu erübrigen scheinen. Sie werden vorgegeben. Die in einer solchen Welt sozialisierten Menschen sind des Selbstdenkens entwöhnt. Das sokratische Gespräch will diesen Zustand durchbrechen" (Horster 1989, S. 150). Befreit man das sokratische Gespräch von den Absolutheitsansprüchen, wie sie bei Nelson und in den frühen Äußerungen Gustav Heckmanns enthalten waren, so bleibt eine dialogische Methode zur Reflexion über Vernunft. Sie enthält einen Optimismus, der von der „subversiven Kraft der Reflexion" geleitet ist (Horster 1989, S. 43). Eine positive Folgewirkung von sokratischen Gesprächen ist nach Aussagen von Teilnehmern, daß sie später auch im Alltag kritischer an Diskussionen teilnehmen, genauer zuhören und bloße Phrasen oder Dogmen hinterfragen.

„So hat das sokratische Gespräch, selbst wenn es sich nicht unmittelbar mit einem politischen Thema befaßt hat, als anti-doktrinäre Gesprächsform eine politische Wirkung im Sinne der Förderung mündiger Bürger" (Das sokratische Gespräch 1996, S. 5). In dieser Weise gehört das sokratische Gespräch zu einer

---

47   Insbesondere die Weiterentwicklungen der sokratischen Gesprächsform, wie sie Detlef Horster vorgenommen hat, scheinen mir für die pädagogische, aber auch politische Diskussion wichtig zu sein. Horster fordert für die Gesprächsleiter psychologische Kenntnisse, um psychische Reaktionen von Teilnehmern zu erkennen und adäquat reagieren zu können, damit das reine Sachgespräch gerettet werden kann. Weiterhin vermeidet er eine reine „Sokratik"; er ist bereit, aktiv auch andere Gesprächsformen mit dem sokratischen Gespräch zu kombinieren. Als Beispiele führte er die Metaplan-Technik und die Jigsaw-Methode an - vgl. zu Heckmann auch: Raupach-Strey 1983.

demokratischen politischen Bildung im Sinne des sogenannten Beutelsbacher Konsenses, an die drei Postulate zu richten sind: Erstens muß unter dem Stichwort „Überwältigungsverbot" die prinzipielle Offenheit und Kontroversität in dem Lernprozeß gegeben sein. Zweitens haben die Teilnehmenden unter dem Stichwort „subjektive Wende" Anspruch darauf, daß ihre persönlichen Interessen, aber auch Erfahrungen mit in den Lernprozeß integriert werden. Und drittens müssen alle wissenschaftlich kontrovers diskutierten Fragen auch in der politischen Bildung kontrovers vermittelt werden (Wehling 1977, S. 178f.).

3.2 Nelson und der Liberalismus

Nelson war in dem Zeitraum von 1908 bis 1914 Anhänger des politischen Linksliberalismus (vgl. zum Liberalismus Lösche 1994, S. 46f.), er betätigte sich aktiv in dem Freisinnigen Verein und ab 1910 in der Fortschrittlichen Volkspartei. Seine politische Konzeption des Liberalismus ist in drei Schriften zusammengefaßt. 1908 erschien „Was ist liberal?", zwei Jahre später publizierte er „Die philosophischen Grundlagen des Liberalismus" und den Abschluß dieser Phase bildete die 1914 herausgegebene „Denkschrift betreffend die Einführung eines Staatenbundes und der damit zu verbindenden inneren Reformen". An dieser Stelle soll nur die theoretische Konzeption des Liberalismus vorgestellt werden, die aktive parteipolitische Betätigung Nelsons wurde bereits in dem Biographie-Kapitel dargestellt.

Nelson sah es als seine Aufgabe an, die liberale Weltanschauung auf eine wissenschaftliche Grundlage zu stellen. Niemand wäre mehr dazu berufen als die Akademiker. Ganz wie sein Leitbild Fries argumentierte er, daß die Theorie nur von dem sprechen könne, was „gerechterweise geschehen sollte".[48] In diesem Sinne verstanden, sei Liberalismus nur eine Weltanschauung, aber kein politisches Parteiprogramm. Zur Definitionsklärung führte Nelson verschiedene „Alltagsdefinitionen" an, die er aber alle verwarf:

* Liberalismus als Streben nach Freiheit,
* Liberalismus als Individualismus,
* Liberalismus als Optimismus und
* Liberalismus als Prinzip des Fortschritts.

Der Freiheitsbegriff leide an seiner Unbestimmtheit, das Recht auf persönliche Entwicklung - verstanden als Individualismus - kläre nicht die notwendige Frage, wie die Freiheit des einen ohne eine Einschränkung der Freiheit des anderen bestehen könne. Das Prinzip der Toleranz führe zu Überzeugungslosigkeit, zu Indifferenz, denn wer konsequent tolerant sei, sei auch zum Nichteingreifen verurteilt, wo er seiner Überzeugung nach eigentlich intervenieren müsse. Optimismus im Sinne von Glauben an den Sieg des Guten sei ein Prinzip, das von

---

48   Leonard Nelson (1908): Was ist liberal?, in: Gesammelte Schriften Bd. 9, S. 7.

allem Handeln dispensiere, statt dessen müsse eine Weltanschauung bestimmte handlungsleitende Prinzipien für die Praxis geben. Auch die Darstellung von Liberalismus als Fortschrittsprinzip helfe nicht weiter, wenn nicht der Maßstab für eine fortschrittliche Entwicklung geklärt werde.

Nelson leitete Liberalismus aus der Kant-Friesschen Philosophie ab, wenn er als das entscheidende Prinzip die Würde der Person einführte. Keine Person dürfe als bloßes Mittel für die Zwecke anderer mißbraucht werden. Zur definitorischen Klärung des Liberalismusbegriffs ging er von dem Freiheitsbegriff aus, wobei er allerdings auf die Bestimmung dessen, wovon wir Freiheit erstreben sollten, hinzielte. „Zu der bloß negativen Bestimmung der Freiheit muß also noch eine ergänzende positive hinzukommen über eine die Freiheit einschränkende Abhängigkeit" (S. 9). Als Kriterium für die Einschränkung benannte Nelson die Vernunft. „Die Selbstbestimmung, die der Liberalismus fordert, ist daher näher die Bestimmung durch die Vernunft. Durch die Vernunft ist jeder von sich selbst abhängig, andererseits aber doch alle von dem gemeinsamen Gesetz. Hier haben wir also eine Freiheit, die doch nicht Anarchie bedeutet, und eine Abhängigkeit von äußerer Autorität ist" (ebd.). Oder in Fries' Terminologie: „Der Liberalismus aber ist das Prinzip des Selbstvertrauens der Vernunft" (S. 11f.). Ohne einen „ethischen Liberalismus" könne es keinen politischen Liberalismus geben.

In diesem Zusammenhang polemisierte Nelson gegen die „sogenannte sozialistische Ethik", die lehre, vor der Masse auf dem Bauch zu liegen. Nelson übernahm von Fries dessen Kritik an einer Sicht des Liberalismus, die jeden Eingriff des Staates in das freie Spiel der Kräfte als Beschränkung der absoluten Freiheitsidee ansah.

Als Gegner seines in diesem Sinne philosophischen Liberalismus stellte Nelson den klerikalen Konservatismus und den ökonomischen Materialismus heraus. Die philosophischen Begründungen dieser Lehren hätten zur Bildung mächtiger Parteien geführt, der philosophische Liberalismus sei aber in Vergessenheit geraten, da er sich nicht habe durchsetzen können. So sei es nötig, zu diesen Quellen zurückzukehren und „den Schutt hinwegzuräumen, unter dem sie bisher verborgen" waren, die „Philosophie von Fries und seinen Schülern" (S. 19). Denn in dem Prinzip des Selbstvertrauens der Vernunft liege das Mittel, um die dunkel in uns liegenden Normen zum klaren Bewußtsein zu bringen.

Eine liberale Politik müsse das Gesetz der Gleichheit der Würde der Personen beachten. „Jede Person soll als Selbstzweck geachtet und darf nicht wie eine Sache als bloßes Mittel für die Zwecke anderer mißbraucht werden" (S. 22). Daraus leitete Nelson die Forderung nach der Existenz eines Staates mit einem Gewaltmonopol ab. Denn nur dieser könne die rechtliche Regelung der Beziehungen der Menschen untereinander mit der Befugnis des Zwangs vornehmen. Deutlich wandte Nelson sich gegen eine sozialistische Nivellierung. Die Forderung einer Gleichheit des physischen Besitzes sei falsch, da die Zwecke des Menschen nicht unmittelbar auf Besitz, sondern auf die Befriedigung von Bedürfnissen ausgerichtet seien. Nelson gestand jedem das gleiche Recht auf

Befriedigung seiner Bedürfnisse zu, nur seien diese nach Individualität, Beruf und Gewöhnung verschieden.

Seine, in späteren Jahren, deutlich akzentuiertere Demokratiekritik, kommt hier nur andeutungsweise zum Vorschein: „Philosophisch können wir so wenig demokratische wie absolutistische Regierungsformen fordern, sondern nur als allgemeines Ziel die Forderung aufstellen, daß die Vernunft regieren solle." Mit Platon müsse gefordert werden, daß die Weisen im Volke einen möglichst großen Einfluß erhielten.

An anderer Stelle bestimmte Nelson den Liberalismus als „die Maxime, keine anderen Einschränkungen menschlicher Betätigung anzuerkennen, als die durch Vernunft gebotenen" oder „als das Prinzip der nur durch Vernunft eingeschränkten Freiheit". [49] Das durch die Vernunft Gebotene könne nur die Philosophie bestimmen. Damit wandte Nelson sich explizit gegen Vorstellungen, daß der Liberalismus durch das Aufstellen von praktischen Forderungen definiert werden könne.

Für Nelson war es daher keine offene philosophische Frage, ob ein Staat existieren solle, sondern welchen Zwecken und auf welche Weise er diesen dienen müsse. Denn nur in einem Staat könne der Rechtszustand verwirklicht werden: „Gleichheit aller vor dem Gesetz ist also eine notwendige Forderung der politischen Freiheit. Es soll nicht Herrscher und Beherrschte geben, sondern das Gesetz selbst soll herrschen" (S. 39). Das staatliche Gewaltmonopol habe die Aufgabe, für den gerechten Ausgleich der Interessen aller Mitglieder der Gesellschaft zu sorgen. Ökonomisch bezog er auch in dieser Schrift deutlich Stellung gegen die sozialdemokratischen Ideen. „Die Gerechtigkeit fordert Gleichheit der persönlichen Würde, aber nicht Gleichheit des physischen Besitzes oder der Befugnisse überhaupt. [...] Es ist daher nicht Gleichheit des Besitzes zu fordern, sondern das Recht für jedermann, die geeignete Arbeit zu übernehmen, d.h. eine solche, die ihnen die Möglichkeit des Erwerbs der zur Befriedigung seiner Bedürfnisse erforderlichen Mittel, gewährt" (S. 41).

3.3 Konzeption einer Gesellschaftstheorie

3.3.1 Politische Theorie

Leonard Nelson bezog sich auf die politische Philosophie von Kant (vgl. dazu Langer 1986). Hannah Arendt stellte in ihrem, leider nicht mehr fertiggestellten, dritten Teil „Das Urteilen" ihres Werkes „Vom Leben des Geistes" fest, daß es bei Kant zwar eine politische Philosophie gebe, er sie, im Unterschied zu anderen Philosophen, jedoch nicht aufgeschrieben habe (Arendt 1985, S. 46; vgl. auch

---

49   Leonard Nelson (1910): Die philosophischen Grundlagen des Liberalismus, in: Gesammelte Schriften Bd. 9, S. 30 und 35.

Vollrath 1977). Die Gegenposition dazu vertrat in jüngster Zeit Volker Gerhardt, wenn er feststellte, daß Kant sehr wohl eine Verknüpfung von Moral und Recht mit der Politik vorgenommen habe. Kant habe in dem Anhang seiner Schrift „Zum ewigen Frieden" eine Theorie über ihren Zusammenhang vorgelegt (Gerhardt 1996, S. 467).

Jürgen Habermas unterschied zwei Versionen in der politischen Theorie Kants, eine offizielle und eine inoffizielle. Die offizielle Version gehe von einer aus Naturzwang alleine entstehenden weltbürgerlichen Legalität und Ordnung aus. Moralische Politik bedeute dann rechtliches Handeln aus Pflicht unter positiven Gesetzen, der „Philosophie bleibt dann die pädagogische Aufgabe, die Menschen eben auch in politischem Betracht zu unterrichten und zum sittlich Guten zu ermuntern" (Habermas 1962, S. 101f.). Die zweite Version der Kantischen politischen Theorie impliziere die Sichtweise, daß es die Aufgabe der Politik sei, einen rechtlichen Zustand erst herzustellen. Die Entwicklung einer weltbürgerlichen Gesellschaft könne nur in der unabdingbaren Verbindung von „Naturzwang und moralischer Politik" erfolgen. Politik könne nicht ausschließlich nur moralisch begriffen werden. „Der Philosophie fällt dann über Moralpädagogik hinaus auch die Aufgabe der kritischen Vorbereitung einer Praxis zu, die sich vorgängig der Möglichkeit ihrer tatsächlichen Wirkungen in der Welt versichern muß" (S. 102). An diese zweite Deutung schloß Nelson an, wenn er feststellte, daß die Ethik da sei, um angewandt zu werden. Aber das Rechtsgesetz müsse auch in der Gesellschaft durchgesetzt werden. Was Nelson forderte, war die Einheit von Moralität und Legalität des Handels. Bereits Kant hatte festgestellt, daß Recht und Politik nicht identisch seien.[50] Politik sei die Folge dessen, was das Recht lehre. „Die Politik verfolgt somit ein Ziel, das nur durch eine umfassende Rechtslehre dargestellt und begründet werden kann" (Gerhardt 1996, S. 479).

Rechtsgesetz

Nelson entwickelte seine Gesellschaftstheorie in dem 1924 vorgelegten „System der philosophischen Rechtslehre und Politik", das auf seine Vorlesungen aus den Jahren 1916 und 1917 zurückging. Er unterschied in seiner Gesellschaftstheorie zwischen Gesellschaft und Staat. Zu einem politischen Verhalten zählte er alle diejenigen Bestrebungen, die auf eine bestimmte Gestaltung der Gesellschaft abzielten. Unter Gesellschaft verstand er eine Vielzahl von Menschen, die miteinander in einer Gemeinschaft standen, also kommunizierten. Gesellschaft im engeren Sinne sei eine Vielheit von Menschen, in der die Form der Gemeinschaft durch einen bestimmten Zweck bestimmt würde. Staat demgegenüber bedeute eine solche Form der Gesellschaft, „die sich durch einen mit Zwangsgewalt

---

50 Zu Nelsons Kritik an der Kantischen Rechtslehre vgl. Nelson: Die kritische Ethik, a.a.O., S. 87f.

76

versehenen Willen bestimmt".[51] Beziehe sich dieser Wille auf das Rechtsgesetz, so könne man von einem Rechtsstaat sprechen. Nelson stützte seinen Staatsbegriff interessanterweise nicht primär auf einen Staatszweck, was zu vermuten wäre, sondern hebt ausdrücklich auf die Staatsgewalt[52] ab. Er bezog in seine Gesellschaftstheorie leider kaum die zeitgenössischen Diskussionen mit ein. Ferdinand Tönnies, Begründer der Soziologie und Philosoph, hatte in seinem System zwischen einer Gemeinschaft als dauerndem und organisch gewachsenem Zusammenleben und einer Gesellschaft als einer mechanisch-zweckrationalen Konstruktion von einzelnen Interessenssubjekten unterschieden und die Frage der sozialen Integration diskutiert (vgl. Tönnies 1991). Demgegenüber gebrauchte Nelson die Begriffe Gemeinschaft und Gesellschaft nahezu synonym, es fehlt hier die notwendige Trennschärfe. Als Tugend des Gemeingeistes verstand er die Bereitschaft, sich zu einer Gemeinschaft im Dienst öffentlicher Zwecke zusammenzuschließen. Die Herrschaft dieser öffentlichen Zwecke bezeichnete er als Kultur der Gesellschaft.[53]

Nelsons ging nicht von der Frage des Bewußtseins der Menschen aus, sondern fragte nach der äußeren Form des Gesellschaftszustandes. Dieser ließe sich nur metaphysisch bestimmen, „denn ein Gesetz des Sollens läßt sich nicht logisch zurückführen auf ein solches des Seins" (S. 38). Im Vorwort der Rechtslehre formulierte Nelson dazu: „Denn es geht hier nicht um das, was ist und was wird, sondern um das, was von Rechts wegen sein und werden soll" (S. 12). Recht konnte daher für Nelson immer nur in den Bereich des Normativen fallen. Die Rechtslehre bestimmte das Ziel des äußeren Zustandes der Gesellschaft. Nelson unterteilte die Rechtslehre methodisch in einen formalen und einen materialen Teil. Die formale Rechtslehre entwickelte lediglich den Begriff des Rechts sowie die daraus zu ziehenden Konsequenzen, ohne auf die Inhalte einzugehen. Dieses war die Aufgabe der materialen Rechtslehre, den Inhalt und die Anforderungen an den Zustand der Gesellschaft zu bestimmen. Nelson unterteilte die formale Rechtslehre weiter in einen analytischen und einen synthetischen Teil. Letzterer beschäftigte sich mit der Existenz des Rechtsgesetzes, während der analytische Teil ausschließlich den Begriff des Rechts diskutierte, ohne ihn schon vorauszusetzen.

Nelson wies darauf hin, daß es aufgrund des formalen Charakters des Rechtsgesetzes unmöglich sei, daraus einen allgemeinen Kodex von Rechtssätzen abzuleiten. Nur die Bestimmung von Kriterien für die rechtliche Beurteilung eines solchen Kodex wäre möglich. Die Grundlage dieser vorzunehmenden Bestimmung bildeten vier Subsumtionsformeln. Diese stellten die Beantwortung der Frage dar, unter welchen Bedingungen für „vernünftige Wesen" eine

---

51 Nelson: Rechtslehre und Politik, a.a.O., S. 128.

52 Vgl. zu den Vertretern der Zwangstheorie vor allem Max Weber (1972): Wirtschaft und Gesellschaft, (zuerst 1921) 5. Aufl. Tübingen.

53 Nelson: Rechtslehre und Politik, a.a.O., S. 272f. - Weitere Zitate direkt im Text.

„Anwendung von Rechtsbegriffen allein stattfinden kann". Nelson stellte diese vier Formeln auf:

- Die Existenz einer bestimmten Sprache als Bedingung für vernünftige Wesen, sich als solche anzuerkennen und sich ihrem Recht gemäß zu behandeln.
- Der Gebrauch und der Besitz von Sachen als Bedingung einer vernünftigen äußeren Tätigkeit einschließlich einer bestimmten Verteilung des Besitzes.
- Angesichts des Mangels an rechtlicher Einsicht und der Zufälligkeit, ob das, was man für Recht hält, auch Recht ist, kann die Entscheidung darüber nicht dem Dafürhalten der einzelnen überlassen werden.
- Es kann nicht dem guten Willen der einzelnen überlassen bleiben, ob durch sie das Recht verwirklicht wird (S. 70f.).

Mit Hilfe dieser Formeln baute Nelson seine formale Rechtslehre weiter aus, die er in einem zweiten Schritt, der materialen Rechtslehre mit Inhalt füllte. Seine formale Lehre ging ausschließlich von der Form des Rechtsgesetzes unter völliger Abstraktion von seinem Inhalt aus. Erst die materiale Lehre nahm, die Ableitung der Existenz des Rechtsgesetzes aus der formalen Lehre aufgreifend, seine inhaltliche Ausformung vor. Mittels der vier aufgestellten Subsumtionsformeln gelangte Nelson zu vier Postulaten der formalen Rechtslehre:

- „Vernünftige Wesen sollen in ihrem Verkehr eine bestimmte Sprache anerkennen, in der sie einander ihre Gedanken wahrhaft mitteilen.
- Vernünftige Wesen sollen in ihrem Verkehr eine bestimmte Verteilung des Besitzes anerkennen.
- Die Gesellschaft soll sich zur Schlichtung aller Rechtsstreitigkeiten einem öffentlichen Gesetz und einem diesem gemäß entscheidenden öffentlichen Gericht unterwerfen.
- Die Gesellschaft soll sich einem absichtliche Übertretungen des Gesetzes ausschließenden Zwang unterwerfen" (S. 78f.).

In der materialen Rechtslehre wurden diese Postulate in vier weiteren Lehrsätzen konkretisiert (S. 96f.). Zunächst sei es innerhalb einer Gesellschaft notwendig, daß die Art und Weise der Beziehungen der Mitglieder untereinander durch Verträge geordnet würden, damit eine Begrenzung der einzelnen Rechtssphären stattfinde und diese dem Recht gemäß behandelt werden könnten. Nelson forderte weiterhin, daß sich die Gesellschaft einem positiven Gesetz unterwerfen solle, welches die Verteilung des Eigentums regele. Ein öffentliches Gesetz solle drittens in der Gesellschaft das Eigentum nach dem Prinzip der persönlichen Gleichheit verteilen. Jede mögliche Bevorzugung in der Einkommensverteilung werde durch die Bedingung der persönlichen Gleichheit eingeschränkt. Wie Nelson an anderer Stelle ausführte, verlange das Prinzip der persönlichen Gleichheit nicht, sich die Interessen anderer Personen positiv zu eigen zu machen, sondern nur, sie nicht zu verletzen.[54] Als vierten Lehrsatz stellte Nelson das

---

54   Nelson: Ethik und Pädagogik, a.a.O., S. 139.

Recht der Wiedervergeltung vor. Das Prinzip der persönlichen Gleichheit erfordere bei absichtlichen Interessensverletzungen eine Verbindung des öffentlichen Gesetzes mit einem Strafgesetz, das von dem Grundsatz der gleichen Schädigung, der Vergeltung, ausgehe.

Nelson erkannte den abgeleiteten Postulaten der formalen und materialen Rechtslehre keinen Status als Naturrechtssätze an. Ein Naturrecht stellt ein für alle Zeiten und für alle Menschen gültiges Idealrecht dar, das seine Entstehung nicht einer staatlichen Rechtssetzung verdankt, sondern „von Natur aus" vorgegeben ist. Ein allgemein gültiger Rechtskodex ließ sich nach Nelson nicht aus den Postulaten ableiten, aber diese enthielten die notwendigen Kriterien für die Aufstellung eines solchen. Zur Bildung eines Rechtssatzes zog Nelson seine Theorie des wahren Interesses heran, also der vernünftigen Selbstbestimmung. Diese wäre an und für sich nur eine innere Angelegenheit jedes einzelnen. Da aber ihre Verwirklichung auch von äußeren Bedingungen abhänge, müsse ein gesellschaftlicher Zustand erreicht werden, „der jedem einzelnen die unbeschränkte Möglichkeit gewährt, zu vernünftiger Selbstbestimmung zu gelangen. [...] Alle vernünftigen Wesen haben das Recht auf die gleiche äußere Möglichkeit, zur Selbstbestimmung zu gelangen". Nelson stellte daraus abgeleitet folgenden, seiner Ansicht nach einzig möglichen Naturrechtssatz auf: „Durch das öffentliche Gesetz soll die gleiche äußere Möglichkeit für alle, zur Bildung zu gelangen, gesichert und die geistige Freiheit eines jeden gegen künstliche Bevormundung geschützt werden."[55] An dieser Stelle sei darauf hingewiesen, daß Nelson sich hier auf die Friessche Theorie von den verschiedenen Arten der Antriebe stützt. Im Gegensatz zu Kant hatte Fries einen reflektierten Trieb nach Vollkommenheit oder Bildung erkannt, der dem Streben der einzelnen zugrunde liegen solle. Ähnlich wie Hobbes oder Spinoza gründete Nelson seine politische Theorie bzw. Staatslehre auf dem Begriff des Naturrechts.[56]

Nelson leitete ein seiner Meinung nach allgemeingültiges Rechtsgesetz ab. Das Rechtsgesetz diene dazu, die Bedingungen zu bestimmen, auf die die Freiheitsbereiche der einzelnen Menschen in ihrer Wechselwirkung eingeschränkt werden sollten. Es solle sicherstellen, daß alle die gleiche Chance zur Erfüllung ihrer Interessen erhielten. Könnten alle Interessen gleichberechtigt befriedigt werden, so lag für Nelson kein rechtliches Problem vor. Dieses entstand nur dann, wenn ein bestimmtes Interesse nur durch die Zurückweisung eines anderen Interesses befriedigt werden konnte. Dem Rechtsgesetz oblag es nun, für diesen Fall der Interessensabwägung, also der Bevorzugung eines Interesses, ein Instrumentarium zu entwickeln.

---

55 Nelson: Rechtslehre und Politik, a.a.O., S. 116f. An anderer Stelle formulierte Nelson: „Alle ihrer Natur nach bildungsfähigen Wesen haben das gleiche Recht auf die äußere Möglichkeit, zur Bildung zu gelangen." In: Nelson: Theorie des wahren Interesses, a.a.O., S. 20.

56 Spinoza hatte im „Tractatus" formuliert: „Der Zweck des Staates ist in Wahrheit die Freiheit."

Als Inhalt des Rechtsgesetzes formulierte Nelson: „Gerechtigkeit ist Recht. Gerechtigkeit ist die gesuchte Regel für die gegenseitige Beschränkung der Freiheit der einzelnen in ihrer Wechselwirkung. Gerechtigkeit bedeutet nichts anderes als die persönliche Gleichheit, d.h., die Ausschließung jedes durch die numerische Bestimmtheit der einzelnen Personen bedingten Vorzugs" (S. 90). Das Rechtsgesetz bestimme für sich allein nur, daß die Würde der Person geachtet werden soll. In der Deduktion des Rechtsgesetzes, die Nelson in der „Kritik der praktischen Vernunft" vornahm, blieb Gerechtigkeit als das einzige Prinzip aller Pflichten übrig.[57] Dieses Sollgesetz fordere nicht die tatsächliche Gleichheit und damit eine Uniformität, es sollte nicht jede Bevorzugung einer Person ausgeschlossen werden. Gefordert wurde nur die Gleichheit der Personen als solcher, d.h., für jede Bevorzugung muß ein Grund vorliegen. Das Sittengesetz, also das Gesetz der Gleichheit der Würde aller Personen, bestimme, daß jeder Person als solcher, d.h. abgesehen von der quantitativen Bestimmtheit ihrer Lage, die gleiche Würde erteilt werde (S. 520). Nelson knüpfte hier unmittelbar an Fries an, der in seiner Schrift „Neue oder anthropologische Kritik der Vernunft" als Inhalt des Rechtsgesetzes den Satz von der Gleichheit der Würde aller Personen angegeben hatte.[58] Als Zustand des Rechts bezeichnet Nelson dann die Gesellschaft, die sicherstelle, daß die Interessen aller ihrer Mitglieder durch das Rechtsgesetz oder das Gesetz der persönlichen Gleichheit gegen Unterdrückung geschützt werde.

Das Rechtsgesetz dient der Beschränkung des freien Beliebens der Mitglieder einer Gesellschaft, es soll ihnen Kriterien für die Ausgestaltung ihrer Beziehungen geben. Das Rechtsgesetz, verstanden als Prinzip der rechtlichen Wertung von Handlungen, „bestimmt die einschränkende Bedingung des Wertes einer Gemeinschaft von Personen, eine Bedingung, die unabhängig von aller Rücksicht auf die Gesinnung des einzelnen gilt. Es schränkt nämlich den möglichen Wert einer Gemeinschaft von Personen auf die Bedingung ein, daß in ihr das Gesetz der persönlichen Gleichheit gilt."[59]

Nelson führte neben dem Ideal der Gleichheit noch das Ideal der Freiheit ein. Dazu war es notwendig, die richtige Bestimmung des Verhältnisses dieser beiden Ideale vorzunehmen. Denn bei einer Kollision beider Ideale muß grundsätzlich bestimmt sein, welches Ideal den Vorzug erlangt. Nach dem Sittengesetz kann ein Gesellschaftszustand, der nicht der Forderung der Gleichheit genüge, „keinen Wert haben, auch wenn er dem Ideal der Freiheit noch so nahekommt [...]. Das Ideal der Gleichheit hat daher im Kollisionsfall den Vorrang."[60] Das Ideal der persönlichen Freiheit wird in diesem Satz durch das Recht der persönlichen

---

57   Nelson: Kritik der praktischen Vernunft, a.a.O., S. 561.
58   Jakob Friedrich Fries (1807): Neue oder anthropologische Kritik der Vernunft, Aalen 1967, S. 77.
59   Nelson: Kritik der praktischen Vernunft, a.a.O., S. 537.
60   Nelson: Theorie des wahren Interesses, a.a.O., S. 22.

Gleichheit eingeschränkt. In einer Interessenkollision muß also der Gleichheit vor der Freiheit der Vorzug gegeben werden. Dies ist auch in seiner politischen Argumentation der entscheidende Kritikpunkt gegenüber dem Liberalismus, der einseitig das Freiheitsprinzip präferierte, und seiner Hinwendung zum Sozialismus. Das Prinzip der persönlichen Gleichheit verstand Nelson nur als ein limitierendes Prinzip. Es schließe nur die Formen der Wechselwirkungen von Personen aus, die die persönliche Gleichheit verletzten. Dies bedeute keine Präferierung einer diese Bedingung erfüllenden Wechselwirkung.[61]

Eine Grundbedingung für das Zusammenleben von Menschen in einer Gesellschaft bzw. Gemeinschaft müsse ein friedliches Miteinander sein. Gesellschaft definierte Nelson hier über einen - negativen - Kommunikationsbegriff: „Die Organisation der Gesellschaft kann daher einmal die Regelung des physischen Abhängigkeitsverhältnisses der einen von den anderen betreffen; dies ist die politische Organisation im engeren Sinne des Wortes."[62] Als zweite Möglichkeit führte Nelson die Abhängigkeit hinsichtlich der materiellen Mittel an, dies verstand er als wirtschaftliche Organisation der Gesellschaft. Die dritte Form stellte die geistige Abhängigkeit dar, dies entsprach dann der kulturellen Organisation der Gesellschaft. Nelson ließ nur zwei Zweckbestimmungen einer Gesellschaft zu. Entweder stehe sie im Dienst von Privatinteressen, dann liege eine despotische Form vor, oder sie stehe im Dienste von öffentlichen Zwecken. Nur in letzterem Falle liege eine nicht-despotische Organisation vor, da der Zweck in der Herbeiführung von rechtlichen Zuständen in der Gesellschaft bestehe.

Politischer Despotismus entstehe durch ein unmittelbares Gewaltverhältnis, wobei die Gewalt angewandt oder angedroht werden könne.[63] Die Gewalt brauche nicht direkt in Form einer Polizei- oder Militärgewalt zu existieren, Nelson sah durchaus auch die Möglichkeit, daß in einer friedlich organisierten Gesellschaft ein Despot seinen Willen in Gesetzesform geltend macht, diesen aber unter Gewaltandrohung erzwingt. Den wirtschaftlichen Despotismus stellte Nelson im Einklang mit dem marxistischen Verständnis von der Organisation des Kapitals dar. Ein Monopol, sei es an bestimmten Wirtschaftsgütern oder an den Produktionsmittel insgesamt, führe dazu, daß zur Sicherung der unmittelbaren Lebensverhältnisse die Nichtbesitzenden nur über eine Arbeitstätigkeit ihre Bedürfnisse oder ihre Existenz sichern können. Damit geraten sie in die Abhängigkeit - Nelson nennt es ein Verhältnis, das auf Erpressung beruhe - von den Monopolisten. Der geistliche Despotismus bestand nach Nelsons Ansicht in der Kunst, andere zu überzeugen, den einzigen Zugang zu letzten Erklärungen zu besitzen, wie es die Kirche beispielhaft erreicht habe. Nelson blieb jedoch nicht bei der Erarbeitung dieser Typologie des gesellschaftlichen Despotismus stehen, sondern

---

61   Nelson: Rechtslehre und Politik, a.a.O., S. 94.

62   Ebenda, S. 289. - Auch wörtlich in: Leonard Nelson (1918): Öffentliches Leben, in: Gesammelte Schriften Bd. 8, S. 251f.

63   Vgl. Johan Galtungs Theorie der direkten bzw. strukturellen Gewalt (Galtung 1982).

setzte sie in eine Beziehung, wobei er wichtige Ergebnisse erreichte. „Die Folge davon ist, daß die Teilung der Herrschaft unter den dreierlei Despoten stets nur auf einem Waffenstillstand zwischen ihnen beruhen kann, nicht aber ein Dauerzustand ist [...]. Die Natur des Despotismus bringt es vielmehr mit sich, daß ein gesellschaftlicher Zustand, der überhaupt in irgend einer Hinsicht despotisch ist, dahin führt, daß die verschiedenen Formen der despotischen Organisation in einer und derselben Hand vereinigt werden.“[64] Die Vereinigung von politischer und wirtschaftlicher Macht, die auch nach Weltherrschaft strebe, unter dem Dach einer sinnstiftenden Idee, dies ist Nelsons Resümee.

Kritik an Nelsons politischer Theorie

Nelsons politische Lehre ist von mehreren Seiten kritisiert worden. Der ehemalige sozialdemokratische Reichsjustizminister Gustav Radbruch warf der Gesellschaftstheorie Nelsons einen Mangel an Lebensnähe vor, da sie nur ein System des Sollen's entwerfe und die Mannigfaltigkeit des Seins nur in groben Zügen wiedergeben könne. Er hielt das Ideal der Selbstbestimmung für verkürzt, da es ohne Begründung dem Recht ein rein individualistisches Ziel setze. Daß es individualistische oder transpersonale Wertträger (Gesamtpersönlichkeiten, Kulturwerke) gebe, lasse Nelson außer acht. Radbruch schloß seine Kritik mit der Bemerkung ab, daß die achtungsfordernde Denkleistung Nelsons in ihrer Einseitigkeit bedeutend sei: „Wo der hindenkt, da wächst kein Gras mehr“ (Radbruch 1925, S. 1252f.).

Der dänische Philosoph Alf Ross hielt Nelson einen nichtssagenden und leeren Formalismus vor. Seine politische Theorie skizzierte Ross als „demokratischen Liberalismus“, was wegen der engen Verbundenheit Nelsons mit Fries leicht verständlich sei. Ross zeigte in seiner Argumentation auf, daß das Gleichheitsprinzip nur den Charakter der Allgemeingültigkeit habe und nur durch die Annahme objektiver, teils qualitativ, teils quantitativ bestimmter Werte, einen praktischen Inhalt erhalte. Nelsons Deduktionen aus dem Gesetz der Gerechtigkeit könnten daher nur zu einer „müßigen Spielerei werden, da sie unter der Maske der strengen Deduktion zu eben jenen Ergebnissen führt, die mit den stillschweigend vorausgesetzten und eingeschmuggelten praktischen Gesichtspunkten und Wertungen des Verfassers übereinstimmten“ (Ross 1933, S. 381). Ross' Kritik der Gerechtigkeitslehre Nelsons war vernichtend. Er warf ihr vor, daß sie konservativ und ein Hindernis für eine Anpassung an die Verhältnisse sei. Begründet wurde dieser Vorwurf mit dem Hinweis, daß das Gerechtigkeitsbewußtsein nur ein Produkt der überlieferten positiven Rechts- und Gesellschaftsordnung sei und somit eine Rationalisierung der herrschenden Normen und Werte darstelle. Ross sah die Gefahr, daß die Gerechtigkeitsideologie das Denken irreleite und den Blick für die Realität abstumpfe: „Jeglicher Aberglaube,

---

64   Nelson: Rechtslehre und Politik, a.a.O., S. 293.

darunter auch der Glaube an eine Gerechtigkeit bedeutet Finsternis und Irrlichter"
(S. 383).

Für Werner Link resultierte die Ursache für das „Steckenbleiben im Formalismus" in Nelsons Ablehnung der soziologischen Betrachtungsweise. Er griff hier die Kritik Leo Koflers auf und führte sie weiter: „Nelson isolierte die ethischen Probleme von den gesellschaftlichen, riß das Individuum aus dem zwischenindividuellen gesellschaftlichen Geschehen, in dem es existiert und in dem es sich durch Arbeit reproduziert" (Link 1964, S. 13f.). In der subjektivistischen Trennung von Sein und Sollen, Ideal und Realität, Theorie und Praxis gehe so die Ganzheitlichkeit des menschlichen Seins verloren. Kofler warf Nelson einen „individuellen Bewußtseinsbegriff" vor, der nicht berücksichtige, daß Gerechtigkeit und Freiheit nicht als „Grundwerte" in der menschlichen Vernunft a priori angelegt, sondern aus der Erkenntnis des sozialen und geschichtlichen Prozesses ableitbar seien. Daher sei das Bewußtsein immer nur zwischenindividuell als soziales Bewußtsein zu verstehen (Kofler 1955, S. 45).

Holger Franke verwies auf die Weiterentwicklung der Nelsonschen Rechtsphilosophie durch seine Schüler. In seiner Auswertung von den bisher nicht veröffentlichten „Rechtsphilosophischen Rundbriefen" werden einzelne Schwachstellen deutlich. Die Weiterentwicklung betraf insbesondere die Revision der Postulate Nelsons. Für ergänzungsbedürftig wurden die Regelung der Besitz- und Eigentumsverhältnisse, die Begründung der Notwendigkeit des Vertragsrechtes und des Gesellschaftsbegriffes gehalten. Unklarheit bestand auch hinsichtlich des Unterschiedes zwischen Tugendlehre und Rechtslehre und in der Frage, ob für die Ableitung der Subsumtionsformeln und Postulate man nicht nur, wie Nelson es getan hatte, von vernünftigen Individuen, sondern auch von interessetragenden Individuen ausgehen müsse (Franke 1991, S. 34f.). Im Bereich der politischen Theorie in der Nachfolge von Nelson war vor allem Gerhard Weisser aus der Perspektive der kritischen Philosophie um konzeptuelle Weiterentwicklungen bemüht (vgl. Weisser 1951 und 1970).

3.3.2   Innenpolitik

Nelsons Ablehnung der Demokratie gehört zu dem umstrittenen Teil seiner Theorie. Es wird zu klären sein, inwieweit es eine direkte Verbindung zwischen dem Antidemokratismus und dem apodiktischen philosophischen Gebäude gibt. Aus dem philosophisch begründeten Rechtsgesetz leitete Nelson unmittelbar die Ablehnung der Demokratie und die Forderung nach dem alten platonischen Ideal der Herrschaft der Weisen ab. Er dichotomisierte das Verhältnis von Demokratie und Rechtsstaat, man habe nur die Wahl zwischen einer dieser beiden Möglichkeiten. „Wählen wir jene, so müssen wir diese preisgeben, und umgekehrt. Erheben wir den Willen der Mehrheit zum obersten Gesetz, so dürfen wir nicht erwarten oder verlangen, daß im Staat die Gerechtigkeit zur Herrschaft kommt. Wollen wir dagegen die Durchführung der Gerechtigkeit im Staat, so müssen wir uns der Regentschaft des für dieses Amt hinreichend Gebildeten und Rechtliebenden unterwerfen. Wir können das Wesentliche dieser Überlegung auf einen sehr einfachen Gedanken zurückführen. Entweder, es gibt überhaupt ein Ideal des Rechts für die Gesellschaft. Dann soll der Staat ihm gemäß regiert werden, unabhängig davon, ob sich eine Mehrheit findet, deren Willen auf dieses Ideal gerichtet ist. Oder aber, es gibt kein solches Rechtsideal für die Gesellschaft. Dann kann auch die Demokratie kein solches sein."[65] Im Programm des Internationalen Jugend-Bundes hieß es dazu: „Das Majoritätsprinzip, das mit der Politik der Vernunft unvereinbar ist, ist zu ersetzen durch das Prinzip der Führerschaft des jeweils Einsichtigsten und Selbstlosesten, ein Prinzip, dessen Durchsetzung im öffentlichen Leben schließlich zur Aufrichtung einer Herrschaft der Weisen führen soll." In dem „Entwurf eines Programms der Partei der Vernunft" hatte man noch deutlicher formuliert: „Das Majoritätsprinzip wird von der Partei abgelehnt und ersetzt durch das Prinzip der Führerschaft [...]".[66] Nelson knüpfte auch in diesem Punkt an seinem Leitbild Fries an, der sich auch zu dem Führerschaftsprinzip bekannt hatte.

Für Nelson konnten Wahrheitsfragen nicht pluralistisch beantwortet werden, da auf jede Frage nur genau eine wahre Antwort möglich sei. Somit lehnte er die Demokratie, verstanden als Willensbildung im Staat durch Mehrheitsentscheidungen, ab. In der Demokratie sei das Rechtsverhältnis zwischen dem Regenten und den Regierten so gestaltet, daß der Regent von der Willkür des Volkes abhängig sei, während bei einer autokratischen Verfassung die Untertanen von der Willkür des Machthabers abhängig seien. Nelsons Prinzip der rechtlichen Objektivität schloß das demokratische Prinzip der Volkssouveränität aus. „Wir lehnen die Abstimmung ab, weil wir die Willkür ablehnen."[67] Das Zeitalter der Demokratie sei das Zeitalter der Willenlosigkeit.[68]

In seinem politischen Hauptwerk hatte Nelson seine Ablehnung der Demokratie noch deutlicher formuliert: „Die Demokratie ist nicht die große Arena, aus der der Tüchtigste als Sieger hervorgeht. Sie ist der Jahrmarkt, auf der der pfiffigste oder käuflichste Schwätzer dem rechtliebenden und nur auf seine gute Sache bauenden Charakter den Rang abläuft."[69] Oder an einer anderen Stelle: „Die politische Ausdrucksform dieser geistigen Entartung ist die Demokratie."[70] Die

65 Leonard Nelson (1927): Demokratie und Führerschaft, in: Gesammelte Schriften Bd. 9, S. 395. - Die hier zitierte Rede hielt Nelson im Juli 1919 in einem Kurs des Internationalen Jugend-Bundes in der Schweiz.

66 Zitiert nach: Der Völker-Bund der Jugend, hrsg. im Auftrag des Vorstandes des Internationalen Jugend-Bundes von Bertha Gysin, Leipzig 1920, S. 64; Entwurf eines Programms der Partei der Vernunft, in: Bundesarchiv Potsdam, Nachlaß Nelson, Mappe 224, Bl. 1-5.

67 Leonard Nelson: Lebensnähe (1926), in: Gesammelte Schriften Bd. 9, S. 383.

68 Nelson: Demokratie und Führerschaft, a.a.O., S. 463.

69 Nelson: Rechtslehre und Politik, a.a.O., S. 242. Nelson übernahm hier eine Passage aus der bereits zitierten Rede „Demokratie und Führerschaft" und ersetzte „Narrenbühne" durch „Jahrmarkt", „bestbezahlteste" durch „käuflichste" und „dem vornehmen" durch „dem rechtliebenden" (S. 406).

70 Ebenda, S. 409. - Dieses Zitat spielt Ende 1925 bei dem Parteiausschluß des IJB aus der

Grundforderung jeder modernen Demokratie, das Prinzip der politischen Gleichberechtigung, mußte Nelson aufgrund seiner spezifischen philosophischen Theorie ablehnen. Für ihn gab es nur das objektiv feststehende Recht als Leitidee des Staates. Eine demokratische Staatsform könne nur durch Zufall den Mehrheitswillen auf den Rechtszustand ausrichten. Gerade gegen diese Zufälligkeit aber polemisierte Nelson entschieden. Habe man einmal das Recht erkannt, müsse es auch umgesetzt werden.

Nelson führte die Krise der Demokratie ausschließlich auf das Prinzip der Majorität zurück. „Die Demokratie dagegen überläßt die Entscheidung dem zufällig so oder anders sich bildenden Mehrheitswillen und entzieht sie damit dem Recht."[71] Das Prinzip der völligen Gleichberechtigung aller, die an dem politischen Diskurs teilnehmen, wurde von Nelson zugunsten des auf philosophischem Wege als einzig richtig Erkanntem vernachlässigt. In seiner Ablehnung der Demokratie griff Nelson in der Argumentation auf zwei Organisationen zurück, die seiner Meinung nach durch ihren Dauererfolg gekennzeichnet seien, die Kirche und das Militär. Der Erfolg liege ausschließlich in der Form der Organisation begründet, der Führerschaft. Diese schließe Demokratie innerhalb der Organisation aus. Es klingt paradox, daß Nelson ausgerechnet auf diese Organisationen zurückgriff, die er politisch vehement ablehnte, aber er war überzeugt, es könne keine erfolgreichen demokratischen Organisationen geben.

„Das Muster einer solchen Einrichtung, die automatisch den Besten [...] zur Führung aufsteigen läßt, bietet uns die katholische Kirche" (S. 408). Das Ausleseverfahren könne, da es nicht an das Ziel einer Organisation gebunden sei, ohne weiteres übernommen werden. Es ist hier nicht die Stelle, zu diskutieren, inwieweit das Ausleseverfahren der katholischen Kirche wirklich den „Besten" hervorbringt, es seien nur Vorbehalte gegen die Ausschließlichkeit der Nelsonschen Argumentation vorgetragen. Nelsons Argumentation, „Wo eine Organisation durch Jahrtausende stabil ist, kann man annehmen, daß sie zweckmäßige Methoden angewandt hat"[72], ist in sich nicht schlüssig. Denn es kann durchaus noch andere Gründe geben, als das methodisch von Nelson angeführte Prinzip der Führerschaft. Sein großes staatliches Vorbild war das chinesische Reich, dessen Erfolg allein in dem Erziehungssystem der Regenten gelegen habe. Nelson vertrat in einer Rede, die er vor der „Gesellschaft der Freunde der sozialistischen Monatshefte" hielt, die These, daß in Deutschland die Weisen fehlen würden, die Konfuzius den Chinesen erzogen habe, daher sei es notwendig, „ein paar aus China hierher" zu holen (S. 433).

In einem öffentlichen Vortrag vor dem Zentralinstitut für Erziehung und Unterricht in Berlin gab sich Nelson etwas konzilianter, als in seinen internen, für den IJB gedachten Publikationen. In dem Vortrag konzedierte er der Demokratie

---

Sozialdemokratie eine wichtige Rolle.

71   Nelson: Demokratie und Führerschaft, a.a.O., S. 401.
72   Leonard Nelson: Diktatur, Parlamentarismus oder Wirtschaftsdemokratie, Rede am 2.2.1926, in: Ders.: Demokratie und Führerschaft, a.a.O., S. 432.

durchaus gute Absichten, sie wolle in der Tat die Regierung der Geeignetsten. Gleichzeitig gebe sie jedoch auch den Demagogen den Weg frei. Da die größte Macht in der Natur ohnehin siege, reiche die Demokratie „nicht aus, um zu bewirken, daß der Geeignetste zum Führer wird. Denn im demokratischen Parteigetriebe siegt nicht notwendig der selbstlose Geist des echten Republikaners."[73] Deutlich sah Nelson die Gefahr, daß sich Gegner der Demokratie der parlamentarischen Mittel für ihre eigenen Ziele bedienen können, um so die Demokratie praktisch von innen heraus zu bekämpfen. Seine Idee war eine andere: „Die Demokratie ist, weit entfernt, uns gegen den Faschismus zu schützen, vielmehr überall der Nährboden des Faschismus. Will man den Faschismus nicht, so muß man eine von allen Mehrheitsbeschlüssen unabhängige Macht aufrichten, die es verhindert, daß ein Faschist aufsteht."[74] Nelson übersieht in seiner Argumentation, daß die Demokratie auch Sicherungen gegen ihre Gegner vornehmen kann, wie beispielsweise das Konzept der „streitbare Demokratie" in der Verfassungsordnung der Bundesrepublik.

Zutreffend griff Nelson Argumente der allgemeinen Demokratiekritik auf. Die Demokratie habe nicht Frieden, soziale Gerechtigkeit und kulturelle Freiheit gebracht. Dieser Satz, kurz nach der Konstituierung der Weimarer Republik im Juli 1919 geäußert, ist so sicherlich zutreffend. In der Neuauflage seiner Schrift „Demokratie und Führerschaft" von 1927 immer noch enthalten, ignoriert eine solche Position jedoch wesentliche Fortschritte in der Entwicklung der Weimarer Demokratie wie politische und soziale Rechte.

Interessanterweise führte Nelson ein Argument für die Demokratie an. Das Rechtsideal könne darin bestehen, daß die Mehrheit im Staat regieren solle, das Recht werde dadurch erfüllt, daß das Majoritätsprinzip immer ausgeführt werde. Nelson negierte diesen Einwand mit der Bemerkung, so könne gar nicht die Frage entstehen, ob das Volk auch hinreichend gebildet sei, oder ob das Volk für die Demokratie reif sei. Mit dieser elitären Sichtweise beantwortete er allerdings nicht die zu stellende Frage, worin denn der Bildungsgrad oder die politische Reife der wie auch immer zu konstituierenden Elite bestehen müsse.

Ein Rechtszustand könne nur dadurch verwirklicht werden, daß ein Wille, der über eine aller anderen Gewalt in der Gesellschaft überlegenen Gewalt verfüge, sich seine Verwirklichung zum Zweck mache.[75] Diesen Willen, oder besser ausgedrückt, das Gewaltmonopol, das die höchste Gewalt darstellt, kennzeichnete Nelson als die Regierung. Seiner Meinung nach könne der Rechtszustand nur dadurch realisiert werden, daß sich eine Gesellschaft zum Staat bilde und sich einer Regierung unterwerfe. Der Staat habe somit alleine den Zweck, das Recht in der Gesellschaft durch Gewalt geltend zu machen und jede andere

---

73 Leonard Nelson (1920): Erziehung zum Führer, in: Gesammelte Schriften Bd. 8, S. 502.

74 Leonard Nelson: Diskussionsrede auf dem 5. Deutschen Soziologentag in Wien am 27. September 1926, in: Ders: Demokratie und Führerschaft, a.a.O., S. 561.

75 Nelson: Rechtslehre und Politik, a.a.O., S. 150.

Gewalt in der Gesellschaft unter das Recht zu zwingen. Aus dem Prinzip der Alleinbeanspruchung der Gewalt begründet, lehnte Nelson strikt jede Form der Gewaltenteilung ab. Unverzichtbar sei allerdings die „Freiheit der Kritik der bestehenden Rechtsordnung" (S. 202), nur im Kampf der Gründe und Gegengründe könne sich die Wahrheit herausstellen. Auch konstitutionelle Garantien, wie die Unabhängigkeit der Gesetzgebung und der Rechtsprechung, waren mit Nelsons System der Einheitlichkeit der Staatsgewalt unvereinbar.

Herrschaft der Weisen

Was bot Nelson als Lösung an? Er griff auf das platonische Ideal der Herrschaft der „hinreichend Gebildeten, d.h. Einsichtigen und Rechtliebenden" zurück. „Auf die Frage also, wer der Regent im Staate sein soll, ist die einzig bündige Antwort die alte Platonische: der Weiseste" (S. 246). Das Führerprinzip im Sinne Nelsons sollte durch eine qualitative Autorität herausgebildet werden, jegliche dezisionistische Autoritätsform wurde negiert.[76] „Führerschaft verlangt nicht die bedingungslose Unterwerfung der Geführten unter einen fremden Willen, sondern bedeutet die Leitung auf Grund eines Vertrauens, das die Geführten in die bessere Einsicht des Führers setzen."[77] Die Bedeutung des Führerungsprinzips beruhte nach Nelson auf der ursprünglichen Evidenzlosigkeit der sittlichen Erkenntnis, wodurch es bedingt sei, daß zwischen den Menschen Unterschiede in der moralischen Erkenntnis und dem sittlichen Willen bestehen.

Unter einer Führungspersönlichkeit verstand Nelson einen Menschen, „der anderen einen Weg weist, ohne sich anzumaßen, ihnen selbstherrlich, durch eigenmächtige Erteilung von Vorschriften, ein bestimmtes Ziel vorzuzeichnen, da er vielmehr davon ausgeht, daß ihnen, als vernünftigen Wesen ihr wahres Ziel durch ihre eigene Vernunft vorgezeichnet ist, und daß es daher nur darauf ankommen kann, daß sie ihm auf dem Wege, den sie bei hinreichender Einsicht selber finden würden, aufgrund des Vertrauens in seine überlegene Einsicht folgen" (S. 389). Zu fragen ist, ob, wenn die einzelnen Menschen sowieso zu einer bestimmten Einsicht gelangen, es nicht richtiger wäre, sie diesen Weg selbst gehen zu lassen. Eine durch eigenes selbsttätiges Nachdenken gefundene Entscheidung wird allemal eine höhere Wertigkeit haben, als eine fremdbestimmte.

---

76 In der Geschichte der Arbeiterbewegung hatte es vielfach Auseinandersetzungen um das Problem der Führerschaft bzw. Autorität von Führungskadern gegeben. Bereits Karl Marx schrieb, daß man „eine Art Revolte gegen meine Führerschaft anzettele. Führerschaft ist niemals eine angenehme Sache, noch etwas, wonach ich Verlangen hätte. Ich denke immer an das, was [...] sagte, daß der Eselstreiber immer den Eseln verhaßt ist. Aber nachdem ich mich nun einmal mit Leib und Seele einem Unternehmen verschrieben habe, das ich für wichtig halte, gebe ich, wie ich nun einmal bin, gewiß nicht gerne nach." Brief von Marx an Antoinette Philips vom 18.3.1866, in: Marx-Engels-Werke, Bd. 31, Berlin 1966, S. 504.

77 Nelson: Ethik und Pädagogik, a.a.O., S. 396.

In einer pädagogischen Schrift argumentierte Nelson gegen diesen Einwand, daß die Einsicht in die Notwendigkeit der Führerschaft eine vorher entwickelte Selbstbestimmung des einzelnen bedürfe. Die bedingungslose Unterwerfung unter einen fremden Willen sei keine Führerschaft, erst mit dem Bewußtsein der freien Selbstbestimmung könne aufgrund eigener Einsicht die Erfordernis der Gefolgschaft erreicht werden.[78]

Als Eigenschaften des Regenten benannte Nelson „Klarheit der Einsicht in das rechte Ziel, Stärke und Reinheit des Willens in der Durchsetzung dieses Ziels und Organisationsgeschick in der Beherrschung der Mittel zu seiner Durchsetzung,"[79] sowie Organisationsgeschick, Menschenkenntnis und Selbsterkenntnis, letzteres zur Erkennung der eigenen Grenzen und zur Hinzuziehung von entsprechenden Hilfen. Anstelle der demokratischen Kontrolle, die für Nelson überhaupt nicht existieren kann, wollte er eine wissenschaftliche Kontrolle setzen. Die Regierung solle nur an die Zustimmung desjenigen Urteils gebunden sein, das von allen subjektiven Bestimmungsgründen frei und somit wissenschaftlich begründet sei. Es ist Nelson der Vorwurf gemacht worden, daß er aufgrund seiner naturwissenschaftlichen Ausbildung deren Methoden auch auf die Philosophie und Politik übertrug. So können physikalische Erfahrungen durch exakte mathematische Formeln wiedergegeben werden. Daß dies jedoch für alle Wissenschaften gilt, muß mit Recht bestritten werden (Grunebaum 1951, S. 85). Insbesondere in den Gesellschaftswissenschaften ist diese mathematische Exaktheit und Formelhaftigkeit der Prozesse nicht gegeben, so daß es hier auch nicht nur ein wissenschaftlich exaktes Urteil oder eine wahre Lösung gibt.

Zur Ausbildung der Weisen schlug Nelson eine „Regentenerziehung" vor. Erziehungseinrichtungen, die allen offenzustehen hätten und nur durch „mangelnde Tüchtigkeit" zur Relegation führten, sollten die planmäßige Ausbildung der politischen Elite leisten.[80] Bei der von Nelson konzipierten Erziehung politischer Führer handelte es sich um eine „Spezialbildung", die mit einer Allgemeinbildung und der harmonischen Ausbildung der Persönlichkeit nicht vergleichbar sei.[81] Nelson ging noch einmal auf Hermann Lietz ein, der von seinem Anspruch auch Nachwuchskräfte für die Politik ausbilden wollte. Er habe aber seine Schüler nicht unter dem Gesichtspunkt der Führerausbildung ausgewählt. Dazu waren nach Nelsons Ansicht zwei Forderungen unerläßlich, sie mußten Kraft und Reinheit besitzen. „Ohne Kraft werden sie niemals die Standhaftigkeit besitzen, die notwendige Erziehung bis zum letzten an sich vornehmen zu lassen. [...] Ohne Feinheit ist ein Mensch nicht erziehbar" (S. 508). Erforderlich sei weiterhin eine sportliche Ausbildung nach den griechischen oder engli-

---

78 Leonard Nelson (1917): Erziehung zum Knechtsgeist, in: Gesammelte Schriften Bd. 8, S. 487f.

79 Nelson: Demokratie und Führerschaft, a.a.O., S. 406f.

80 Nelson: Rechtslehre und Politik, a.a.O., S. 249.

81 Leonard Nelson (1920): Erziehung zum Führer, a.a.O., S. 507.

schen Vorbildern, neben der körperlichen Schulung sei vor allem die Willenserziehung in diesem Bereich wichtig. Nelson leitete aus den „natürlichen Entwicklungsstadien des menschlichen Geistes" ein Stufenmodell für eine Führererziehung ab.

- In einer ersten Stufe werde ausschließlich mit den Prinzipien der Anschauung und Beobachtung gearbeitet.
- Danach können die Anschauungen zu Erfahrungen verarbeitet werden. Nicht die humanistische Bildung stehe in dieser Phase im Vordergrund, sondern nur mit den Mitteln der mathematisch-naturwissenschaftlichen Disziplinen setze sich das Wahrheitsgefühl frei. „Nur in der gesunden Atmosphäre der mathematisch-naturwissenschaftlichen Studien kann diejenige Redlichkeit des Denkens erzielt werden, die notwendig ist, damit dem künftigen Politiker die Fallstricke der Diplomatie nichts anhaben können" (S. 512).
- In der dritten Stufe werde eine unabhängige Erkenntnis ausgebildet, die Erkenntniskraft könne sich nun auf die Beurteilung der Zwecke und Aufgaben des menschlichen Handelns richten.

Die theoretische Ausbildung führe jedoch nicht zu dem Ziel, politische Führer auszubilden, wenn sie nicht um eine Willenserziehung ergänzt werde. Drei Eigenschaften des Willens seien erforderlich: Stärke, Lebendigkeit und Reinheit. Willensstärke manifestiere sich in Ausdauer, Genauigkeit und Sachlichkeit. Lebendigkeit bedeute Emanzipation von den Gewohnheiten, durch Geburt und Erziehung bewege man sich in einem bestimmten Milieu. Dies könne am besten durch eine Internatserziehung überwunden werden. Unter Reinheit verstand Nelson eine Rationalität der Lebensführung, die verfügbaren Kräfte zweckmäßig zu disponieren: „[...] die Herrschaft des Zufalls in seinem eigenen Leben auf ein Minimum einzuschränken" (S. 520). Da die Erziehung zum politischen Führerberuf sich auf die philosophische Staatslehre stütze, schließe sie sich „damit dem alten platonischen Ideal an, das seine Hoffnung darauf baut, daß die Philosophen sich des Staates annehmen [...]".[82]

Dies löst jedoch noch nicht das Problem, wie die „Herrschaft der Weisen" zu initiieren ist. Dazu sah Nelson keine andere Möglichkeit, als das „es wohl oder übel dem Weisesten selbst überlassen bleibe, seinen Beruf zu erkennen und ihn aus eigener Einsicht in seine Berufung zu ergreifen".[83] Denn wenn ein anderer berufen sei, den Regenten auszuwählen, müsse dieser weiser sein, was aber der Voraussetzung widerspreche. In seiner gesamten rationalistischen Theorie gestand Nelson nur einen Zufall ein, den er als Glücksfall interpretierte, „daß sich irgendwann ein Mensch entschließt, die Erziehung von Regenten in Gang zu bringen".[84] Da noch keine Einrichtungen für die Führerauswahl bestehen würden,

---

82 Leonard Nelson (1921) : Führererziehung als Weg zur Vernunftpolitik, in: Gesammelte Schriften Bd. 8, S. 542.

83 Nelson: Rechtslehre und Politik, a.a.O., S. 246 und 497.

84 Nelson: Erziehung zum Führer, a.a.O., S. 506.

so seine Argumentation, sehe er „keine andere Möglichkeit, als daß der zur Führung Berufene selbst seinen Beruf erkennt, und aus eigener Berufung die Parteibildung unternimmt. [...] Denn es gibt keinen anderen Weg, als daß einmal ein weniger Tüchtiger anfängt und sich nach besseren Nachfolgern umsieht."[85]

In einer Rede aus dem Jahr 1926 konkretisierte er diesen Punkt noch einmal. Ein Regent könne nicht aus der derzeitigen regierenden Klasse kommen. „Niemand aus dem jetzigen Deutschland" könne diese Aufgabe bewältigen. Müsse er sich dennoch entscheiden, so bevorzuge er einen Proletarier, weil er zu der Klasse gehöre, die er vorziehe.[86]

Zur Klärung seines zugrunde liegenden Elitebegriffs unterschied Nelson zwischen dem Recht und den wahren Interessen (vgl. Kapitel 3.1). Die Vorkämpfer des Rechts könnten nur aus zwei Lagern kommen, den Entrechteten und den Gebildeten. Oder, um es mit Marx zu sagen, das Bündnis der Leidenden und der Denkenden, des Proletariats und der Wissenschaft. Trete das Recht aber in der Form von wahren Interessen auf, sei es nicht ohne weiteres mit einem wirklichen Bedürfnis vertreten. In diesem Falle hänge es von der Ausbildung der Reflexion der einzelnen ab, ob und wie weit sie zur Einsicht in die wahren Interessen gelangen. „Hier sind daher die Gebildeten in der Gesellschaft die allein Berufenen zum Kampf um das Recht [...]. Ja sie sind nicht nur die dazu allein Berufenen, sondern sie müssen sogar damit rechnen, auch die, für deren Recht sie kämpfen, zu Feinden zu haben [...]. In diesem Kampf sind daher die Gebildeten auf sich allein angewiesen und stehen der ganzen übrigen Gesellschaft gegenüber."[87]

Partei des Rechts

Die Frage, wie die Realisierung der Herrschaft der Weisen gelingen könnte, beantwortete Nelson mit der Forderung, daß sich das politische Ideal des Rechts als eigenständige politische Partei konstituieren müsse. „Das politische Ideal wird nur unter der Bedingung verwirklicht werden, daß sich eine hinreichend mächtige Partei innerhalb der Gesellschaft dieses Zwecks annimmt. Wir können sie die Partei des Rechts oder auch die Partei der Vernunft nennen."[88] Solange die Partei der Vernunft nicht regiere, sei jeder Staat der Vernunft eine Despotie, der zudem die Wirkungsmöglichkeiten der Partei beschränke. Um die Einheit und Zielsicherheit der Partei zu schützen, und den Zweck von der Beliebigkeit der einzelnen unabhängig zu machen, müsse die Partei eine entsprechende Organisationsform haben. „Wo mangels der Gewalt noch keine Regentschaft möglich ist, da

---

85   Nelson: Demokratie und Führerschaft, a.a.O., S. 413. - Auch in Nelson: Rechtslehre und Politik, a.a.O., S. 497.
86   Leonard Nelson: Diktatur, Parlamentarismus oder Wirtschaftsdemokratie, a.a.O., S. 436.
87   Ebenda, S. 313.
88   Nelson: Rechtslehre und Politik, a.a.O., S. 475.

wird desto mehr auf die Führerschaft ankommen [...]. Einmal nämlich, wiefern die Stärke der Partei von der Festigkeit abhängt, mit der der Führer auf die Gefolgschaftstreue der einzelnen rechnen kann, sodann aber auch, wiefern umgekehrt diese auf den Führer zählen können, hinsichtlich der Treue, die er dem Ziel der Partei wahrt" (S. 495). Diese „Partei des Rechts" oder „Partei der Vernunft" müsse nach und nach den Widerstand der ihrem Ziel widerstrebenden Parteien brechen. Das Staatsinteresse, also die Herrschaft der Vernunft, könne nur unter der Bedingung zur Geltung kommen, daß sich eine hinreichend mächtige Partei diesen Erfolg zum Zweck macht. „Den Rechtsstaat zu wollen, die Partei des Rechts aber nicht zu wollen, widerspricht sich selbst."[89]

Nelsons Demokratievorstellung bezog sich allein auf das Machtverhältnis der Parteien im Staat, andere Formen der Einwirkung oder Mitwirkung schloß er aus. Dieser 'one-point-view' führte zu der politischen Konsequenz, daß eine Veränderung der Demokratie in Richtung auf den angestrebten „Rechtsstaat" nur mittels einer Partei möglich sei.

Nelson bot zwei Alternativen an, sowohl eine Neugründung wie auch die Mitarbeit in einer bestehenden Partei sei möglich. Voraussetzung für eine „echte und kampffähige Partei des Rechts" sei eine eigene Organisation, die sich entweder als Partei konstituiere, oder versuche, durch Infiltration eine andere Partei in ihrem Sinne umzugestalten. Da in der Gesellschaft Macht ausgeübt werde, sei es die Aufgabe der Gebildeten, sich zu einer Partei zusammenzuschließen, „um mit Hilfe einer hinreichend mächtigen Organisation die in der physischen Gesellschaft herrschende Macht in den Dienst der öffentlichen Zwecke zu ziehen".[90] Nur ein ausgesprochener Wille zur Macht könne an die Stelle des vorherrschenden Despotismus treten. Nelson argumentierte hier im Gegensatz zu seiner Rationalitätsdoktrin biologistisch, wenn er als Beispiel anführte, daß in der Natur unvermeindlich die größere Macht entscheide, und es allein die Frage sein könne, ob man wolle, daß diese Macht despotisch oder im Dienste des Rechts gebraucht würde.

Die Partei des Rechts müsse nach führerschaftlichen Prinzipien geleitet werden, innerparteiliche Demokratie lehnte Nelson strikt ab: „Die Forderung einer Kontrolle des Führers durch die Geführten widerspricht sich selbst."[91] Die Funktion des Parteiführers und des bereits erwähnten Regenten - des Weisen - sollten von der gleichen Person besetzt werden. Nach Nelsons Äußerungen sollte die Partei nach dem Prinzip der Führerschaft organisiert sein, damit sie, wenn sie die Macht im Staat übernommen hätte, ohne Änderung der Organisationsform in eine Regierung übergehen könne.

---

89 Ebenda, S. 478.
90 Nelson: Ethik und Pädagogik, a.a.O., S. 307f.
91 Nelson: Rechtslehre und Politik, a.a.O., S. 496.

Historisch ist der Erfahrungshintergrund zu berücksichtigen, in dem Nelson seine Ablehnung der Demokratie entwickelte. Der Ausbruch des Weltkrieges 1914 und die mangelnden Fähigkeiten sowohl der monarchistischen als auch der demokratischen Politiker, die Probleme der Zeit vernünftig zu lösen, bestärkten ihn. Seine einzige konkrete Demokratieerfahrung bildete das politische System der Weimarer Republik mit all seinen Mängeln und Irrtümern (vgl. Winkler 1963). Nelson selbst schien seine Kritik an der Demokratie durch seine konkreten Erfahrungen während seines Moskauaufenthaltes 1927 revidiert zu haben. In einer internen Aussprache mit den Ortsvereinsvorsitzenden des ISK führte er unter Bezug auf seine Erfahrungen aus: „Sie würden uns lehren, die Demokratie in einem Maße zu schätzen, das wir ohne ein derartiges Erlebnis nie für möglich halten würden. [...] Die Freiheit, die uns in den demokratischen Ländern gewährt wird, lernt man erst dann recht zu würdigen, wenn man die Tscheka erlebt hat."[92] Inwieweit diese neue Sichtweise der Demokratie Nelson zu einer Neubewertung oder Neuformulierung seiner bisherigen Ablehnung der Demokratie veranlaßt hätte, darüber kann heute nur spekuliert werden. Nelsons Tod im Oktober 1927 verhinderte diese Entscheidung. Sie wurde nach dem Zusammenbruch der ersten deutschen Demokratie von seinen Schülern mit deren Bekenntnis zur Demokratie als konstituierendem Element unserer Gesellschaft konsequent vollzogen. Diese konnten, bedingt durch ihre Flucht aus dem Nazi-Deutschland, vor allem in Großbritannien und den USA konkrete Erfahrungen mit funktionierenden Demokratien machen. Doch die Anerkennung der vollen Demokratie durch Nelsons Schüler konnte auch aus Teilen der Philosophie Nelsons gestützt werden, da diese, wie dargestellt, nicht widerspruchsfrei war. So enthält die diskursiv angelegte sokratische Methode durchaus Anschlußstellen für ein dialogorientiertes Politikverständnis.

Nelson veröffentlichte in der zweiten Auflage seiner Rede „Demokratie und Führerschaft" im Jahr 1927 einige zeitgenössische Urteile aus der sozialdemokratischen Presse (vgl. dazu Koszyk 1958, 1980) über seine Demokratiekritik. Die Bewertung reichte von „geistesaristokratischer Auffassung", „Mätzchen", „politischer Mystizismus", „philosophische Spekulationen", „reaktionär", „Sektenführer", „höheres Blech" bis hin zur „borniertesten Massenverachtung hochnäsiger Intellektueller".[93] Diese Urteile sah er wiederum als neue Beweise

---

92 Protokoll der Aussprache der Ortsvereinsvorsitzenden und Vertreter der Funktionärsschule vom 6.-7.6.1927, in: Archiv der sozialen Demokratie, IJB-ISK Bestand, Mappe 5.

93 Nelson: Demokratie und Führerschaft. Anhang 1, a.a.O., S. 417-424. - 2 Stellungnahmen fallen aus dem üblichen Rahmen heraus, sie rückten Nelson in die rechte bzw. völkische Ecke. Nelson gab auch sie unkommentiert weiter: „Man glaubt bei der Lektüre in einer völkischen Versammlung zu sein und möchte beinahe »Heil Hitler« rufen." „Diese Mätzchen [...] würde nicht einmal mehr ein deutschnationaler Wahlredner in einer Dorfversammlung auskramen." Die Zitate stammten aus den sozialdemokratischen Zeitungen „Bremer Volkszeitung" und „Magdeburger Volksstimme".

für die Richtigkeit seiner Demokratiekritik, insbesondere der Kritik der Presse, an.

Nelsons Erkenntnis, das Sittengesetz eindeutig begründet zu haben, führte dazu, daß er es nicht mehr einem gesellschaftlichen Diskurs oder einer Mehrheitsabstimmung zur Verfügung stellen wollte. „Wer an Menschenrechte glaubt und die Entscheidung dem Mehrheitsbeschluß überläßt, gibt das Schicksal der Menschenrechte der Willkür preis."[94] Die Folge war, so Nelson, „daß wir um des Rechts willen, die Demokratie verwerfen müssen".[95] Das bedeutet aber, daß, wenn man das Nelsonsche Begründungsverfahren des Sittengesetzes aufgibt, aber gleichzeitig den Inhalt des Sittengesetzes beibehält, damit auch die Ablehnung der Demokratie entfällt. Denn ohne das spezifische philosophische Begründungsverfahren ist das Demokratieprinzip als konstitutives Element einer politischen Konzeption nicht nur möglich, sondern notwendig. Nelsons theoretische Konzeption ist an dieser Stelle nicht stimmig.

Thomas Meyer stellte dazu fest: „Um den Klassenkampf wirkungsvoll zu organisieren, hat er sogar mit der Parteitheorie Lenins geliebäugelt. Problematische Erfahrungen mit dem ersten deutschen Demokratieversuch in der Weimarer Republik, Kritik an der Unentschiedenheit der Sozialdemokratie in vielen Fragen, aber ebenso eine problematische Anwendung seines Rechtsideals auf Organisationen des politischen Kampfes haben ihn zu einer prinzipiellen Demokratiekritik veranlaßt. [...] Nelson gerät damit in den offenen Widerspruch zwischen seinem Grundpostulat gleicher Freiheit als oberster Norm für das persönliche Verhalten und die Organisation der Gesellschaft einerseits und der Negation dieses Postulats bei den Entscheidungen über seine politische Umsetzung andererseits" (Meyer 1994, S. 313f.).

Die wohl umfassendste Kritik legte bereits 1951 Lutz H. Grunebaum vor (Grunebaum 1951). Er widerlegte sowohl Nelsons Demokratiekritik als auch die Forderung nach einer Regierung der Weisen. Grunebaum ging davon aus, daß das von Nelson entwickelte Rechtsgesetz korrekt begründet sei. Aber selbst wenn die ethischen Ziele der Politik feststehen würden, „so sind die Mittel zur Erreichung dieser Ziele nicht eindeutig bestimmbar" (S. 54). Grunebaum führte in seiner Kritik weiter aus, daß der „theoretische Kardinalfehler der philosophischen Politik" in dem Übergang von dem Ideal der Herrschaft der Besten zu dem Verfassungsvorschlag der absoluten Herrschaft sich selbst ernennender Führer liege. Selbst Nelsons Vorbilder Kant und Fries, die sich beide für das platonische Ideal

---

94 Nelson: Diskussionsrede auf dem 5. Deutschen Soziologentag, a.a.O., S. 567. - In einer Weise ist Nelson zuzustimmen. Hat eine Verfassung allgemeine Menschenrechte für die Bevölkerung festgeschrieben, so kann dies nicht der freien Disposition der Legislative überlassen werden. Artikel 79, Absatz 3 des Grundgesetzes der Bundesrepublik Deutschland entzieht die in Artikel 1 und 20 niedergelegten Grundsätze einer Veränderung. Die in Artikel 1 für unantastbar erklärte Menschenwürde kann somit weder relativiert, noch abgeschafft werden.

95 Nelson: Demokratie und Führerschaft, a.a.O., S. 406.

ausgesprochen hätten, verweigerten sich der Konsequenz der Idee der absoluten Führerschaft (S. 66).

Es wird die Auffassung vertreten, daß auch aus Nelsons ethischer Theorie eine Ableitung des Demokratieprinzips möglich sei. Nelson wollte der Beliebigkeit des Meinens einen verpflichtenden Geltungsanspruch entgegensetzen. Er hätte jedoch, so Thomas Meyer, auch zu der sokratischen Schlußfolgerung gelangen können, daß, solange andere Positionen noch im Gespräch sind, sie auch das Recht haben, im Gespräch zu bleiben, bis sich eine zwanglose Konvergenz der Auffassungen ergibt (Meyer 1983, S. 47). Man könne jedoch aus Nelsons Ethik auch eine andere Forderung als das Führerschaftsprinzip ableiten. Nelson ist hier nicht ganz widerspruchsfrei. In seiner Ethik schreibt er: „Bildung beruht nur auf Selbsttätigkeit [...]. Sie fordert, daß auch im Erkennen ein selbständiges Verhältnis zur Wirklichkeit gewonnen wird, und sie kann sich daher auch nicht mit einem Schöpfen aus zweiter Hand begnügen." [96] Das Führerprinzip folgte somit aus Nelsons Philosophie nicht direkt.

Willi Eichler hatte angesichts der Erfahrungen mit dem Zusammenbruch der Demokratie in Anlehnung an Nelsons Theorie des Kompromisses einen politischen Imperativ zweiter Ordnung eingeführt. Danach sei man verpflichtet, auch mit denen zusammenzuarbeiten, die zu der eigenen Zielsetzung beitragen können. Ein reiner Moralismus, verstanden als Beharren auf der reinen Lehre, bliebe in letzter Konsequenz unmoralisch. Eichler erklärte unumstößlich, daß die Demokratie die beste, wenn auch komplizierteste Form der Gesellschaft sei. Aber die Demokratie könne nicht ohne Demokraten funktionieren, dies sei die Aufgabe der politischen Bildung (Eichler 1970, S. 86). „Die Demokratie muß als Wert anerkannt werden und nicht bloß als eine von vielen möglichen Staatsformen. Und der Charakter der Menschen muß durch die Erfahrung mit dem demokratischen Leben so gestärkt werden, daß sie die Verantwortlichkeit empfinden, dieses demokratische Leben nicht nur zu genießen, sondern es durch eigene Mitarbeit dauernd wachsam beobachten und verbessern."[97]

Nelsons Staats- und Parteitheorie war durch einen rationalen Diktaturbegriff mit funktionierender kritischer Öffentlichkeit gekennzeichnet, im Gegensatz zu dem irrationalen, dezisionistischen Diktaturbegriff des Faschismus. Dieser wurde von Nelson entschieden verworfen, er sah „das organisierte Banditentum des Faschismus" in Italien als eine Erscheinungsform der „Krise der Nachkriegszeit".[98]

Eine Kritik der Ablehnung der Demokratie legte auch der Nelson-Schüler Gustav Heckmann vor, der in einer kritischen Revision der Rechtstheorie Nelsons unhaltbare Positionen ausschloß, bei gleichzeitigem Festhalten an Bereichen, die einer kritischen Prüfung standhielten. Er argumentierte, daß die Rechtslehre nur

---

96   Nelson: Rechtslehre und Politik, a.a.O., S. 488.

97   Willi Eichler: Sozialismus und Demokratie, in: „Geist und Tat" Nr. 1 (1957), S. 1-7.

98   Nelson: Demokratie und Führerschaft. Anhang 3, a.a.O., S. 529.

schlüssig sei unter der Akzeptanz der von Nelson nicht explizit genannten Voraussetzungen. Als solche benannte er:
- die Existenz eines die Herrschaft des Rechts überhaupt gewährleistenden Staates und
- die Bündelung der Vielfalt der von Nelson skizzierten menschlichen Kräfte in einem Menschen, dem Weisesten.

Diese von Nelson als Selbstverständlichkeiten vorausgesetzten Grundbedingungen erkannte Heckmann nicht an. Er plädierte nicht für eine Herrschaft der Weisen, sondern für ein anzustrebendes Maximum an Realisierung einer vernünftigen Gesellschaft: „Die individuellen Manifestationen der Vernunft, wie sie in Einsicht und Willen der einzelnen hervortreten, sollen in eine solche Wechselwirkung miteinander gebracht und in ein solches Verfahren der Willensbildung im Staate eingebracht werden, daß dadurch das der betreffenden Gesellschaft erreichbare Höchstmaß an vernünftiger Willensbildung gewährleistet wird" (Heckmann 1973, S. 375). Heckmann erkannte noch einen weiteren logischen Fehler Nelsons. Durch sein Postulat der Herrschaft der Weisen setze er über das Rechtsgesetz die Voraussetzung, daß sich aus ihm kein Recht des Bürgers auf Mitwirkung oder Mitbestimmung ergebe. Heckmann vertrat demgegenüber die Auffassung, daß sich durch Konkretisierung des Rechtsgesetzes geradezu ein Recht der Bürger auf Teilnahme an den im Staate zu treffenden Entscheidungen ergebe. Er nannte dies das Ideal der tätigen Teilnahme. Heckmann führte diesen Gedanken zu einem Ideal der Demokratie weiter, zu dem er sich ohne Vorbehalte bekannte: „Je mehr in ihm die Bürger an den Entscheidungen beteiligt sind, je stärker sie an solcher Mitbestimmung und Selbstbestimmung interessiert sind und je enger bei ihnen dieses Interesse mit dem Interesse an der Verwirklichung des Rechts verflochten ist, desto mehr Demokratie ist in einem Staate verwirklicht" (S. 377). Zur Demokratie gehörten nicht nur die Institutionen des politischen Systems, sondern auch das lebendige Interesse der Bürger an ihrem Staat. Heckmann benannte als beizubehaltende Erkenntnisse Nelsons die Existenz des Rechtsgesetzes, die Ablehnung der Überlassung von Entscheidungen an die Willkür der Bürger und die Einsicht, daß das Rechtsgefühl der Bürger verschieden ausgeprägt sei.

Detlef Horster wies darauf hin, daß Nelson die Rechtsverhältnisse im Staat nach dem Muster einer Naturwissenschaft behandelt habe (Horster 1993, S. 109). Nelson schrieb selbst, daß „die Beherrschung der Naturgesetzlichkeit des gesellschaftlichen Lebens unter dem Gesichtspunkt der Ideen des Rechts und der Kultur zu bewerten" seien.[99] Hinzukommt, daß Nelsons Staats- und Politikbegriff in seiner personalen Betonung zu eindimensional ist. Ökonomische, sozialpsychologische, struktur-funktionale Einflußgrößen vernachlässigt er ganz. Die paradigmatischen Ergebnisse von Max Weber über Politik und Organisationen rezipierte Nelson nicht, obwohl er ihn in seiner Heidelberger Studienzeit 1901

---

99   Nelson: Erziehung zum Führer, a.a.O., S. 514.

selbst - Weber hatte von 1897 bis 1903 eine Professur dort - hätte kennenlernen können.

Sozialpolitik

Unter Sozialpolitik verstand Nelson alle Maßnahmen, die die Verteilung des Eigentums in der Gesellschaft betreffen. Das Prinzip der Sozialpolitik werde aus dem Rechtsgesetz abgeleitet, dieses bestimme Gerechtigkeit - verstanden als persönliche Gleichheit - als Zielsetzung.[100] Die Aufgabe des Staates war nach Nelsons Ansicht die Verteilung des Eigentums nach dem Grundsatz der persönlichen Gleichheit. Dies unterschied ihn von dem Frühliberalismus. Damit war allerdings nicht die Zuteilung von Arbeit und Besitz durch den Staat gemeint, sondern nur, daß der Staat die Art, wie diese Zuteilung erfolgt, auf die Bedingung der persönlichen Gleichheit beschränken soll. Nelson vertrat hier die Auffassung, daß jeder die gleiche Möglichkeit erhalten solle, zur Befriedigung seiner Bedürfnisse zu gelangen.[101]

Die Sozialpolitik als ein wichtiger Kernbereich der Innenpolitik soll hier anhand von drei zentralen Kategorien - Eigentum, Arbeit und Mindestsicherung - dargestellt werden.

Nelson verstand seine Forderung der persönlichen Gleichheit nicht als Zielsetzung einer Gleichheit des Besitzes und des Eigentums. Hier setzte er die Argumentation von Fries fort, der gefordert hatte, daß Gleichheit nicht eine Gleichheit des Besitzstandes sein dürfe.[102] Ein Besitz an sich sei nicht unmittelbar der Zweck des Menschen, sondern nur ein Mittel zur Befriedigung seiner Bedürfnisse. Da diese Mittel, in Form von Besitz oder Eigentum, nicht ohne weiteres zur Verfügung stehen, müssen sie über eine Arbeitstätigkeit erst beschafft werden. Es könne damit nicht die Forderung abgeleitet werden, daß jedem ein gewisser Wohlstand zugesichert werde. Nelson ging nicht von einem Wohlstand für den einzelnen aus, sondern seine Bedingung war die Gleichheit des Wohlstandes für alle. Es hänge davon ab, was auf wieviel Personen zu verteilen sei. „Die Bekämpfung des Luxus zur Ausgleichung der Armut ist darum in der Tat eine rechtlich notwendige Aufgabe des Staates.“[103] Und an anderer Stelle forderte er: „Der Wohlstand, zu dessen Erlangung jedem in der Gesellschaft nach dem Prinzip der Sozialpolitik die gleiche Möglichkeit gesichert werden soll, muß bestimmt werden als dasjenige Maß von Besitz, das notwendig und hinreichend ist, um dem einzelnen zu ermöglichen, zu dem Höchstmaß an Bildung zu gelangen, das er unter hinreichend günstigen Bedingungen wirklich erreichen würde“

---

100 Vgl. zur Frage der Gerechtigkeit: Steinforth 1985, S. 306f. (insbesondere zur Frage „Warum man Gerechtigkeit erzwingen darf“ S. 329f.) und Rawls 1994.

101 Nelson: Rechtslehre und Politik, a.a.O., S. 300.

102 Jakob Friedrich Fries (1803): Philosophische Rechtslehre, in: Ders.: Sämtliche Schriften Bd. 9, S. 121.

103 Nelson: Rechtslehre und Politik, a.a.O., S. 312.

(S. 319). Nelson verstand somit Wohlstand in der Form eines notwendigen Maßes von Besitz als Voraussetzung für ein menschenwürdiges Leben.

In seiner Schrift „Die Theorie des wahren Interesses und ihre rechtliche und politische Bedeutung"[104] hatte Nelson abgeleitet, daß man unter Wohlstand nicht nur die Möglichkeit der Befriedigung der wirklichen Bedürfnisse, sondern auch die kulturellen Bedürfnisse zählen müsse, die sich unter günstigen äußeren Bedingungen entwickeln würden. Die Partizipation an Bildung und Kultur gehörte für Nelson ebenfalls zum Wohlstandsbegriff.

Nelson entwickelte Vorschläge für eine Gesetzgebung, die eine geeignete Beschränkung des Privatbesitzes bewirken sollten. Er stellte jedoch fest, daß es eine Grenze gebe, da durch die Überschreitung dieser Grenze das soziale Unrecht, das es zu beseitigen gilt, nur mit einem anderen vertauscht werde. Als Beispiel führt er an:

- eine Aufhebung der Bodensperre (vgl. Kapitel 3.4),
- eine Begünstigung des Genossenschaftswesens,
- eine gesetzliche Sicherung des Koalitionsrechts der Arbeiter,
- eine gesetzliche Sicherung einer wirksamen Interessenvertretung der Arbeiter bei der Betriebsleitung,
- eine gerechte Steuerpolitik,
- eine aktive Differenzierung der Berufe nach persönlichen Eigenschaften und Fähigkeiten, nicht nach dem Besitz der Eltern,
- der Ausgleich aller Rechtsansprüche der Bedürftigen (Recht der Arbeitslosen auf staatliche Fürsorge, Rechtsschutz der Unmündigen, Rechtsbeistand der Armen) und
- eine öffentliche Meinung, „daß solange es überhaupt noch Bedürftige in der Gesellschaft gibt, der Luxus eine Schande ist".[105]

Grundlage von Nelsons Arbeitsbegriff ist die Feststellung, daß das Prinzip der persönlichen Gleichheit nicht die gleiche Befriedigung der Bedürfnisse fordere, sondern nur deren Zusicherung nach Maßgabe der Beteiligung an der Arbeit. Jeder solle die gleiche Möglichkeit erhalten, eine geeignete Arbeit zu übernehmen, die ihm den Erwerb der zur Befriedigung seiner Bedürfnisse nötigen Mittel sichere (S. 298).

Das Verhältnis von Arbeit und Arbeitslohn sieht Nelson nicht unter dem Aspekt der Produktion und der Partizipation daran, sondern verknüpft es mit der Frage der Befriedigung der Bedürfnisse. Arbeit könne in der Form von reiner Lohnarbeit und einer Arbeit, die Selbstzweck ist, also einen unmittelbaren Wert für den einzelnen hat, vorkommen. Die Entlohnung solle dem Grundsatz folgen, „daß die Arbeit im umgekehrten Verhältnis zu der an sich schon durch sie gewährten Befriedigung" zu vollziehen sei (S. 304). Wer einen Beruf ausübt, der quasi ein Hobby ist, Freude gewährt oder andere Bedürfnisse befriedigt, hat nach

---

104 Nelson: Theorie des wahren Interesses, a.a.O., S. 3-26.
105 Nelson: Rechtslehre und Politik, a.a.O., S. 354 f.

dieser Ansicht einen geringen Verdienst zu erwarten. Diejenigen, die in monotonen, einfachen, nicht selbstbestimmten, mit schwierigen und erschwerten Arbeitsbedingungen verbundenen Berufen zum reinen Gelderwerb tätig sein müssen, sollen wenigstens einen hohen Lohn erhalten, um außerhalb ihrer Berufstätigkeit dann ihre Bedürfnisse befriedigen zu können.[106]

Der Arbeitslohn, das Einkommen, solle sich in einer Art negativer Interessenbefriedigung bestimmen. Nelson forderte einen Lohnabzug in dem Maße, wie die durch die Arbeit selbst schon gewährte Befriedigung ausmache. Er verband dies jedoch mit einer zweiten interessanten Einsicht, die davon ausging, daß nicht alle Menschen über die gleichen Interessen verfügten. Das Beispiel, das er anführte, beschrieb einerseits einen lebensfrohen und vielseitig interessierten Menschen, andererseits einen eher passiven Menschen. Bei gleichem Arbeitsaufwand dieser beiden müsse der erste einen höheren Lohn erhalten, um zu der gleichen Interessenbefriedigung zu gelangen als der zweite, der weniger Interessen habe (S. 309).

Nelson ging noch einen Schritt weiter. In der Frage der Arbeitszeitverkürzung wies er Argumentationen zurück, nach denen es eine Ungerechtigkeit darstelle, wenn einseitig Lohnarbeitern ihre Arbeitszeit verkürzt werde, dagegen Selbständige und Freiberufler in der Regel länger arbeiten würden. Diese, von Nelson sogenannten höheren Berufe, seien frei gewählt und stellten so einen unmittelbaren Wert des Lebens dar, insbesondere wenn sie mit Besitz verbunden seien. Ein Lohnarbeiter könne sich nur außerhalb seiner Arbeit einer geistigen Ausbildung widmen und damit seinem Leben einen Wert geben. Arbeitszeitverkürzung zur Sicherstellung eines sinnvollen Lebens sei somit ein Gebot der Gerechtigkeit (S. 303).

Das Prinzip der persönlichen Gleichheit verlange die Gleichheit der Bildungsmöglichkeiten, also eine Einheitsschule und einen offenen Zugang zur Hochschulbildung für diejenigen, die über die notwendigen Bedingungen (Tüchtigkeit) verfügten. Nelson erweiterte das Recht auf Bildung in seiner Kulturpolitik. „Durch das öffentliche Gesetz soll die gleiche äußere Möglichkeit für alle, zur Bildung zu gelangen, gesichert und die geistige Freiheit eines jeden gegen künstliche Bevormundung geschützt werden" (S. 361). Das Recht auf Geistesfreiheit schloß jegliche Bevormundung, insbesondere durch die Kirchen, aus.

Die allgemeine Forderung einer sozialen Mindestsicherung wies Nelson zurück. Er war der Überzeugung, daß das Gerechtigkeitsgebot nicht fordere, sich die Interessen anderer Personen positiv zu eigen zu machen, sondern nur, sie nicht unter Mißachtung der persönlichen Gleichheit zu verletzen. Eine Ungleichheit könne nur dann entstehen, wenn andere Personen im Gegensatz zu uns keine Möglichkeit haben, ihre Interessen überhaupt zu befriedigen. Verzichten sie jedoch von sich aus auf die ihnen gegeben Möglichkeit, „besteht für uns keine

---

106   Industriesoziologen fassen dies unter „alienation of labour" zusammen.

Pflicht, ihre Interessen zu befriedigen. Eine solche Pflicht würde eine willkürliche Bevorzugung jener Personen bedeuten und damit dem Prinzip der Gleichheit entgegen stehen".[107] Nelson lehnte ein allgemeines Wohlfahrtsideal ab, sprach sich aber für eine gerechte Verteilung der vorhandenen Mittel aus. In seinem Sinne konnte eine soziale Mindestsicherung der einzelnen nicht existieren, sondern er bevorzugte eine gerechte Verteilung der zur Verfügung stehenden Ressourcen. Unter der Voraussetzung, daß genügend Ressourcen zur Verfügung stehen, könnte eine Verteilung so erfolgen, daß jeder einen ausreichenden Anteil erhielte (S. 277f.).

Daher lehnte Nelson jedoch Ansprüche auf eine minimale materielle Ausstattung jedes einzelnen entschieden ab. „Es gibt daher kein allgemeines »Recht auf das Existenzminimum«" (S. 306). Es würde der persönlichen Gleichheit widerstreiten, wenn die einen arbeiten müßten, damit die anderen ihre Zeit genießen könnten. „Wer nicht arbeitet, nur weil er nicht arbeiten will, der macht von der ihm zustehenden Möglichkeit zur Befriedigung seiner Interessen zu gelangen, keinen Gebrauch und muß es daher selbst verantworten, wenn ihm die Befriedigung seiner Bedürfnisse versagt bleibt."[108] Nelson schloß hier ausdrücklich diejenigen aus, für die eine Erwerbsunfähigkeit im Sinne des Sozialrechtes vorliegt.

Die Sozialpolitik Nelsons enthielt als Grundvoraussetzung die Forderung nach einer Selbsttätigkeit der einzelnen. Eine Intervention sei nur in den Fällen geboten, in denen die Ungunst der Verhältnisse oder eine künstliche Unterdrückung seitens anderer einen Menschen hindern, durch Selbsttätigkeit zu einem würdigen Leben zu gelangen (S. 285). Er begründete dies mit seiner bereits dargestellten Theorie der wahren Interessen, die eben nur durch eine Selbsttätigkeit zu erreichen wären. „Es kann also nie die Pflicht entstehen, dies Interesse bei einem anderen Menschen zu befriedigen, sondern es kann nur Pflicht sein, ihm die Möglichkeit zu gewähren, es selbst zu befriedigen."[109]

Eine ausdrückliche Aufforderung, sich für soziale Gerechtigkeit einzusetzen, enthält Nelsons Ethik. In Situationen, in denen die Abhängigkeit der einzelnen von ihren gesellschaftlichen Milieus so stark sei und die Hindernisse für eine Mehrzahl der Mitglieder der Gesellschaft, sich aus eigener Kraft zu einem menschenwürdigen Leben emporzuarbeiten, unüberwindlich werden, verbiete es sich für die Gebildeten, sich einem wissenschaftlichen oder künstlerischen Beruf zuzuwenden. Unter solchen sozialen Bedingungen müsse jeder an der Verbesserung der Verhältnisse mitwirken. Nelson sprach hier ausdrücklich nicht nur von einer Pflicht, sondern von einem Gebot. Wer sich seiner sozialen Pflicht entziehe, um egoistisch seine eigenen abgesicherten Wege zu gehen, sei verantwortungs-

---

107 Nelson: Ethik und Pädagogik, a.a.O., S. 139.
108 Nelson: Rechtslehre und Politik, a.a.O., S. 304.
109 Nelson: Theorie des wahren Interesses, a.a.O., S. 19.

los.[110] Nelson gebrauchte in diesem Zusammenhang bereits den Begriff der „sozialen Gerechtigkeit" (vgl. zur Weiterentwicklung der Sozialpolitik Nelsons auch: Weisser 1953).

3.3.3 Außenpolitik und Internationale Politik

Nelsons Überlegungen zur internationalen Politik sind in dem „System der philosophischen Rechtslehre und Politik" und den zwei Schriften aus der „liberalen Phase", „Vom Staatenbund" und „Denkschrift betreffend die Einführung eines Staatenbundes [...]", beide aus dem Jahr 1914, niedergelegt.

In seinen frühen Schriften argumentierte Nelson noch aus der Position des liberalen Bürgertums. Es wurde bereits erörtert, daß Nelson von der notwendigen Existenz des Staates zur Herbeiführung und Sicherung des Zustandes des Rechts ausging. „Wie wir den Zusammentritt der einzelnen zum Staate als rechtlich notwendig erkannt haben, so ist auch der Zusammenschluß der Staaten zu einem Staatenbund rechtlich notwendig."[111] Bemerkenswert sind in diesem Zusammenhang die Äußerungen zum Thema Krieg und Frieden. Die Trennung der Welt in einzelne Staaten, so Nelson, sei durch Zufälle begründet. „Das Bestehen einer Mehrheit von Staaten wie überhaupt von politischen Gemeinwesen ist etwas rechtlich Zufälliges."[112] Daher werden sich durch die vielfältigen Kontakte innerhalb des Staatenbundes die nationalen Gegensätze mehr und mehr ausgleichen, und der Unterschied der Staaten „wird zu bloß verwaltungstechnischer Bedeutung herabsinken und dadurch eine Form annehmen, durch die er aufhört, einen Anlaß zu kriegerischen Unternehmungen zu bieten".[113]

Das Problem der Konstituierung des Staatenbundes löste Nelson philosophisch, er hielt ihn für rechtlich notwendig. „Die Regierung im Staatenbund wird aber faktisch nur dadurch eingeführt werden können, daß sich die Regierung eines hinreichend mächtigen Einzelstaates zu ihrer Einsetzung entschließt und die anderen Regierungen zum Beitritt auffordert. Wo von diesen der Beitritt verweigert würde, da stünde rechtlich nichts im Wege, sie zum Beitritt zu zwingen; denn der Beitritt zum Staatenbund ist rechtlich notwendig, und es ist also gegen seine Verweigerung Zwang rechtlich erlaubt" (S. 53).

Die Anwendung dieser philosophischen Lehre über die internationale Politik in der Praxis hielt Nelson selbst für nicht „unmittelbar möglich". Ein Einzelner sei nicht mächtig genug, in die Entwicklung der Staatengemeinschaft einzugreifen. Da es für die Gebildeten eine ethische Pflicht sei, sich für die Gerechtigkeit einzusetzen, müsse eine politische Partei die Aufgabe übernehmen, den Staatenbund zu verwirklichen, um so einen dauerhaften Friedenszustand zwischen den

---

110 Nelson: Ethik und Pädagogik, a.a.O., S. 311.
111 Leonard Nelson (1914): Vom Staatenbund. In: Gesammelte Schriften Band 9, S. 46.
112 Nelson: Rechtslehre und Politik, a.a.O., S. 438.
113 Nelson: Vom Staatenbund, a.a.O., S. 56.

Völkern zu erreichen. „Und so ist es auch ein Ideal, die zur Herbeiführung eines Staatenbundes erforderliche Organisation zu schaffen, das heißt eine Partei zu bilden, [...] und diese Aufgabe ist [...] für den Gebildeten Pflicht" (S. 56).

Die Eigentums- und Ressourcenverteilung der Staaten untereinander wollte Nelson nach dem Prinzip der Gleichheit verteilt wissen. Jedem Staate solle soviel zugeteilt werden, wie erforderlich sei, um die Bedürfnisse des Volkes zu befriedigen. Nelson ging hier abstrakt von der Existenz einer überstaatlichen Gewalt aus, dem Staatenbund, dem er entsprechende Interventionen zugestand. Eine „zweckmäßige Regulierung der Landesgrenzen" könne die notwendigen Absatzgebiete für einheimische Produkte genauso sichern, wie eine Einführung notwendiger Rohstoffe. Da Nelson der Ansicht war, nicht nur eine schlüssige Theorie für einen Weltbund vorgelegt, sondern diesen auch wissenschaftlich exakt definiert zu haben, vertrat er die Ansicht, das einmal als richtig Erkannte auch umsetzen zu müssen. „Unter Umständen wird aber dazu auch die Nötigung eines Volkes gehören, einen Teil der Naturgüter seines Landes an andere zur Verwertung abzugeben, oder auch, wenn es zu unkultiviert ist, um die Naturgüter seines Landes in der mit Rücksicht auf den Bedarf der übrigen Völker erforderlichen Weise, zu verarbeiten, die Nötigung, sich als ein unmündiges Glied im Staatenbund einer fremden Regierung zu unterwerfen, die es zur Arbeit zwingt" (S. 54). Der Zwang dürfe nicht dazu gebraucht werden, andere Völker als Sklaven zu gebrauchen, er sei nur zum Entzug des Überflusses einzugehen. Kriterien für eine „Unkultiviertheit" gab Nelson nicht an.

Der These, Deutschland leide an einer Überbevölkerung und benötige daher neues Land, begegnete Nelson bereits 1914 mit einer interessanten Bemerkung. Ein wirksames Mittel stelle die „innere Kolonisation im deutschen Osten" dar. „Soweit nämlich eine Überbevölkerung wirklich vorhanden ist, beruht sie nicht darauf, daß unser Staatsgebiet zu klein ist, sondern in der ungleichen Verteilung des Bodens, bei der eine kleine Masse viel mehr erhält als sie bedarf, während der Rest sich mit zuwenig begnügen muß."[114] Diese Idee wurde von Nelson später unter Beziehung auf Oppenheimers Theorie der Bodensperre weiter ausgebaut. Kritisch anzumerken ist, daß Nelson im Jahr 1914 noch die deutsche Kolonialpolitik mit einem gewissen Nationalismus unterstützte. So vertrat er die Meinung, daß in der „Siedlungskolonie Südwestafrika noch viel Platz" für weitere Ansiedlungen sei, und begründete eine Auswanderung sowohl mit einem wirtschaftlichen Argument - bessere Absatzmöglichkeiten der deutschen Industrie, Hebung des Wohlstands der Daheimgebliebenen - wie auch mit einer kulturellen Überhöhung: „Woran aber kann uns mehr gelegen sein, als das die deutsche Kultur auch außerhalb der schwarzweißroten Grenzpfähle eine möglichst weite Verbreitung und Anerkennung findet?" (S. 70).

---

114 Leonard Nelson (1914): Denkschrift betreffend die Einführung eines Staatenbundes und der damit zu verbindenden inneren Reformen, in: Gesammelte Schriften Band 9, S. 69f.

Nelson hielt den ersten Weltkrieg für einen „weltgeschichtlichen Augenblick", der geeignet sei, grundlegend die politischen Verhältnisse in Europas zu verändern. Dieser Krieg, den er auch als Kulturkrieg Europa gegen Rußland verstand, müsse von Deutschland gewonnen werden. Zur Organisation und Bildung des Staatenbundes schlug Nelson ein abgestuftes Modell vor. Das Ziel stelle der Weltstaatenbund dar. Könne dies nicht erreicht werden, müsse der europäische Staatenbund als Zwischenschritt initiiert werden. Ein Mindestmaß als Kristallisationskern bilde als dritte Möglichkeit der mitteleuropäische Staatenbund. Die Verfassung des Staatenbundes bestimmte Nelson als republikanisch, wobei er aber den beteiligten Staaten in dem leitenden Gremium, dem Bundesrat, nicht das gleiche Stimmrecht zusprach. Als wichtigstes Problem kennzeichnete Nelson die Bundesgewalt, diese müsse auch jeder Koalition der Teilstaaten überlegen sein. Nelson impliziert hier bereits sein platonisches Regierungsmodell. Der Staatenbund könnte trotz Bundesrat und Bundesparlament nur von einem Staatsoberhaupt regiert werden. Der Staat, dessen Regent diese Aufgabe übernehmen solle, müsse drei Bedingungen erfüllen: militärische Stärke, wirtschaftlicher Reichtum und die politische Überzeugung von Frieden und Recht. Diese Bedingungen könnten am besten vom Deutschen Reich erfüllt werden. „Deshalb halten wir den deutschen Kaiser für den Souverän, der vor allen anderen zum Oberbefehlshaber zur Bundesmacht des europäischen Staatenbundes berufen ist" (S. 86).

Mit welcher Begründung Nelson Wilhelm II. eine Friedenspolitik unterstellte, wurde in der Denkschrift nicht erwähnt. Allgemein äußerte er sich, man könne ihm nicht den Vorwurf machen, daß er zum Schaden anderer Nationen für Deutschland Sondervorteile erstrebe. Es waren wohl Zweckmäßigkeitsüberlegungen, die Nelson bewogen, dezidiert den deutschen Kaiser in diese Funktion des „Weltregenten" zu setzen. In einem Brief äußerte er über den Hintergrund seiner Überlegung, ein Staatenbund ohne deutsche Vorherrschaft werde gegenwärtig wohl nicht zur Kenntnis genommen werden.[115] Nelson verknüpfte aber die deutsche Vormachtstellung mit der Forderung der Umwandlung des bisherigen Klassenstaates durch Demokratisierung und Sozialisierung in einen Rechts- und Volksstaat.

Zur Gründung des Staatenbundes war nach Nelsons Ansicht auch eine Konstitutionalisierung der Gliedstaaten notwendig, dazu zählte er als Bedingung eine Repräsentativverfassung und ein faktisches Mitbestimmungsrecht des Volkes. Für das zaristische Rußland sah Nelson nur die Möglichkeit einer tiefgreifenden politischen Umwälzung. Er verlangte ein „entschlossenes Bündnis mit den russischen Revolutionären. Ein solches Bündnis würde wahrscheinlich eine unblutige Revolution in Rußland ermöglichen [...]" (S. 94).

---

115 Brief Nelsons an Walter Schücking, a.a.O., S. 62. - Gegen Kriegsende schien Nelson seine Position der deutschen Vormachtstellung revidiert zu haben, die Engländer seien nun nach ihrer Geschichte zur Beherrschung der Welt berufen. Brief Nelsons an seinen Vater vom 20.10.1918, zitiert nach Franke 1991, S. 121.

In dem 1918 vorgelegten „Entwurf eines Programms der Partei der Vernunft" forderte Nelson die Errichtung einer internationalen Gerichtsbarkeit und Polizeiordnung des Staatenbundes unter jeglichem Verzicht der Militärmacht der Einzelstaaten. Das Prinzip der Volkssouveranität, auch in ökonomischer Sicht, lehnte er unter Verweis auf seine Rechtstheorie ab.[116] Die Rechtstheorie verlange von jedem Staat, in den Staatenbund einzutreten oder ihn zu gründen. Dieser werde dadurch gebildet, daß ein mächtiger Staat kraft seiner Vormachtstellung faktisch zur Regentschaft in der Staatengesellschaft gelangt. Nur so könne die Gesellschaft der Staaten zur Rechtsgemeinschaft werden, denn die allgemeine Rechtstheorie nehme auf die Trennung der Gesellschaft in einzelne Staaten keine Rücksicht.

Der ideale Wert einer nationalen Gemeinschaft liege in dem, was sie als Kulturgemeinschaft leiste. Daher stelle eine Außenpolitik, die nach nationaler Macht strebe, nach Nelsons Verständnis nur einen Atavismus dar. Nelson forderte eindringlich ein Ende jeglichen Wettrüstens.

Die Rüstungspolitik, die als eine Folge der Kriegsgefahr erscheine, sei in Wirklichkeit deren einziger Grund. Löse man dieses paradoxe Verhältnis auf, könne der Zirkel durchbrochen werden, denn mit dem Verzicht auf eine Rüstungspolitik würde zugleich der Grund ihrer eigenen Notwendigkeit entfallen. Nelsons einfacher Schluß verdeutlichte, daß, wenn niemand mehr Waffen besitze, auch niemand mehr Waffen benötige, um sich vor einer potentiellen Bedrohung zu schützen. „In einem gebildeten Volke kann das Interesse am Krieg nur noch künstlich wachgehalten werden durch die Fabrikanten und Kaufleute, deren Erwerb leiden würde, wenn sich der Handel mit Kriegsgeräten nicht mehr bezahlt machte, sowie durch die in ihrem Sold stehenden Zeitungsschreiber, die ohnehin fürchten müssen, daß ihnen mit dem Krieg ihr bester Sensationsstoff entzogen wird. Von diesen sich tyrannisieren zu lassen, ist aber eines gebildeten Volkes unwürdig".[117] Das Wettrüsten stelle nur eine veränderte Form des Krieges dar, das mit der ökonomischen Belastung der Völker und der militärischen Permanenz erkauft werde.

Nelson blieb jedoch nicht bei der formalen Darstellung stehen, sondern diskutierte auch das Verhältnis von Neutralität und Interventionen, dies bezogen auf Situationen, in denen der Staatenbund noch nicht existiere. Neutralität in dem Sinne verstanden, sich um die Angelegenheiten anderer Staaten nicht zu kümmern, sei ein unsoziales Prinzip, da es in dem Verhältnis der Staaten das Prinzip Zufall oder das Recht des Stärkeren walten lasse. Gewaltlosigkeit sei die Maxime für das Verhältnis der Staaten untereinander. Von ihr dürfe nur abgewichen werden, wenn ein Staat angegriffen werde. Ausdrücklich nannte Nelson zwei weitere Möglichkeiten zur Legitimierung von Gewalt: Die widerrechtliche

---

116 Entwurf eines Programms der Partei der Vernunft, in: Bundesarchiv Potsdam, Nachlaß Nelson, Mappe 224, Bl. 4.
117 Nelson: Rechtslehre und Politik, a.a.O., S. 454f.

Störung des Friedens und die Herstellung des Rechtsverhältnisses erlauben auch eine Intervention (S. 457).

Seine Begründung war, daß der rechtliche Zweck eines Staates ausschließlich in dem Staatenbund liege. Diesem müsse alles andere untergeordnet werden. Nelson argumentierte weiter, daß es bis zu einer internationalen Übereinkunft aller Staaten, „überhaupt kein Recht gebe und aller Besitz der einzelnen Staaten auf nichts als Gewalt" beruhe. „Dadurch also, daß ein Volk ein Land physisch besitzt, hat es noch gar kein Recht auf dieses Land." Bei einer internationalen vertraglichen Gestaltung dürfe der Status quo nicht als ein Rechtsgrund gelten, da er zufällig, verbunden mit Macht- und Gewaltpolitik, zustande gekommen sei. Allenfalls könne es ein Gebot der Zweckmäßigkeit sein, darauf Rücksicht zu nehmen, „daß die Legalisierung eines früher nur durch Gewalt hergestellten Verhältnisses unter dem Schutz der Gewohnheit wenigstens den Frieden aufrechterhalten kann, der durch eine neue Gewaltprobe gefährdet würde" (S. 465).

Damit negierte Nelson ebenfalls ein Selbstbestimmungsrecht der Völker; dies würde auf eine Sanktionierung der internationalen Anarchie hinauslaufen. Denn die Freiheit der Selbstbestimmung des einen Volkes sei mit der Freiheit der Selbstbestimmung des anderen Volkes unvereinbar, wenn beiderseitige Interessen in Konflikt gerieten. Auch eine vertragliche Gestaltung zwischen zwei Staaten über ihr Gebiet verpflichte keinen dritten Staat. Einzige Möglichkeit bliebe eine internationale Übereinkunft, die sich auf alle Staaten erstrecke.

Die Verteilungsfrage, Nelson nannte es Siedlungsrecht, werde durch das Prinzip der Gleichheit gelöst. „Jedem Staat soll also so viel zuteil werden, wie erforderlich ist, damit die Bedürfnisse des Volkes befriedigt werden können." Nelson forderte eine zweckmäßige Regelung der Landesgrenzen. Die Sicherung der notwendigen Absatzgebiete für die heimischen Produkte sollte ebenso garantiert werden, wie die Möglichkeit der Einführung der notwendigen Rohstoffe. Eine wirtschaftspolitische Souveränität, die notwendigerweise Schutzzölle und ökonomische Einflußgebiete nach sich ziehe, führe in einen handelspolitischen Krieg. Zum Thema der internationalen Bevölkerungspolitik notierte Nelson, daß diejenigen Staaten, die über geeignete Gebiete verfügten, diese der Einwanderung ohne Bedingungen offen halten müßten.

Seine bereits in den angeführten Schriften der liberalen Periode enthaltene Sichtweise von „unkultivierten Völkern" wird beibehalten. Auch in dem „System der Philosophischen Rechtslehre und Politik", seinem gesellschaftspolitischen Hauptwerk, behält er wortwörtlich die Formulierung aus dem Jahr 1914 bei, daß unter Umständen das Gleichheitsprinzip erfordere, „daß ein Volk, das zu unkultiviert ist, um die Naturgüter seines Landes in der mit Rücksicht auf den Bedarf der übrigen Völker erforderlichen Weise zu verarbeiten, sich als unmündiges Glied im Staatenbund einer fremden Regierung unterwirft, die die Verwertung der Naturgüter erzwingt" (S. 468). Er schränkte dies auf die Bedingungen ein, daß nur soviel entzogen werden dürfe, wie für die Gleichheit aller notwendig sei und daß ein Volk nicht als Sklave für andere arbeiten solle. Ziel der Bevormundung sei die Entwicklung einer Selbständigkeit.[118]

Nelson schlug einen Weltstaatenbund vor, in dem ein „hinreichend mächtiger Staat kraft seiner Vormachtstellung faktisch zur Regentschaft in der Staatengesellschaft" gelange (S. 463). Damit führt er Überlegungen Kants weiter, die dieser in seiner Schrift „Zum ewigen Frieden" vorgelegt hatte (vgl. Gerhardt 1995, Habermas 1995, Höffe 1995). Kant hatte sich jedoch nur für einen Völkerbund ohne Aufgabe der nationalen Souveranität der beteiligten Staaten eingesetzt. Der Begründung einer rechtlich geordneten Weltgesellschaft als Alternative zu einer vernunftlosen Konkurrenz der einzelnen Nationalismen könne zugestimmt werden, aber „nicht der Weltstaat und auch nicht die selbsternannte Führerschaft der mächtigsten Nationen, sondern die Idee einer vernünftig organisierten Weltgesellschaft als regulativer Idee" (Meyer 1992a, S. 10) sei die zukunftsweisende Antwort. So verstanden ist die Weltrepublik Teil des Rechtsfortschritts, zu dem beizutragen wir verpflichtet sind (Höffe 1996). Doch die Ideen der Menschenrechte und des Weltbürgertums waren nach Nelsons Einschätzung mehr und mehr durch eine einseitige, die gerechte Achtung anderer Völker negierende Sichtweise nationaler Interessen und Machtstreben verdrängt worden.[119]

3.4 Theorie des liberalen Sozialismus

Nelsons Sozialismusbild war einerseits von der radikalen Kritik am Marxismus geprägt, andererseits verfügte er zur Begründung des Sozialismus über ein geschlossenes Theoriesystem, das traditionell populären Vorstellungen in der Arbeiterbewegung widersprach (Miller 1978, S. 33).

Für Nelson war der Prinzipienstreit „Liberalismus oder Sozialismus" falsch, da beide richtige Gedanken enthielten. Er vereinte in seinem Konzept eines liberalen Sozialismus Elemente aus beiden Theorien. „Wir werden das Richtige beider Gedanken vereinigen, indem wir auf der einen Seite die rechtliche Freiheit der einzelnen gegen staatliche Bevormundung in Schutz nehmen, auf der anderen Seite aber dem Staat das Recht und die Pflicht zuweisen, in das freie Spiel der Kräfte einzugreifen, um es auf die Bedingung des Rechts einzuschränken."[120] Dieses Konzept lehnte die grundsätzliche Notwendigkeit der Aufhebung aller

---

118 Nelson bleibt hier in einem gewissen Eurochauvinismus stecken, er diskutiert nur das Problem, das ein vermeintlich „unkultiviertes Land" seine vorhandenen Rohstoffe nicht so ausbeutet, daß sie die Nachfrage auf dem Weltmarkt ausgleichen können. Zu fragen wäre, ob der Bedarf, den Nelson unbegründet voraussetzt, nicht vernünftigerweise eingeschränkt werden könnte. Aktuell wird Nelsons Sicht jedoch, wenn man nicht mehr von „unkultivierten Ländern" spricht, sondern von Staaten, in denen ein Überfluß existiert (Erste Welt) und Staaten, die durch Mangelsituationen (Dritte Welt) gekennzeichnet sind.

119 Nelson: Vom Beruf der Philosophie, a.a.O. S. 200.

120 Nelson: Rechtslehre und Politik, a.a.O., S. 255.

individuellen Freiheit zugunsten der Gleichheit ab. Sozialismus war für Nelson praktisch notwendig, da dieser ein unmittelbares Postulat des Rechtes war. „Der Idee nach kann das reine, kompromißlos durchgeführte Endziel nur der liberale Sozialismus sein, wie er uns, nicht etwa von dem Ideal der Freiheit, sondern von dem durch das wahre Interesse an der Freiheit inhaltlich bestimmten Rechtsideal der Gleichheit vorgezeichnet wird" (S. 347). Als Inhalt des Rechtsgesetzes hatte er Gerechtigkeit bestimmt. Gerechtigkeit wäre aber nichts anderes als persönliche Gleichheit (S. 295). In der aktuellen Diskussion wird der Grundwert „Gerechtigkeit" folgendermaßen bestimmt: „Gerechtigkeit will gleiche Freiheit für alle. Dies bedeutet zunächst die Gleichheit der Rechte für alle. Da Freiheit aber erst durch ihren materiell-sozialen Aspekt erfüllt ist, verlangt Gerechtigkeit die Gleichwertigkeit der tatsächlichen Chance zur Selbstverwirklichung. Gerechtigkeit zielt auf gleichwertige Lebenschancen" (Meyer 1991, S. 82).

Diesen Gedanken führte Nelson zum ersten im Jahr 1913 auf. Obwohl er in dieser Zeit noch als Vertreter des liberalen Bürgertums galt und sich selber dem Linksliberalismus zugehörig fühlte, kann man Nelson bereits jetzt bedingt als einen Vertreter eines liberalen Sozialismus ansehen. „Nach dem Sittengesetz kann ein Zustand der Gesellschaft, der nicht der Bedingung der Gleichheit genügt, keinen Wert haben, auch wenn er dem Ideal der Freiheit noch so nahe kommt."[121] Bei einer Kollision der Ideale der Freiheit und der Gleichheit sei das der Gleichheit vorzuziehen. Ein Jahr später schrieb Nelson über Fries, dieser habe den unsozialen Charakter des Prinzips der freien Konkurrenz erkannt und bezeichnete ihn als den „eigentlichen und einzigen wissenschaftlichen Begründer des Sozialismus".[122]

Nelson bestimmte den liberalen Sozialismus auch als „nicht-kommunistischen" Sozialismus. Damit führte er als Unterschied zwischen diesen beiden Formen des Sozialismus die Existenz von Privateigentum oder von kollektivem Eigentum ein. Nelsons Hauptfrage beinhaltete, inwieweit die Beseitigung der ökonomischen Ungleichheit die Aufhebung des Privateigentums an den Produktionsmitteln erfordere, dazu definierte er Sozialismus und Kommunismus: „Ich verstehe unter Sozialismus das Prinzip einer Gesellschaftsordnung, die den Privatbesitz auf die Bedingung der Gleichheit des Wohlstandes einschränkt. Und ich verstehe unter Kommunismus (wenn man lieber will: Kollektivismus) das Prinzip einer Gesellschaftsordnung, die den Privatbesitz (oder doch jedenfalls den Privatbesitz an Produktionsmitteln) ausschließt."[123] Nelsons Zielvorstellung des Sozialismus gleicht in wesentlichen Fragen der Eduard Bernsteins (vgl. Meyer 1977).

Für Nelson war es ein Fehlschluß, wenn man aus der Tatsache, daß der Privatbesitz zur Ungleichheit in der Verteilung des Eigentums führe, schließen wolle, daß die Aufhebung des Privatbesitzes rechtlich notwendig sei. Nelson gelangte zu

---

121 Nelson: Theorie des wahren Interesses, a.a.O., S. 22.
122 Nelson: Die kritische Ethik, a.a.O., S. 126.
123 Nelson: Rechtslehre und Politik, a.a.O., S. 329.

der Auffassung, daß eine generelle Abschaffung des Privateigentums dem Sozialismusverständnis ebenso wenig diene, wie ein uneingeschränktes Privateigentum. Daher war für ihn nur ein nicht-kommunistischer, liberaler Sozialismus
widerspruchsfrei möglich. Eine kommunistische Wirtschaftsordnung dagegen
verbürge keineswegs die persönliche Gleichheit in der Verteilung des Eigentums.
Für Nelson lag der entscheidende Fehler des Kommunismus bereits in der
falschen Inhaltsbestimmung des sozialistischen Ideals (S. 349). Die Trennung von
Produktionsmitteln und Konsumptionsmitteln durch die Verstaatlichung der
Produktionsmittel sollte die Gleichheit der Verteilung der Konsumptionsmittel
gewährleisten. Die Aufhebung der Berufsteilung hätte die Aufhebung des Staates
zur Folge, da mit dem Fortfall des Unterschiedes der Berufe auch der Unterschied zwischen Regierung und Regierten nicht mehr existieren würde. Wie
sollte dann jedoch die Verwaltung des Besitzes erfolgen? Dazu wäre ein neuer
Stand mit den gleichen Problemen nötig, die eigentlich beseitigt werden sollten.
Der Sozialismus bekämpfe den Kapitalismus nicht nur wegen seiner wirtschaftlichen Unzulänglichkeiten, sondern auch, weil er das sittliche Empfinden
verletze. Auch hier rekurrierte Nelson auf Fries, der gezeigt hatte, daß persönliche Gleichheit nicht die Gleichheit des Besitzes erfordere.[124]

Nelsons gewichtigster Einwand gegen den Kollektivismus bestand darin, daß
das Interesse der Menschen an ihrer persönlichen Selbstbestimmung verletzt
werde. Dieses Ideal der persönlichen Selbstbestimmung bilde den unvergänglichen Wahrheitsgehalt des Liberalismus. Dessen grundsätzlicher Fehler lag nach
Nelson in der falschen Anwendung des Ideals, in der Ablehnung jedes Staatsein-
griffes auch zum Schutz der Gleichheit in der Ausübung persönlicher Freiheit.
Diese Verbindung der Prinzipien Freiheit und Gleichheit leiste erstmals der liberale Sozialismus. Die Wege zur Verwirklichung dieser Prinzipien könnten nur
durch die fortschreitende Erfahrung gefunden werden. Es ist daher falsch, wenn
Nelson unterstellt wurde, er sei „Egalitarier", der die Gleichheitsforderung quasi
als Höchstwert formuliere (Brecht 1976, S. 364).

Exkurs: Theorie des liberalen Sozialismus von Franz Oppenheimer

Nelsons Sozialismuskonzept ist ohne eine Hinweis auf Oppenheimers Arbeiten
nicht verständlich. In einer Festschrift für Franz Oppenheimer schrieb Nelson,
wie eng sich seine von philosophischen Gesichtspunkten aus angestellten Erwä-
gungen mit den durch Oppenheimer von ökonomischer Seite entwickelten
Gedanken des „liberalen Sozialismus" berührten.[125] Oppenheimer hatte bereits in
den Schriften „Die Siedlungsgenossenschaft" (1922) und „Großgrundeigentum

---

124 Jakob Friedrich Fries (1803): Philosophische Rechtslehre, in: Ders.: Sämtliche Schriften
Bd. 9.

125 Leonard Nelson: Philosophische Vorfragen der Sozialpolitik (1924), in: Wirtschaft und
Gesellschaft. Beiträge zur Ökonomik und Soziologie der Gegenwart. Festschrift für Franz
Oppenheimer, Frankfurt a.M. 1969, S. 23.

und soziale Frage" (1922a) seine ökonomische Theorie eines liberalen Sozialismus vorgelegt, die eine Synthese aus Marxismus und Liberalismus darstellte. „Diese Auffassung brachte mich in enge wissenschaftliche und dann auch freundschaftliche Beziehung zu [...] Leonard Nelson" (Oppenheimer 1929, S. 103).

Oppenheimer versuchte mit seinem „System des liberalen Sozialismus" zu einer Synthese zweier „völlig verschiedener Nationalökonomien", Liberalismus und Sozialismus, beizutragen. Liberal sei seine Anschauung, weil sie eine Wirtschaftstheorie anstrebe, „in der die volle Freiheit des wirtschaftlichen Wettbewerbs und des wirtschaftlichen Selbstinteresses allein die Marktbeziehungen regele; sozialistisch, weil „es nur noch eine Einkommensform gibt, den Arbeitslohn, [...] aber Grundrente und Profit bis auf geringfügige Splitter verschwunden" seien (Oppenheimer 1964, S. XVIII). Als Zielvorstellung benannte Oppenheimer die herrschaftslose Ordnung der Freibürgerschaft: „Der Inhalt dieser Gesellschaft ist die reine Wirtschaft des äquivalenten Tausches von Gütern gegen Güter oder von Arbeitsleistungen gegen Güter, und die politische Form dieser Gesellschaft ist die Freibürgerschaft (Oppenheimer 1990, S. 136).

Oppenheimers Sozialismusverständnis setzte zunächst staatstheoretisch an, die nationalökonomische Begründung erfolgte erst in zweiter Linie. Der Staat war für Oppenheimer immer ein Klassenstaat, in dem die Staatsgründer sich den Boden aneigneten und die übrigen freien Flächen sperrten. Dieses Bodenmonopol und, damit unmittelbar verbunden, die Bodensperre (Oppenheimer 1922a; 1990, S. 89f. Zur Kritik vgl. Werner 1928, S. 67f.) wäre auch durch die bürgerliche Revolution nicht angetastet worden. Im Gegensatz zu Marx' Dichotomie der Produktionsmittelbesitzer und derjenigen, die nur ihre „Ware Arbeitskraft" zu verkaufen haben, entwickelte Oppenheimers liberaler Agrarsozialismus den Widerspruch zwischen (Groß-) Grundbesitzern und landlosen Arbeitern.

„Kein Zweifel, daß alle unsere Nöte aus einer zentralen Wurzel stammen: aus dem Mehrwert - dem arbeitslosen Einkommen: Profit und Grundrente. [...] Das Ziel des Strebens, die Rettung der Menschheit kann daher nur die vom Mehrwert befreite und daher klassenlose Gesellschaft der Zukunft sein: „der Sozialismus" (Oppenheimer 1919, S. 5). An anderer Stelle definierte Oppenheimer Sozialismus als „Glauben an und das Streben auf eine von allem Mehrwert" erlöste und „darum klassenlose und brüderlich geeinte Gesellschaft der Freien und Gleichen". Nur die freie Konkurrenz führe nicht zu der mechanischen Gleichheit, die der Kommunismus anstrebe. Oppenheimer war sich sicher, daß der Kollektivismus nicht zur Befreiung des Proletariats und der Befreiung der Menschheit führe, sondern, daß dieses Ziel „allein auf der Grundlage des Privateigentums an Produktionsmitteln" erreichbar sei. Sein Gleichheitsbegriff, den er durchaus mit der Zielbestimmung Sozialismus synonym setzte, stützte sich auf Platon: „Den Gleichen gleiches, den Ungleichen ungleiches". Jeder solle also soviel aus dem gesellschaftlichen Gesamterzeugnis erhalten, wie er selbst beigetragen habe (Oppenheimer 1962, S. 95f.).

Oppenheimers Konzept des liberalen Sozialismus ging davon aus, daß der Grund für die Existenz der industriellen Reservearmee im Gegensatz zu Marx' „Gesetz der kapitalistischen Akkumulation" in der gewaltsamen Aneignung von Grund und Boden liege. „Außerökonomische Gewalt hat das gesellschaftliche Klassenverhältnis geschaffen und zwar als Klassenmonopolverhältnis. Wo unter einem Monopolverhältnis getauscht wird, entsteht Mehrwert. Die das Klassenmonopolverhältnis vermittelnde Sache ist der Grund und Boden, der durch jene außerökonomische Gewalt gegen das Bedürfnis der Masse gesperrt ist" (Oppenheimer 1919, S. 217).[126] Für Oppenheimer war also nicht die reine Ökonomie, die Produktionsorganisation, für die kapitalistische Ausbeutung verantwortlich, sondern das von ihm so benannte und theoretisch begründete „Bodenmonopol".

Diese Trennung der Einkommensformen in eine reine und eine politische Ökonomie war mit der Bewertung verbunden, daß die reine Ökonomie wertfrei sei. Grundrente als Konsequenz aus dem Bodenmonopol und Profit als Folge des Geldmonopols seien politisch bedingt. Durchgesetzt würden sie durch das der herrschenden Klasse vorbehaltene staatliche Gewaltmonopol. Die Folge der Bodensperre sei, daß die Nichtbesitzenden alleine ihre Arbeitskraft zur Verfügung stellen könnten. Sie müßten einem Arbeitsvertrag zustimmen, der sie zur Entrichtung eines „Monopoltributes" zwinge, den die Bodenbesitzer als Profit bekämen. Geschehe dies zunächst nur zwischen agrarischen Kapitalisten und Landproletariern, verlagere sich dies infolge der Wanderungsbewegungen auch in die Industrieregionen.

Als Konsequenz der Wanderung sah Oppenheimer eine Angleichung des Lohnniveaus beider Produktionszweige, so daß letztendlich auch der industrielle Lohn zu einem „Monopollohn" abgesenkt werde. Diesen sah er nicht verursacht durch die „industrielle Reservearmee" des arbeitssuchenden Proletariats, sondern als Folge der Bodensperre. Insbesondere die Übertragung der Wirkung der „agrarischen Grundrente" als Initiation des industriellen Profils scheint in Oppenheimers Theorie der schwache Punkt zu sein. Durch die Aufhebung des Bodenmonopols werde auch die „industrielle Reservearmee" aufgelöst. Die Verteilung des Bodens stoppe die Abwanderungsbewegung in die Stadt und bewirke gleichzeitig einen Rückstrom der industriellen Arbeiter auf das Land, so Oppenheimer. Der Produktionsmittelbesitzer könne seine Lohnpolitik nicht mehr fortsetzen und müsse Arbeiter zu „gerechten" Löhnen anwerben.

Die zentristische Ausrichtung einer ganzen Wirtschafts- und Gesellschaftstheorie auf ein monokausales Phänomen, wie Oppenheimer sie begründete, hat, wie Werner Link zutreffend bemerkte, die „Funktion eines Allheilrezeptes" (Link 1964, S. 25).

---

126 Marx „absolutes, allgemeines Gesetz der kapitalistischen Akkumulation" wies auf den direkten Zusammenhang von gesellschaftlichem Reichtum (Kapital) und der Größe der Reservearmee (Pauperismus) hin. Karl Marx: Das Kapital, in: Marx-Engels-Werke, Bd. 23, a.a.O., S. 673f.

Abschließend läßt sich Oppenheimers gesellschaftliche Analyse in vier Punkten resümieren.

- „Die Grundlage des ganzen Prozesses bildet die Expropriation der Volksmasse von Grund und Boden.
- Das Kapitalmonopol wurzelt im Bodenmonopol.
- Wo ein Monopolverhältnis besteht, ist Mehrwert.
- Wo das Land Volkseigentum ist, ist Kapitalismus unmöglich" (Oppenheimer 1962, S. 183).

Oppenheimers Lösungsweg wurde von Nelson übernommen und von seinen politischen Organisationen Internationaler Jugend-Bund und Internationaler Sozialistischer Kampf-Bund politisch vertreten. Wenn nicht die wirtschaftliche Organisationsform für die Ausbeutung und das menschenunwürdige Leben im Kapitalismus verantwortlich sei, ändere sich auch nichts daran, wenn eine andere ökonomische Organisationsform eingeführt werde; die planwirtschaftliche Variante ohne wirtschaftliche Konkurrenz. Im Gegenteil zur Planwirtschaft - oder wie Nelson es formulierte: zum Kollektivismus - forderte Oppenheimer die wirkliche ökonomische Konkurrenz durch die Aufhebung der „Bodensperre": „[...] ich behaupte, daß es einen anderen Weg gibt, den der Herstellung der freien, der endlich wirklich freien Konkurrenz durch Beseitigung des klassenbildenden Monopols der Bodensperrung. [...] Wahrer Liberalismus und Sozialismus sind eines und dasselbe, die Freiheit führt zur Gleichheit und hält sie unerschütterlich aufrecht" (Oppenheimer 1919, S. 37f.).

In der IJB-Schrift „Der Völkerbund der Jugend" (1920) wagte Hans Mühlestein die Prognose, daß in Deutschland die Aufhebung eines Zehntels des Großgrundbesitzes genügen würde, um sowohl die Macht des Großgrundkapitalismus wie auch des Industriekapitalismus zu brechen: „Durch diese einzige Aktion also könnte die soziale Frage gelöst werden. Und dazu bedarf es gar nicht der vollständigen Aufhebung des Privateigentums und der Verstaatlichung sämtlicher Produktionsmittel. Der Staat braucht nur deren Besitz und Vererbung dauernd nach gerechten Grundsätzen zu regeln" (Mühlestein 1920b, S. 43).

Eine sozialistische Praxis, so Nelson, bedürfe fester Grundsätze und klarer Richtlinien, die allerdings weder durch Diktate von oben, noch durch Abstimmungen von unten festgesetzt, sondern alleine durch wissenschaftliche Untersuchungen geklärt werden könnten. Deren Ergebnisse, die in dem „System der philosophischen Rechtslehre und Politik" vorliegen, gelten als im eigentlichen Sinne „wissenschaftlicher Sozialismus". Den wissenschaftlichen Sozialismus Marxscher Prägung lehnte Nelson aber entschieden ab. „Der Sozialismus hat in der durch Marx angeblich auf die Füße gestellten Hegelschen Dialektik eine Theorie gefunden, die nicht haltbar ist gegenüber strenger, vorurteilsfreier, wissenschaftlicher Prüfung."[127] Als rechtliche Notwendigkeit verstanden, stehe der Sozialismus selbst objektiv fest und „wir können daher nicht sagen, er sei

---

127 Nelson: Lebensnähe, a.a.O., S. 364.

»weiter nichts als der Gedankenreflex dieses tatsächlichen Konflikts, seine ideelle Rückspiegelung in den Köpfen der Arbeiterklasse«."[128]

Nelson setzte sich intensiv mit der Theorie von Marx und Engels auseinander (vgl. Euchner 1983; Fetscher 1985). Er lehnte vor allem die Hegelsche Grundlage des Marxismus ab. Sozialismus konnte danach nur wissenschaftlich begründet werden, indem er dem Bereich ethischer Ideale entzogen und als ein rein naturnotwendiges Produkt der nach bestimmten Gesetzen sich umwandelnden sozialen Verhältnisse angesehen wurde. Diese Konsequenz Hegels, daß die Welt unvermeidbar ohne eigenes Dazutun immer vernünftiger werde, stellte den Menschen unter ein Gesetz einer Entwicklung, die sich außerhalb seiner eigenen Verantwortung vollziehe. Demgegenüber stellte Nelson heraus, daß für die Verwirklichung des Sozialismus allein die Einsicht der Menschen ausschlaggebend sei. Für die Richtigkeit des von Marx gewiesenen Weges des Klassenkampfes bietet jedoch die Begründung, die Fries gibt, eine „bessere Sicherheit" als der Notwendigkeitsaberglaube und die Berufung auf die ökonomische Entwicklung (Specht 1927, S. 4).

Nelson kritisierte an Marx, daß er von dem ökonomischen Prinzip der Arbeit ausging und dabei alle ethischen Prinzipien als ideologisch abwies. Denn die wissenschaftliche Begründung des Sozialismus konnte für Marx nur dann erfolgen, wenn der Sozialismus dem Bereich bloßer ethischer Ideale entzogen und sich als ein naturnotwendiges Produkt der sich nach einer bestimmten Gesetzmäßigkeit sich verändernden sozialen und ökonomischen Verhältnisse erweisen würde.[129] Nach einer kurzen Erörterung der Frage, ob die Behauptungen von

---

128 Leonard Nelson (1927): Die bessere Sicherheit. Ketzereien eines revolutionären Revisionisten, in: Gesammelte Schriften Bd. 9, S. 589. - Das von Nelson angeführte Zitat stammt von Friedrich Engels: Die Entwicklung des Sozialismus von der Utopie zur Wissenschaft.

129 Das Zitat, das am meisten angeführt wird, lautet: „Mit der Besitzergreifung der Produktionsmittel durch die Gesellschaft ist die Warenproduktion beseitigt und damit die Herrschaft des Produkts über die Produzenten. Die Anarchie innerhalb der gesellschaftlichen Produktion wird ersetzt durch planmäßige bewußte Organisation. Der Kampf ums Einzeldasein hört auf. Damit erst scheidet der Mensch, in gewissem Sinn, endgültig aus dem Tierreich, tritt aus tierischen Daseinsbedingungen in wirklich menschliche. Der Umkreis der die Menschen umgebenden Lebensbedingungen, der die Menschen bis jetzt beherrschte, tritt jetzt unter die Herrschaft und Kontrolle der Menschen, die nun zum ersten Male bewußte, wirkliche Herren der Natur werden, weil und indem sie Herren ihrer eigenen Vergesellschaftung werden. Die Gesetze ihres eigenen gesellschaftlichen Tuns, die ihnen bisher als fremde, sie beherrschende Naturgesetze gegenüberstanden, werden dann von den Menschen mit voller Sachkenntnis angewandt und damit beherrscht. Die eigene Vergesellschaftung der Menschen, die ihnen bisher als von Natur und Geschichte oktroyiert gegenüberstand, wird jetzt ihre eigene freie Tat. Die objektiven, fremden Mächte, die bisher die Geschichte beherrschten, treten unter die Kontrolle der Menschen selbst. Erst von da an werden die Menschen ihre Geschichte mit vollem Bewußtsein selbst machen, erst von da an werden die von ihnen in Bewegung gesetzten gesellschaftlichen Ursachen vorwiegend und in stets steigendem Maße auch die von ihnen gewollten Wirkungen haben. Es ist der Sprung der Menschheit aus dem Reiche der Notwendigkeit in das Reich der Freiheit." Aus: Friedrich Engels: Herrn Eugen Dührings Umwälzung der Wissenschaft („Anti-Dühring"), in: Marx-Engels-Werke, Bd. 20, a.a.O., S. 264.

Marx Naturgesetze seien - was Nelson verneinte - kam er zu dem Schluß: „Die Theorie von der Naturnotwendigkeit dieses wirtschaftlichen Prozesses ist bei ihm nur der nachträgliche Versuch eines ökonomischen Unterbaus für die ihn leitende ethische Idee, weil er diese als solche wissenschaftlich zu begründen sich nicht zutraut."[130] Marx habe in seiner Ablehnung des Liberalismus eine Auffassung entwickelt, die das Selbstbestimmungsrecht der einzelnen einem inhaltlich bestimmten Staatszweck unterordnet, eben dem ökonomischen.[131]

Ausführlicher setzte sich Nelson in dem aus seinem Nachlaß herausgegebenen Werk „Fortschritte und Rückschritte der Philosophie"[132] mit der materialistischen Geschichtsauffassung auseinander. Er hielt Marx und Engels zugute, daß sie mit der Überwindung der idealistischen Geschichtsauffassung Hegels den Weg in Richtung auf eine wirklich vorurteilsfreie Geschichtsforschung freigemacht hätten. Positiv wäre auch der Beweis, welchen entscheidenden Einfluß die Klassengegensätze für den geschichtlichen Verlauf, aber auch den Verlauf der Ideengeschichte hätten (S. 478). Die Kritik Nelsons setzte an den Vorwurf an, daß bei Marx und Engels, mehr aber noch bei ihren Schülern, die materialistische Geschichtsauffassung sich zu einem philosophischen Axiom herausgebildet habe, indem man nachträglich die Tatsachen der Geschichte umdeute. Seine Auseinandersetzung mit dem Marxismus führte Nelson anhand von Engels' Kampfschrift „Die Entwicklung des Sozialismus von der Utopie zur Wissenschaft".

Nelson stimmte Marx in seiner Erkenntnis zu, daß die Ideen einer Zeit von den Interessen der herrschenden Klasse abhängen, oder, wie er formulierte, die Ideen bilden sich nicht nach ihrem Gehalt an Wahrheit, sondern nach dem Maße des Interesses der herrschenden Klasse an ihrer Bildung. Der Unterschied zur materialistischen Geschichtsauffassung lag in „der Relativität aller Wahrheiten". Nach Marx waren Ideen nur Reflexe der jeweiligen ökonomischen Verhältnisse in den Köpfen der Menschen, dadurch bedingt konnte den Ideen auch keine absolute Wahrheit zukommen. Für Nelson stellte die marxistische Theorie nichts anderes dar, als der Versuch, für die Zielbestimmung im gesellschaftlichen Leben der Menschen die Ethik auszuschalten (S. 485f.). Daher mußte er auch die „spekulative Dialektik" Hegels zurückweisen, die die Grundlage der marxistischen Gesellschaftstheorie bildet.

Nelsons gewichtige Kritik an Marx und Engels lag in der Widerlegung der Theorie der ökonomischen Produktion im Kapitalismus und der daraus zu ziehenden Konsequenzen. Die private Aneignung der gesellschaftlichen Produktion - damit verbunden die Ausbeutung durch die Produktionsmittelbesitzer - als Grundvoraussetzung der marxistischen Theorie wurde von Nelson nicht anerkannt. Im Vorwort zum „Kapital" schrieb Marx: „[...] es ist der letzte Endzweck

---

130 Nelson: Kritik der praktischen Vernunft, a.a.O., S. 35.
131 Nelson: Vom Beruf der Philosophie, a.a.O., S. 204.
132 Nelson: Fortschritte und Rückschritte der Philosophie, a.a.O.

dieses Werkes, das ökonomische Bewegungsgesetz zu enthüllen [...]".[133] Für Nelson veränderte sich auch die spezifische Form der Aneignung und Produktion bei einer Weiterentwicklung der Produktionsweise. Nelson führte als neue Voraussetzung ein, daß „nunmehr das Eigentum am Produkt nicht auf eigener Arbeit, sondern jetzt auf dem Privatbesitz an den Produktionsmitteln beruht".[134]

Nelsons Hauptbezugspunkt der Auseinandersetzung mit dem marxistischen Verständnis vom wissenschaftlichen Sozialismus lag in der Trennung des logischen Status gesellschaftswissenschaftlicher Befunde von den ethischen Postulaten (Meyer 1978, S. 91). Er stand hier, trotz vieler anderer Gegensätze, in der Tradition des ethischen Sozialismus der Neukantianer (vgl. Holzhey 1994). Für Nelson konnte aus dem, was ist, niemals abgeleitet werden, was sein soll. Die Sollsätze der Ethik, mithin also das Sozialismuskonzept selbst, mußten einer anderen Erkenntnisquelle entstammen als die Sätze über die realen Strukturen der Wirklichkeit. Marx hatte demgegenüber formuliert: „Es wird sich dann zeigen, daß die Welt längst den Traum von einer Sache besitzt, von der sie nur noch das Bewußtsein besitzen muß, um sie wirklich zu besitzen."[135]

Nelson kritisierte an den bisherigen Begründungen des Sozialismus, daß sie diesen nicht als rechtliche Forderung anerkannten, sondern allein das materielle Interesse des Proletariats - das Klasseninteresse - im Vordergrund stehe. Die sozialistische Theorie ließe sich auf der Ideologie des Idealismus nicht gründen. „So mußte [...] die Botschaft von der allein bewegenden Kraft der materiellen Interessen auf fruchtbaren Boden fallen, und der Aberglaube an die Allmacht der Philosophie konnte fast unbemerkt von dem Aberglauben an die Allmacht der Ökonomie abgelöst werden."[136] Weiter führte er aus, daß die ökonomische Notwendigkeit des Sozialismus nur eine aus dem Kopf erfundene Fabel sei. Er sah das Privateigentum an den Produktionsmitteln nicht als die Ursache der kapitalistischen Ausbeutung an. Die Beseitigung der Ungerechtigkeiten liege nicht in der Umwandlung der kapitalistischen in eine kollektivistische Wirtschaftsform. Nelson schloß sich aus diesen Gründen, wie dargestellt, der Wirtschaftstheorie Franz Oppenheimers an, der eine „sozialistische Marktwirtschaft, d.h. ausbeutungslose freie Konkurrenz, kurz: den liberalen Sozialismus"[137] entwickelt hatte.

„Ketzereien eines revolutionären Revisionisten" nannte Nelson eine Streitschrift im Untertitel. Revolutionär war er, weil er die kapitalistische Gesellschaftsordnung von Grund auf verändern wollte und sich daher für den Klassenkampf aussprach: „Der Klassenkampf ist gerechtfertigt als der Kampf um das

133 Karl Marx: Das Kapital, Bd. 1, in: Marx-Engels-Werke, Bd. 23, a.a.O., S. 15f.

134 Nelson: Fortschritte und Rückschritte, a.a.O., S. 495.

135 Ein Briefwechsel von 1843. Briefe von Marx an Ruge, in: Deutsch-Französische Jahrbücher, Hrsg.: Arnold Ruge, Karl Marx, Bd. 1 (1844), in: Marx-Engels-Werke, Bd. 1, a.a.O., S. 346.

136 Nelson: Die bessere Sicherheit, a.a.O., S. 579.

137 Leonard Nelson: Franz Oppenheimer. Der Arzt der Gesellschaft (1927), in: Gesammelte Schriften Bd. 9, S. 601.

Recht, und die Notwendigkeit des Klassenkampfes ist begründet durch die praktische Notwendigkeit des Rechts."[138] Revisionistisch war Nelson dadurch, daß er wie Eduard Bernstein gegen die deterministische Geschichtsphilosophie der marxistischen Theorie stritt und sie widerlegte: „Die Denkfessel, die den Klassenkampf an die Theorie des historischen Materialismus kettete, ist zerbrochen. Die Zwangsvorstellung, die links und rechts im sozialistischen Lager die Köpfe beherrscht und die auf der einen Seite jede Revision der Theorie zu einem Verrat am Sozialismus stempelt und auf der anderen Seite den Revisionismus wirklich in das Fahrwasser des Opportunismus getrieben hat, diese Zwangsvorstellung hat sich als Täuschung erwiesen. Damit eröffnet sich die Möglichkeit einer solchen Revision der Theorie, die uns aus den dogmatischen Fesseln befreit, ohne uns an den Opportunismus auszuliefern, kurz eine Theorie, die den Klassenkampf auf eine wirklich wissenschaftliche, von allen ökonomischen und dialektischen Spiegelfechtereien unabhängige Grundlage stellt. Man könnte sie die Theorie des revolutionären Revisionismus nennen" (S. 591). Der Klassenkampf, wie Nelson ihn verstand, war synonym mit seiner Forderung nach einer Gesellschaftsordnung, die nach den Prinzipien des von ihm entwickelten Rechtsgesetzes gestaltet war. Entgegen der marxistischen Theorie negierte er sowohl die Existenz eines Klasseninteresses[139], wie aber auch die ökonomische und dialektische Notwendigkeit des Klassenkampfes. Eine sozialistische Gesellschaft konnte für Nelson nur durch einen Klassenkampf initiiert werden, den er philosophisch-ethisch begründet hatte. Denn weder durch Appelle noch durch pädagogische Reformkonzepte könne die bestehende Gesellschaftsordnung grundlegend verändert werden. Es war Nelsons Überzeugung, daß nur und ausschließlich über einen Klassenkampf eine sozialistische Gesellschaft zu erreichen wäre. Sein „ethischer Realismus" ging davon aus, daß sich eine Macht organisieren ließe, die das Recht bzw. den Sozialismus durchsetze. Dieser Gesichtspunkt der Nelsonschen Sozialismustheorie ist von den Kritikern übersehen worden, wenn sie bei ihm einen ethischen Idealismus unterstellten, der auf die Macht der Idee allein vertraute.

Sein Sozialismuskonzept, in der Literatur gelegentlich auch als „freiheitlicher Sozialismus" bezeichnet (vgl. Freiheitlicher Sozialismus 1973; Henry-Hermann 1985, S. 211f.), beinhaltete, daß die sozialistische Theorie als regulative Idee für die Praxis gelten müsse. Wenn Sozialismus als Verwirklichung der Forderung des allgemeinen Wohlstandes in einer Gesellschaft verstanden werde, oder anders ausgedrückt, als soziale Gleichheit, bedürfe es dazu einer gestalterischen Sozialpolitik, da eine Kollektivierung des Privateigentums abgelehnt werde. Zur Sozialpolitik integrierte Nelson alle „zur Zwangsgesetzgebung gehörigen Maßnahmen, die die Verteilung des Eigentums in der Gesellschaft betreffen".[140] Sozia-

---

138 Nelson: Die bessere Sicherheit, a.a.O., S. 593.

139 Vgl. in der marxistischen Klassen- und Revolutionstheorie den Unterschied von »Klasse an sich« und »Klasse für sich«, letztere ist sich des Klasseninteresses ausdrücklich bewußt.

140 Nelson: Rechtslehre und Politik, a.a.O., S. 293.

lismus wäre nun nicht die Verwirklichung eines feststehenden Plans, sondern die schrittweise Realisierung von bestimmten Prinzipien, wobei immer die jeweiligen Mittel, die zu ihnen führen, ausgewählt werden müßten. Nelson forderte, man müsse, „um über den Wert einer vorgeschlagenen sozialpolitischen Methode zu urteilen, diese erst gegen die übrigen in Frage kommenden Methoden abwägen, daraufhin, welche von ihnen uns dem Ideal insgesamt am nächsten bringt" (S. 322).

Gerade in der Auseinandersetzung mit dem Kollektivismus arbeitete Nelson seine Zielvorstellungen eines „liberalen Sozialismus" heraus. Für ihn war der gewichtigste Einwand gegen den Kollektivismus das Interesse der Menschen an ihrer persönlichen Selbstbestimmung. Diese Idee des Liberalismus gelte es zu bewahren: „Dieses Ideal der persönlichen Selbstbestimmung bildet den unvergänglichen Wahrheitsgehalt des Liberalismus. Und wehe einem Sozialisten, der meint, dieses Ideal zum alten Plunder werfen zu können."[141] Der Fehler des Liberalismus liege nun nicht in dieser liberalen Idee, sondern in deren falscher Anwendung, in der Ablehnung jeglicher Intervention des Staates zum Schutz der Gleichheit in der Ausübung persönlicher Freiheit. Der Sozialismus müsse beides in eine geschlossene Theorie integrieren, sowohl den staatlichen Schutz vor jeglicher Ausbeutung, wie auch die Wahrung der dabei möglichen Freiheit der Selbstbestimmung.

Zu Nelsons Konzeption eines liberalen Sozialismus gehören weiterhin:

- ein differenziertes Konzept der Einschränkung des Eigentums,
- eine Gleichheit des Wohlstands durch Verteilungsgerechtigkeit, aktive Sozialpolitik und gerechte Steuerpolitik,
- eine gerechte Entlohnung der Arbeit,
- die gleichen Chancen aller zur persönlichen Bildung,
- eine Begrenzung und Überwindung aller wirtschaftlichen Monopole sowie
- eine Begrenzung des privatwirtschaftlichen Kapitalprofits (Meyer 1994, S. 312).

Nelsons ethische Sozialismusbegründung fand notwendigerweise den Widerspruch sowohl von zeitgenössischen als auch von heutigen Vertretern eines marxistischen Ansatzes, die an der ökonomischen Begründung des Sozialismus festhalten. Georg Lukács konzedierte dem Nelsonbund eine „anständige bürgerlich-revolutionäre Vergangenheit" (Lukács 1979, S. 55). Er hielt Nelson jedoch ein vollkommenes Verkennen der Grundlagen des Marxismus vor, das in der Kant-Friesschen Tradition seiner Philosophie liege. Nelson durchschaue die bürgerliche Rechtswissenschaft in vortrefflicher Weise. „Statt aber einen Schritt aus der bürgerlichen Rechtswissenschaft herauszutun, also die tatsächlichen Machtverhältnisse […] auf die ökonomische Struktur der Gesellschaft zurückzuführen, macht er einen Schritt rückwärts: er greift auf die alte revolutionäre Ideologie des Bürgertums, auf das Naturrecht zurück." Nelson fiel in dieser

---

141   Nelson: Oppenheimer, a.a.O., S. 600.

Bewertung von Lukács hinter den Stand der bürgerlichen Wissenschaften zurück, da er das Naturrecht erneuere. Dieses komme zu der Feststellung, daß Recht sei, was sich als positives Recht durchzusetzen vermag. Die Bewertung Nelsons war für Lukács eindeutig, seine Theorie sei kleinbürgerlicher Utopismus und bezogen auf den Internationalen Jugend-Bund: „[...] alles was sie denken, ist der reine bürgerliche Unsinn. Sie können an die revolutionären Traditionen ihres Ursprungs nur dann wirklich anknüpfen, wenn sie diesen ganzen Plunder von verstaubten Idealen weit von sich werfen; wenn sie einsehen lernen, daß die Arbeiterklasse keine Ideale zu verwirklichen hat."

Die dezidierteste Auseinandersetzung mit dem Konzept „ethischer Sozialismus" legte Leo Kofler in der 50er Jahren vor. Er kritisierte die Position des ethischen Sozialismus, da sie seiner Meinung nach deswegen nicht zu den wirklichen sozialistischen Systemen gehöre, weil ihr die ökonomische Theorie und das Bekenntnis zur klassenlosen Gesellschaft fehle (Kofler 1955, S. 82). Weiter sei kein vorbehaltloses Bekenntnis zur Begründung einer klassenlosen Gesellschaft auf der Grundlage der Aufhebung des Privateigentums an den Produktionsmitteln bei Nelson vorhanden. Kofler kommt zu dem Schluß: „Sein glitzernder, sehr unbestimmter sozialistischer Utopismus gibt ihm zwar den Schein echten sozialistischen Wollens, drängt ihn aber immer mehr in die Richtung des kleinbürgerlichen [...] Bourgeoissozialismus". Kofler verkürzt Nelsons Sozialismuskonzeption, wenn er feststellt, daß „deren wichtigstes Anliegen [...] die Abgrenzung gegen den Marxismus" sei (Kofler 1955a, S. 44). Auch die seiner Meinung nach „subjektivistische Ethik", aus der der Sozialismusbegriff abgeleitet sei, beruhe auf „Selbsttäuschung" und „begrifflichen Abstraktionen". Hintergrund der Kritik von Kofler ist die Ablehnung des Kantischen Erkenntnisbegriffes mit der Trennung der formalen Prinzipien der Ethik von dem konkreten gesellschaftlichen Sein. Werner Link schloß hier mit seiner Kritik an. Die Verbindung von Oppenheimers „sozial-liberaler Wirtschaftstheorie" mit Nelsons „idealistisch-aktivistischer Sozialismusvorstellung" hatten seiner Meinung nach die Einsicht in die innere Entwicklungsgesetzlichkeit des Kapitalismus unmöglich gemacht und zur Verkennung der marxistischen Wirtschafts- und Sozialismustheorie geführt (Link 1964, S. 65).

3.5 Kritik des Kommunismus und der UdSSR

Heinz Joachim Heydorn stellte fest, daß die Marxismusauffassung Nelson zwar noch entschiedener von den Bolschewisten als von der SPD trennte, er sich jedoch der welthistorischen Bedeutung der Oktoberrevolution und der Führungsqualität Lenins und Trockijs absolut bewußt war (Heydorn 1992, S. 21; vgl. auch: Vorholt 1995). Nelson bewunderte Lenins Radikalität und Tatkraft, lehnte jedoch die kommunistische Diktatur und den Kollektivismus ab. Die Nachfolger Lenins, so Nelson, sanken in den orthodoxen Dogmatismus einer materialistischen

Staatskirche ab (Eichler 1938, S. XXIII). Der Internationale Jugend-Bund (IJB) und später der Internationale Sozialistische Kampf-Bund (ISK) vertraten nicht nur wie die leninistischen Parteien eine Weltanschauung, sondern verlangten auch von ihren Mitgliedern eine bestimmte Lebensweise. Nelson ging, wie oben dargestellt, in seinem Sozialismusverständnis von einer Synonymie von Kommunismus und Kollektivismus aus. Dieser verletze das Ideal der persönlichen Selbstbestimmung. Nelson forderte zur Vermeidung der kapitalistischen Ausbeutung und der Ausbeutung durch die kollektivistische Bürokratie eine „sozialistische Marktwirtschaft", d.h. einen „liberalen Sozialismus".

Eine erste Beurteilung des „Bolschewismus" nahm die erste Organisationsrichtlinie des Internationalen Jugend-Bundes (IJB) von November 1918 vor. Der IJB stellte heraus, „wie weit wir mit der Konsequenz, die in dem bolschewistischen Programm liegt, einig sind. Die diktatorischen Formen der Regierung sind die einzig konsequente Methode, ein inhaltlich bestimmtes Programm durchzusetzen [...]. Ebenso sind wir einig mit ihnen darin, daß wir vorläufig nur von einer von der Arbeiterschaft getragenen Regierung Hilfe und Rettung erwarten können."[142] Diese Nähe zum Bolschewismus - dieser Begriff wurde nur in der Gründungsphase des Jugend-Bundes verwandt - resultierte aus der Ablehnung der Staatsform der Demokratie und dessen Strukturprinzips, des Mehrheitsentscheids. Die Durchsetzung einer politischen Idee durch eine kleine Gruppe ausgewählter Berufsrevolutionäre in der Form einer Diktatur des Proletariats mußte für den IJB näher sein als das parlamentarische Ringen um Kompromisse. Der IJB setzte seine „Hoffnungen auf den internationalen Sozialismus [...]. Wir müssen den Bolschewisten helfen, auch in den Ententeländern die Regierungen zu revolutionieren und den Imperialismus abzuschütteln, damit der dem deutschen Volke drohende Gewaltfriede [...] abgewandt wird." Allerdings grenzte der Bund sich auch ab: „Um uns von den Bolschewisten abzuheben, und um nicht den Schein zu erwecken, als wollten wir einen blutigen Umsturz, müssen wir an ihrem Vorgehen kritisieren, daß sie zu schnell und zu gewalttätig die alten Organisationsformen zerbrochen haben, ohne schon eine neue Organisation hinreichend vorbereitet zu haben [...]. Was unsere Ablehnung ihres Kommunismus betrifft, so tun wir am besten, uns auf ihr eigenes Vorgehen zu berufen und die eigenen Fehler herauszustellen." Man wollte so vermeiden, daß der IJB in der Revolutionszeit als umstürzlerische Organisation angesehen wurde.

In der ersten größeren Selbstdarstellung des Internationalen Jugendbundes (Der Völkerbund der Jugend 1920) wurde dann auch entsprechend argumentiert. Hans Mühlestein verwies in einem ursprünglich 1919 verfaßten Beitrag darauf, daß der IJB den beiden Hauptrichtungen des Sozialismus neutral gegenüberstehe. Das Problem der russischen Bolschewisten sei, daß sie „die demokratischen Formen sprengten und damit der Herrschaft des Zufalls den Krieg erklärten. Ihre

---

142 Richtlinie für unsere aktuelle politische Wirksamkeit vom 11.11.1918, in: Archiv der sozialen Demokratie, IJB-ISK Bestand, Mappe 1, S. 3f., auch in: Bundesarchiv Potsdam, Nachlaß Nelson, Mappe 225.

Tragik ist aber die, daß sie zu schnell alle bestehenden Formen der Ordnung zerbrachen, ehe sie eine neue, haltbare Form des Staatslebens an die Stelle zu setzen vermochten." So leisteten sie dem Zerfall Vorschub und das entstandene Chaos, so Mühlestein, sei nur „mit blutiger Gewalttat in eine notdürftige äußere Ordnung durch Schrecken" zu reparieren gewesen. Mühlestein sah weiterhin die Gefahr, daß die Bolschewisten, bedingt durch eine falsche Theorie, jede ökonomische, aber auch geistige Produktivität gefährden. Durch die „allzu primitive Lehre des doktrinären Kommunismus, von der quantitativen Gleichheit der Beteiligung jedes Einzelnen am Güterbesitz" werde keine Rücksicht auf die verschiedenen Bedürfnisse, vor allem auf die verschiedene Bildungsfähigkeit des Menschen genommen (Mühlestein 1920b, S. 41).

Die Abgrenzung gegenüber dem Kommunismus wurde in dem 1918 vorgelegten „Entwurf eines Programms der Partei der Vernunft" näher erläutert.[143] Nelson kritisierte hier die, seiner Meinung nach, falsche Auffassung der Kommunisten von der „Gleichheit der Menschen". Ebenso führe die von dem „marxistischen Kommunismus" geschaffene marktfreie Wirtschaft nicht zum Ziel, da sie das Wirtschaftssystem selbst schädige.

In den Schriften Nelsons gibt es einige Hinweise auf seine Beurteilung der UdSSR und Lenins. Nelson sprach in einem Vortrag im April 1920[144] von der „politischen Größe Lenins" und bescheinigte ihm an anderer Stelle eine „Reinheit der Gesinnung".[145] Vorteile einer kommunistischen Gesellschaftsordnung sah Nelson nicht. Es würden zwar die im Kapitalismus bestehenden Ungerechtigkeiten aufgehoben, dies aber zu dem Preis der „ungleichen Abhängigkeit der einzelnen von der Willkür der Staatsbeamten". Die neue Abhängigkeit sei um so bedrückender, als sie unmittelbar mit dem Anspruch einer rechtlichen Institution auftrete. Aus dieser Abhängigkeit von dem Urteil eines Staatsbeamten könne, da man es noch nicht mit idealen Menschen zu tun habe, eine „weitverzweigte Günstlingswirtschaft" entstehen. Nelson kam zu dem Schluß, „daß eine kommunistische Wirtschaftsordnung die persönliche Gleichheit in der Verteilung des Eigentums keineswegs verbürgt und daß sie um so sicherer in eine Despotie [...] ausarten muß, je mehr sie durch das Streben nach demokratischen Garantien dieser Gefahr zu begegnen scheint".[146]

Nach dem Ausschluß des Internationalen Jugend-Bundes aus der SPD im November 1925 sollte sich der Bund in einem gewissen Maße der KPD annähern. Damit wurden Kontakte wieder geknüpft, die 1922 geendet hatten. Nach einer Aussage von Minna Specht hat der IJB sich selbst aus dem Kommunistischen Jugendverband Deutschlands (KJVD) wegen der Putschtaktik der KPD

---

143 Entwurf eines Programms der Partei der Vernunft, vom 19. November 1918, in: Bundesarchiv Potsdam, Nachlaß Nelson, Mappe 224, Bl. 1-5.

144 Nelson: Erziehung zum Führer, a.a.O., S. 517.

145 Vortrag vor dem Freibund in Berlin am 7. 11. 1921, veröffentlicht als: Führererziehung als Weg zur Vernunftpolitik (1921), in: Gesammelte Schriften Bd. 8, S. 535.

146 Nelson: Rechtslehre und Politik, a.a.O., S. 352.

zurückgezogen.[147] Nelson formulierte in mehreren Reden die neue politische Richtung. Bereits am 6. Januar 1926 forderte er in einer öffentlichen Versammlung in Kassel, die Wahrheit auszusprechen, „was in dem großen sozialistischen Nachbarreich vor sich geht. Wer Interesse hat, die Wahrheit zu erfahren, der ist als Kommunist gestempelt. Kautsky geht so weit, den Kreuzzug gegen das kommunistische Rußland zu predigen [...]."[148] Bei Nelson sind immer wieder Rückgriffe auf Lenin zu finden. Dessen Ansicht, daß nur Berufsrevolutionäre in der Lage seien, eine Revolution durchzuführen, hatte ihn überzeugt. Nelson verwies auf eine von Lenin in Paris gegründete Schule zur Ausbildung von Berufsrevolutionären. „Die dort von ihm ausgebildeten Genossen," so Nelson, „waren es, mit deren Hilfe er die Revolution später durchführte und die zum großen Teil noch heute in der vordersten Reihe der Kommunistischen Partei Rußlands den Kampf führen."[149] Willi Eichler sprach auf derselben Veranstaltung nach einem Bericht der hessischen KPD über Gewerkschaftsfragen. Man müsse heute, so Eichler, nicht mit den christlichen Gewerkschaften Verbindungen suchen, „sondern jetzt käme alles darauf an, die Einheit mit den russischen Gewerkschaften herzustellen".[150] In einem Gespräch mit der KPD-Bezirksleitung wurde eine Veranstaltung der KPD zum Thema „Sozialdemokratie und Nelson" vereinbart.[151]

1925 hatte Nelsons engste Mitarbeiterin Minna Specht Gelegenheit die UdSSR kennenzulernen. Über die Reise Spechts existiert ein Bericht, anhand dessen sich der Verlauf und die Ergebnisse rekonstruieren lassen. An der pädagogischen Studienreise im August und September 1925 nahmen von seiten des IJB Specht und Fritz Schmidt, Rektor einer weltlichen Schule in Berlin-Wedding, sowie 14 andere deutsche Teilnehmer teil. Die Reise führte über Leningrad nach Moskau, weiter nach Rostov, Tiflis, Baku, zur deutschen Wolgarepublik und nach Stalingrad. In Moskau wurde die Gruppe von Lunacarskij, dem Kommissar für

---

147 Vgl. Brief von Minna Specht vom 20. März 1925, in: Archiv der sozialen Demokratie, IJB-ISK Bestand, Mappe 1.

148 Leonard Nelson: Das zerschnittene Tischtuch. Rede vor der Kasseler Arbeiterschaft am 6. Januar 1926, in: Bundesarchiv Potsdam, Nachlaß Nelson, Mappe 345, Bl. 3.

149 Leonard Nelson: Lebensnähe. Aus einer Rede vor der Kasseler Arbeiterschaft, in: „ISK", H. 3 und H. 5, 1926. Auch in: Gesammelte Schriften Bd. 9, S. 361f. - Die Schrift „Lebensnähe" ist ein veröffentlichter Auszug aus der Kasseler Rede. - Auffallend ist, daß sowohl Nelsons Rede, in der er sich mit der Sowjetunion auseinandersetzte, wie auch sein Bericht über die Moskaureise 1927 damals nicht öffentlich gemacht wurden. Vgl. auch Vorholt 1995.

150 Bezirkssekretariat der KPD-Hessen Waldeck: Bericht von der Nelsonbewegung in Kassel vom 12.1.1926, in: Stiftung Archiv Parteien und Massenorganisationen im Bundesarchiv Potsdam, Bestand Zentrales Parteiarchiv, Bestand Kommunistische Partei Deutschlands, Bezirk Hessen-Waldeck, Bestand: I-3-22-17, Bl. 6.

151 Brief von Hellmut von Rauschenplat (d.i. Fritz Eberhard) an Willi Eichler vom 14.1.1926, in: Bundesarchiv Potsdam, Nachlaß Nelson, Mappe 22. - Referieren sollte der China-experte der KPD Karl August Wittfogel, ob es zu der Veranstaltung gekommen ist, erscheint fraglich.

Volksbildung, empfangen. Dort kritisierte Specht die theoretischen Begründungen der neuen sowjetischen Schulen. In dem Bericht wird sie wörtlich zitiert: „Es fällt mir sehr schwer, alles das auszusprechen, was ich empfinde, da ich mich unter dem gewaltigen Eindruck jener befreienden Schularbeit befinde, die wir in Moskau kennenlernen konnten. Vielleicht kann ich nicht den Anspruch erheben, hier im Namen der ganzen Delegation zu sprechen, aber mir scheint, daß das, was ich denke, auch die Meinung aller meiner Genossen ist. Ich meine die Zweifel, die ihre theoretischen Begründungen für die Arbeit in der Schule bei uns hervorriefen. Andererseits müssen angesichts der gewaltigen praktischen Errungenschaften, die wir in der sowjetischen Schule sahen, jegliche theoretische Dispute in den Hintergrund treten. Wir müssen anerkennen, daß alles das, was wir bei Ihnen gesehen haben, die Notwendigkeit der Einbeziehung der Lehrerschaft in den politischen Kampf zeigt. Man müßte wenigstens für kurze Zeit die Volksschullehrer Deutschlands in die UdSSR schicken, damit sie sich von der Notwendigkeit jener engen politischen Zusammenarbeit mit der Arbeiterklasse überzeugen könnten, die wir hier feststellen!" (Leithold, 1975, S. 220). Lunacarskij hatte Minna Specht noch zu einem persönlichen Gespräch gebeten, dort konnte sie eine Einladung Nelsons in die UdSSR erreichen.[152]

In einer Biographie über Minna Specht wird das Resümee gezogen, daß Specht im Bildungssystem der Sowjetunion alles das vorfand, was sie sich für ihre eigene pädagogische Arbeit wünschte. Ihre Kritik richtete sich an die theoretische Fundierung des Erziehungswesens, die aber vor allem ein politischer Vorbehalt gegen den historischen Materialismus war (Hansen-Schaberg 1991, S. 292). In der Bewertung des Bildungssystems der UdSSR hob Minna Specht hervor, daß „die Arbeit des Schülers in Rußland nicht Selbstzweck, sondern Arbeit im Dienst des gesellschaftlichen Lebens sei.[153] Sie hatte die Hoffnung, daß in dem Bildungssystem die Zukunft Rußlands liegen würde. Auch Fritz Schmidt zog eine positive Bilanz des Bildungs- und Ausbildungssystems.[154]

Als Resümee ihres Aufenthaltes in der UdSSR hielt Minna Specht fest: „Nach welchen Grundsätzen wird Rußland regiert? Mit welchen Opfern wurde und wird deren Durchführung erkauft? Wer sind diejenigen, die den Hauptgewinn aus jener neuen Ordnung davontragen, und sind die Umstände, die einen solchen Umsturz in Rußland möglich machten, auch in Westeuropa vorhanden? Die eine Tatsache betrifft die uneingeschränkte Herrschaft strengen historischen Materialismus' im öffentlichen geistigen Leben Rußlands. Diese Lehre beherrschte die Köpfe der kommunistischen Arbeiter: das ist nicht weiter erstaunlich. Aber sie beherrscht auch die Schulen und Universitäten. Die zweite Tatsache betrifft das Verhalten des russischen Volkes selbst, den Einfluß, den die gewaltsame äußere

---

152 Leonard Nelson: Bericht über die Rußlandreise 1927 vom 17.7.1927.

153 Minna Specht: Das Kind in Sowjetrußland, in: „Sozialistischer Erzieher", H. 11, 1925, S. 150.

154 Fritz Schmidt: Jugendschutz in Fabriken, in: ebenda. S. 171-177.

Umwälzung auf die Masse des Volkes ausgeübt hat [...], daß hier ein Volk in Erregung und Bewegung geraten ist; der spürt einen so mächtigen Strom quellenden Lebens, daß es ihm wie Frühlingsbrausen in den Ohren klingt. Wenn man sich an diese beiden Tatsachen hält, an die Diktate des orthodoxen Marxismus und die Wucht inneren Erlebens im russischen Volk, was sagen sie uns? Jede Tatsache für sich ist von der größten Bedeutsamkeit, bei ihrem Zusammentreffen aber enthüllt sich plötzlich die Weite der russischen Zukunft. [...] Die ungeheure Einförmigkeit der russischen Manifeste, der Tagespresse, der offiziellen Feiern, eine Einförmigkeit, die bis in die Ausschmückung der öffentlichen Gebäude hineinwirkt, [...] drängt sich so unabweisbar auf, daß das zersetzte, vielsprachige Europa dafür nur die Deutung hat: »Diktatur« oder »Religion«. Die Bolschewisten glauben an eine Lehre, sie handeln in ihrem Namen, sie dulden keine andere. Damit unterwerfen sie ihre Lehre einer ernsthaften und eindringlichen Probe: der Probe der Anwendbarkeit. Innerhalb des bolschewistischen Systems besteht ein ähnlicher Wettlauf. Wird die amtlich anerkannte Weltansicht des historischen Materialismus zur Kirchenlehre, ehe das Volk mündig ist, oder wird das Volk jener Erstarrung zuvorkommen, und dadurch das Befreiungswerk seiner großen Lehrer vollenden? An uns ist es daher, mit allem Mut, der aus innerer Solidarität erwächst, vorteilslos die geistige Rüstkammer zu prüfen, aus der die Waffen zur Verteidigung und Erweiterung der revolutionären Errungenschaften kommen sollen. Das ist der Dienst, den wir heute schon leisten können, wenn uns ernst damit ist, etwas von dem zurückzuzahlen, was Sowjetrußland an Taten und Opfern für die Welt des Sozialismus eingesetzt hat.“[155]

1926 beschäftigte sich Nelson in einer Schrift auch mit der Kommunistischen Partei der Sowjetunion. „Die Hoffnung der wenigen, die wirklich den Sozialismus wollen, richtet sich heute auf die Bolschewisten. Mit gutem Grund; denn dort sind Menschen am Werk, die durch Taten beweisen, daß sie das Geheimnis der Politik verstehen; Menschen, die wissen, was sie wollen, und die deshalb, in der Praxis wenigstens, mehr und mehr die Abkehr von der Demokratie vollzogen haben.“ Doch diese Hoffnung wurde gleich mit einer kritischen Bewertung verbunden, warum „die Bolschewisten sich nicht dazu aufraffen können, endlich auch der demokratischen Theorie den Abschied zu geben. Nach wie vor muß jede ihrer Maßnahmen wenigstens in der Partei selbst demokratisch verbrämt werden.“[156] Nelson setzte sich kritisch mit Formen von Parteidemokratie auseinander, wie sie durchaus verschieden von Stalin bzw. Bucharin vertreten wurden. „Man sollte meinen, daß man es sich in der Kommunistischen Partei nach fast zehn Jahren Bestehens der neu errichteten Macht endlich leisten könnte, das demokratische Aushängeschild, dessen Gebrauch als ein taktisches Manöver zur Beschwichtigung bürgerlicher Seelen zunächst noch hingehen mochte, beiseite zu

---

155 Minna Specht: Sowjet-Rußland, in: „ISK“, H. 1, 1926, S. 11f., und H. 2, 1926, S. 18f. - Zitate: S. 18f.

156 Nelson: Demokratie und Führerschaft. Anhang 3, a.a.O., S. 547.

legen und sich ohne schamhaftes Erröten zum Sozialismus zu bekennen. Aber nein, auch hier triumphiert am Ende der Sozialdemokratismus. Denn es ist leider nicht so leicht, die Geister, die man rief, wieder los zu werden. Der Fetisch, den man zu Hilfe ruft, in der Absicht, nach getanen Diensten sich seiner wieder zu entledigen, ist inzwischen zu einem wirklichen Gott geworden, der das seinem Schutz anvertraute Kleinod verschlingt: Die Demokratie verschlingt den Sozialismus. [...] Wie weit von hier, und das Wort 'Sozialismus' erscheint auch in Rußland nur noch auf dem Index der GPU."[157] Nelsons Denkfehler liegt darin begründet, daß er sein Verständnis von Demokratie mit jener Form des „demokratischen Zentralismus" vergleicht, wobei beide Seiten unter „demokratisch" etwas ganz anderes verstehen. Daher ist der Vorwurf des „Sozialdemokratismus" nicht treffend, zumal in der Geschichte der Arbeiterbewegung auch zu Nelsons Zeit mit diesem Begriff eine ganz andere Auseinandersetzung geführt wurde.

Seine Kritik an den Grundlagen der Sowjetunion faßte Nelson in der Ende 1926 erschienenen Schrift „Die bessere Sicherheit" zusammen, in der er den historischen Materialismus verwarf.[158] Er entwickelte hier die bereits erwähnte „Theorie eines revolutionären Revisionismus". Nelson stellte nochmals seine Begründung des Sozialismus als „rechtliche Notwendigkeit" dar. Er widersprach damit jeder Theorie einer „ökonomischen Notwendigkeit" des Sozialismus und führte als Beispiel an, daß der nach Zinov'ev für den Oktober 1923 „mit unabwendbarer Notwendigkeit fällige Ausbruch der deutschen Revolution" (S. 583) eben nicht eingetreten sei. Auch die dialektische Notwendigkeit verwarf Nelson. Als Hauptunterschied zur materialistischen Theorie hielt er fest, daß die Verwirklichung des Sozialismus ohne „das Walten einer höheren Macht", alleine durch das Handeln der Menschen geschehe (S. 590). Trotz der theoretischen Kritik an der UdSSR sollte der ISK nach dem Wunsch der Parteileitung Feiern zum Jahrestag der Oktoberrevolution gemeinsam mit der KPD veranstalten.[159]

Wirtschaftspolitisch lehnte Nelson sowohl die Form der kapitalistischen Ausbeutung wie auch der Ausbeutung durch die kollektivistische Bürokratie des Kommunismus, die er für unvermeidbar hielt, ab. Allein Oppenheimers Lehre von der sozialistischen Marktwirtschaft akzeptierte er. Der Kollektivismus in der UdSSR ziehe einen „kostspieligen und umständlichen bürokratischen Apparat" nach, ein Anreiz zur Verbesserung der Produktionsabläufe fehle und es werde eine künstliche Arbeitsmotivation in Form von Prämien notwendig, so daß „durch die Hintertür das Akkord- und Prämiensystem der kapitalistischen Wirtschaft wieder eingeführt" werde.[160] Der Kollektivismus, so Nelson, verletzte das Inter-

---

157 Ebenda, S. 551f. GPU: Gosudarstvennoe Politiceskoe Upravlenie (Staatliche Politische Verwaltung des Innenkommissariats)

158 Nelson: Die bessere Sicherheit, a.a.O., S. 575f.

159 Brief an die Ortsvereinsvorsitzenden vom 9.4.1927, in: Archiv der sozialen Demokratie, IJB-ISK Bestand, Mappe 11.

160 Nelson: Oppenheimer, a.a.O., S. 598f.

esse der Menschen an ihrer persönlichen Selbstbestimmung. Nelson ging bei seiner Kritik der kollektiven Wirtschaftsproduktion davon aus, daß die Arbeitsmotivation entscheidend von der Partizipation an dem Gewinn des Produzierten abhing. Da dieser aber vergesellschaftet war und somit dem einzelnen, wenn überhaupt, nur mittelbar wieder zu Verfügung stehe, entfiele jede Motivation für eine vermehrte Anstrengung des einzelnen Arbeiters. Nelson sprach sich eindeutig für die Existenz von Privatbesitz aus. In der Rechtslehre formulierte er, daß eine bestimmte Verteilung des Besitzes anzuerkennen sei.[161]

1927 hatte Nelson Gelegenheit die UdSSR kennenzulernen. Minna Specht hatte zwei Jahre vorher bei ihrem Besuch mit einer internationalen Lehrerdelegation in Moskau das Interesse von Anatolij Lunacarskij, dem damaligen Kommissar für Volksbildung, an der Arbeit Nelsons geweckt.[162] Nelson hatte schon in der Vergangenheit versucht, in Kontakt mit den Vertretern „Sowjetrußlands" zu treten. Versuche über den Geschäftsträger, den späteren Botschafter, der UdSSR in Berlin, scheiterten. Im April 1927 erhielt Nelson eine persönliche Einladung von Lunacarskij.

Zur Vorbereitung der Reise von Nelson und Specht in die Sowjetunion veröffentlichte der ISK eine Broschüre mit Aufsätzen, die ins Russische übersetzt waren und an 60 führende sowjetische Funktionäre geschickt wurden. Im Vorwort hieß es: „Die Hoffnung, daß, gestützt auf das Bollwerk Sowjetrußland, der Sozialismus seinen Siegeszug über die Erde wird antreten können. Die Sorge, daß der große Versuch, den die entschlossensten Vorkämpfer des Sozialismus unternommen haben, scheitert und dadurch das Vertrauen zur Sache des Sozialismus auch bei allen anderen Völkern lähmt. Wir wollen mit diesem Heft versuchen, ein wenig von dem zurückzuzahlen, was Sowjetrußland an Taten und Opfern für die Welt des Sozialismus getan hat. Wir wollen Euch, russische Genossen, dienen mit unserer Kritik."[163]

Ziel der Reise sollte auch die Überprüfung der Frage sein, ob „eine Annäherung an die Kommunistische Partei ratsam sei."[164] Nach dem Ausschluß aus der SPD war der ISK auf der Suche nach einem neuen, veränderten politischen Standort. „Es waren zwei Ziele, die wir versuchen mußten zu erreichen. Das eine Ziel war [...], zu einer Aussprache über die grundsätzlichen und programmatischen Fragen zu kommen, hinsichtlich derer zwischen uns und den kommunisti-

---

161 Nelson: Rechtslehre und Politik, a.a.O., S. 80.

162 Über die UdSSR-Reise existieren mehrere Quellen: Minna Specht: Tagebuch über die Rußlandreise 1927, in: Bundesarchiv Potsdam, Nachlaß Nelson, Mappe 51. Nelson: Bericht über die Rußlandreise, a.a.O. Ein Teil des Berichts ist auch veröffentlicht in: Willi Eichler/Martin Hart: Leonard Nelson. Ein Bild seines Lebens und Wirkens, Paris 1938, S. 375-401. Berichte Nelsons in: Aussprache der Ortsvereinsvorsitzenden des ISK am 6. und 7.6.1927, in: Archiv der sozialen Demokratie, IJB-ISK Bestand, Mappe 5.

163 Sowjet-Rußland. Unsere Hoffnungen und unsere Sorgen. Übersetzung von Aufsätzen aus der Zeitschrift „ISK", in: Bundesarchiv Potsdam, Nachlaß Nelson, Mappe 21, Bl. 99.

164 Nelson: Bericht über die Rußlandreise, a.a.O., S. 4. Weitere Zitatangaben direkt im Text.

schen Genossen Meinungsverschiedenheiten bestehen. Das andere Ziel war, für unsere praktische pädagogische Arbeit, wie wir sie in unserer Schule treiben, Verständnis zu wecken und, wenn möglich, Interesse dafür, einen ähnlichen Versuch in Sowjetrußland in die Wege zu leiten" (S. 12). Weitere Interessen von Nelson und Specht waren die Sun Yat Sen-Universität in Moskau, insbesondere der russische Einfluß auf die chinesische Revolution - Nelson wollte hier Informationen für die chinesischen ISK-Mitglieder gewinnen, die nach ihrem Studium in Göttingen wieder zurückgekehrt waren - und das wissenschaftliche Werk des russischen Hilbert-Schülers Michael Kovalevskij. Dieser hatte auch an Tagungen der „Fries-Gesellschaft" teilgenommen, ein umfangreiches Manuskript von Kovalevskij über Probleme der Philosophie Fries gilt seit seinem Tod als verschollen.

Nelsons Moskauaufenthalt begann am 21. April 1927 und dauerte etwa fünf Wochen. Ein erstes wichtiges Gespräch kam am 27. April 1927 mit Nadezda Krupskaja, der Frau Lenins, zustande. Es verlief für Nelson und Specht sehr unbefriedigend. Minna Specht notierte sich, daß Nelson Krupskaja deutlich zu verstehen gab, daß er sich nicht in die aktuellen politischen Fragen einzumischen gedenke. „Wir sprachen davon, daß wir gern eine Art Arbeitsgemeinschaft zustande brächten. Nelson meinte, daß wir als Außenstehende uns nicht in die augenblickspolitischen Fragen einmischen wollten, aber am Ende auf die tiefer liegenden Ursachen der immer wieder auftauchenden Konflikte zu sprechen kommen würden. Sie meinte, die Konflikte ruhten. Auch müßte man ja irrsinnig sein, wenn man die eigene Ansicht über die Parteidisziplin setzte." Das Gespräch endete mit einer Kontroverse. Angesprochen auf die dogmatische Berufung von Zitaten Lenins, meinte sie, daß es sich hier nicht um Dogmatismus oder Autoritätssucht, sondern um Erfahrungen Lenins handele. Minna Specht hielt fest: „Die unfehlbare Theorie! [...] Wir gingen dann - ich ziemlich deprimiert. Diese Art von Empfängen führte zu nichts."[165]

Ein offenes, kritisches Gespräch schien Nelson nur einmal mit Lunacarskij geführt zu haben. Nach Spechts Tagebuch wurden politische, pädagogische und ökonomische Fragen von Nelson und Lunacarskij angesprochen. In pädagogischen Fragen, so der Bericht, herrschte weitgehend die gleiche Beurteilung vor. Lunacarskij sagte zu, die Walkemühle nach seinem Besuch in Frankreich zu besuchen. Zu diesem Besuch ist es allerdings nie gekommen. Versuche von Lunacarskij, Kontakte zu Trockij und Bucharin zu vermitteln, scheiterten an deren Weigerung, Nelson zu treffen. Specht gelangte zwar in das Vorzimmer von Trockij und konnte einen Brief Nelsons überreichen, doch war der innenpolitische Machtkampf im Gange. Trockij hatte nach seinem Ausschluß aus dem Politbüro der Kommunistischen Partei wichtigeres zu tun, als ausgerechnet die Kritik Nelsons an der UdSSR zur Kenntnis zu nehmen. Nelson schrieb an Trockij, daß er eine grundsätzliche Aussprache in Gang bringen wolle. „Nachdem ich mit eigenen Augen manches gesehen habe, erscheint mir die Dringlichkeit einer

---

165   Specht: Tagebuch über die Rußlandreise 1927, a.a.O., Bl. 4.

solchen Aussprache noch viel dringender als zuvor. Als mich in diesen Tagen jemand fragte, was ich denn eigentlich in Rußland suchte, da ich für keinerlei Sehenswürdigkeiten Interesse zeigte, habe ich geantwortet: Ich suche einen Menschen, der keine Angst hat! Ich suche einen Revolutionär! Habt ihr noch einen solchen in ganz Rußland, so zeigt ihn mir. Zu ihm will ich gehen. Genosse Trockij, sind sie dieser Mensch? Ich habe es geglaubt, und ich glaube es noch."[166] Zu einer weiteren Kontaktaufnahme mit wichtigen sowjetischen Politikern kam es nicht, ein Grund neben der Unwichtigkeit von Nelson mag die Tagung des Sowjetkongresses und anschließend des Exekutivkomitees der Kommunistischen Internationale gewesen sein.

Nelson bemerkte, daß sein in Versammlungen und Begrüßungsansprachen geäußerter Wunsch nach Aussprache nicht übersetzt wurde. Er stellte verbittert fest, daß in Moskau eine noch strengere Zensur als unter dem Zarismus herrschte. Zeitungen irgendeiner anderen als der offiziellen Parteirichtung waren verboten; Pressefreiheit und Versammlungsfreiheit gab es nicht.

Auf den Fahrten und Spaziergängen durch Moskau blieben Nelson auch die sozialen Probleme nicht verborgen. Er sah die große Armut der Bevölkerung. „Dann fällt einem die große Armut der Bevölkerung auf, die, wie ich glaube, weit das übertrifft, was wir in den schwersten Zeiten des Krieges erlebt haben. Es mutet fatal an, in einem sozialistischen Staat - einem proletarischen, revolutionären Staat - so viele in Fetzen gekleidete Bettler zu treffen. Trotz aller dieser offenkundigen Übel habe ich an keiner Stelle in Rußland so etwas wie Unzufriedenheit, Mißvergnügen, Verstimmtheit oder Verärgerung gefunden. Als wesentliche Ergänzung zu der Feststellung der großen Armut, die dort herrscht, muß hervorgehoben werden, daß, abgesehen von den Bettlern, von denen ich gesprochen habe, die Menschen wenigstens alle gleich arm sind."[167] Nelsons Eindruck von der aktuellen Politik in der UdSSR war negativ: „Und so erklärt sich die Atmosphäre, die man in Moskau überall antrifft, wohin man kommt, sieht, hört: eine Atmosphäre des Mißtrauens, der Angst. Dieser Stacheldrahtpolitik entspricht nach außen hin eine Schließung der Grenzen" (S. 63). Weiter heißt es: „Und im Staat, da überlegen und überkreuzen sich die Kompetenzen in einer unübersehbaren Fülle von Organisationen und Instanzen. Da haben wir die Organe der Kommunistischen Partei, die Gewerkschaften, die eigentlichen Staatsorgane, die Unionsorgane. Das Ergebnis meiner Prüfung, wer in Rußland eigentlich regiere, kann ich dahin zusammenfassen, daß Rußland von der Angst beherrscht wird und von niemandem anders. Vielleicht sagt man noch besser: von dem Gleichgewicht der Ängste, das aus dem Zusammenspiel von Mißtrauen und Eifersucht all dieser rivalisierenden Gruppen entsteht. Die einzigen Organisationen, die von dieser Schilderung ausgenommen werden müssen,

---

166   Brief Nelsons an Trockij vom 19.5.1927, in: Archiv der sozialen Demokratie, IJB-ISK Bestand, Mappe 39. - Es muß angemerkt werden, daß es sich hier um einen mehrfach korrigierten Briefentwurf handelt, wie letztlich das Original war, bleibt offen.
167   Nelson: Bericht über die Rußlandreise, a.a.O., S. 24. Weitere Zitatangaben direkt im Text.

sind die Rote Armee und die GPU" (S. 88f.). In bezug auf die Auseinandersetzung innerhalb der Kommunistischen Partei stand Nelson eher auf Seiten der Mehrheitsmeinung als auf der der Opposition. Er begründete dies mit der Richtigkeit der Einschätzung der Kulakenfrage, der chinesischen Revolution und der Ablehnung der Einführung der Parteidemokratie (S. 17). Dennoch war Nelson der Ansicht, daß Trockij „der Fähigste war, den sie nach Lenins Tod" hatten, auch wenn er noch so viele Fehler gemacht habe (S. 86).

Minna Specht schrieb noch aus Moskau ein Resümee an Willi Eichler. Da sie eine Postkarte benutzte, war es sehr offen formuliert: „Wir haben, so viel wir erreichen konnten, erreicht. Wir verstehen die Verhältnisse viel besser. Nelson hat Lunacarskij gesprochen in dem Sinn, wie er es wollte. [...] Einige von denen, die er besonders gern gesprochen hätte, erreichten wir nicht. Da wollen wir lieber an unsere Arbeit zurückkehren."[168]

Nelsons Resümee der Moskaureise war zwiespältig. Positiv notierte er einige wenige Reformmodelle des sowjetischen Bildungswesens, die ihn an die Walkemühle erinnerten. Seine gesamten Versuche, zu einer kritischen Auseinandersetzung mit führenden Politikern zu gelangen, scheiterten. So war der Erfolg dieser Reise auch ein negativer: Eine beabsichtigte Annäherung des ISK an die KPD konnte nach diesen Erfahrungen nicht mehr ernsthaft realisiert werden: „Das war ein trauriger Abschluß, und wir nahmen in jedem Sinn von dem toten Lenin Abschied. Aber es war andererseits auch wirklich nur Trauer; vielleicht könnte man dieses Gefühl Wehmut nennen. Gerade unter dem Eindruck dieser toten Persönlichkeit, die man leibhaftig vor sich sieht, kann man nicht kaltherzig diesen Mann im Stich lassen und ihm einfach den Rücken kehren. Auf der anderen Seite aber: Wenn man auch noch so schlecht denkt über das, was die Erben mit seinem Werk machen, so muß man sich doch immer gegenwärtig halten, wie viel dazu die grundsätzlichen Fehler getan haben, die Lenin begangen hat. Es ist oft die Verehrung für diesen Mann, die nicht auf blindem Glauben, sondern auf guten Gründen ruht, die seine Nachfolger veranlaßt, sein Werk auf ein totes Gleis zu schieben. Denn es ist ja Lenin selber, der diese Staatskirche gegründet hat. Und nun das Ergebnis unserer Reise, soweit es uns angeht. Was ich über Rußland sagte, geht uns natürlich an, wir haben daraus zu lernen. War die ISK-Gründung richtig? War es richtig, die Spaltung im Proletariat noch zu vermehren, noch eine neue Partei zu gründen? Und da sage ich nach diesen Erfahrungen mit größerer Bestimmtheit, größerer Festigkeit und Sicherheit des Urteils nicht nur: es war richtig, sondern: es war unumgänglich notwendig, es war das einzige, was vernünftiger Weise geschehen sollte. [...] Und da liegt das, was wir wirklich von den Kommunisten lernen können und lernen sollen, denen es gelungen ist, die Revolution trotz des fürchterlichen Drucks des Zarismus durchzuführen zum siegreichen Ende, ganz gleich, was sie daraus gemacht haben. Dann ist das eine

---

168 Minna Specht an Willi Eichler vom 17.5.1927, in: Archiv der sozialen Demokratie, Nachlaß Nelson, Mappe 38.

Lehre für uns, und es wäre mehr als lächerlich, auch nur einen Augenblick den Gedanken zu erwägen, daß es nicht möglich sein sollte, was diese Menschen tatsächlich unter den viel schwereren Umständen zustande gebracht haben" (S. 109f.). Die negativen Erfahrungen, die Nelson machen mußte, wurden in einem moralischen Appell ausgedrückt: Man könne lernen, daß eine kleine Gruppe in der Lage sei, ihren politischen Willen durchsetzen, wenn sie über bestimmte Organisationsprinzipien verfüge.

Noch deutlicher formulierte Nelson seine Kritik an der UdSSR auf einem weiteren Treffen des ISK im Juni 1927. Dabei forderte er die „Chance, die uns die Demokratie in Deutschland [...] vorläufig noch läßt, für unsere Arbeit gut auszunutzen - in Rußland mit seiner engstirnigen Diktatur gerade auf politischem und geistigem Gebiet ist diese Arbeit bereits jetzt unmöglich." Die Freiheit in den demokratischen Ländern lerne man erst dann schätzen, wenn man den sowjetischen Geheimdienst erlebt habe.[169] Nelsons Tod im Oktober 1927 verhinderte eine kritische Reflexion seiner bisherigen Ansichten insbesondere über die Demokratie.

Das Ostertreffen 1929 der Ortsvereinsvorsitzenden des ISK diente der Klärung des zukünftigen Weges des ISK. Dabei wurde auf die frühen Schriften von Lenin zurückgegriffen. Ziel der Diskussion war die Frage der Bedeutung von Berufsrevolutionären und deren Anwendung im ISK: René Bertholet resümierte: „Unser Ziel ist Revolution. Lenin hat mit Hilfe seiner berufsrevolutionären Organisationen die Revolution von 1917 gemacht. Existiert eine solche berufsrevolutionäre Organisation in unseren Ländern? Nein. Ich brauche nicht von der SP zu sprechen. Sie ist nicht revolutionär. Die KP ist für Revolution. Sie hat nur die wichtige Frage der Erziehung der Berufsrevolutionäre vergessen. Wir können diese feste Organisation bilden, von der Lenin spricht."[170] Detailliert wurde die Satzung des ISK mit der Satzung der Sozialdemokratischen Arbeiterpartei Rußlands (SDAPR) verglichen. Man kam zu dem Schluß, daß der ISK noch rigider im bezug auf die Anforderungen der Mitglieder war. „Wir haben gesehen: Die ISK-Satzung geht in manchen Forderungen wesentlich weiter als Lenins §1 des Status der SDAPR. Das liegt einmal daran [...], daß Nelson gezwungen war, schärfere Forderungen zu stellen als Lenin, um eine strenge Auslese der Mitglieder zu schaffen, wie sie in Rußland schon durch Illegalität der politischen Arbeit gegeben war" (S. 41). Der Kurs brachte für den ISK das Ergebnis, daß eine „berufsrevolutionäre und daher notwendigerweise enge Avantgarde auf jeden Fall notwendig" sei. „Der entscheidende organisatorische Fortschritt Lenins, den wir uns durch seine Anerkennung der Bedeutung der Massen nicht verdunkeln lassen dürfen, der entscheidende Fortschritt ist die Forderung: Gebt uns eine Organisation von Revolutionären - und wir werden Rußland aus den Angeln heben!" (S.

---

169   Protokoll der Aussprache der Ortsvereinsvorsitzenden und der Vertreter der Funktionärs-schule vom 6.-7.6.1927, a.a.O.

170   Protokoll des Osterkurses vom 29.3. bis 1.4.1929, in: Bundesarchiv Potsdam, Nachlaß Nelson, Mappe 346, Bl. 33.

49). Ein Anfang 1930 geschriebener Artikel von Minna Specht faßte die Diskussion noch einmal für die Öffentlichkeit zusammen. Specht stimmte Lenins Forderung zu, daß eine Revolution nur organisiert vollzogen werden könne, wenn vorher eine kleine Elite von Berufsrevolutionären planmäßig gebildet worden sei.[171]

Im ISK bedurfte es keiner Diskussion darüber, daß die UdSSR als das Ergebnis einer sozialistischen Revolution, gegen alle möglichen Interventionen von außen zu verteidigen sei (Link 1964, S. 263). Gustav Heckmann kam in der Bewertung der sowjetischen Außenpolitik zu dem Schluß, daß in dem „Arbeiterstaat nicht die kapitalistischen Klassenkräfte" herrschen, die zum Krieg treiben, sondern, daß das „russische Proletariat eine zum Frieden treibende Idee" zu verteidigen habe.[172] In der ISK-Presse wurde das Thema „UdSSR" breit behandelt. Neben ISK-spezifischen Themen, die aus der Nelsonschen Philosophie stammten[173], kritisierte man hauptsächlich die neue Wirtschaftsform. Für den Wirtschaftsexperten des ISK, Hellmut von Rauschenplat (vgl. Koszyk 1966), stellte die sowjetische NEP-Epoche (Neue Ökonomische Politik) mit dem sich ausbildenden Kulakentum (Dorfkapitalisten) eine kapitalistische, diese ohne jene privilegierte Schicht allerdings eine sozialistische Organisationsform dar.[174] Realistische Darstellungen der Entwicklung der Wirtschaft der UdSSR konnten den Wiedergaben sowjetischer Zeitungsberichte in der ISK-Presse entnommen werden.[175] Berechtigte Kritik an der UdSSR zu üben war für den ISK eine Erfüllung seiner sozialistischen Pflicht. Rauschenplat unterstrich, daß ein in der sowjetischen Presse als „Einstieg in die Periode des Sozialismus" gefeiertes industrielles Großobjekt zwar eine technische Meisterleistung sei, aber noch kein Beweis für den sozialistischen Zustand der Gesellschaft.[176] Die agrarpolitischen Zielsetzungen der Sowjetunion hielt der ISK für grundsätzlich falsch, da eine Kollektivierung nicht die Wirtschaftsform sein könne, in der die Freiheit von Ausbeutung gewährleistet sei.[177] Eingehende, objektiv-sachliche, aber kritische Darstellungen der Entwicklung der sowjetischen Wirtschaft wurden auch in der ISK-Tageszeitung „Der Funke" regelmäßig veröffentlicht.[178] Innenpolitisch

171 Minna Specht: Zum 25. Jahrestag des Ausbruchs der russischen Revolution von 1905, in: „ISK", H. 1, 1930, S. 1f.

172 „Der Funke" vom 29. 1. 1933.

173 Vgl. etwa: „Neuer großer Tiermord in SU in Aussicht", in: „ISK", H. 6, 1932, S. 113. „Die Kirche und die Grundlagen der Macht", in: „ISK", H. 11, 1932, S. 296.

174 Rauschenplat: Das Wirtschaftsprogramm des ISK und Sowjetrußland, in: „ISK", H. 1, 1926, S. 41f.

175 Die Wirtschaft der Sowjetunion im 1. Halbjahr 1932, in: „Der Funke" vom 2.8.1932. V. M. Molotov: Erfolge und Aufgaben der Sowjetlandwirtschaft, in: „Der Funke" vom 29.7.1932.

176 Rauschenplat: Ein sozialistischer Sieg am Djnepr? in: „Der Funke" vom 15.10.1932.

177 Rauschenplat: Was geht in der Sowjetunion vor? in: „Der Funke" vom 13.10.1932.

178 Vgl. etwa die entsprechenden Artikel in „Der Funke" vom 5., 7., 13. und 23. August, 2.

wurde in einer der letzten Funkenausgaben auf den Ausbau des Diktaturapparates durch Stalin hingewiesen.[179] In der vorletzten „ISK"-Ausgabe erschien eine Anzeige des ISK-eigenen Verlages „Öffentliches Leben", in der auf Trockijs Buch „Über Lenin. Material für einen Biographen" hingewiesen wurde, das im Dezember 1932 erschienen war. Der ISK veröffentlichte das Werk, weil es „seit der politischen Kaltstellung Trockijs nirgends mehr erhältlich [sei]; es ist unseres Erachtens so wichtig zum Beweis dessen, was ein politischer Wille vermag."[180]

In seiner Grundsatzrede auf dem zweiten Bundestag des ISK 1931 setzte sich Willi Eichler mit der Politik der UdSSR auseinander. In der Mitgliedschaft bestünden „schwere Bedenken gegen Sowjetrußland", das man für eine „große Gefahr" hielte, andererseits hätten „Genossen fast Sympathie für Sowjetrußland." Eichler begrüßte, daß die UdSSR die kapitalistische Ausbeutung radikal beseitigt und insbesondere den Kirchen den Todesstoß versetzt habe. Aber statt des Kapitalismus herrsche nun der Kollektivismus und statt der Kirchen nun die Dogmen des Marxismus. Als Resümee formulierte er: „Das kollektivistische Rußland von heute steht im Lager der Gegner des ISK, das ein anderes Ideal von der ausbeutungsfreien Gesellschaft besitzt, als die Herrscher über Sowjetrußland."[181] Eichler hatte jedoch noch die Hoffnung auf eine veränderte Politik der UdSSR, bis dahin bleibe der ISK aber „Gegner einer bolschewistischen Weltrevolution".

3.6 Nelson und die Sozialismusdiskussion der Weimarer Republik

Nelson war ein Vertreter des ethischen Sozialismus.[182] Zwar war die sozialistische Theorie im gewissen Sinne auch stets ein ethischer Sozialismus, da die Begründung der sozialistischen Idee nur durch Rekurrierung auf die Prinzipien Freiheit, Gleichheit und Brüderlichkeit möglich ist. Dennoch haben aber Marx und Engels den Sozialismus immer mit dem ökonomischen Zusammenbruch der kapitalistischen Gesellschaft begründet.

In der Geschichte der Arbeiterbewegung hatte es einige Ansätze eines ethischen Sozialismus gegeben (vgl. Meyer 1988). Als erster formulierte Friedrich Albert Lange, in Anlehnung an Kant, in seinem Buch „Die Arbeiterfrage" 1865 ein ethisches Verständnis des Sozialismus. Sein Schüler Karl Höchberg, nahm

---

und 9. September und 28. Oktober 1932.

179 „Der Funke" vom 30.12.1932.

180 „ISK", H. 1, 1933, S. 17; Rundbrief der „Gesellschaft der Freunde der Philosophisch-politischen Akademie e.V." von Dezember 1932, S. 5.

181 Protokoll des 2. Bundestages des ISK vom 8.-10.8.1931, S. 46, in: Archiv der sozialen Demokratie, IJB-ISK Bestand, Mappe 7.

182 Thomas Meyer wies darauf hin, daß beim Durchbruch des ethischen Sozialismus zum offiziellen programmatischen Selbstverständnis der SPD im Godesberger Programm 1959 die Theorie Nelsons in mehrfacher Hinsicht Pate gestanden hatte. Ihre wirkungsgeschichtliche Bedeutung gewann sie allerdings in den politisch reflektierten Veränderungen durch Willi Eichler (Meyer 1994, S. 301; vgl. auch: Henry-Hermann 1985, 211f.).

um 1880 in der Auseinandersetzung mit der sich formierenden Marx-Orthodoxie die Argumente des Revisionismus vorweg (Steinberg 1979, S. 96f.). Innerhalb der theoretischen Auseinandersetzungen der Sozialdemokratie spielte auch der Königsberger Kantianer Johann Jacoby eine Rolle, der ebenfalls einen ethisch begründeten Sozialismus entwickelte. Eine marxistische Schule innerhalb der SPD bildete sich erst mit der Rezeption von Friedrich Engels „Anti-Dühring" ab 1878 aus. Eugen Dühring entwickelte in seinen Schriften eine ethische Grundlage des Sozialismus. Durch die eminente Kritik von Engels und, damit verbunden, durch die Durchsetzung des Marxismus als Parteitheorie, verschwanden die ethischen Begründungstheorien des Sozialismus aus der Parteiöffentlichkeit (Miller 1977, S. 151f.).

Wichtige Anstöße für einen ethisch fundierten Sozialismus kamen aus der philosophischen Diskussion (vgl. Lübbe 1963, S. 85f.). Die vorherrschende Hegelsche Philosophie wurde durch den Neukantianismus abgelöst, deren wichtigster Vertreter Hermann Cohen war. Für ihn stellte Kant den „wahren und wirklichen Urheber des deutschen Sozialismus" (Cohen 1915, S. 112; Meyer 1978, S. 55f.) dar. Andere neukantianische Philosophen wie Paul Natorp, Franz Staudinger oder Karl Vorländer, die den Weg zur Sozialdemokratie fanden, konnten die Diskussion über die ethischen Ziele des Sozialismus wiederbeleben (Meyer 1982a, S. 431f; Steinberg 1979, S. 100f.).

Der neukantianische Sozialismus lehnte eine Grundvoraussetzung des marxistischen Sozialismus ab. Die Theorie der immanenten Gesetzmäßigkeit der kapitalistischen Akkumulation verbunden mit einer fortschreitenden Verelendung des Proletariats, die zu immer größeren Widersprüchen führe und letztlich notwendigerweise in einer revolutionären Aufhebung dieser Widersprüche ende, diese Zusammenbruchstheorie wurde von den neukantianischen Vertretern entschieden abgelehnt. Dem stellten sie ein philosophisch aus einer wissenschaftlichen Ethik abgeleitetes Sittengesetz als eine moralische Forderung gegenüber (Sandkühler/de la Vega 1974).

Die Verortung von Nelson in der Sozialismusdiskussion der Weimarer Republik soll anhand einer überblicksartigen Analyse der programmatischen Grundlagen der Sozialdemokratie, der Darstellung der wichtigsten Sozialismuskonzeptionen und dreier thematischer Bereiche (Demokratischer Sozialismus versus Leninismus, Demokratie und Sozialismus, Sozialisierung) erfolgen.

Programmatische Grundlagen

Heinrich Potthoff resümierte in seiner Studie über die Sozialdemokratie, daß eine theoretische Auseinandersetzung, abgesehen von Flügelgruppen innerhalb und außerhalb der SPD, nur äußerst selten stattgefunden habe. Das Görlitzer Programm von 1921 zum Beispiel habe nur zu Kontroversen über praktische Tagesfragen geführt (Potthoff 1991, S. 118; vgl. Weber 1992). In diesem neuen Parteiprogramm bekannte sich die SPD zur Volkspartei und zur

„Kampfgemeinschaft für Demokratie und Sozialismus", die kapitalistische Wirtschaft habe den „Klassenkampf für die Befreiung des Proletariats zur geschichtlichen Notwendigkeit und zur sittlichen Forderung gemacht". Dieser ethische Imperativ stellte neben der Aufgabe der Zusammenbruchstheorie des Kapitalismus einen bedeutenden Erfolg des Revisionismus in der SPD dar. Eduard Bernsteins Auffassung, daß Sozialismus nicht eine wissenschaftlich ableitbare Notwendigkeit, sondern ein gesellschaftliches Prinzip sei, für das sich jeder politisch und ethisch entscheiden müsse, wird hier sichtbar. Man bekannte sich zum „freien Volksstaat", zur Demokratie. Die demokratische Republik sei die durch die historische Entwicklung unwiderruflich gegebene Staatsform. Wirtschaftlich forderte das Görlitzer Programm eine Gemeinwirtschaft bzw. eine sozialistische Wirtschaft, der im Erfurter Programm 1891 vorgetragene „naturnotwendige Untergang der Kleinbetriebe" wurde nicht mehr aufrechterhalten. Mit dem Görlitzer Programm verließ die SPD den bisherigen marxistischen Theorierahmen. Ein Hinweis auf die Krisenhaftigkeit des Kapitalismus war nicht mehr enthalten. Im Programmentwurf fehlte auch das Bekenntnis zum Klassenkampf.[183]

Nach der Vereinigung der SPD und der USPD im Jahr 1922 wurde die Erarbeitung eines neuen Parteiprogramms beschlossen. In diesem vom Heidelberger Parteitag 1925 verabschiedeten Programm, an dem maßgeblich Rudolf Hilferding und Karl Kautsky mitgewirkt hatten, überwogen wieder „klassenkämpferische marxistische Töne" (Heinrich Potthoff). Ausgehend von der Analyse der „inneren Gesetzmäßigkeiten" der kapitalistischen Produktion - Monopolisierung, imperialistisches Machtstreben - stehe dem Finanzkapital im Hochkapitalismus die erstarkte Arbeiterklasse gegenüber. Das Ziel der Arbeiterklasse sei die Umwandlung der kapitalistischen Produktion in gesellschaftliches Eigentum. Der ökonomische Kampf könne nicht ohne die Existenz von politischen Rechten geführt werden, daher stelle die Erhaltung und der Ausbau der demokratischen Republik eine unerläßliche Notwendigkeit für den wirtschaftlichen Kampf dar. Sprach das Programm in dem Grundsatzteil nur von dem „Endziel", dem es zuzustreben gelte, so wird der Terminus „Sozialismus" erstmalig in dem sich anschließenden Aktionsprogramm erwähnt. Das Heidelberger Programm enthielt in seiner Sozialismus-Begründung wieder die alte marxistische Sichtweise des Erfurter Programms. Da die ökonomische Analyse wieder mit der historischen Entwicklungsnotwendigkeit verknüpft wurde, ergab sich daraus, daß eine sozialistische Zielbestimmung erst nach Beendigung der kapitalistischen Entwicklungsstufe erfolgen könne.[184]

---

183 Programm der Sozialdemokratischen Partei Deutschlands, beschlossen auf dem Parteitag in Görlitz 1921, in: Programmatische Dokumente der deutschen Sozialdemokratie (1984), Bonn, S. 208f.

184 Programm der Sozialdemokratischen Partei Deutschlands, beschlossen auf dem Parteitag in Heidelberg 1925, in: ebenda, S. 216f. - Marx hatte zur Zielbestimmung notiert: „Die Arbeiterklasse [...] hat keine fix und fertigen Utopien durch Volksbeschluß einzuführen.

Die theoretische Grundlage der Sozialdemokratie in der Weimarer Republik war die von Rudolf Hilferding entwickelte Theorie des organisierten Kapitalismus. In dieser entwickelte er eine marxistische Erklärung für den von Marx und Engels mehrfach prognostizierten, aber ausbleibenden Zusammenbruch der kapitalistischen Gesellschaftsordnung und deren beträchtliche Anpassungs- und Überlebensfähigkeit. Hilferdings wissenschaftliches Hauptwerk war die 1909 erschienene Studie „Das Finanzkapital", in der er die Monopolisierung des Kapitals, das Verhältnis von Kapital und Staat sowie den Imperialismus als neue Entwicklungstendenzen des Kapitalismus umfassend analysierte.[185] Auf dem Kieler SPD-Parteitag 1927 führte Hilferding dies weiter aus. Er bestimmte den „organisierten Kapitalismus" als Ersatz für das kapitalistische Prinzip der freien Konkurrenz durch das sozialistische Prinzip planmäßiger Produktion. Von zentraler Position war in dieser Sichtweise das Staatsverständnis. Die politische Macht der Arbeiterbewegung sollte mit Hilfe des Staates die Transformation der freien Wirtschaft in eine staatlich gelenkte Wirtschaft leisten (vgl. Meyer 1988a). Helga Grebing wies darauf hin, daß Rudolf Hilferding die Kautskysche Integrationsideologie wieder aufnahm, wenn er die bürgerlich-kapitalistische Wirklichkeit der Weimarer Republik anerkannte, ihr aber eine revolutionär-sozialistische (marxistische) Deutung gab (Grebing 1966, S. 171).

Die SPD blieb von dem Widerspruch geprägt, sich in der theoretischen Selbstdarstellung als marxistisch geprägte Klassenkampfpartei zu geben, während die politische Praxis auf den verschiedenen parlamentarischen Ebenen sich längst in pragmatisch-praktischen Politikentwürfen äußerte. Karl Kautskys Satz aus der Schrift „Zur Frage der Revolution" von 1893 „Die Sozialdemokratie ist eine revolutionäre, nicht aber Revolutionen machende Partei", hatte sich in der Novemberrevolution bewahrheitet.

Theoretische Sozialismuskonzeptionen

In der Weimarer Republik bildeten sich eine Vielzahl von theoretischen Neubestimmungen des Sozialismusbegriffes heraus, sie lassen sich in die Kategorien
• ethischer Sozialismus,
• marxistische Neuansätze,
• religiöser Sozialismus und
• reformsozialistische Ansätze
zusammenfassen. Dabei ist festzuhalten daß „der Abstand zwischen marxisti-

---

[...] Sie hat keine Ideale zu verwirklichen; sie hat nur die Elemente der neuen Gesellschaft in Freiheit zu setzen, die sich bereits im Schoß der zusammenbrechenden Bourgeoisgesellschaft entwickelt haben." Karl Marx (1871): Der Bürgerkrieg in Frankreich, in: Karl Marx - Friedrich Engels. Studienausgabe in vier Bänden. Bd. 4, Geschichte und Politik, Hrsg.: Iring Fetscher, Frankfurt 1966, S. 217.

185 Rudolf Hilferding (1909): Das Finanzkapital. Eine Studie über die jüngste Entwicklung des Kapitalismus, Frankfurt 1968.

schen und nichtmarxistischen Sozialismuskonzepten geringer sein kann als der zwischen demokratischen marxistischen Sozialismuskonzepten und dem Sozialismusmodell des Marxismus-Leninismus" (Heimann 1988, S. 432). Der prinzipielle Unterschied zwischen demokratisch-sozialistischen und leninistischen Konzeptionen liegt in der Einstellung zur politischen Demokratie und Freiheit.

Es war Eduard Bernstein, der die marxistische Zielbestimmung des Sozialismus sowie seine Begründung revidierte (vgl. Meyer 1977). Für ihn war das Ziel, also der Sozialismus, nicht die Verwirklichung eines Gesellschaftsplans, sondern die Durchführung eines Gesellschaftsprinzips. Er lehnte, ebenso wie Nelson, die Überzeugung einer geschichtsnotwendigen Entwicklung zum Sozialismus hin ab. Sein Sozialismusverständnis ging dahin, es als einen Prozeß einer schrittweisen Umgestaltung der Gesellschaft zu sozialistischen Prinzipien hin zu verstehen (Heimann 1990, S. 65).

Ausführlich setzte sich Eduard Bernstein in seinem Vortrag „Was ist Sozialismus?", den er im Dezember 1918 in Berlin hielt, mit der theoretischen Zielbestimmung auseinander (vgl. Heimann/Meyer 1978, Gustafsson 1972). Die notwendigen Maßstäbe könnten nicht aus einem fertigen Gesellschaftsplan abgeleitet werden. „Der Sozialismus ist die Summe der sozialen Forderungen und naturgemäßen Bestrebungen der zur Erkenntnis ihrer Klassenlage und der Aufgabe ihrer Klasse gelangten Arbeiter in der modernen kapitalistischen Gesellschaft. [...] Die Summe dieser Forderungen [...] ist der Sozialismus."[186] Der Klassenkampf der Arbeiterklasse sei ein politischer Kampf, den Sozialismus verstand Bernstein als den Gedanken der Erhebung des Interesses der Allgemeinheit über jedes Sonderinteresse von Gruppen; er gehe von einem gemeinsamen Interesse der Klasse aus.

Ähnlich wie Nelson erkannte auch Bernstein Verbindungen zur liberalen Theorie. „Was aber den Liberalismus als weltgeschichtliche Bewegung angeht, so ist der Sozialismus nicht nur in der Zeitfolge, sondern auch dem geistigen Gehalt nach sein legitimer Erbe. [...] Der Liberalismus hatte geschichtlich die Aufgabe, die Fesseln zu sprengen, welche die gebundene Wirtschaft und die entsprechenden Rechtseinrichtungen des Mittelalters der Fortentwicklung der Gesellschaft anlegten. Daß er zunächst als Bourgeoisliberalismus feste Gestalt erhielt, mindert nicht, daß er tatsächlich ein sehr viel weiter reichendes allgemeines Gesellschaftsprinzip ausdrückt, dessen Vollendung der Sozialismus sein wird. Der Sozialismus will keine neue Gebundenheit irgendwelcher Art schaffen. Das Individuum soll frei sein [...]. Solche Freiheit ist für alle nur möglich durch das Mittel der Organisation. In diesem Sinne könnte man den Sozialismus auch organisatorischen Liberalismus nennen."[187] Bernsteins alternatives revisionistisches Sozialismuskonzept hatte, wie oben gezeigt wurde, nur eine kurze Zeit

---

186   Eduard Bernstein (1918): Was ist Sozialismus?, in: Ders.: Ein revisionistisches Sozialismusbild, Hrsg. Helmut Hirsch, 2. Aufl. Berlin 1976, S. 164f.

187   Eduard Bernstein (1899): Die Voraussetzungen des Sozialismus und die Aufgaben der Sozialdemokratie, (2. Aufl. 1921) 8. Aufl. Bonn 1984, S. 158f.

Einfluß auf das theoretische Selbstverständnis der SPD. Das 1921 verabschiedete Görlitzer Programm war davon geprägt, doch bereits 1925 knüpfte man wieder an das marxistische Verständnis des Erfurter Programms von 1871 an. Dies führte zu einer noch stärkeren Auseinanderentwicklung von Theorie und Praxis, da letztere praktisch-reformistisch blieb.

Der Sozialismus, resümierte Bernstein, sei nicht das Resultat einer großen politischen Entscheidungsschlacht, sondern sei „das Ergebnis einer ganzen Reihe von wirtschaftlichen und politischen Siegen der Arbeiterbewegung auf den verschiedensten Gebieten ihres Wirkens" (Bernstein 1918, S. 166). Hier wird deutlich, daß er, ähnlich wie Nelson, Sozialismus als Prinzip einer zukünftigen Gesellschaftsordnung verstand.[188] Für die Vertreter einer systemverändernden Reformstrategie existierte keine Systemgrenze, jede politische Praxis auch innerhalb der kapitalistischen Gesellschaft gehört zu dem schrittweisen Aufbau einer neuen Ordnung. „Eine Grenze, wo die bürgerliche Gesellschaft aufhört und die sozialistische Gesellschaft beginnt, gibt es nicht" (Heimann 1990, S. 46).

In der Anfangsphase der Weimarer Republik hatte die Unabhängige Sozialdemokratische Partei Deutschlands (USPD) die Chance, zur „Protestpartei der enttäuschten Massen" (Potthoff) zu werden und, parteipolitisch, einen revolutionären Sozialismus zu konstituieren. Große Teile der Anhängerschaft der Mehrheitssozialdemokratie wandten sich wegen der ausbleibenden Sozialisierung und der fehlenden Perspektive einer sozialistischen Theorie- und Zielbestimmung der USPD zu. Bei der Reichstagswahl im Juni 1920 erhielt sie mit 5 Millionen Stimmen, dies entsprach 18 % der Stimmen, 83 Mandate. Aufgrund der Programmatik der USPD war diese der Position Nelsons insbesondere in der Ablehnung des demokratischen Staates nahe, Nelson war auch Mitglied der USPD. Eine deutliche Differenz lag jedoch in der Forderung nach einer umfassenden Vergesellschaftung. Das Aktionsprogramm der USPD, 1919 in Leipzig beschlossen, bekannte sich zum revolutionären Sozialismus und setzte dem bürgerlichen Parlament den revolutionären Rätekongreß entgegen, eine Organisation der sozialistischen Gesellschaft könne nur nach dem Rätesystem erfolgen. Die historische Aufgabe der USPD sei es, der Arbeiterbewegung „Inhalt, Richtung und Ziel zu geben und dem revolutionären Proletariat in seinem Kampfe für den Sozialismus Führerin" zu sein.[189]

Durch die Spaltung der USPD wurden die Konzeptionen der demokratischen Linken in der Sozialdemokratie eindeutig geschwächt. Der Bruch wurde auf dem USPD-Parteitag im Oktober 1920 über die Frage der von Moskau gestellten 21

---

188 Vgl. dazu Friedrich Engels: „Aber wir haben kein Endziel. Wir sind Evolutionisten, wir haben nicht die Absicht, der Menschheit endgültige Gesetze zu diktieren. Vorgefaßte Meinungen in bezug auf die Organisation der zukünftigen Gesellschaft im einzelnen? Davon werden Sie bei uns keine Spur finden." Engels: Interview in „Le Figaro" vom 8.5.1893, in: Marx-Engels-Werke, Bd. 22, a.a.O., 1963, S. 542.

189 Aktionsprogramm der USPD, beschlossen auf dem außerordentlichen Parteitag in Leipzig 1919, in: Programmatische Dokumente, a.a.O., S. 202f.

Bedingungen für den Anschluß an die Kommunistische Internationale vollzogen und beendete, nach dem Anschluß der USPD-Mehrheit an die KPD und den 1922 vollzogenen Rückzug der Minderheit in die SPD, die revolutionär-sozialistische Perspektive. Während die Mehrheit der USPD - etwa 300.000 Mitglieder - die KPD mit ihren nur 70.000 Anhängern nach ihrem Übertritt erst zu einer Massenpartei machte, dort allerdings schnell unter die theoretische Führung des Leninismus geriet, fehlten die Linken in den theoretischen Diskursen der SPD (vgl. Krause 1975).

Von der marxistischen Orthodoxie Kautskys, aber auch von der revisionistischen Strategie Bernsteins, unterschied sich der Austromarxismus. Dieser entwickelte sich aus der Reihe „Marx-Studien", 1904 in Wien von Max Adler und Rudolf Hilferding gegründet, heraus. Adler entwickelte eine Sozialismuskonzeption, die, ähnlich wie später Antonio Gramscis Konzept der kulturellen Hegemonie, Sozialismus nicht ausschließlich als politische und ökonomische, sondern vor allem als kulturelle Bewegung auffaßte. In die Auseinandersetzung mit dem Leninismus griff vor allem Otto Bauer mit der Schrift „Bolschewismus oder Sozialdemokratie?" (1920) ein. Er entwickelte den Austromarxismus als Mittelstellung zwischen Reformismus und Bolschewismus (Norbert Leser). Unter prinzipieller Akzeptanz des Parlamentarismus und des ihm zugrunde liegenden Mehrparteienprinzips hielt man gleichzeitig an der Konzeption eines demokratischen Rätesystems fest (vgl. Sandkühler/de la Vega 1970; Leser 1968).

Der Austromarxismus kritisierte an der leninistischen Konzeption der Diktatur des Proletariats, daß diese „eine Diktatur einzelner proletarischer Führer" sei, welche „nicht nur die Bourgeoisie, sondern auch den ganzen nicht-bolschewistischen Sozialismus unterdrückt, zuletzt sogar eine Diktatur gegen einen großen Teil des Proletariats werden kann".[190] Otto Bauer resümierte den „russischen Sozialismus" als die „schrankenlose Allmacht von einer kleinen Minderheit des Proletariats, das selbst nur eine kleine Minderheit des russischen Volkes ist". Zwar habe sich eine sozialistische Gesellschaft gebildet, da die ökonomische Struktur sich grundlegend gewandelt habe. Dennoch liege eine Verfügungsgewalt nur bei einer „winzigen Minderheit", die, mit Zwangsmitteln ausgestattet, über den „Volksmassen" throne. „Aber wenn das Sozialismus ist, so ist es doch ein Sozialismus besonderer Art, ein despotischer Sozialismus." Bauer verwies auf die kulturelle Rückständigkeit des russischen Arbeiters. „Der despotische Sozialismus ist das notwendige Produkt einer Entwicklung, die die soziale Revolution heraufbeschworen hat auf einer Entwicklungsstufe, auf der der russische Bauer noch nicht einmal zur politischen, der russische Arbeiter noch nicht einmal zur industriellen Demokratie reif war. Der despotische Sozialismus ist das Produkt der russischen Kulturlosigkeit."[191] Mit dem Austromarxismus setzte sich Nelson in seiner Schrift „Demokratie und Führerschaft" auseinander. Gegenüber Max

---

190 Max Adler (1918): Demokratie und Rätesystem, Wien, S. 18.
191 Otto Bauer (1920): Bolschewismus oder Sozialdemokratie?, Wien, S. 63.

Adlers Schrift „Politische oder soziale Demokratie", wandte er ein: „Wem mit diesem talmudischen Lobesgesang auf die 'soziale Demokratie' in Wahrheit gedient ist, liegt klar auf der Hand [...]. Die stete Ablenkung von dem Ziel der klassenlosen Gesellschaft auf ein diesem Ziel fremdes und seiner Verwirklichung gerade entgegenstehendes Scheinideal läuft nur darauf hinaus, die sozialistische Kampffront zu schwächen und dem ohnehin übermächtigen Gegner in die Hand zu arbeiten."[192]

Zu den weiteren bedeutenden Neuansätzen innerhalb des marxistischen Selbstverständnisses gehörten die Studien von Karl Korsch und, auf europäischer Ebene, von Georg Lukácz sowie, mit einer verzögerten zeitlichen Rezipierung, Antonio Gramsci.

Nicht weiter eingegangen wird, bei der Nelsonschen Religionskritik nachvollziehbar, an dieser Stelle auf die Theorien des religiösen Sozialismus in der Weimarer Republik. Johannes Kandel gibt eine Zahl von 10.000 bis 25.000 Mitglieder der religiösen Sozialisten an, bedeutendste Gruppierung war der „Bund der religiösen Sozialisten" von 1926 bis 1933 um Erwin Eckert. Außerhalb des Bundes stand der „Berliner Kreis" mit Paul Tillich und Eduard Heimann, die wichtige philosophische und ökonomische bzw. sozialpolitische Initiativen für die Sozialismusdiskussion gaben (vgl. Kandel 1981 und 1988). Einen bedeutenden Einfluß auf die Arbeiterbewegung hatten die Vertreter der religiösen Sozialisten nicht, zu stark war die Freidenkerbewegung verankert.

Demokratischer Sozialismus versus Leninismus

Die Sozialismusdiskussion in der Weimarer Republik war in der Sozialdemokratie von der Auseinandersetzung mit dem Bolschewismus geprägt (vgl. Lösche 1967). Da eine linke Konkurrenz entstanden war, mußte das Verhältnis zu den Kommunisten geklärt werden. In diesem Prozeß verstärkten sich die Konzeptionen eines evolutionären Prozesses und Sichtweisen, die die Demokratie nicht nur als geeignete Plattform für die politische Auseinandersetzung nutzten, sondern die Demokratie als Gestaltungsprinzip für politische, wirtschaftliche und gesellschaftliche Reformen ansahen.

In der theoretischen Auseinandersetzung mit dem Leninismus rekurrierten einige sozialdemokratische Theoretiker auf den Marxismus. Zu den heftigsten Kritikern der Konzeption Lenins gehörte Karl Kautsky, der bereits 1918 mit der Broschüre „Die Diktatur des Proletariats" der Lenin-Kritik den Weg gewiesen hatte. Kautsky wies nachdrücklich den Anspruch Lenins zurück, seine Theorie auf das Konzept der Diktatur des Proletariats von Marx stützen zu können. Der Gegensatz der beiden Richtungen liege in den grundverschiedenen Methoden, „der demokratischen und der diktatorischen"[193] (vgl. auch Heimann 1988).

---

192 Nelson: Demokratie und Führerschaft. Anhang 3, a.a.O., S. 447.
193 Karl Kautsky (1918): Die Diktatur des Proletariats, Wien, S. 3.

Auch Eduard Bernstein verteidigte den Marxismus gegen dem Vorwurf, mit dem Leninismus identisch zu sein. Gegen die Gleichsetzung der beiden verschiedenen Richtungen wandte er in der Schrift „Was ist Marxismus?" ein: „Nichts ist falscher als den Bolschewismus für eine Anwendung des Marxismus zu erklären. Er ist als Theorie ein Bastardgebilde aus marxistischen und antimarxistischen Ideen, in seiner Praxis aber eine Parodie des Marxismus. Wer diesen letzteren mit der Behauptung bekämpft, daß er der Vater des Bolschewismus sei, beweist damit nur, daß er entweder vom Marxismus nichts versteht oder ihn bewußt verfälscht" (Heimann 1988, S. 430).

Rosa Luxemburg hatte sich bereits 1904 in der Schrift „Organisationsfragen der russischen Sozialdemokratie" theoretisch mit dem von ihr so benannten „Ultrazentralismus" Lenins auseinandergesetzt. In ihrer Kritik der Oktoberrevolution, fixiert in der Schrift „Die russische Revolution" (1918), entwickelte sie gegenüber dem Partei- und Diktaturkonzept des Leninismus ihre Konzeption eines demokratischen Marxismus: „Freiheit nur für die Anhänger der Regierung, nur für Mitglieder einer Partei - mögen sie noch so zahlreich sein - ist keine Freiheit. Freiheit ist immer nur Freiheit des anders Denkenden. Nicht wegen des Fanatismus der »Gerechtigkeit«, sondern weil all das Belehrende, Heilsame und Reinigende der politischen Freiheit an diesem Wesen hängt und seine Wirkung versagt, wenn die »Freiheit« zum Privilegium wird. [...] Ohne allgemeine Wahlen, ungehemmte Presse- und Versammlungsfreiheit, freien Meinungskampf erstirbt das Leben in jeder öffentlichen Institution, wird zum Scheinleben, in der die Bürokratie allein das tätige Element bleibt. Das öffentliche Leben schläft allmählich ein, einige Dutzend Parteiführer von unerschöpflicher Energie und grenzenlosem Idealismus dirigieren und regieren, unter ihnen leitet in Wirklichkeit ein Dutzend hervorragender Köpfe, und eine Elite der Arbeiterschaft wird von Zeit zu Zeit zu Versammlungen aufgeboten, um den Reden der Führer Beifall zu klatschen, vorgelegten Resolutionen einstimmig zuzustimmen, im Grunde also eine Cliquenwirtschaft - eine Diktatur allerdings, aber nicht die Diktatur des Proletariats, sondern die Diktatur einer Handvoll Politiker, d.h. Diktatur im bürgerlichen Sinne, im Sinne der Jakobiner-Herrschaft."[194]

Sozialisierung

Im allgemeinen lassen sich vier unterschiedliche Sozialisierungskonzeptionen unterscheiden:
• Gesamtsozialisierung
• Sozialisierung der Schlüsselindustrien
• Teilsozialisierung
• Gemeinwirtschaft (vgl. Novy 1978).

---

194 Rosa Luxemburg (1918): Die russische Revolution, in: Dies.: Politische Schriften, Bd. 3, Hrsg.: Ossip K. Flechtheim, Frankfurt 1975, S. 134, 136.

Weiter stehen sich zentrale und dezentrale Modelle gegenüber. Otto Neurath entwickelte ein zentralistisches Sozialisierungsmodell, in dem eine planmäßige Verwaltung durch einen zentralen Wirtschaftsplan erfolgte.[195] Demgegenüber stellte Rudolf Wissell sein dezentrales, basisdemokratisches Modell der Wirtschaftsräte, da seiner Meinung nach eine zentrale staatliche Planungsbehörde nur im Bürokratismus enden könne.[196]

Karl Kautsky hatte sich Anfang 1919 für eine umfassende Sozialisierung ausgesprochen, durch die die demokratische Republik erst zur sozialen Republik werde. Dem Klassenkampf zwischen Kapital und Arbeit müsse die Grundlage durch eine „Sozialisierung der Produktion" genommen werden, „die den Arbeiter an Stelle des Kapitalisten [...] als Besitzer der Produktionsmittel und Leiter der Produktion gegenüberstellt". Sollte eine Sozialisierung von bestimmten Produktionszweigen nicht sofort möglich sein, verlangte Kautsky eine Syndikalisierung dieser Bereiche. Eine Sozialisierung müsse immer von einem ganzen Industriezweig ausgehen, nicht nur einzelne Betriebe umfassen. Nach und nach sollten dann alle Produktionsbereiche sozialisiert werden.[197]

Eine andere Position vertrat Eduard Bernstein zu Beginn der Weimarer Republik. „In einem guten Fabrikgesetz kann mehr Sozialismus stecken als in der Verstaatlichung von etlichen hundert Unternehmungen und Betrieben. [...] Glaubt jemand, daß daran sofort etwas verbessert würde, wenn man überall wahllos statt des Unternehmers Beamte hinstellt?" Der Gedanke, „Arbeiter schlechthin zu Herren der Fabriken zu machen, in denen sie beschäftigt sind", habe mit Sozialismus nichts zu tun, dies belege auch die Entwicklung in Rußland.[198] Bernstein plädierte vehement in der Sozialisierungsfrage für eine Überprüfung der Frage, ob dadurch eine höhere Wirtschaftlichkeit gegeben wäre. „Man muß untersuchen, welche Zweige der Wirtschaft oder welche Gattung von Unternehmungen mit der größten Wirkungskraft zunächst von der Gesellschaft übernommen werden können und welche man einstweilen besser noch in Privathänden läßt oder sogar lassen muß, damit das Getriebe der Wirtschaft nicht ins Stocken gerät" (S. 161). Eine Sozialisierung müsse vorsichtig, schrittweise und systematisch geplant werden und der nichtsozialisierten Industrie müsse die Möglichkeit gegeben werden, zu leben und zu arbeiten. Sozialisierung bedeute nicht nur die Transformation in Staatsbetriebe, sondern auch die Möglichkeit, durch parlamentarische gesetzliche Regelungen in den wirtschaftlichen Sektor steuernd einzugreifen.

Das Heidelberger Programm der SPD hielt zu dieser Frage fest: „Das Ziel der Arbeiterklasse kann nur erreicht werden durch die Verwandlung des kapitalisti-

---

195 Otto Neurath (1919): Durch die Kriegswirtschaft zur Naturalwirtschaft, München.

196 Rudolf Wissell (1919): Praktische Wirtschaftspolitik, Berlin.

197 Karl Kautsky: Richtlinien für ein sozialistisches Aktions-Programm, in: „Der Vorwärts" vom 2.2.1919.

198 Bernstein: Was ist Sozialismus?, a.a.O., S. 160f.

schen Privateigentums an den Produktionsmitteln in gesellschaftliches Eigentum. Die Umwandlung der kapitalistischen Produktion in sozialistische, für und durch die Gesellschaft betriebene Produktion wird bewirken, daß die Entfaltung und Steigerung der Produktionskräfte zu einer Quelle der höchsten Wohlfahrt und allseitiger Vervollkommnung wird." Im Aktionsteil blieb man dann aber in den Forderungen unpräzise.

Demokratie und Sozialismus

Peter Lösche verwies darauf, daß im 19. Jahrhundert Demokratie und Sozialismus nicht als Gegensätze verstanden wurden. „Vielmehr bedeutete Sozialismus nur die Übertragung des demokratischen Prinzips aus der Politik auf die Gesellschaft und Wirtschaft. Der Sozialismus ist selbst der liberal-demokratischen Tradition entwachsen. Anders als die bürgerliche Demokratie intendierte er also nicht nur die politische, sondern auch die soziale und ökonomische Emanzipation des Menschen" (Lösche 1967, S. 5).

Bernsteins These vom Sozialismus als vollendeter Demokratie konnte sich erst in der Nachkriegssozialdemokratie wirklich durchsetzen. Untrennbar seien Sozialismus und Demokratie miteinander verbunden, der eine Begriff gebe dem anderen erst seine Bestimmtheit.[199] „Die Demokratie ist Mittel und Zweck zugleich. Sie ist das Mittel der Erkämpfung des Sozialismus, und sie ist die Form der Verwirklichung des Sozialismus."[200]

Karl Kautsky bekräftigte in seinem Verständnis die Einheit von Demokratie und Sozialismus: „Für uns also ist Sozialismus ohne Demokratie undenkbar. Wir verstehen unter dem modernen Sozialismus nicht bloß gesellschaftliche Organisierung der Produktion, sondern auch die demokratische Organisierung der Gesellschaft. Der Sozialismus ist demnach für uns untrennbar verbunden mit der Demokratie. Kein Sozialismus ohne Demokratie."[201] Damit setzten sich die Sozialdemokraten eindeutig von dem leninistischen Sozialismusverständnis ab.

Rudolf Hilferding setzte sich 1927 noch einmal dezidiert mit der Frage der Demokratie auseinander. Er wies alle Sichtweisen zurück, nach denen es nur eine bürgerliche Demokratie geben könne und widerlegte den Kritikpunkt der bloßen formalen Demokratie, wenn er den Zusammenhang von Politik und sozialer Wirkung der Politik anführte. „Historisch betrachtet ist doch die Demokratie stets die Sache des Proletariats gewesen." Demokratie als die Bildung des Staatswillens sei nichts anderes als die Manifestierung des politischen Willens der einzelnen. „Deswegen haben wir als Proletariat ein unbedingtes Interesse an der Erhaltung der Demokratie. [...] Die Demokratie existiert nur, wo starke, mit politischem Bewußtsein erfüllte proletarische Organisationen dahinterstehen; sonst

---

199 Eduard Bernstein (1917): Sozialdemokratische Völkerpolitik, Leipzig, S. 2.
200 Bernstein: Voraussetzungen des Sozialismus, a.a.O., S. 154.
201 Kautsky: Diktatur des Proletariats, a.a.O., S. 5.

geht sie zugrunde."[202] Hilferdings Sozialismuskonzept ging, gestützt auf seine ökonomische Analyse der Wandlung der anarchisch-kapitalistischen in eine organisiert-kapitalistische Produktion, bedingt durch das Finanzkapital, von der Frage aus, ob die Zukunft dem organisierten Staatskapitalismus oder dem demokratischen Sozialismus gehören werde. Zentrales Argument war seine Staatstheorie; mit Hilfe des demokratischen Staates sollte die bisher kapitalistisch organisierte Wirtschaft in eine durch den Staat gelenkte Wirtschaft umgewandelt werden. Damit gab Hilferding frühere Unterscheidungen von bürgerlicher und sozialistischer Demokratie auf. Der Demokratietheorie Hilferdings lag die Vorstellung zugrunde, daß die Arbeiterbewegung in die verschiedenen Bereiche von Staat, Gesellschaft und Wirtschaft hineinwachsen. Die sozialistische Arbeiterbewegung erweitere beständig ihren Einfluß und ihre Machtkompetenz auf Staat, Gesellschaft und Ökonomie, so daß der Kapitalismus verdrängt werde und der Sozialismus sich durchsetze. Sozialismus sie somit die „Verallgemeinerung der differenzierten, komplexen und zugleich vereinheitlichten Organisationen der Arbeiterbewegung zur sozialistischen Gesellschaft" (Lösche 1982, S. 19). Hilferding ging von einer grundlegenden Konvergenz von organisiertem Kapitalismus und Sozialismus aus.

An der Theorie der Wirtschaftsdemokratie, wie sie insbesondere von Rudolf Hilferding formuliert wurde, kritisierte Nelson, daß sie „ein volles und vorbehaltloses Bekenntnis zur Demokratie"[203] beinhalte. Das Sozialismuskonzept Hilferdings sei auf einen langandauernden historischen Prozeß ausgerichtet, in dem der Übergang der Macht von einer Klasse auf die andere evolutionär vor sich gehe. Diese Form der Zielaufgabe und das starke Betonen des Charakters der Demokratie mußte Nelsons Ablehnung finden.

---

202 Rudolf Hilferding (1927): Die Aufgaben der Sozialdemokratie in der Republik, in: Protokoll des Sozialdemokratischen Parteitages in Kiel, 1927, S. 172-174.

203 Nelson: Demokratie und Führerschaft. Anhang 3, a.a.O., S. 448.

4 Die Geschichte der politischen Organisationen Nelsons: Internationaler Jugend-Bund (IJB) und Internationaler Sozialistischer Kampf-Bund (ISK) von 1917 bis 1933

Es war Nelsons unbedingte Zielsetzung, seine integrale politische Philosophie in die Praxis umzusetzen. Dafür standen drei unterschiedliche politische Strategien zur Verfügung.

- Zunächst konnte in bereits bestehenden Organisationen für die Überzeugungskraft der eigenen Anschauungen geworben werden.
- Eine weitere Möglichkeit stellte die Neugründung von gesellschaftspolitischen Organisationen dar, die in existierende Parteien hineinwirken konnten.
- Die dritte Alternative war die der Gründung einer eigenen Partei, um auf diese Weise im Konkurrenzkampf mit anderen politischen Parteien seine Überzeugungen in die politische Debatte einzubringen.

Nelsons politisches Wirken beinhaltete zeitversetzt alle drei Strategien. Zunächst versuchte er, bereits bestehende Organisationen für seine spezifischen politischen Zielsetzungen zu nutzen. Als sich dies nicht in dem gewünschten Maße realisieren ließ, gründete Nelson eine eigene politische Organisation, um damit innerhalb der parteipolitisch organisierten Arbeiterbewegung zu wirken. Nach dem Bruch mit der KPD und dem Ausschluß aus der SPD stand dann nur noch die dritte Strategie zur Verfügung, die Bildung einer eigenen Partei. Es zeigte sich, daß die Strategie in einer politischen Partei, der Sozialdemokratischen Partei Deutschlands, zu wirken, am erfolgreichsten war. Nach dem zweiten Weltkrieg vermochten die Anhänger der Nelsonschen politischen Philosophie, sowohl die Programmatik wie auch die Strategie der SPD zu beeinflussen.

4.1 Entwicklung des Internationalen Jugend-Bundes von 1917 bis zum Ausschluß aus der SPD 1925

Willi Eichler skizzierte in einem Manuskript, das er im Londoner Exil 1940 verfaßte, die Gründungsidee des Internationalen Jugend-Bundes als Kristallisationspunkt einer linken Bewegung: „Der Internationale Jugend-Bund wollte die vielen, im Grunde dem gleichen Ziel zustrebenden sozialistischen Kräfte zu einer fortschrittlichen, linken Bewegung zusammenfassen [...]".[1] Diese Erklärung bedarf einer Ergänzung. Der IJB wurde neu gegründet, da andere bestehende Organisationen nicht bereit waren, einer Politisierung im Sinne Nelsons zuzustimmen.

---

1   Willi Eichler: Denkschrift von Mai 1940, in: Archiv der sozialen Demokratie, IJB-ISK Bestand, Mappe 68, Bl. 1.

Nelsons Versuche, die bürgerliche Jugendbewegung zu gewinnen, scheiterten. Als Geburtsdatum der bürgerlichen Jugendbewegung gilt der 4. November 1901, der Gründungstag des Vereins Wandervogel in Berlin. Ihren Höhepunkt hatte die Jugendbewegung mit dem gemeinsamen Treffen am 10. Oktober 1913 auf dem Hohen Meißner bei Kassel, dem Tag des hundertjährigen Jubiläums der Völkerschlacht bei Leipzig. Dieses „Gegenfest" sollte eine Demonstration gegen die offiziellen wilhelminischen Feierlichkeiten werden. Die sogenannte „Meißner-Formel", als Kompromiß zwischen den einzelnen Gruppen verabschiedet, lautete: „Die Freideutsche Jugend will aus eigener Bestimmung vor eigener Verantwortung mit innerer Wahrhaftigkeit ihr Leben gestalten. Für diese innere Freiheit tritt sie unter allen Umständen geschlossen ein" (Giesecke 1981, S. 22). In der Einladung war die Zielsetzung vorgegeben, es hieß, die Jugend müsse sich auf sich selbst besinnen, sie strebe nach einer Lebensführung, die jugendlichem Wesen entspreche, die es ihr aber zugleich auch ermögliche, sich selbst und ihr Tun ernst zu nehmen. Doch die Jugendbewegung hatte keine Generallinie, eine einigende politische oder kulturelle Leitidee war nicht vorhanden und konnte nicht herausgebildet werden. Sie begann insbesondere in den Großstädten und war sozial auf die bürgerliche Jugend der höheren Schulen beschränkt (Laquer 1978, S. 253).

1913 schlossen sich die meisten Wandervogelgruppen zum Wandervogel e.V. zusammen, der 1914 bereits 40.000 Mitglieder umfaßte. Ebenfalls neu gegründet wurde der „Freideutsche Bund", der vor allem die älteren Wandervögel zusammenfaßte. Als Opposition zu der Dominanz von Erwachsenen im Wandervogel spaltete sich eine kleine Gruppe unter dem Namen Jugendwandervogel ab. Giesecke wies darauf hin, daß der Gegensatz zwischen der konservativen und der schulrevolutionären Richtung der Jugendbewegung kaum zu überbrücken war. Die konservative, lebensreformerische Strömung verband mit dem Wandern neue Formen der Lebensführung wie Alkohol- und Nikotinabstinenz, gesundes Essen und Kleiden etc. Der progressive Flügel um Gustav Wyneken, der 1910 die Freie Schulgemeinde Wickersdorf gegründet hatte, setzte auf eine eigene Jugendkultur, die gegen Elternhaus und Schule gerichtet war. Wyneken selbst wurde jedoch bereits 1914 aus der Freideutschen Jugend ausgeschlossen. Als einigendes Band wirkte noch das Prinzip der strikten parteipolitischen Neutralität. Dies zerbrach jedoch mit der Novemberrevolution 1918. Die Jugendbewegung mußte Stellung nehmen zur Beurteilung der Revolution, zur Republik und auch zu den Parteien, die den neuen Parlamentarismus verkörperten. Zunächst dominierte die progressive Richtung um Alfred Kurella und Karl Bittel, die sich später der Kommunistischen Jugendbewegung anschlossen. 1920 brach der Konflikt zwischen linken und rechten nationalistischen Gruppen offen aus. Die Hofgeismarer Tagung der Freideutschen Jugend machte den Anfang, später fiel auch der Wandervogel auseinander.

Die Arbeiterjugend übernahm manche Lebensformen vom Wandervogel. So wurde auf dem ersten Reichsjugendtag des Verbandes der Arbeiterjugendvereine im August 1920 in Weimar folgendes Gelöbnis verabschiedet: „In dem engen Gemeinschaftsleben beider Geschlechter wollen wir den Adel an uns bilden, um mitzubauen an einer sozialistischen Zukunft, bis wir anstelle Hasses, Neides, Kleinsucht die Liebe der Menschen untereinander in Volks- und Völkergemeinschaften zum Siege geführt haben. Wir wollen die Neuerung des Sozialismus durch Tat und Beispiel aus unserer Jugendbewegung" (Kneip 1974, S. 224).

Nelson und die Jugendbewegung

Eine zeitgenössische Publikation verwies auf einen gewissen Einfluß, den Nelson in der Freideutschen Jugend ausübte. Sein Einfluß auf die Freideutsche Jugendbewegung darf allerdings nicht überschätzt werden. Nelson hatte wohl nur einmal als Vertreter der Göttinger Akademischen Freischar Pfingsten 1916 an einem Vertretertag der Freideutschen Jugend teilgenommen (Franke 1991, S. 145; Messer 1922, S. 67). Auch an dem wichtigen Fest auf dem Hohen Meißner im Oktober 1913 konnte Nelson nicht persönlich teilnehmen, da er eine Italienreise unternahm. Nachträglich wandte er sich in einer Festschrift an die Freideutsche Jugend. Er interpretierte den Zusammenschluß als eine moralische Notwendigkeit, da die Jugend heute mehr denn je eine feste und sichere Führung benötige. Da man der eigenen Vernunft der Menschen nicht zutraue, eine klare Welt- und Lebensansicht zu bilden, habe man sich unter das Joch fremder Autoritäten begeben. Als einzige Alternative bot Nelson in dem Aufruf eine Charakterbildung an. Werbung in eigener Sache betrieb er, wenn er feststellte: „Auch bei uns fehlt es nicht an tapferen Kämpfern, aber sie stehen zur Seite gedrängt, an dem Widerstand der herrschenden Gewalt vergeblich ihre Kräfte aufreibend. Möge die deutsche Jugend den Weg zu ihnen finden; möge sie in ihnen ihre treuesten Freunde und Helfer erkennen und durch den Zustrom ihrer ungebrochenen Kraft jenen zum Siege und sich selbst zur Befreiung verhelfen! […] Wie kann der für Wahrheit und Recht wirken, der nicht Mut und Kraft hat, gegen Irrtum und Unrecht Partei zu ergreifen?"[2]

Sein Aufruf wurde nicht beachtet, er selbst schrieb im März 1916, daß seine Worte damals und heute verhallt wären. Nelson forderte eine personelle und inhaltliche Konzentration auf die entscheidenden Dinge, er habe an der Zeitschrift „Freideutsche Jugend" deren Mangel an Zielbewußtsein und Verantwortungsgefühl kritisiert. Weiterhin müsse der „nationalistischen Vergiftung" und der „konfessionellen Knechtung" der Jugend entgegengewirkt werden. „Die Jugend sollte sich freilich nicht für ihr fremde Parteizwecke zum Werkzeug machen lassen. Unparteilich aber sollte sie darum doch nicht sein." Die Jugend

---

2 Leonard Nelson: An die freie deutsche Jugend und ihre Freunde. Aufruf zum Fest auf dem Hohen Meißner (1913), in: Gesammelte Schriften Bd. 8, S. 334. - Ursprünglich in: Eugen Diederichs: Freideutsche Jugend. Zur Jahrhundertfeier auf dem Hohen Meißner, Jena 1913.

benötige eine eigene Organisation, die sich ausschließlich dieser Zielsetzung widme. Dies ist eine erste vorsichtige öffentliche Ankündigung der neuen politischen Zielsetzung Nelsons, der eigenen Organisationsbildung.[3]

Nelson kritisierte an der bestehenden Jugendbewegung deren Führerlosigkeit: „Warum hat sich die Jugendbewegung nicht den zum Führer genommen, der in Wahrheit ihr Begründer ist, Hermann Lietz?"[4] Ob der damals 48-jährige Lietz die geeignete Person dafür war, sei dahingestellt. Dessen Kulturkritik war biologistisch ausgerichtet, statt der Gitarre der Wandervögel bevorzugte er den Spaten. Minna Specht sagte in ihrer Gedächtnisrede für Lietz, daß alle Versuche Nelsons, die Jugend auf Lietz hinzuweisen, gescheitert wären.[5]

Eine erfolgreiche Veränderung der Jugendbewegung sah Nelson als nicht möglich an. Ein Versuch Nelsons, sie zu politisieren, mißlang gänzlich. Auf der bereits erwähnten Göttinger Tagung 1916 wandte sich Nelson gegen die Festschreibung der politischen Unabhängigkeit und forderte eine Parteinahme der Freideutschen Jugend. Dies wurde abgelehnt. Daraufhin warf er der Freideutschen Jugend „Trägheit und Feigheit, ihren Führern Senilität und Verweichlichung vor, weil sie sich jeder Art von politischer Aktion enthielten, die möglicherweise ihre innere Einheit gefährden könnte. Hätte die Arbeiterjugend so gehandelt?"[6] Hier wird bereits bedingt Nelsons Abkehr vom Parteiliberalismus sichtbar.

Im November 1916 trat Nelson, nach internen Konflikten, aus der Akademischen Freischar und der Freideutschen Jugend aus - er war dazu gedrängt worden - und verlor so selbst jede organisatorische Bindung an die bürgerliche Jugendbewegung (Blencke 1983, S. 70).

Max Hodann vertrat 1916/17 innerhalb der Freideutschen Jugend weiter die Position Nelsons, ohne diese jedoch durchsetzen zu können. In einer Aussprache des Hauptausschusses veröffentlichte er eine Stellungnahme Nelsons, in der dieser massive Kritik vorgetragen hatte: „Was ist also die passive Haltung der Freideutschen Jugend anders als ein schwächliches Zurückweichen [...]" (Hodann 1917, S. 35). Hodann forderte die Freideutsche Jugend zur Politisierung auf, die aber nicht eine reine politische Parteipolitik sein dürfe, sondern ihre Zielbestimmung aus der Politik der Vernunft entnehmen müsse. Die Freideutsche Jugend lehnte weiterhin jedes politische Engagement ab. An dieser Individualisierung kritisierte der IJB, daß es in einer Welt des Unrechts eine Utopie sei, zu glauben, die Gesellschaft könne auf dem Weg der „Veredelung des Wesens"

---

3   Brief Nelsons von März 1916, in: Gesammelte Schriften Bd. 8, S. 216.

4   Brief Nelsons von Juni 1916, in: ebenda, S. 222.

5   Minna Specht: Hermann Lietz. Gedächtnisrede, Leipzig 1920, S. 24. Leider nur verkürzt ohne wichtige Passagen zum IJB in: Hermann Lietz - Zeugnisse seiner Zeitgenossen, Hrsg.: Elisabeth Kutzer, Stuttgart 1968, S. 121-134.

6   „Die Tat", Heft 11, 1916, zitiert nach: Laquer 1978, S. 111.

reformiert werden.[7] Neben Hodann wirkten Julie Pohlmann und Meinhart Hasselblatt, ein Student Nelsons, in der Freideutschen Jugend. Diese publizierten auch einige Aufsätze in dem Verbandsorgan „Freideutsche Jugend". Die bürgerliche Jugendbewegung zerfiel nach der Novemberrevolution in eine Vielzahl von Richtungen und war, wie Max Hodann feststellte, „als Bewegung so gut wie tot" (Hodann 1920, S. 197).

Nelson resümierte seine Kritik an der Freideutschen Jugend noch einmal in einem Brief. Ausgehend von der Ablehnung jeglicher politischer und religiöser Stellungnahmen von Seiten der Freideutschen Jugend kennzeichnete er ihre Grundhaltung der sogenannten inneren Entwicklung als reine Romantik. Diese passive Haltung der Innerlichkeit sei nur ein schwächliches Zurückweichen vor der Anerkennung der Konsequenzen, einmal übernommene Pflichten auch auszuführen. Die bloße Selbsterhaltung arte in einen „Götzendienst der Selbstverherrlichung" aus. Für Nelson war es evident, daß für seine politischen Ziele die Freideutsche Jugend nicht zur Verfügung stand, denn deren „krankhafter Pessimismus" halte eine Verwirklichung idealer Zwecke für nicht möglich. In dem Brief skizzierte Nelson aber auch schon offen seine Zukunftspläne. Die Arbeit müsse von einem kleinen Kreis bereits erprobter Charaktere ausgehen, die nach einer intensiven Methode arbeiten. „Von diesem kleinen Kreis müssen die Führer ausgehen, die dann das Unternehmen weiter tragen und ausgestalten. Es ist zwecklos, in die Breite wirken zu wollen, bevor die Führer ausgebildet sind. [...] Diese Ausbildung muß nach einem festen und klaren Ziel orientiert sein, das jedoch nicht dogmatisch, sondern allein von wissenschaftlicher und zwar philosophischer Seite her bestimmt werden kann."[8] Nelsons Ziel einer Erziehungsgemeinschaft wird hier bereits deutlich bestimmt. Wieder kritisierte Nelson die mangelnde Bereitschaft der Jugend, Führer zu suchen. Neben dem Hinweis auf Hermann Lietz gab Nelson noch einen weiteren Namen an, Edgar Thiemer: „Ihn, den berufensten Führer aus ihren eigenen Reihen" kenne niemand mehr. Thiemer, Student Nelsons, war bereits 1914 im Krieg gefallen.

Nelson sprach sich deutlich gegen jeglichen Romantizismus aus und lehnte auch bestimmte Lebensreformbestrebungen ab. Die „neue Innerlichkeit" war ihm zuwider, er schrieb: „Sollte es nicht an der Zeit sein, diesem Betrug ein Ende zu setzen? Es gilt ein neues Ideal ins Auge zu fassen, ein Ideal der Männlichkeit und Kraft, das nicht zu zart ist, um die Probe im wirklichen Leben zu bestehen."[9]

In der ersten Phase seiner politischen Tätigkeit hatte sich Nelson noch ganz auf dem Boden des von ihm auch theoretisch begründeten Liberalismus und der bestehenden bürgerlichen Gesellschaftsordnung bewegt. Er hoffte, daß über die

7   Klara Deppe: Aufgaben und Gefahren, in: Der Völkerbund der Jugend, hrsg. im Auftrag des Vorstandes des Internationalen Jugend-Bundes von Bertha Gysin, Leipzig 1920, S. 25.

8   Brief Nelsons von Juni 1916, a.a.O.

9   Brief Nelsons von September 1916, in: Gesammelte Schriften Bd. 8, S. 237. In einem anderen Brief formulierte Nelson noch deutlicher: „Denn die Verweibung der jungen Leute, die einem da entgegentritt, ist erschreckend." Brief von Juni 1916, a.a.O., S. 223.

Jugendbewegung eine politische Veränderung zu erreichen sei, mußte sich dies aber als illusorisch eingestehen. Auch andere politische Alternativen schlugen fehl. Ein Versuch, im Kriegsjahr 1915 eine Friedensgesellschaft zu gründen, gab Nelson schnell wieder auf. Es komme nichts dabei heraus, was zu dem Aufwand an Zeit und Nervenkraft in einem Verhältnis stünde, notierte er in einem Brief.[10] Auch die Gründung einer Deutsch-Skandinavischen Vereinigung mißlang. Von den angeschriebenen Personen antworteten nur drei überhaupt auf Nelsons Initiative.[11]

Auch die philosophische Fries-Gesellschaft widersetzte sich der von Nelson geforderten Umstrukturierung. In einem Rundschreiben an die Mitglieder der Gesellschaft formulierte Nelson: „Wenn bisher die wissenschaftliche Ausbildung der Mitglieder der Gesellschaft durch Vorträge und Diskussionen im Vordergrund standen [...]", so müsse jetzt mit dieser Anschauung gebrochen werden, da „eine ungeheure Gefahr darin liegt, sich rein intellektuell auf ein relativ hohes Niveau zu erheben, ohne sich dabei die Charakterbildung in gleicher Weise angelegen sein zu lassen". Nelson forderte unmißverständlich: „Nicht auf die Zahl der Grundsätze, die wir als verbindlich anerkennen, soll es uns dabei ankommen, sondern darauf, daß wir sie in unserem Leben wahr machen."[12] Als Nelson jedoch am Beispiel des Vegetarismus forderte, die Ergebnisse in die Tat umzusetzen, brach die Fries-Gesellschaft in ihrer ursprünglichen Organisationsform auseinander. Nelson hatte den Bruch letztlich provoziert. Er schrieb, daß er Schritte unternommen hätte, „um diejenigen zum Austritt zu veranlassen, die für die Entwicklung der Gesellschaft ein störendes Element geblieben wären" (S. 233). Da auch der „Nationalverein für das liberale Deutschland", in dem Nelson 1908 Mitglied geworden war, keine Perspektive mehr bot und Nelson sich politisch von dem Liberalismus abgewandt hatte, blieb nur die Gründung einer eigenen Organisation übrig, um politisch wirken zu können.

Nelsons politische Intentionen wurden in einem Brief an Hermann Lietz deutlich, wenn er schrieb: „Meine Anschauungen haben sich gewandelt und geklärt, und wenn ich auch festhalte an dem Gedanken einer gänzlichen Reform des Erziehungswerks, so habe ich doch zugleich eingesehen, daß unter allen Aufgaben, die der Lösung harren, eine - durch die Not der Stunde - die hervorragendste Beachtung verdient, nämlich die, Führer auszubilden."[13] Führerausbildung im

10   Brief Nelsons vom 8.3.1915, in: Blencke 1960, S. 67.

11   Brief Nelsons an Hermann Lietz vom 14.2.1916, in: Nelson-Archiv im Archiv für Hessische Schulgeschichte der Universität Frankfurt/M. Rundschreiben an die Empfänger des Entwurfs betreffend die Gründung einer Deutsch-Skandinavischen Vereinigung vom 17.3.1916, in: Bundesarchiv Potsdam, Nachlaß Nelson, Mappe 215.

12   Aus dem zweiten Kriegsrundschreiben vom 21.7.1917, in: Eichler: Nelson, a.a.O. S. 228f. Vgl. auch die Rede von Klara Deppe auf dem 1. Bundestag des ISK am 10.8.1928, in: Archiv der sozialen Demokratie, IJB-ISK Bestand, Mappe 5, Bl. 87.

13   Brief Nelsons an Hermann Lietz vom 14.8.1916, in: Nelson-Archiv im Archiv für Hessische Schulgeschichte der Universität Frankfurt, Mappe VI-501.

Sinne der platonischen Herrschaft der Weisen, dies sollte Nelsons unmittelbare Aufgabe sein.

Gründung des Internationalen Jugend-Bundes

Über die Entstehung des Internationalen Jugend-Bundes berichtete Minna Specht auf einem Ausbildungskurs im Jahr 1922: „Nelson hat im Krieg drei oder vier Mädchen, Studentinnen, aufgefordert, mit ihm zu arbeiten. Die Mädchen waren ernst, aber ohne besondere geistige Gaben, ohne besondere Talente. Sie hatten keinen allzu großen Enthusiasmus für Nelsons Ideen; der Ansporn überredender Agitatoren fehlte auch. Die Mädchen waren eigentlich voller Widerstreben, und die Methode, nach der sie arbeiten mußten, diente nicht dazu, ihnen ihren Widerstand zu nehmen. Was fing er mit ihnen an? Er trieb mit ihnen nicht Philosophie, wie sie erhofft hatten, sondern hielt mit ihnen Aussprachen ab über die Notwendigkeit, das eigene Leben zu disziplinieren. Das Abschließen der Schränke, das Innehalten von Verabredungen, die Nützlichkeit sonntäglicher Wanderungen wurde erörtert, mündlich und schriftlich, und was schlimmer war, es wurde zugleich gefordert, solche Regelungen durchzuführen. Erst langsam ging die Theorie zu ernsteren Problemen über. Man drang vor bis zur Forderung politischer Reformen und zum Prinzip der Führerschaft. Wichtiger aber blieb noch immer der Kampf um die Treue im Kleinen, um die Erfüllung der äußeren Regeln. Nach 3/4jähriger Zwangsarbeit, denn anders kann man die Arbeit kaum nennen, ließ Nelson einen Kurs abhalten vor einem Kreis befreundeter Kameraden. War dieser Kurs ein Examen, eine Ehrung oder Belohnung? Seine Schülerinnen wußten es selbst nicht. Aber sie erlebten plötzlich voller Staunen die Wirkung ihrer einfachen und klaren Reden auf den Hörerkreis. Seit diesem Kurs ist die Jugendarbeit ernsthaft in Angriff genommen worden."[14]

Was Nelson von seinen Mitstreitern verlangte, wurde in einem Brief deutlich. Er schrieb: „Ich verlange von dem, den ich zu meinem Bundesgenossen machen soll, nicht nur, daß er sich ein bestimmtes Ziel, daß er sich das rechte Ziel steckt, ich verlange von ihm nicht nur, daß er in seinen Ideen hinreichend fortgeschritten sei und in seinen Schriften und Reden vor keinen Konsequenzen Halt mache, sondern was ich zu allererst verlange, das ist ein hinreichendes Maß von Charakter. [...] Ja ich würde viel eher einen Menschen zum Bundesgenossen wählen, der gedanklich nicht auf demselben Standpunkt steht wie ich, von dem ich aber annehmen darf, daß die Stärke und die Reinheit seines Charakters ihn zum Führer geeignet machen."[15] Nelson wollte seine politische Arbeit nicht „in die Breite" wirken lassen, sondern eine politische Elite ausbilden. Er suchte keine intellektuell orientierten Menschen, sondern Charakterstärke.

---

14 Minna Specht: Die Erziehungsgemeinschaft. Rede auf dem Ausbildungskurs des IJB am 7.8.1922 in Göttingen, in: Bundesarchiv Potsdam, Nachlaß Nelson, Mappe 247, Bl. 16f.

15 Brief Nelsons von September 1916, in: Eichler: Nelson, a.a.O., S. 224f.

Als Gründungsdatum des Internationalen Jugend-Bundes gilt der 1. April 1917. Zu Ostern hatte sich ein kleiner Kreis aus Studierenden Nelsons und ehemaligen Mitgliedern der Freideutschen Jugend, die ebenfalls mit Nelsons Ideen sympathisierten, in Göttingen versammelt. Deren Motivation beschrieb Julius Philippson mit dem Willen, jegliche Unklarheiten, die reinen Gemütsbewegungen entstammten, beiseite zu lassen: „Dafür klare, d.h. wissenschaftliche Einsicht in die vernünftigen Lebenswerke, zu deren Erkenntnis uns die Kant-Friessche Philosophie in Wahrheit führt."[16] In Leitsätzen legten die Teilnehmer fest: „Der Einzige, den wir in vollem Vertrauen zum Führer wählen können, ist Nelson. Die Wahl der Mitglieder unseres Kreises geschieht durch Nelson." Die Exklusivität der Gemeinschaft verbiete, sich anderen Organisationen anzuschließen, die nicht die gleichen Ziele hätten. „Jedes Mitglied ist zum Schweigen über das Bestehen der Gemeinschaft verpflichtet, bis Nelson von der Schweigepflicht entbindet."[17] Klara Deppe, Gründungsmitglied des IJB, notierte später: „Wir waren zwar ein Geheimbund, aber ein recht harmloser."[18]

Zu dem kleinen Kreis, der bereit war, Nelson zu folgen, gehörten Minna Specht, Julie Pohlmann, Klara Deppe, Bertha Gysin, Maria Hodann, Max Hodann, Julius Philippson und Hans Mühlestein. Max Hodann war 1916 durch Hans Mühlestein, der bereits 1911 bei Nelson studierte, auf ihn aufmerksam geworden. Beide gaben 1917 zum 100. Jahrestag der Gründung der Burschenschaften ein Buch heraus. Mit der Arbeiterbewegung kam Hodann früh in Kontakt, allerdings mehr zufällig. Benedikt Kautsky, Sohn Karl Kautskys, war ein Mitschüler. In seiner Studienzeit hatte er Kontakt zu Hugo Haase, dem späteren USPD-Vorsitzenden. Hodann war Leiter des Berliner Freideutschen Ortsverbandes und gründete im Frühjahr 1916 die „Centralarbeitsstätte für Jugendbewegung (C.A.S.)" in Berlin, die für eine politische Ausrichtung der Jugendbewegung eintrat (Wolff 1993). Bertha Gysin arbeitete von Anfang 1916 bis Mai 1920 als Assistentin von Nelson in Göttingen, danach kehrte sie nach Basel zurück. Der Kontakt zu Hans und Alice Mühlestein hatte sich mehr zufällig ergeben. Nelson lernte beide bei Gustav Wyneken in dessen Landerziehungsheim Wickersdorf kennen. Sie zogen kurz darauf nach Göttingen, um bei Nelson Vorlesungen zu hören.

Hans Mühlestein plädierte 1917 in einem „Aufruf an die deutsche Jugend" für einen „Kampf um die europäische Idee, um eine rechtliche Einigung Europas" (Mühlestein, 1920a, S. 14). Er bezog sich damit auf den Einfluß von Fries auf dem Wartburgfest 1817 und dessen Forderung, der Wiederherstellung des Rechts im öffentlichen Leben der europäischen Völker, und versuchte, diese Gedanken in die Diskussion der Jugendbewegung einzubringen. Die Überwindung des

---

16   Brief Philippsons an Minna Specht vom 5.6.1916, in: Archiv der sozialen Demokratie, IJB-ISK Bestand, Mappe 1.

17   Leitsätze vom 1.4.1917, in: Bundesarchiv Potsdam, Nachlaß Nelson, Mappe 2, Bl. 3f.

18   Deppe: Rede 1. Bundestag ISK, a.a.O., Bl. 89.

nationalistischen Partikularismus sollte in dem" zukünftigen Europa eine Aufgabe der Jugend sein. Mühlestein knüpfte direkt an Nelson an, wenn er zur Gründung eines „Freundschaftsbundes der gebildeten und dereinst zur Führung der Völker berufenen Jugend in Europa" aufrief, aus dem „eines Tages ein Bund der geistigen und politischen Führer aller gebildeten Völker" hervorgehe (S. 18). Unter Bezugnahme auf Platons Aussage, daß eher kein Staat werden könne, bis nicht die Herrschaft der Weisen angebrochen sei, forderte er die akademische Jugend auf, dies herbeizuführen. An dieser Stelle wird deutlich, daß Mühlestein noch von einem Elitekonzept ausging, daß sehr deutlich auf die studierende bürgerliche Jugend fixiert war.

Nachdem Nelson einen kleinen Kreis von Studierenden gewonnen hatte, begann man im Winter 1917/18 mit der Lektüre seiner Schrift „Die Theorie des wahren Interesses und ihre rechtliche und politische Bedeutung" aus dem Jahr 1913. Hans Mühlestein reiste in mehrere Orte, in denen Schüler von Nelson zu Treffen Interessierter eingeladen hatten. Seit Februar 1918 wurden so in Magdeburg regelmäßige Diskussionsabende über die Nelson-Schrift „Führer und Verführer" abgehalten, die Julie Pohlmann leitete.

Eine kleine Gruppe versuchte im Mai 1917, die Frage einer Organisationsanbindung oder einer Neugründung zu lösen. Man ging von der Fragestellung aus, daß Nelson noch 1914 die Arbeit in bestehenden Organisationen als das dringlichste dargestellt hatte und worin die Gründe bestünden, dies jetzt nicht mehr zu verfolgen. An der Diskussion nahmen außer Nelson noch Klara Deppe, Bertha Gysin, Minna Specht, Kurt Marquard und Hans Mühlestein teil.[19] Nelson beabsichtigte, die Fries-Gesellschaft zu einer „Tatgemeinschaft" umzustrukturieren, damit jederzeit die Möglichkeit bestehen würde, „unseren Ideen die Macht zu erobern". Er plante, innerhalb der Fries-Gesellschaft einen „wenn auch noch so kleinen, so doch fest entschlossenen Kreis tätiger und selbstloser Mitarbeiter" aufzubauen. Dies könne nicht nur durch die „Bearbeitung der Intelligenz", sondern insbesondere durch die „Schulung des Willens" erreicht werden: „Und dies läßt sich mit Erfolg nur in einer geschlossenen Lebensgemeinschaft erreichen, in einem einheitlichen Milieu, dessen Gewalt jeden intellektualistischen Dünkel niederschlägt, und worin der Wert des Einzelnen sich nur nach der Kraft seiner demütigen Hingabe bemißt."[20] Zu diesem Zeitpunkt hatte er die Fries-Gesellschaft als „Keimzelle" einer neuen politischen Orientierung allerdings bereits aufgegeben, die letzte Tagung der Gesellschaft mit dem Thema „Relativitätstheorie und kritische Philosophie" fand 1921 statt.

Anfang des Jahres 1918 trat eine Schweizer Studentengruppe mit einem konkurrierenden Aufruf auch an die deutsche Öffentlichkeit, einen Internationalen Studentenbund mitzugründen. In einem Antwortbrief der Nelsongruppe,

---

19 Protokoll von 20.5.1917, in: Bundesarchiv Potsdam, Nachlaß Nelson, Mappe 221, Bl. 82.

20 Brief Nelsons an Ackermann vom 7.1.1918, in: Archiv der sozialen Demokratie, Nachlaß Nelson, Mappe 38. Auch in: Eichler: Nelson, a.a.O., S. 213f.

der von Hans Mühlestein verfaßt worden war, forderte diese einen Führerrat als leitendes Gremium und als Ausweitung über die akademische Jugend hinaus, einen Internationalen Jugendbund. Unterzeichnet hatten: Hermann Berens, Klara Deppe, Bertha Gysin, Susanne Leonhard, Alice Mühlestein-Wachsmuth, Dr. Friedrich Oehlkers, Julie Pohlmann, Caroline Querfurth, Lili Schönhals, Minna Specht, Wolfgang Wachsmuth-Harlan. Nimmt man noch Maria Hodann, Max Hodann, Hilda Langhans, Kurt Marquard, Elli Neuhaus, Leo Nowack, Julius Philippson, Fritz Seyfarth und Anna Stein hinzu, scheint dies der Nelsonkreis im Jahr 1918 gewesen zu sein.[21] Der IJB war eine von Anfang an und, dies gilt für die Nelsonbünde insgesamt, eine nicht männlich geprägte Organisation. Waren es zunächst während der Zeit des Ersten Weltkrieges Zeitumstände, so behielten die Organisationen später aber dieses Merkmal bei (vgl. Miller 1995).

„Die Organisation hat von Anfang an versagt", stellte Nelson im März 1918 in einer Mitteilung an die Teilnehmer der Göttinger Zusammenkunft vom 1. April 1917 fest. Man habe nicht alle an einem regelmäßigen Diskussionsprozeß teilnehmen lassen können und das Maß an Exklusivität sei wohl verfrüht gewesen, es bedürfe noch einer größeren Auswahl, stellte der Bericht fest. Erwähnt wurden drei Gruppen in Göttingen, Berlin und Kassel, bei letzterer handelte es sich um einen mehr zufällig gebildeten Diskussionskreis Nelsons, dieser leistete in Kassel seinen Wehrdienst ab. Nelson resümierte: „Aber wir sehen ein, daß wir nicht der Kreis von Menschen sind, wie sie für eine solche Gemeinschaft gebraucht werden: Menschen, die mit der ungeteilten Kraft ihrer ganzen Persönlichkeit dieser einen Idee leben. Was die gesammelte Willenskraft Einzelner vermag, daß hat uns das Ergebnis der zweiten russischen Revolution lehren können, deren Helden uns an die großen Gestalten der Geschichte erinnern [...]."[22]

Im Sommer 1918 fand in Göttingen ein zehntägiger Kurs unter Leitung von Nelson und Minna Specht statt, dies scheint mir der Beginn der eigentlichen organisationspolitischen Arbeit des Internationalen Jugend-Bundes zu sein.[23] An dem Kurs nahmen Lehrer, Angestellte, Ingenieure, Hausfrauen und einige Akademiker teil (Saran 1979, S. 66). Neben einer Eröffnungsansprache Nelsons wurden folgende Referate gehalten: „Die Not der Zeit und die Verpflichtung der Jugend", „Die Bedeutung der Philosophie für die Bestimmung unserer Ziele", „Persönlichkeitsbildung - Politisches und Pädagogisches Ideal", „Die Organisation der Tatgemeinschaft: Führerschaft", „Die Erziehungsgemeinschaft" und „Unsere unmittelbaren praktischen Aufgaben".[24]

---

21 Brief Schweizer Studenten, in: Archiv der sozialen Demokratie, IJB-ISK Bestand, Mappe 1. Brief von Hans Mühlestein, in: ebenda. - Ob Erna Blencke zu diesem Zeitpunkt bereits zu dem Nelsonkreis gehörte, ist nicht sicher.

22 Brief Nelsons an die Teilnehmer der Göttinger Zusammenkunft von 1.4.1917, in: ebenda.

23 Klara Deppe: Bericht 1. Bundestag ISK, a.a.O., S. 89.

24 Jugend-Kurs in Göttingen. 22.-31.7.1918, in: Archiv der sozialen Demokratie, IJB-ISK Bestand, Mappe 1. - Das Protokoll enthält nicht mehr die Inhalte der Reden und Referate des Kurses.

Im gleichen Jahr startete auch eine publizistische Informationsoffensive des Internationalen Jugend-Bundes; im Leipziger Verlag „Der Neue Geist" erschien die IJB-Schriftenreihe „Öffentliches Leben" - intern wegen des Umschlages die blaue Reihe genannt - , in der alleine 1918 sechs Schriften erschienen. Hans Mühlestein warnte in einer dieser Publikationen („Die Herrschaft der Weisen") eindringlich vor der bisherigen Politik. Er sah „dunkle Gewalten" im öffentlichen Leben, die von „nichtwissenschaftlichen Mächten" beherrscht würden. Gegen den vorherrschenden Geist der Reaktion und des Libertinismus helfe nur die Wiederherstellung der Autonomie der Vernunft in der von Kant und Fries begründeten, von Nelson erneuerten wissenschaftlichen Ethik. Mühlestein erläuterte dann „populärwissenschaftlich" die Ideen Nelsons: Rechtsgesetz, Herrschaft der Vernunft, Regentschaft, Herrschaft der Weisen und demgegenübergestellt: Despotismus der Demagogen, Demokratie, Klerikalismus (Mühlestein 1918a). Im August 1918 verfaßte der Nelsonkreis „Leitsätze und Erläuterungen für die Werbetätigkeit". Neben der Zielsetzung der Ausbildung politischer Führer und der geheimbündlerischen Organisationsform - „[...] niemals durchblicken lassen, daß es außer dem, was wir mitteilen, noch anderes gibt, daß wir vorläufig noch nicht sagen können"[25], - bekannte man sich noch dazu, auf dem Boden des älteren Liberalismus zu stehen. Diese Ansicht wurde durch einen Aufsatz von Max Hodann aus dem Jahr 1918 gestützt, in dem dieser darauf hinwies, daß Nelson den Inbegriff seiner Forderungen „Liberalismus" nenne (Hodann 1918, S. 388f.). Allerdings wurde dieser „Liberalismus" als Politik der Vernunft und der Selbstbestimmung, als Prinzip des Selbstvertrauens der Vernunft dargestellt.

Politische Richtungsänderung

Die entscheidende Richtungsänderung vollzog Nelson direkt nach der Novemberrevolution 1918. Seit dieser Zeit verwandte der Nelsonbund den Begriff „Sozialismus". In einem Brief an Anton Erkelenz, dem späteren Reichstagsabgeordneten und Vorsitzenden der liberalen Deutschen Demokratischen Partei sprach sich Nelson Anfang November 1918 für eine Vereinigung der SPD mit der Freiheitlichen Volkspartei aus. Hiermit demonstrierte er geradezu praktisch seine später theoretisch unterstützte Position eines liberalen Sozialismus. Als Begründung führte er an, daß die FVP im Kriege ganz versagt habe, man dürfe sie nicht noch weiter „aufpäppeln". Bei der SPD dagegen habe es eine klare Politik gegeben. Gleichzeitig warnte Nelson vor der „Gefahr des Bolschewismus"; nur eine „starke, regierungsfähige, hinreichend weit links stehende Partei" könne dieser Gefahr begegnen.[26] Hans Mühlestein bekräftigte in einem Artikel die Ablehnung des Liberalismus. Dieser sei zu einer „Partei der Banausen herabgesunken", weil

---

25   Leitsätze und Erläuterungen für die Werbetätigkeit vom 23.8.1918, in: ebenda.

26   Brief Nelsons an Erkelenz vom 4.11.1918, in: Archiv der sozialen Demokratie, Nachlaß Nelson, Mappe 38.

er alle großen Ideen des Kantischen radikalen Vernunftliberalismus aufgegeben habe. Die einzige Lösung biete der Sozialismus, der jedoch auch an der Überschätzung der bloßen Formen der Republik und der Demokratie leide. Der Internationale Jugend-Bund wurde demnach als eine Vorstufe zu der von Nelson geforderten „Partei der Vernunft" angesehen. Mühlestein skizzierte dies in der ihm eigenen Sprache folgendermaßen: „So also soll der Internationale Jugend-Bund die Wurzel, die Partei der Vernunft der Stamm, der aus dieser Wurzel wächst, sein. Die Krone des Ganzen aber soll dereinst die Herrschaft der Weisen bilden" (Mühlestein 1920b, S. 34).

Die internen programmatischen Dokumente des Internationalen Jugend-Bundes lassen einen deutlichen Umschwung in der politischen Ausrichtung erkennen. In dem „Entwurf eines Programms der Vernunft" vom November 1918 sprach sich der Bund unmißverständlich für eine sozialistische Gesellschaftsordnung aus. Allerdings strebe man einen Sozialismus an, der die Fehler der Sozialdemokratie vermeiden wolle, „also nicht kommunistisch und nicht demokratisch ist".[27] Die Sonderexistenz des Bundes wurde damit begründet, daß alle bisherigen politischen Richtungen sich zur Erfüllung der Forderungen der „Partei der Vernunft" als unzulänglich erwiesen hätten. Der Liberalismus lasse mit der Bejahung der wirtschaftlichen Freiheit die schrankenlose Ausbeutung der Menschen zu. Auch der Ausweg des Kommunismus in einer Planwirtschaft unterbinde nur den Prozeß des Wirtschaftslebens selbst. Die Sozialdemokratie fordere die Einführung der uneingeschränkten Demokratie mit dem Mehrheitsprinzip, dies überlasse die Entscheidungen einer Zufallsmehrheit und nicht, wie der IJB fordere, der wissenschaftlichen Begründung aus der Kritik der Vernunft.

Gerechtigkeit wurde als das oberste Gesetz der Vernunft für die Gesellschaft herausgestellt. Der IJB wandte sich gegen jede Ausbeutung der Person als bloßes Mittel, er bekämpfe sie nicht nur auf sozialpolitischem Gebiet im Kampf gegen den Kapitalismus, sondern auch auf kulturpolitischem Gebiet im Kampf gegen den Klerikalismus, der das geistliche Gegenstück zum wirtschaftlichen Despotismus darstelle. Zur Ausschließung des politischen Dilettantismus und Demagogentums strebte der Bund eine Auslese und Ausbildung begabter Führerpersönlichkeiten an, wie sie nur durch die Errichtung einer wissenschaftlich-politischen Akademie erreicht werden könne, in der Charakter, Einsicht und Organisationskunst gleichmäßig gebildet würden. Der Programmentwurf machte weiterhin Aussagen zum Familienrecht, zur Sozial-, Kultur-, Kriminal-, Staatenbundpolitik und zur Erziehung zur Vernunftpolitik.

Eine erste Organisationsrichtlinie formulierte den neuen politischen Kurs. „Nelson ist tatsächlich Sozialist", hielt die Richtlinie zwei Tage nach Ausrufung der Republik im November 1918 fest und forderte, „wir wollen alles vermeiden,

27 Entwurf eines Programms der Partei der Vernunft vom 19.11.1918, in: Bundesarchiv Potsdam, Nachlaß Nelson, Mappe 224, Bl. 3.

was unsere Einstellung als Gegensatz zum Sozialismus erscheinen lassen könnte".[28] Die IJB-Mitglieder sollten sich als „radikale Sozialisten" bezeichnen, denn „Nelson ist nicht Kommunist". Gleichwohl enthielt das Dokument einige Sympathie für den „Bolschewismus", obwohl ihm gegenüber auch ein organisationserhaltender Standpunkt vertreten wurde. Streng legalistisch versuchte der Jugend-Bund alle Bedenken zu zerstreuen, er strebe eine gewaltsame Revolution an: „Um uns von den Bolschewisten abzuheben, und um nicht den Schein zu erwecken, als wollten wir einen blutigen Umsturz", müssen deren gewalttätige Umstürze kritisiert werden. Zum jetzigen Zeitpunkt komme es darauf an, daß die verschiedenen sozialistischen Richtungen untereinander Frieden wahren. Zielrichtung müsse jedoch immer die Beeinflussung im Sinne Nelsons sein, um so die Gründung der Partei der Vernunft vorzubereiten. Dieser Kompromiß zwischen „liberal-elitären und sozialistisch-egalitären Prinzipien" (Klär 1982, S. 315) zeigte, daß der IJB als Schnittstelle zwischen den beiden Theorien wirkte.

Der Internationale Jugend-Bund legte Anfang 1920 unter dem Titel „Der Völkerbund der Jugend" einige organisationspolitische Dokumente und Schriften der Öffentlichkeit vor. Die Hinwendung zum Sozialismus und zur sozialistischen Bewegung wurde zum erstenmal in einem Aufsatz von Klara Deppe in dieser Schrift öffentlich gemacht. Klara Deppe schrieb: „Wer immer sich heute für das Recht einsetzt, steht Schulter an Schulter mit der sozialistischen Jugend. Denn der Weg zum Recht führt über den Sozialismus. Auch kann kein Zweifel darüber bestehen, daß die aufbauenden Kräfte der Zukunft aus den unverbrauchten Schichten des werktätigen Volkes kommen müssen [...]." Das Lob der sozialistischen Jugendbewegung, die bewußt nach der Macht zur Bekämpfung des Unrechts strebe, wurde mit einer vernichtenden Kritik an der „Freideutschen Jugend" verbunden. Diese, so Klara Deppe, hoffe die Welt auf dem Wege der Veredelung des eigenen Wesens und desjenigen der Gleichgesinnten zu reformieren. In einer Welt, die vor Unrecht starre, sei dieser eigennützige, egoistische Weg sogar eine weitere Vermehrung des Unrechts. Man könne nicht darauf warten, daß der Mensch gut werde. „Man kann nämlich Einrichtungen schaffen, die das schlechte durch Zwang verhindern." Der Fehler der „Freideutschen Jugend" liege in der Ablehnung des Gebrauchs von Machtmitteln und in ihrem beschränkten bürgerlichen Denken, der den Blick für soziale Ungerechtigkeiten verstelle. Für den IJB war aber die sozialistische Jugend nicht radikal genug, da ihr eine richtige Bestimmung des angestrebten Ziels fehle. Dies könne nur die Politik des Rechts im Nelsonschen Sinne sein. Der IJB strebe eine radikale neue Güterverteilung an, darum sei der Bund auch den „radikalen Sozialisten" zuzuordnen (Deppe 1920, S. 26f.).

Hans Mühlestein verwies in der gleichen Schrift darauf, daß der IJB den beiden Hauptrichtungen des Sozialismus neutral gegenüberstehe. Das Problem

---

28 Richtlinie für unsere aktuelle politische Wirksamkeit vom 11.11.1918, in: Archiv der sozialen Demokratie, IJB-ISK Bestand, Mappe 1, S. 1.

der russischen Bolschewisten sei, daß sie „die demokratischen Formen sprengten und damit der Herrschaft des Zufalls den Krieg erklärten. Ihre Tragik ist aber die, daß sie zu schnell alle bestehenden Formen der Ordnung zerbrachen, ehe sie eine neue, haltbare Form des Staatslebens an die Stelle zu setzen vermochten". Mühlestein sah weiterhin die Gefahr, daß die Bolschewisten, bedingt durch eine falsche Theorie, jede ökonomische, aber auch die geistige Produktivität gefährdeten. Durch die „allzu primitive Lehre des doktrinären Kommunismus, von der quantitativen Gleichheit der Beteiligung jedes Einzelnen am Güterbesitz" werde keine Rücksicht auf die verschiedenen Bedürfnisse, vor allem auf die verschiedene Bildungsfähigkeit des Menschen genommen (Mühlestein 1920b, S. 41).

Werner Link resümierte den Kurswechsel des Internationalen Jugend-Bundes in der Zeit der Novemberrevolution kritisch, wenn er feststellte: „Als kleiner Kreis von größtenteils Studenten und Studentinnen hatte der IJB keinerlei Kontakt mit den Massen, fehlte ihm jegliche Beziehung zu den Forderungen einer sozialen Revolution [...]. So gebärdete er sich - von der revolutionären Stimmung erfaßt - revolutionär [...]" (Link 1964, S. 62f.). Links Urteil, ökonomistisch gestützt, über den IJB fiel denn auch eindeutig aus, der Bund sei „eher scheinrevolutionär". Durch die Ablehnung der formalen Demokratie könne der IJB aber noch, falls er sich in die revolutionäre Gesamtbewegung einordne, eine „fortschrittliche Funktion in der realen Entwicklung gewinnen". Links damalige Position ist typisch für eine auf marxistischer Grundlage aufbauende linke Kritik am Konzept eines ethischen Sozialismus (vgl. Kapitel 3.4).

Erster Aufbau der Organisation

Unter dem Namen „Studiengesellschaft für praktische Philosophie" waren Gruppen in Berlin, München, Frankfurt a. M., Magdeburg, Kassel und Göttingen gegründet worden. Erst nach der Novemberrevolution und der damit verbundenen Aufhebung der Beschränkungen der Presse- und Vereinsfreiheit konnte der Internationale Jugend-Bund an die Öffentlichkeit treten. In einem Aufruf „An die freie deutsche Jugend aller Stände und Völker" stellte man den IJB als ersten Grundstein für eine neue internationale Partei vor, der „Internationale der Vernunft, der Partei der Vernunft. So soll der Internationale Jugend-Bund der kraftvoll treibende Kern für die Partei der Vernunft werden." Nur aus der „sittlichen Vernunft" könne die gesetzgebende Macht abgeleitet werden. Da in der Jugend die Vernunft noch ungebrochen lebe, könne eine Erneuerung nur von ihr kommen. Die Jugend brauche nur eine dauerhafte Organisationsform zur „Auswahl und innerlichen Festigung ihrer edlen Kräfte [...]. Diese Dauerform will der Internationale Jugend-Bund dem jungen Geschlecht bieten. Er will die reformierenden Kräfte aller Politik durch eine ernste und tatkräftige Gemeinschaftsarbeit in der Vernunft jedes Einzelnen verankern."[29]

---

29   Aufruf vom 21.11.1918, in: ebenda. Auch veröffentlicht in: „Die Republik" vom 8.2.1919.

Als Bundesvorstand des IJB wurden Leonard Nelson (Vorsitzender), Otto Voepel (1. Stellvertreter), Minna Specht (2. Stellvertreterin), Hans Mühlestein (1. Schriftführer), Max Hodann (2. Schriftführer) und Alice Mühlestein-Wachsmuth (Kassenwartin) angegeben. Mit Ausnahme von Voepel, einem Kasseler Architekten, gehörten alle Vorstandsmitglieder zu dem engeren Nelsonkreis. Dem IJB gelang es, in einem „Freundesrat" die Unterstützung von Albert Einstein, Käthe Kollwitz, Anton Erkelenz und anderen Persönlichkeiten zu erlangen. Der IJB hatte an ausgewählte Personen eine Anfrage gerichtet, ob sie ihren Namen für einen Freundesrat zur Verfügung stellen würden, wenn „sie nur im wesentlichen mit unserem Programm übereinstimmten". Von den ursprünglich 18 Unterzeichnern zogen bis zum Jahr 1920 sieben ihre Unterschriften zurück.[30] Es kann angenommen werden, daß der Freundesrat des IJB mehr oder weniger nur auf dem Papier bestand. Dies wird durch eine spätere Auskunft Nelsons belegt. Im Januar 1925 schrieb er, von den Mitgliedern des Freundesrates sei nur Anton Erkelenz überhaupt auf den Bericht des IJB über die Arbeit der letzten Zeit an den Freundesrat eingegangen.[31]

Nach dem Zusammenbruch des Kaiserreiches, dem verlorenen Weltkrieg und der unvollendeten Revolution waren viele Jugendliche orientierungslos und suchten eine politische Perspektive. Einige wurden durch den Jugend-Bund gewonnen. Nora Platiel (Block) berichtete über ihre Erfahrungen: „Ich selber war eine idealistische Schwärmerin, voller guter Absichten, aber ohne gedankliche Klarheit, ein überwiegend gefühlsmäßig bestimmter Mensch, der wohl auch sozialistischen Ideen anhing, aber vom Sinn und der möglichen Bedeutung politischer Tätigkeit nichts ahnte, eigentlich auch nichts wissen wollte" (Haas-Rietschel/Hering 1990, S. 59).

In den nächsten beiden Jahren standen für den IJB zwei Aufgaben im Vordergrund, die notwendig waren, um die Sonderexistenz des Bundes zu rechtfertigen. Zum einen mußten, auch für die Öffentlichkeit, theoretische Klärungen der Politik des IJB vorgelegt werden, zum anderen galt es, innerorganisatorisch die Organisation aufzubauen, zu stärken und zu konsolidieren.

Als erste Aufgaben des Jugendbundes bezeichnete Klara Deppe in der bereits erwähnten Schrift „Der Völkerbund der Jugend" die Bereiche Organisationsbildung und Mitgliederwerbung. Die Organisation müsse aber auch Kontrollmechanismen dafür schaffen, „daß die Reinheit ihres Ziels erhalten bleibt" (Deppe 1920, S. 30). Als Hauptaufgabe wurde daher die Herausbildung von Führungspersönlichkeiten angesehen: „Ein wahrer Führer ist der und nur der, der unter Hintansetzung jedes persönlichen Interesses seine ganze Kraft in den Dienst der Sache stellt, der einen durchaus reinen Willen hat und an Einsicht in das Ziel und in die zu dessen Erreichung erforderlichen Mittel den anderen überlegen ist."

---

30   Ebenda; Brief vom 21.11.1918, in: Archiv der sozialen Demokratie, IJB-ISK Bestand, Mappe 1; Der Völker-Bund der Jugend, a.a.O., S. 56.

31   Monatsantwort Nelsons vom 27.1.1925, in: Archiv der sozialen Demokratie, IJB-ISK Bestand, Mappe 1.

Es reiche jedoch nicht aus, schlechte Regenten durch gute zu ersetzen, die Schulung der Gefolgschaft sei eine nicht weniger wichtige Aufgabe des Bundes. Der IJB wolle „die Besten aus der Jugend aller Nationen in geschlossener Front zum Kampf führen gegen das Unrecht in der Welt" (S. 32). Veröffentlicht wurden neben diesem und weiteren grundlegenden Aufsätzen die Satzung des IJB und ein Programmauszug. Ebenfalls wurden folgende Schriften zur „Einführung in den Gedankenkreis des IJB" angegeben:

- Ethisch-pädagogische Schriften: Konfuzius: Gespräche, Schiller: Philosophische Schriften, Dostojewski: Der Großinquisitor, sowie Werke von Nelson, Mühlestein und Specht.
- Politische Schriften: Platon: Der Staat, Kant: Zum ewigen Frieden, Fries: Philosophische Rechtslehre, Franz Oppenheimer: Die soziale Forderung der Stunde, sowie Schriften aus dem Bereich des IJB von Mühlestein, Nelson und Julie Pohlmann.
- Allgemeine philosophische Schriften: Kant: Was ist Aufklärung, Fries: Julius und Evagoras, Apelt: Metaphysik, sowie Werke Nelsons.

Der Internationale Jugend-Bund unterrichtete die Öffentlichkeit nur ausgewählt über seine Ziele und seine Organisationspolitik.

Max Hodann veröffentlichte 1919 in mehreren Zeitschriftenaufsätzen Teilbereiche der Politik des IJB. Identisch ist in allen Aufsätzen der Verweis auf das wissenschaftliche Werk Nelsons und das damit endgültig die Frage beantwortet sei, „was gut und was böse ist, was demnach sein soll und was nicht sein soll" (Hodann 1919, S. 114). Die Gründung des Internationalen Jugend-Bundes wurde von Max Hodann damit begründet, daß eine wirkliche Reform der Gesellschaft grundsätzlich neuer politischer Methoden bedürfe. Zudem zeige die aktuelle Politik, wie sehr mit den alten Mitteln der Politik in das „alte Fahrwasser des vorrevolutionären Parlamentarismus" zurückgesteuert werde. Den Vorwurf, der IJB entziehe sich mit der angestrebten „Führererziehung" der politischen Gegenwartsarbeit, begegnete Hodann mit der Feststellung der Mitarbeit „in den Gegenwartsparteien" (Hodann 1919a, S. 256f.). Zur Erklärung des Namens „Internationaler Jugend-Bund" verwies Hodann darauf, daß „nur wahrhaft jugendliche Menschen" die Politik von Grund auf neu gestalten könnten. International sei der Bund, weil die „Vernunft [...] ein Vermögen aller Menschen ist, das nicht durch Grenzpfähle eingeengt" werde. Die Gründung des IJB war nach Meinung Hodanns unumgänglich, da keine der politischen Parteien die von Nelson erkannten Aufgaben erfülle. Als Ziele des IJB benannte er die folgende Forderungen:

- Führerausbildung,
- Mindestforderungen für Mitglieder,
- Durchsetzung der Politik der Vernunft,
- Ablehnung des Mehrheitsprinzips und Demokratiekritik,
- Prinzip der Führerschaft des Fähigsten und Einsichtigsten,
- Mitarbeit in bestehenden Parteien an Aufgaben der Tagespolitik,

- Priorität der intensiven Schulung der Mitglieder,
- extensive Ziele des Bundes: gleiche äußere Möglichkeit für alle, zum Wohlstand und zur Bildung zu gelangen.

Insbesondere auf die Priorität der Führererziehung im IJB wies Hodann mehrmals hin (Hodann 1918, S. 388 und 1919a, S. 267).

Der Schweizer Hans Mühlestein hatte in der Gründungsphase des IJB eine wichtige Rolle inne, insbesondere publizistisch wirkte er an der Verbreitung der Ideen Nelsons mit. Mühlestein plädierte anfänglich für einen sehr stark auf die akademische Jugend fixierten Elitegedanken. Den bereits dargestellten Richtungswechsel des IJB hin zur Arbeiterjugend trug er allerdings mit. Klara Deppe plädierte dafür, daß die Einsicht in das Recht nicht nur auf Abiturienten beschränkt sei. „Die Arbeit in einer Organisation [...] auf Akademiker zu beschränken, wäre töricht und unpolitisch. Tüchtige, zum Führer geeignete Menschen finden sich in der Jugend aller Stände" (Deppe 1920, S. 32).

Hier zeigte sich aber auch der liberale Ursprung des Jugend-Bundes. Statt des marxistischen Begriffs „Klasse", verwandte man die Kennzeichnung „Stände". Mühlestein schloß sich dieser Sichtweise an, wenn er als Hauptfeinde des gesellschaftlichen Fortschritts den Großkapitalismus und Klerikalismus benannte. Da dieser doppelte „Monopolismus der Geldmacht und der Seelenmacht" auf internationalem Boden groß geworden sei, könne er nur durch eine internationale Sozial- und Kulturpolitik bekämpft werden. „Das aber können wir nur mit Hilfe der internationalen Arbeiterschaft tun." Sozialisten seien die Mitglieder des IJB aber noch in einem anderen Sinne, man erstrebe „den vollen Sozialismus der Völker untereinander, die wahre Gleichheit aller Völker in einem echten Völkerbund, die Wahrung und gegenseitige Achtung der Eigenart jedes Volkes" (Mühlestein 1920b, S. 45). Mühlestein beließ es nicht nur bei der Forderung eines internationalen Sozialismus, sondern sah den IJB als Vorläufer der Partei der Vernunft, die eine „gänzlich neue Internationale sein" werde, die Internationale der Vernunft.

Hans Mühlestein sprach sich in seiner 1918 erschienenen Schrift „Der neue Geist im Völkerleben und seine Durchsetzung im Friedensschluß" für eine kulturelle Umwälzung aus, die im Geiste einer wissenschaftlichen Ethik gestaltet werden müsse. Das „Zeitalter der praktisch-wissenschaftlichen und damit ethisch-rechtlichen Kultur", also die „Kultur der Vernunft" sei die „faktische Herrschaft des vernünftig bestimmten Willens über den ganzen Reichtum der Sinnes- und Verstandeswelt". Oberste Instanz dieser neuen Herrschaft sei nicht „Zufall und Autorität", sondern das „von Kant entdeckte Sittengesetz, das Fries und Nelson [...] als das Rechtsgesetz enthüllt haben". Mühlestein verwies ausdrücklich darauf, daß die „Prinzipien der großen allgemeinen Reformation unserer Politik und Kultur" ihren „wissenschaftlichen Sachwalter in Nelson gefunden haben" (Mühlestein 1918, S. 5f.). Neben den bereits erwähnten Schriften von Hodann und Mühlestein sei als ein weiterer Beleg ein Aufsatz von

Nelson herangezogen.[32] In einem kleinen Aufsatz, 1922 in dem „Handbuch der Politik", das der führende juristische Kommentator der preußischen und der Weimarer Reichsverfassung, Gerhard Anschütz, herausgegeben hatte, notierte Nelson einige Grundsätze zur Politik des Internationalen Jugend-Bundes. Dort wurde mitgeteilt, daß der IJB zwar der Jugendbewegung angehöre, er sich aber keiner Autorität unterwerfe, sondern nur dem Gesetz der eigenen Vernunft folge. Da dies ursprünglich „dunkel" sei, stelle man sich bewußt unter eine Führerschaft, die das Ziel weise. Als politisches Ziel des IJB benannte Nelson „das alte platonische Ideal der Herrschaft der Weisen" und den „Aufbau der Partei des Rechts" mit der Bestimmung, das politische Leben dem Rechtsgesetz zu unterwerfen. Nelson sprach sich noch einmal für eine Gesellschaftsordnung aus, die auf den Prinzipien des Rechts und der Vernunft aufgebaut sei. Der IJB habe nun die Bestimmung, das, was als rechtliche Maxime erkannt worden sei, auch umzusetzen, also an der rechtlichen Gestaltung der Verhältnisse mitzuwirken. „Folgerichtig stellt sich also der IJB die Aufgabe, das politische Leben, das auf Einrichtungen fußt, und durch diese Einrichtungen die Gesellschaft lenkt, dem Rechtsgesetz zu unterwerfen dadurch, daß diese Einrichtungen in den Dienst des Rechts gestellt werden." Da die Macht im Staat von Menschen ausgeübt werde, hänge alles davon ab, „daß zum Recht entschlossene Menschen die Macht des Staates in die Hände bekommen. Nur eine geeignete Erziehung aber sichert uns das Dasein solcher Menschen, deren Wille unbeugsam auf das Recht gerichtet ist. Mit dieser Erziehungsaufgabe hat der IJB seine pädagogische Arbeit in den Dienst eines politischen Ziels gestellt. Seine pädagogische Aufgabe ist eingeengt auf die Erziehung von Politikern." Über das Organisationsleben des IJB teilte Nelson nur mit, daß der Bund in „verschiedenen Städten Deutschlands und der Schweiz unter strenger Auslese in geschlossenen, fest organisierten Gemeinschaften" arbeite. Dabei schreite „die körperliche, geistige und organisatorische Ausbildung nach methodischem Stufengang fort".

Das in der Anfangsphase des Internationalen Jugend-Bundes noch gewisse romantizistische Vorstellungen vorhanden waren, belegt eine Schrift von Hans Mühlestein. Entgegen Nelsons klarer Sozialismus-Definition ging er einen anderen Begründungsweg. Mühlestein verwies auf den Erfolg des Jesuitenordens, der „durch die bloße Organisation einiger weniger menschlicher Willen gemacht worden ist. [...] Der Jesuitismus wird, vermöge seiner inneren Konsequenz, vermöge seines genialen pädagogischen Systems, [...]" letztendlich der Sieger bleiben, da der Kapitalismus an seiner inneren und äußeren Anarchie auseinanderbrechen werde. Mühlestein stellte die Behauptung auf, daß der Jesuitismus der eigentliche Gegenpart sei und nicht der Kapitalismus. „Der Kapitalismus ist nur vermöge der Roheit und Unwissenheit seiner Adepten und insofern nur zufällig ein Feind der Vernunft. Es liegt ja nicht, wie gewisse seltsame sozialistische

---

32 Leonard Nelson: Der Internationale Jugend-Bund (1922), in: Handbuch der Politik, Bd. 5, Hrsg.: Gerhard Anschütz u.a., Berlin 1922, zitiert nach: Gesammelte Schriften Bd. 9, S. 341f.

Träumer annehmen, in der Natur des Kapitals, daß es der Vernunft Feind ist. Wenn die Träger seiner Gewalt nur Vernunft annehmen würden [...], dann ließe sich die Macht des Geldes vernünftig organisieren [...]. Wohl aber ist der Jesuitismus notwendig ein Feind der Vernunft. Es liegt in der Natur des Prinzips seiner Erziehungsmethode sowohl als seiner politischen Organisation, nämlich in der Natur des Autoritätsprinzips, daß der Jesuitismus immer und überall, versteckt oder offen, den Kampf gegen die Selbstaufklärung der Vernunft aufnehmen und durchführen muß" (Mühlestein 1918a, S. 51f.).[33]

Detaillierter informierten da interne Richtlinien die Mitglieder des IJB, die in fünf Teilen von November 1918 bis Oktober 1920 erschienen. Stellten sie zunächst die programmatischen Leitlinien des IJB vor, so wandelte sich ihre Funktion ab der vierten Richtlinie im Dezember 1919 zu einer Art „Parteistatut" mit Anweisungen für die Arbeit der Ortsgruppen. Die erste Richtlinie vom 11. November 1918 setzte sich mit der Einordnung in das bestehende politische Spektrum auseinander. Der IJB sei nicht liberal im Sinne der heutigen liberalen Parteien und alles, was Nelson über Liberalismus geschrieben habe, sei die schärfste Kritik der jetzigen Vertreter des Liberalismus, hieß es. Wie bereits dargestellt, hielt die Richtlinie das Bekenntnis zum Sozialismus fest. Die Mitglieder des Jugend-Bundes sollten sich trotz mancher Sympathien auch als Abgrenzung gegenüber dem Kommunismus als radikale Sozialisten bezeichnen.[34]

In weiteren Richtlinien wurden zusätzliche Organisationsprinzipien für die Arbeit des IJB bestimmt:

- Erhebung von Mitgliedsbeiträgen und Mitwirkung bei der finanziellen Förderung des IJB,
- Einführung eines Berichtwesens zwischen den einzelnen Ortsgruppen und dem Bundesvorstand,
- Gründung eines Vereins zur Verbreitung der Gründung einer Akademie zur Führerauslese,
- Regelungen zur Kassenführung und über Finanzberichte der Ortsgruppen,[35]
- Vertrieb und Verkauf von Broschüren über die Politik und Ziele des IJB (sogenannte „blaue Hefte" der Reihe „Öffentliches Leben").[36]

---

33 Mühlestein trennte sich Anfang der 20ger Jahre von Nelson und dem Internationalen Jugend-Bund. Nach einer Aussage von Minna Specht aus dem Jahr 1959 soll er sich der Kommunistischen Partei angeschlossen haben, da er dort „bessere Organisationsmöglichkeiten" gesehen habe (Link 1964, S. 77). Zwar wurde Mühlestein 1938 Mitglied der Schweizer Kommunistischen Partei, jedoch erscheint die von Specht getroffene Vermutung nicht zutreffend zu sein.

34 Richtlinie vom 11.11.1918, a.a.O., S. 1.

35 Richtlinien. Zweiter Teil, a.a.O. und Richtlinien. Dritter Teil vom 8.2.1919, in: ebenda.

36 Das der IJB zumindestens in dieser Richtlinie nicht auf der Höhe der frauenpolitischen Diskussion war, belegt folgende Empfehlung: „Der Verkauf bei Versammlungen geschieht am besten durch Menschen von gewinnendem Äußeren. Es empfiehlt sich daher, daß junge Mädchen in den Pausen mit den Heften herumgehen und die Einzelnen zum Kauf einladen." - Richtlinien. Zweiter Teil vom 17.11.1918, in: ebenda, S. 2.

Welche Anforderungen Nelson an den IJB stellte, wird aus den Leitsätzen, die er formulierte, deutlich. Er ging davon aus, daß für die „Partei der Vernunft" das ganze Leben eingesetzt werden müßte. „Bindungen persönlicher Art", die die Arbeitspläne des IJB behinderten, seien daher entschlossen zu lösen. Als Selbstverpflichtung mußten die Gebiete „Rationalität, Selbsterziehung und ernsthafte Erledigung der Arbeit" gelten. Auch die Kontakte zur „Außenwelt" waren geregelt. Die Mitgliedschaft in anderen Organisationen sollte nur dort fortgeführt werden, wo sie dem IJB nützen könnte. Einer Parteimitgliedschaft stehe nichts im Wege, nur „imperialistische, kapitalistische und klerikale Parteien" seien ausgeschlossen. Die Mitgliedschaft im IJB wurde als „ständige Probezeit" angesehen. Der äußere Kreis des Bundes diene der „Bewährung der Tatbereitschaft", während der innere Zirkel die „unbedingte Hingabe an die letzten Ziele" erfordere. Nelson sah den Internationalen Jugend-Bund als Vorstufe oder Sammelbecken für die Akademie, in der die Führer des öffentlichen Lebens ausgebildet werden sollte: „Lehrer und Schüler für die Akademie vorbilden, ist die wichtigste Aufgabe."[37] Typisch für die enge Zusammenarbeit und wohl auch wegen einer besseren sozialen Kontrolle der IJB-Mitglieder waren die Wohngemeinschaften, die in vielen Städten existierten. In Göttingen hatte Henriette Ith, die auch René Bertholet (vgl. Adant 1996) für den Nelsonkreis gewann, als „Sponsorin" ein Haus zur Verfügung gestellt, das zur Zentrale der Bundesleitung des IJB wurde. Die Mitglieder konnten sich ganz auf ihre politischen Aktivitäten konzentrieren, da andere Mitglieder, wie etwa Anna Kothe in Göttingen, arbeitsteilig den gesamten Haushalt führten.

Die Frage der Mitgliedschaft im Internationalen Jugend-Bund wurde durch einen, den in kommunistischen Parteien ähnlichen, Kandidatenstatus gelöst. Neben dem engeren Kreis diente der weitere Kreis „als Prüfungsmaßnahme, als die Auferlegung einer solchen Wartezeit die Freiheit von Eitelkeit, die Geduld und den wahren Ernst für die Sache [...] erproben hilft".[38] Die Mitgliedschaft war in mehreren Stufen aufgeteilt, bis zur Zugehörigkeit zum inneren Zirkel mußten drei „Prüfungen" bestanden werden. Die erste Stufe bildete ein Vorbereitungskurs, der „dem Bund die nähere Bekanntschaft mit neuen geeigneten Menschen vermitteln" sollte.[39] Dem eigentlichen Kurs ging eine Vorbereitungszeit bzw. Vorprüfung voraus, die alle ausschließen sollte, die nicht IJB-Mitglied werden wollten, sowie „Menschen, deren Kraftlosigkeit in die Augen fällt, oder solche die einen bloßen Hang zum Theoretisieren haben". In dem eigentlichen Kurs standen inhaltliche und formale Anforderungen gleichberechtigt nebeneinander. Zu den inhaltlichen Informationen gehörten „Führerschaft, die Sinnlosig-

---

37 Leonard Nelson [ohne Datum]: Leitsätze, in: Bundesarchiv Potsdam, Nachlaß Nelson, Mappe 224, Bl. 15f. - Die Leitsätze stammen höchstwahrscheinlich aus dem Zeitraum 1919/1920.

38 Richtlinien. Dritter Teil vom 8.2.1919, a.a.O., S. 1.

39 IJB-Bundesleitung vom 25.10.1920: Erweiterungskurs, in: Bundesarchiv Potsdam, Nachlaß Nelson, Mappe 225, Bl. 69f.

keit demokratischer und anarchistischer Arbeitsmethoden, Notwendigkeit der Disziplin und des Zwanges in der Organisation, Herbeischaffen von Geld für die Führerakademie und der Hinweis, daß die IJB-Mitglieder internationale Sozialisten seien". Formale Vorbedingungen waren u.a. die regelmäßige und pünktliche Mitarbeit sowie die Anerkennung der Notwendigkeit von Strafgeldern und Verschwiegenheit; während des Kurses sollten diese Anforderungen durch verschiedene Ämter praktisch erprobt werden. Über jeden Teilnehmer an den Vorbereitungskursen wurde ein Tagebuch - eine Kaderakte - geführt.

Der Erweiterungskurs wandte sich an „bereits im IJB erprobte Mitglieder, die geeignet zu straffer und verantwortungsvoller Mitarbeit erscheinen". Zweck des Kurses war es, detaillierte Anweisungen zu geben und Fragen der Lebensführung der IJB-Mitglieder zu erörtern. Voraussetzung für die Teilnahme war die erfolgreiche Absolvierung eines Vorbereitungskurses und die Verpflichtung, zwei Semester am Ort der Kursarbeit zu bleiben. Die Zugehörigkeit zum Erweiterungskurs stellte für Nelson ein „Noviziat" dar. Inhaltliche Bestandteile des Kurses waren die Bereiche „Unsere Stellung zu Reformbewegungen und Parteien, zur Demokratie [...]", „der Fatalismus als Feind im eigenen Lager" sowie Fragen der Lebensführung („persönliche Bindungen, Vegetarismus") und der Organisation des Gemeinschaftslebens im Jugendbund. Zu dem Erweiterungskurs gehörten auch ein Schreib- und Redekurs, regelmäßiger Sport, die Aufstellung von Tages- und Arbeitsplänen und das Heranziehen der Kursteilnehmer an die sonstige Ortsgruppenarbeit. Im Anschluß an diesen Kurs wurden diejenigen, „die sich einwandfrei bewährt haben und nur diese" in einer besonderen Arbeitsgemeinschaft zusammengefaßt, die gemeinsam die Schrift „Die Not der Zeit" von Hans Mühlestein lesen sollten. Nur die Teilnehmer dieser abschließenden Arbeitsgemeinschaft konnten die Aufnahme in den inneren Zirkel des IJB durch eine noch bevorstehende erfolgreiche Absolvierung eines Ausbildungskurses erreichen. Die Organisation des Ausbildungskurses lag jetzt bei der Bundesleitung, die dafür Kriterien entwickelt hatte. Von den Ortsgruppenleitern wurde eine Auswahl der Kandidaten erwartet, zusätzlich waren Beurteilungen („Charakterisierung der inneren Entwicklung, Begründung unter Hervorhebung der Garantien, die der Charakter des Kandidaten besitzt") vorgeschrieben. Als neue Anforderungen kamen „Gesundheit und Frische" und ein Examen über „Demokratie und Führerschaft" und „Pädagogisches und politisches Ideal", also IJB-Spezifika, hinzu.[40] Diese Form der Selektion der Mitgliedschaft galt bis zu den Jahren 1923/24.

Bei einer Analyse der Aufgabenstellung des inneren Kreises des Internationalen Jugend-Bundes wird die Besonderheit deutlich, die den Bund von anderen politischen Organisationen unterschied. „Bei der Bewertung der Arbeit im inneren Kreis ist vor allem daran zu denken, daß von wissenschaftlicher und politi-

---

40   Monatsantwort vom 15.4.1921, in: Archiv der sozialen Demokratie, IJB-ISK Bestand, Mappe 1.

scher Ausbildung nicht die Rede sein kann, ehe nicht jeder Einzelne im kleinen gelernt hat, auf sich selbst und sein Benehmen acht zu haben und ehe er nicht die Handhaben ergreift, die ihn zum Erkennen und Beseitigen seiner Schwächen geboten werden."[41] Die primäre Aufgabe des Bundes war somit eine pädagogische. Die Erziehungsgemeinschaft des IJB bestand aus bestimmten Mindestforderungen, die im Laufe der Zeit erhöht wurden, einem ausgeklügelten Berichtwesen der Gruppen (Monatsberichte, Vierteljahresberichte, Jahresabrechnung) sowie entsprechenden Antworten der Bundesleitung, einem System von Ausbildungskursen und gewissen Formalismen wie deutliches Reden und Schreiben, Genauigkeit im Verabreden, Antiqua-Schrift, tägliche Gymnastik, Verwendung des Groß-Quart-Papierformates.

Die Richtlinien bestimmten aber auch folgende zwei „politische Aufgaben", zum einen die Pflege der Beziehungen des Jugend-Bundes mit der sozialistischen Jugend und zum anderen die Erweiterung der internationalen Beziehungen. Der Internationale Jugend-Bund versuchte in der direkten Folgezeit der Novemberrevolution durch öffentliche Veranstaltungen seine politischen Leitlinien in den gesellschaftlichen Diskurs einzubringen. Die Berliner Ortsgruppe, geleitet von Max Hodann, führte am 13. Dezember 1918 eine Vortragsveranstaltung mit Nelson über das Thema „Der Weg zur Vernunftpolitik" durch. Nelson sprach über die allgemeinen Ziele des IJB, über die aktuellen Forderungen des Bundes und seine spezifische Arbeitsweise. Der Einladung waren die folgenden fünf Leitsätze beigefügt:

- „Die notwendigen Ziele allen menschlichen Handelns, insbesondere des politischen, können nur durch die Vernunft bestimmt werden. Bei hinreichender Schulung des Denkens und Klärung des Gefühls kann sie jeder einsehen.

- Die erste und wichtigste Aufgabe aller Politik ist die Einführung des Rechtszustandes in der Gesellschaft. Der Rechtszustand erfordert, daß jeder die gleiche Möglichkeit erhält, seinem Leben einen Wert zu geben. Dazu gehört die gleiche Möglichkeit für alle, zum Wohlstand und zur Bildung zu gelangen. Diese Gleichheit gilt wie für die einzelnen, so auch für die Völker.

- Der Internationale Jugend-Bund vertritt keine Interessen - auch nicht die seiner Mitglieder -, um ihrer selbst willen, sondern nur, insofern es die Gerechtigkeit erfordert. Dagegen fordert er von seinen Mitgliedern planmäßige Mitarbeit an der Bekämpfung des Unrechts auf jedem Gebiet.

- Der Internationale Jugend-Bund erwartet eine Reformation nicht von der bloßen Verbreitung der vernünftigen Ideen, auch nicht von der bloßen Veredelung einzelner Menschen, er hält es vielmehr für notwendig, das Recht durch Institutionen zu sichern. Dabei ist er sich aber wohlbewußt, daß diese Institutionen nur geschaffen und erhalten werden können, wenn sich Menschen finden, die Kraft und Willen dafür einsetzen.

---

41   Richtlinien. Vierter Teil vom 1.12.1919, in: ebenda.

- Solche Menschen heranzubilden durch wissenschaftliche Vertiefung ihrer Einsicht in die Grundlagen der Vernunftpolitik, durch planmäßige Erziehung ihres Willens und Entwicklung ihres organisatorischen Talentes, ist die Hauptaufgabe des Internationalen Jugend-Bundes. Dieser Aufgabe dient die Tätigkeit kleiner, in intensiver Arbeitsgemeinschaft wirkender Gruppen, die nach dem Prinzip der Führerschaft organisiert sind."[42]

Insbesondere in der Forderung, daß der Internationale Jugend-Bund keine Interessen aus eigennützigen Gründen verfolge, wird der direkte Bezug zu Nelsons integraler politischer Philosophie deutlich. Nur aus der Theorie abgeleitete und begründete Gebote können in die politische Praxis umgesetzt werden.

Zur Unterstützung der Nelsonbewegung war am 1. Dezember 1918 in Berlin die „Gesellschaft der Freunde der Philosophisch-Politischen Akademie (Leonard Nelson)" gegründet worden. Als Ziel der Gesellschaft wurde die Aufgabe bestimmt, „Mittel zu beschaffen für die Gründung und Erhaltung einer freien Akademie, wie diese in den Schriften Leonard Nelsons näher beschrieben worden ist".[43] Die Satzung war von Nelson selbst handschriftlich verfaßt und u.a. von Oppenheimer, Heinrich Nelson und Adolf Löwe als Gründungsmitglieder unterzeichnet. Die zentralistische Organisationsform der Gesellschaft spiegelte die Ablehnung der Demokratie, wie Nelson sie in seinen Schriften begründet hatte, wider. Die entscheidende Machtposition lag bei dem „obersten Leiter der Philosophisch-Politischen Akademie", also bei Nelson selbst, obwohl zu diesem Zeitpunkt die Akademie noch gar nicht bestand und in den Organen der Gesellschaft diese Funktion gar nicht vorgesehen war. Dennoch bestimmte der Akademieleiter alleine die Bildung des Kuratoriums, die Ernennung des geschäftsführenden Vorstandes durch das Kuratorium bedurfte seiner Zustimmung. Wichtigste Aufgabe der Mitgliederversammlung der Freundesgesellschaft war, „die Mitglieder mit den erledigten Arbeiten des abgelaufenen Geschäftsjahres und mit dem Arbeitsplan des kommenden Jahres vertraut zu machen".[44] Der Freundesgesellschaft gehörten Anfang 1920 13 Mitglieder mit dauernder Zugehörigkeit und 88 weitere Mitglieder an, die lebenslange Mitgliedschaft konnte laut Satzung durch Zahlung eines Beitrages von mindestens 500,- Mark erworben werden. Zu den prominenten Mitgliedern gehörte Anton Erkelenz - Mitglied der Nationalversammlung und des Reichstages, 1921 Vorsitzender der Deutschen Demokratischen Partei, Erkelenz trat Ende der Weimarer Republik zur SPD über - als stud. rer. pol. war noch Gerhard Weisser verzeichnet. Den Vorsitz der Gesellschaft übernahm Professor Franz Oppenheimer.[45] 1919 hatte die Gesellschaft 27 Mitglieder, die überwiegend aus dem Nelsonkreis stammten. Zu diesem Zeit-

---

42 Einladung der Ortsgruppe Berlin des IJB vom 13.12.1918, in: ebenda, Mappe 4.

43 Satzung vom 1.12.1918, in: Bundesarchiv Potsdam, Nachlaß Nelson, Mappe 373, Bl. 7.

44 § 23 der Satzung sah vor, daß Mitglieder sich auf der Mitgliederversammlung vertreten lassen konnten, die Vertretung mehrerer Mitglieder durch eine Person war zulässig.

45 Mitglieder der Gesellschaft der Freunde der Philosophisch-Politischen Akademie (Leonard Nelson) e.V., in: Bundesarchiv Potsdam, Nachlaß Nelson, Mappe 373, Bl. 15.

punkt verfügte man bereits über ein Vermögen von etwa 50.000,- Mark, den größten Teil der jährlichen Einnahmen machten die Sonderzahlungen für die dauerhafte Mitgliedschaft in Höhe von etwa 53.000,- Mark aus.[46] Der Zweck der Freundesgesellschaft wurde in einer Rede von Heinrich Nelson, stellvertretender Vorsitzender, damit umrissen, „die Bahn für eine künftige Herrschaft der Vernunft im öffentlichen Leben zu brechen". Interessante Aussagen machte Heinrich Nelson zum Verhältnis zu den Parteien. Grundlage der Freundesgesellschaft sei die kritische Philosophie, und in der Philosophie gebe es nur eine Wahrheit. „Anders steht es mit der Politik. Die Mitglieder der Gesellschaft sind Menschen aus verschiedenen politischen Parteien, die aber alle das allgemein Beste wollen und einen Streit über parteipolitische Differenzen unter sich nicht aufkommen lassen werden. Wir wissen alle, daß keine der bestehenden Parteien ideal genannt werden kann." Hier trat deutlich das politische Ziel des Internationalen Jugend-Bundes in den Anfangsjahren nach einer Aktionseinheit der fortschrittlichen Parteien auf, natürlich mit dem Nelsonkreis als „Kristallisationspunkt", wenn formuliert wurde: es sei „ein Vorteil, daß wir verschiedenen Parteien angehören. Wir können so innerhalb aller dieser Parteien unseren Einfluß auf das uns gemeinsame Ziel hin geltend machen".[47]

Festigung und Ausbau der Organisation

Der erste Bundestag des Internationalen Jugend-Bundes fand am 10. August 1919 statt. Neben 17 Gästen nahmen 70 Vertreter der elf Ortsgruppen teil. Die größte Gruppe war Göttingen mit 28 Vertretern, es folgten Frankfurt a. M. mit neun sowie Berlin und Magdeburg mit je acht Vertretern. Weitere Gruppen arbeiteten in Basel, Bern, Hamburg, Helmstedt, Leipzig, München und Weimar. Nach der Eröffnungsrede Nelsons referierten Max Hodann über das Thema „Durchsetzung des Rechts in der Menschheit und in dem IJB", Kurt Grelling über „Demokratie und Führerschaft im Staate und in der Partei der Vernunft" und Erna Blencke, die durch Kontakte zu Julius Philippson und Gerhard Weisser zum IJB gekommen war, zu der Frage „Die Not der Zeit und die Verpflichtung der Jugend".[48]

In der sogenannten Bundestagsfeier, die feierlich inszeniert, der „religiösen Erbauung" dienen sollte, hielt Minna Specht eine Gedächtnisrede über Hermann Lietz. Diese erste Feier fand in der Klosterkirche in Nikolausberg statt, bei der Ulrich Noack in romantischer Wandervogelkluft Gedichte rezitierte. Mit dieser Feier wollte man an das Fest auf dem Hohen Meißner anknüpfen, in den folgenden Jahren fand die Feier direkt nach dem traditionell am 10. August abgehaltenen Bundestag statt. Da in der Rede von Minna Specht eine geradezu symbol-

---

46 Mitgliederliste 1919 und Kassenabschluß 1919 in: ebenda, Bl. 10f. und Bl. 24.
47 Rede Heinrich Nelsons auf der Mitgliederversammlung am 11.10.1919, in: ebenda, Bl. 26f.
48 Protokoll der 1. Mitgliederversammlung des IJB am 10.10.1919, in: ebenda, Mappe 239.

hafte Inszenierung einer sonst für den IJB untypischen „Heldenverehrung" vorkommt, sei etwas ausführlicher darauf eingegangen.

Inhaltlich nahm Specht zu Lietz Stellung, wobei der Widerspruch offen zu Tage trat, aber durch eine innerorganisatorische „Vorbildfunktion" von Lietz aufgelöst werden sollte. Der Sinn der Rede lag denn auch gar nicht in einer kritischen Auseinandersetzung mit der Person Lietz, sondern in einer an Lietz aufgezeigten Motivationshaltung, das Unmögliche möglich zu machen, und dies den Mitgliedern des Internationalen Jugend-Bundes zu vermitteln. Gerade in der Anfangsphase einer neuen Organisation ist es unerläßlich, der Mitgliedschaft eine sinnstiftende Identität zu geben. Bei den vielen Besonderheiten des Nelsonkreises wird der Anteil der zögernden oder nicht vollständig überzeugten und unsicheren Mitgliedern groß gewesen sein. Diese von der scheinbar unlösbaren Aufgabe zu überzeugen, wurde am Beispiel Lietz demonstriert: „Darum ist die Wirkung, die von solchen Menschen ausgeht, so groß und wunderbar befreiend, weil sie durch ihr Dasein, durch ihre Taten plötzlich Licht werfen auf den dunklen Pfad, auf den der grübelnde Verstand die Wahrheit sucht, und weil ihr Beispiel uns die Sicherheit gibt, daß die Kraft des Menschen ausreicht, den Willen dem Gebot dieser Wahrheit zu unterwerfen" (Specht 1920, S. 5). Specht verwies auf die Tatkraft, die Lietz vorwärts gerissen habe, nachdem er den neuen Weg gesehen habe und seine fast unerschöpfliche Arbeitskraft und Arbeitslust. Dies war eine eindeutige Aufforderung an die Mitgliedschaft des IJB, Lietz nachzueifern. Nur unter diesem Blickwinkel konnte Lietz dem Internationalem Jugend-Bund präsentiert werden, als Vorbild für eine ungeheure Schaffenskraft. Specht gelang es auf diese Weise, den „politischen" Hermann Lietz nur zu Kenntnis zu nehmen, der doch den Ideen Nelsons diametral gegenüberstand. Sie attestierte ihm eine konservative Weltanschauung, sah seine freiwillige Kriegsteilnahme völlig neutral. Lietz sei oft zu harten einseitigen Urteilen verführt worden, so Specht: „Sein Gott war ein deutscher Gott und seine Moral eine völkische Moral. So blieb er, der von Standesvorurteilen völlig freie, mißtrauisch gegen die Sozialdemokraten, weil er bei ihnen Atheismus und vaterlandslose Gesinnung vermutete. So sprach er von den Pazifisten als kosmopolitischen Schwärmern. [...] Er war überzeugt, daß die kulturelle Machtstellung eines Volkes zu allen Zeiten mit dem Schwert behauptet worden sei. Bis zum letzten Augenblick hat er gehofft, daß Deutschland die Schmach der bedingungslosen Unterwerfung unter die Feinde nicht dulden, den Untergang einem schändlichen Frieden vorziehen werde" (S. 20f.). Das alles reichte aber nicht aus, um mit Lietz zu brechen, im Gegenteil wurde Nelson als ein treuer Verehrer des Lietzschen Werkes benannt und Specht sah in Lietz einen „geborenen Führer".

Die im Oktober 1919 fertiggestellte Satzung des Internationalen Jugend-Bundes legte die spezifische Organisationsform des Bundes fest, die, wie § 4 festhielt, durch seinen Zweck vorgeschrieben sei und daher keineswegs auf einer willkürlichen Festsetzung beruhe.[49] Die Satzung setzte organisationspolitisch das von Nelson theoretisch fixierte um. Zweck des IJB war der Aufbau einer Partei der Vernunft unter der Jugend der Völker, dies sollte durch planmäßige politische Erziehung realisiert werden (§ 2, 3). Die alleinige Macht und Zuständigkeit im IJB lag in der Person des Vorsitzenden bzw. des Bundesleiters. Nach der Gründung der Philosophisch-Politischen Akademie sollte er durch deren Leiter ernannt werden. Die zentralistisch-monolithisch ausgerichtete Organisationsstruktur ließ die Frage offen, mit welcher Legitimation der Bundesvorsitzende dieses Amt ausübte, eine Wahl war jedenfalls nicht vorgesehen. Nelson stand unangefochten an der Spitze des IJB, nachdem, wie Karl-Heinz Klär treffend bemerkte, er sich unanfechtbar dorthin gestellt hatte. Der Vorsitzende bestimmte die übrigen Mitglieder des Bundesvorstandes, setzte den Termin und die Tagesordnungen für die Mitgliederversammlung und die Sitzungen des „Beratenden Ausschusses" fest, leitete diese Sitzungen und ernannte die Mitglieder des inneren Kreises der Ortsgruppen (§ 21-25). Eine wichtige Funktion übernahm laut Satzung der jeweilige Stellvertreter, der beim Ausscheiden des Vorsitzenden an dessen Stelle rücken sollte. Der bereits erwähnte „Beratende Ausschuß" setzte sich aus den Leitern der einzelnen Ortsgruppen zusammen, die sich aus ihrer Mitte einen Vorsitzenden wählten. Welche Funktionen oder Rechte dieser übernehmen sollte, bleibt unklar, die Tagungen jedenfalls werden nicht durch ihn, sondern vom Bundesleiter des IJB geleitet. Die Gruppenleiter konnten Vorschläge für die Tagesordnung an den Bundesvorstand richten, der die endgültige Form jedoch autonom festlegte. Auch die Mitgliederversammlung, in anderen Parteien bzw. Organisationen das wichtigste Gremium, hatte nur sehr eingeschränkte Rechte. Laut Satzung erstattete der Vorstand Bericht über seine Arbeit des letzten und legte Arbeitspläne für das kommende Jahr vor. „In der Hauptsache soll der Tag indessen einer gemeinsamen Feier, gemeinsamem Spiel und Sport und einer gegenseitigen Aussprache gewidmet sein" (§ 30).

Mitglied des Bundes konnte jeder werden, der sich die Ziele des Bundes zu eigen machte und den Mitgliedsbeitrag zahlte (§ 5). Die Mitgliedschaft war jedoch nach einem elitären Prinzip geregelt: „In jeder Ortsgruppe besteht innerhalb des Kreises der ortsansässigen Bundesmitglieder ein innerer Kreis von »ordentlichen« Mitgliedern. Der Eintritt in den inneren Kreis bedeutet indessen nicht sowohl einen Zuwachs an Rechten, als vielmehr an Pflichten" (§ 9). Die Mitglieder des inneren Kreises waren zur regelmäßigen Teilnahme verpflichtet. „Die Aufgabe des inneren Kreises besteht einerseits in der Erarbeitung wissenschaftlich gesicherter Grundsätze für eine rechtliche Politik auf allen Gebieten des gesellschaftlichen Lebens. Diesem Ziel dient eine intensive Arbeitsgemeinschaft, der wenigstens einmal wöchentlich eine Zeit von zwei Stunden vorbehalten sein soll. [...] Durch Übernahme planmäßig verteilter, den individuellen

---

49 Satzung des Internationalen Jugend-Bundes vom 13.10.1919, in: Archiv der sozialen Demokratie, IJB-ISK Bestand, Mappe 1. Auch veröffentlicht in: Völkerbund der Jugend, a.a.O., S. 60-63.

Fähigkeiten angepaßter Aufgaben und Ämter, sowie durch gemeinsame Veranstaltungen praktischer Art soll andererseits im inneren Kreis die Charakterbildung der einzelnen Mitglieder und ihre Organisationskunst gefördert werden" (§ 14, 15). Das Verhältnis zwischen der Bundesleitung und den Ortsgruppen war durch das zentralistische Prinzip des IJB bestimmt. Die Leiter der einzelnen Ortsgruppen wurden durch die Bundesleitung ernannt. Jeder Gruppenleiter hatte die konkrete Planung für die Gruppe in einem Plan der Bundesleitung vorzulegen. Erst nach deren Billigung konnte der Plan umgesetzt werden (§ 16, 18).

Mit Datum vom 1. Dezember 1919 gab der IJB auch eine Veränderung im Bundesvorstand bekannt. Vorsitzender blieb Nelson, als neuer Stellvertreter rückte der Schweizer Jakob Jutzler neu in den Vorstand auf, vervollständigt wurde er von Max Hodann (Schriftführer), Minna Specht und Julie Pohlmann (Beisitzerinnen) sowie Bertha Gysin (Kassenwartin). An der zweiten Mitgliederversammlung des Jugend-Bundes, die am 10. August 1920 in Göttingen stattfand, nahmen 85 Vertreter teil, die größte Gruppe mit 23 Delegierten stellte wiederum Göttingen. Minna Specht, Leiterin der Göttinger Ortsgruppe, resümierte die Arbeit des letzten Jahres. Uneingeschränkt im Vordergrund stand dabei die interne Schulung, öffentlichkeitswirksame Aktionen oder Veranstaltungen wurden nicht durchgeführt.[50] Die Mitgliederzahlen des IJB sanken von Herbst 1919 von 450 bis zum August 1921 auf 303 Personen. Nach einem Bericht der Bundesleitung auf dem dritten Bundestag am 10. August 1921 hatte der Bund nur noch acht Ortsgruppen, hinzu kamen vier Arbeitsgruppen, die noch keine formale Struktur hatten.[51] Die Organisation des Bundestages mit 132 Teilnehmern sah zunächst Turn- und Spielwettkämpfe vor, nach einer gemeinsamen Wanderung zum Tagungsort fanden die Berichte der Bundesleitung und der Ortsgruppen sowie eine Aussprache über die aktuelle Bundesarbeit statt, den Abschluß bildeten ein Konzert und ein Vortrag über Kunst sowie am Abend ein Feuer mit Singen der Arbeiter-Marseillaise. Als Vermögen wurde ein Betrag von 5.400,- Mark angegeben. Im Anschluß an den Bundestag im Jahr 1921 wurde die Mitgliederversammlung der „Gesellschaft der Freunde der Philosophisch-Politischen Akademie" abgehalten. Vorsitzender der Freundesgesellschaft blieb Oppenheimer, Stellvertreter war Heinrich Nelson, Schatzmeisterin Bertha Gysin. Der jährliche Mindestbeitrag der Freundesgesellschaft lag bei 50 Mark, der Beitrag für die dauernde Mitgliedschaft bei 2.000 Mark.

Schulung und interne Informationspolitik

In den Jahren 1919 und 1920 fanden Kurse zu folgenden Themen statt: Jugend-Bund Kurs, Historischer Kurs („Wie kommt es, daß die meisten Reformationen

---

50 Protokoll der 2. Mitgliederversammlung des IJB am 10.8.1920, in: Bundesarchiv Potsdam, Nachlaß Nelson, Mappe 241, Bl. 130f.

51 Protokoll des 3. Bundestages des IJB am 10.8.1921, in: ebenda, Mappe 245, Bl. 56.

und Revolutionen gescheitert sind?"), Thesen-Kurs für Fortgeschrittene, Protokollkurs, Schreibkurs, Einführungskurs für Neueingetretene. Weiterhin diente die Einführung von „Ämtern" zur „Steigerung des Verantwortungsgefühls", es existierten als Relikt aus Wandervogelzeiten ein „Turn- und Wanderwart", sowie ein Gesundheitsamt und ein Wohnungswart („gute, gesunde Wohnung", „auf Ordnung und geschmackvolle Einrichtung der Zimmer achten"). Specht berichtete noch von dem Vorschlag Nelsons, einen „Plan zur Ausbildung der Jugend-Bundmitglieder" zu erarbeiten, dieser sollte auf sechs Semester angelegt sein und am Schluß ein Examen enthalten, das die „Befähigung zum Ortsgruppenleiter" nachweisen sollte.[52]

Der IJB war eben nicht nur eine politische Organisation, sondern hatte von seinem Selbstverständnis auch eine bedeutende pädagogische Aufgabenstellung. Dies spiegelte sich in dem immer stärker differenzierten Schulungssystem wieder. Der bereits erwähnte erste Kurs fand im Juli 1918 in Göttingen statt. Weitere Kurse in der Anfangsphase des IJB wurden im Juli 1919 im Fextal in der Schweiz, in dem Nelson die bereits analysierte Rede „Demokratie und Führerschaft" (vgl. Kapitel 3.3.2) hielt und an dem fast ausschließlich Schweizer teilnahmen, sowie im Oktober 1919 wiederum in Göttingen mit Angehörigen der Ententeländer in der Form einer Arbeitsgemeinschaft zwischen Lehrern und Arbeitern durchgeführt.[53] Die Kurse wurden von Nelson selbst geleitet, am Abend vor dem Kursbeginn erläuterte er die Vorbedingungen der Arbeit und zeigte auf, was für das Gelingen notwendig war. Jeder Tag wurde mit einem Zitat eingeleitet. Die Teilnehmer waren verpflichtet, sich anhand von schriftlichen Materialien schon vor dem Kurs auf die einzelnen Themen vorzubereiten. Der Tagesablauf war gleichbleibend, einem Referat folgte die Aussprache darüber; was nicht genügend geklärt wurde, stellte Nelson am Abend erneut zur Diskussion. Exemplarisch sei der Inhalt des Ausbildungskurses 1921 angeführt:

- die Not der Zeit, eine Analyse der gesellschaftlichen Situation,
- prinzipielle Fragen der Beilegung der Not der Zeit (Reformen oder Revolution),
- das pädagogische und das politische Ideal,
- Führung und Gefolgschaft im IJB,
- das persönliche Leben und das Organisationsziel des Bundes,
- die politischen Forderungen an die IJB-Mitglieder (Zugehörigkeit zu anderen politischen und gesellschaftlichen Organisationen).[54]

Das spezifische an den Organisationen Nelsons stellte das aufwendige Berichtwesen und das komplexe Schulungssystem dar, die dem Jugend-Bund eine

---

52 Protokoll der 2. Mitgliederversammlung des IJB am 10.8.1920, a.a.O.

53 Völkerbund der Jugend, a.a.O., S. 6.

54 Die Darstellung der Ausbildungskurse folgt Eichler: Nelson, a.a.O., S. 240-268. Eine Schilderung der ersten Ausbildungskurse findet sich in: Völkerbund der Jugend, a.a.O., S. 6. - Zu dem Ausbildungskurs im Fextal siehe auch: Jakob Jutzler: Internationaler Jugendkurs bei Leonard Nelson im Fextal, in: „Die junge Schweiz", 1. Jg., 1919, S. 90f.

pädagogische Infrastruktur gaben. Die Ausrichtung der politischen Arbeit in den Binnenbereich des IJB hinein wurde auch in der Regelung der Mitgliedschaft deutlich. In der Richtlinie von Oktober 1920 wurde die Aufnahme der Mitglieder in den inneren Kreis von der erfolgreichen Teilnahme an einem Ausbildungskurs abhängig gemacht, wobei der Erfolg durch die Bundesleitung beurteilt wurde. Ein Gastverhältnis im IJB (Kandidatenstatus) setzte die erfolgreiche Teilnahme an einem Vorbereitungskurs voraus.[55] Detaillierte Regelungen legte Nelson als Bundesleiter im Oktober 1920 zur Frage der Mitarbeit und der Ausbildung im IJB vor; hier wurde deutlich, daß der IJB die Ausbildung einer kleinen politischen Elite zum Ziel hatte und nicht eine große Massenwirksamkeit beabsichtigte.

Wie der IJB versuchte, Mitglieder zu gewinnen, wurde aus einer Korrespondenz von Minna Specht deutlich. Sie machte einem Interessenten das Angebot, bei Nelson zu studieren und am „Leben in unserer Gruppe" teilzunehmen, eine finanzielle Unterstützung sei vorhanden. Gefragt wurde jedoch auch nach den beruflichen Plänen, den bisherigen Prüfungen, aber auch nach der Gesundheit - „Körperkräfte müssen da sein, wenn man sich besondere Aufgaben zumuten will" - und der Bindung an Familie, Freunde und Interessengruppen. Begründet wurde dies mit dem Hinweis, daß die „seelischen Kräfte frei für einen hingebungsvollen Dienst an unserer Sache sein müssen".[56]

Von Oktober 1921 bis Februar 1924 dauerte das publizistische Projekt „Politische Berichterstattung des IJB" unter der Schriftleitung von Max Hodann und Gertrud Ellert. Unter 350 Schlagwörtern (u.a. Literatur, Wissenschaft, Kultur, Gewerkschaften, Weltwirtschaft, Internationale Organisationen) wurden aktuelle Berichte, Hintergrundinformationen und Statistiken für die Mitgliedschaft aufbereitet. Das Projekt scheiterte wohl an seiner Ehrgeizigkeit, ein solch ambitioniertes Berichterstattungssystem ließ sich nicht von einer kleinen Redaktionsgruppe durchführen. Wegen Mangel an Mitarbeit aus den Ortsgruppen mußte der interne Informationsdienst dann eingestellt werden.[57]

Direkte Kontakte zur Arbeiterbewegung

Zu den Aufnahmebedingungen des Internationalen Jugend-Bundes gehörte zunächst auch die Mitarbeit in einer der Arbeiterparteien SPD, USPD und KPD. Der IJB konnte einige Mitglieder des Kommunistischen Jugendverbandes für die eigene Organisation gewinnen. Zusätzlich hatten weitere Mitglieder des IJB den Beitritt der USPD-Linken zur KPD im Jahr 1920 mitvollzogen. Bedingt durch die

---

55 Nach: Richtlinien. Fünfter Teil vom 25.10.1920, in: Archiv der sozialen Demokratie, IJB-ISK Bestand, Mappe 1, S. 5.

56 Brief von Minna Specht an Walter G. vom 4.1.1921, in: ebenda, Nachlaß Specht.

57 Nachweise in: Archiv der sozialen Demokratie, IJB-ISK Bestand, Mappe 3; Bundesarchiv Potsdam, Nachlaß Nelson, Mappe 227; Hessisches Hauptstaatsarchiv Wiesbaden, Bestand Landerziehungsheim Walkemühle, Bl. 329f. - Monatsantwort vom 24.3.1924, in: Archiv der sozialen Demokratie, IJB-ISK Bestand, Mappe 1.

Ablehnung des Marxismus, insbesondere der ökonomischen Theorie und ihrer Konsequenzen, und der Entwicklung eines eigenen, freiheitlichen Sozialismusverständnisses mußte notwendigerweise ein Konflikt mit der KPD entstehen. Als die Kader des IJB in dem Kommunistischen Jugendverband versuchten, eigene organisationspolitische Ziele zu erreichen, stießen sie in der zentralistischen Struktur bald auf Widerstand. Von wem der Bruch zuerst ausging, bleibt ungeklärt. In einer Monatsantwort der Bundesleitung des IJB von Dezember 1921 wurde der Abbruch der Beziehungen zum Jugendverband der KPD bekanntgegeben. Kein Mitglied des IJB könne zugleich Mitglied der Kommunistischen Jugend Deutschlands sein. Dies stelle keinen Bruch mit dem Kommunismus dar, man rücke aber entschieden von der aktuellen Leitung der KPD ab. Eine weitere Anweisung an die Ortsgruppen verlangte von allen Mitgliedern eine schriftliche Erklärung über den Abbruch aller Arbeitsbeziehungen zur KPD. Die Trennung bedeutete, daß auch keine privaten Beziehungen mehr weitergeführt werden durften.[58] Eine Gruppenleitertagung im August 1922 hielt zum Verhältnis zur KPD noch einmal fest, daß die Mitgliedschaft in der KPD nach dem Bruch mit der Kommunistischen Jugend aus Gründen des „Ehrgefühls und des Selbstbewußtseins" unerwünscht sei.[59] Die Zeitschrift der kommunistischen Jugendbewegung „Die Arbeit" bestätigte den Bruch: „Aufgrund des zwischen uns und der Leitung des Internationalen Jugendbundes gepflogenen Briefwechsels erklären wir, daß Mitglieder der KJD nicht gleichzeitig Mitglieder des IJB sein können. Zentrale der KJD."[60]

Der Bruch mit der kommunistischen Jugendbewegung vollzog sich nicht so konfliktfrei, wie es sich der Nelsonbund vorgestellt hatte. In der Weimarer Ortsgruppe des IJB gab es wegen des geforderten Bruchs Widerstand. Ein Mitglied wurde 1923 ausgeschlossen, da er nicht aus der KPD austrat. Auch ein Berliner IJB-Mitglied gehörte weiterhin der KPD an, er rückte nach seiner Trennung vom IJB in die Reichszentrale der kommunistischen Jugend auf.[61] Link wies darauf hin, daß die Kommunistische Jugend noch bis 1924 zwei IJB-Mitglieder akzeptiert habe, einer war Vorstandsmitglied im Bezirk Hessen-Frankfurt (Link 1964, S. 66). Einen Sonderfall innerhalb des IJB stellte die Mitgliedschaft von Max Hodann in der KPD dar. Nelson berichtete, daß, aufgrund einer besonderen Verständigung mit der Bundesleitung, Hodann auch nach dem offiziellen Bruch

---

58 Monatsantworten vom 10.12.1921 und 20.1.1922, in: ebenda.
59 Protokoll der Gruppenleitertagung vom 12.8.1922 und: Antworten auf Fragen über den IJB, in: ebenda.
60 „Die Arbeit", Nr. 6/7 von Februar/März 1922, S. 92. - Vgl. zur Politik der Kommunisten in der Weimarer Republik: Mallmann 1996.
61 Protokoll der 4. Bundestagung des IJB vom 10.8.1922, in: Bundesarchiv Potsdam, Nachlaß Nelson, Mappe 246; Monatsantworten vom 26.11.1923 und 24.1.1924, in: Archiv der sozialen Demokratie, IJB-ISK Bestand, Mappe 1.

Mitglied der KPD geblieben sei.[62] Hodann trat später zur Sozialdemokratie über. Nelson selbst war zunächst 1918/1919 Mitglied der USPD, trat jedoch danach wieder aus, ohne sich einer neuen Partei anzuschließen. Specht trat am 8. Februar 1921 der USPD bei.[63] Nach der Vereinigung des größten Teils der USPD mit der SPD 1922, waren fast alle IJB-Mitglieder auch in der Sozialdemokratie organisiert. Nelson schloß sich erst 1923 der SPD an, im gleichen Jahr wurde die Mitgliedschaft in der Sozialdemokratie für Mitglieder des IJB verpflichtend. Durch die nun verstärkte Mitarbeit in der SPD und ihrer Jugendorganisation gelang es, sowohl personellen wie inhaltlichen Einfluß zu nehmen, so daß der IJB nun auch in der Partei wahrgenommen wurde. Bedeutend war der Einfluß bei den Jungsozialisten, hier verbündete der IJB sich mit der linken Opposition.

Weitere Organisationsfestigung

Eine für den Internationalen Jugend-Bund und später den Internationalen Sozialistischen Kampf-Bund wichtige Begegnung fand im Mai 1922 statt, Nelson lernte Dr. Matter kennen, einen ehemaligen Mitarbeiter von Hermann Lietz, der den Kontakt zu Ludwig Wunder, ebenfalls ein Lietz-Schüler, herstellte. Nelson schrieb: „Wunder hat sich entschlossen, nicht nur sich selbst ganz in den Dienst unserer Sache zu stellen, sondern er hat uns auch die Walkemühle vollständig für unsere Akademie zur Verfügung gestellt."[64] Mit dem Landerziehungsheim Walkemühle im nordhessischen Melsungen stand dem IJB nun eine Möglichkeit für die geplante Akademie zur Verfügung. Diese wurde Ostern 1924 eröffnet, die Vorbereitungen begannen mit Willi Eichlers Übersiedlung in die Walkemühle im Juni 1922. Neben der pädagogischen Arbeit mit Kindern schulte der Bund hier Funktionäre und Mitglieder in zum Teil dreijährigen Kursen. Als Lehrer oder Dozenten arbeiteten hier neben anderen Minna Specht, Gustav Heckmann und der aus einer sächsischen Adelsfamilie stammende Hellmut von Rauschenplat. Heckmann war durch Nora Block zum IJB gekommen. Die herausgehobene Stellung wird dadurch evident, daß von den 1936 im Exil arbeitenden ISK-Funktionären etwa 40 v.H. in der Walkemühle ausgebildet worden waren.

Ein weiterer Aufschwung in der politischen Arbeit konnte im Juli 1922 durch die Gründung der „Philosophisch-Politischen Akademie e.V." erreicht werden. Nach dem Gründungsprotokoll waren dabei der Nelson-Förderer Hermann Roos, der befreundete Schweizer Künstler Gottardo Segantini, Bertha Spindler-Gysin, Heinrich Nelson, der chinesische Nelson-Schüler Si-luan Wei, die „Gesellschaft der Freunde der Akademie" sowie Nelson selbst anwesend. Dieser Kreis wählte

---

62 Monatsantwort vom 14.3.1923, in: ebenda. Diese Tatsache ist dem Hodann-Biographen Wolff entgangen, er berichtete nur unter Berufung auf Mary Sarans Erinnerungen über die SPD-Mitgliedschaft: Vgl. Wolff: Hodann, a.a.O., S. 28.

63 Mitgliedsbuch, in: Archiv der sozialen Demokratie, Nachlaß Specht.

64 Monatsantwort vom 20.5.1922, in: ebenda, IJB-ISK Bestand, Mappe 1.

Leonard Nelson zum Vorsitzenden der Akademie.[65] Die Satzung der Akademie wurde im September 1922 vorgelegt, sie war uneingeschränkt nach der führerschaftlichen Organisationsform auf Nelson zugeschnitten: Der Vorsitzende bestellt seinen Vorstand (§10), der Vorsitzende ernennt für drei Jahre eine Zahl von Mitgliedern (§13), der Vorsitzende stellt die Lehrer der Akademie ein (§14), dem Vorsitzendem obliegt die Wahl des Vorstandes der „Gesellschaft der Freunde der Akademie" und die Ernennung des Vorsitzenden der „Fries-Gesellschaft" (§16).[66]

Auf dem vierten Bundestag des IJB im August 1922 wurde dessen Mitgliederzahl mit 310 Personen angegeben. Der „Freundeskreis des IJB", eine Einrichtung, die, wie erwähnt, wohl nur auf dem Papier bestand, setzte sich aus dem französischem Schriftsteller Henri Barbusse, Charles Rodey-Buxton von der linkssozialistischen englischen Unabhängigen Arbeiterpartei, dem Schweizer Gottardo Segantini sowie den bisherigen Vertretern Einstein, Erkelenz, Hessenberg, Oppenheimer und Käthe Kollwitz zusammen.[67]

Ende Dezember 1922 begann eine Diskussion über die Revision der Satzung des IJB. Der Satzungsentwurf der Bundesleitung wurde den Ortsgruppenleitungen zur Stellungnahme übersandt. Einige wünschten ein „deutliches Bekenntnis zur sozialistischen Bewegung" in der Satzung, dies wurde auch realisiert.[68] Da die Satzung von 1919 bereits ausführlich dargestellt wurde, seien hier nur die wichtigsten Veränderungen notiert. Der Bund erkannte als oberstes Gesetz der Vernunft für die Gesellschaft die Gerechtigkeit an, daher „unterstützt [er] mit allen Kräften den Befreiungskampf des klassenbewußten Proletariats" (§ 3). Die Organisationsform benannte man jetzt eindeutiger mit dem „Prinzip der Führerschaft" (§ 4). Die Mitgliedschaft wurde nicht mehr in einen „inneren Kreis" aufgeteilt, dafür wurde eine „Arbeitsgemeinschaft" von erprobten Mitgliedern eingeführt, diese hatte vermutlich die gleiche Aufgabenstellung. Für die Aufnahme neuer Mitglieder war nach einem Gastverhältnis (Kandidatenstatus) ein Beschluß der Bundesleitung auf Antrag der Ortsgruppenleiter notwendig, die alte Satzung formulierte noch „Mitglied kann jeder werden [...]". Weiterhin mußte die Mitgliedschaft jedes Jahr durch Beschluß der Bundesleitung erneuert werden, ansonsten erlosch sie automatisch (§ 6-8). Die führerschaftliche, zentralistische Organisationsstruktur wurde somit noch konsequenter umgesetzt. Ortsgruppenleiter wurden ausschließlich von der Bundesleitung eingesetzt, Mitwirkungsmöglichkeiten wurden abgebaut. Der bereits in der alten Satzung festgestellte Zweck des Bundes, den Aufbau einer Partei der Vernunft, blieb ausdrücklich unverändert.

---

65 Gründungsprotokoll vom 11.7.1922, in: Staatsarchiv Marburg, Bestand 166-6437.

66 Satzung der Philosophisch-Politischen Akademie vom 18.9.1922, in: Archiv der sozialen Demokratie, IJB-ISK Bestand, Mappe 66.

67 Protokoll 4. Bundestagung, a.a.O., Bl. 34.

68 Monatsantwort vom 22.2.1923 und Satzung des IJB vom 20.2.1923, in: Archiv der sozialen Demokratie, IJB-ISK Bestand, Mappe 1.

Finanziell konnte Nelson 1923 eine Absicherung seiner politischen Aktivitäten erreichen, dies führte zu einer organisationspolitischen Stärkung. Durch die bereits erwähnte Schenkung von Hermann Roos (vgl. Kapitel 2) stand ihm ein beträchtliches Vermögen zur Verfügung. Max Wolf, Inhaber der Drei-Turm-Seifenfabrik in Steinau, Bezirk Schlüchtern, in dessen Betrieb die Roos-Schenkung angelegt worden war, verpflichtete sich dauerhaft jährlich 10.000 Mark an die als gemeinnützig anerkannte „Gesellschaft der Freunde der Philosophisch-Politischen Akademie" zu zahlen.[69] Roos legte eine weitere Schenkung in der Fries-Stiftung an, die noch heute existiert.

Der IJB konzentrierte sämtliche wichtigen, zentralen Veranstaltungen in einem Monat. Dies soll anhand des Jahres 1923 aufgezeigt werden. Der zentrale Ausbildungskurs für die „Nachwuchsfunktionäre" fand vom 1. bis 8. August statt. Es referierten Max Hodann zum Thema „Die physischen und psychischen Voraussetzungen unserer Erziehungsarbeit", Julius Philippson über „Unsere Außenarbeit" und Maria Hodann zur Frage „Unsere Stellung zum Marxismus". Der zweitägige Bundestag vom 9. bis 10. August, an dem Gäste nur am zweiten Tag zugelassen waren, beschäftigte sich mit den Berichten der Bundesleitung, der Ortsgruppen und einer Aussprache darüber. Am zweiten Tag standen sportliche Aktivitäten, eine Rede von Minna Specht über „Jakob Friedrich Fries" und Berichte über die Arbeit des letzten Jahres im Vordergrund. Direkt im Anschluß an den Bundestag wurde die Versammlung der Freundesgesellschaft durchgeführt. Diese sollte als eine Art „Auffangbecken" für den IJB dienen, wohin nicht so qualifizierte Jugend-Bund Mitglieder „abgeschoben" werden sollten.[70]

Nelsons Streben, den IJB zu einer absoluten Eliteorganisation zu machen, konnte formal 1923/24 durch eine Veränderung der Mitgliedschaft erreicht werden. Plante Nelson Ende 1923 noch eine Verringerung der Mitgliedschaft, so mußte er im August 1924 feststellen, daß das „paradox anmutende Ziel" erreicht sei, eine „Organisation ohne Mitglieder" zu sein.[71] Zunächst jedoch hielt es Nelson nur für erstrebenswert, daß nur die „Gruppenleiter und die durch längere Tätigkeit als stellvertretende Gruppenleiter erprobte Mitarbeiter als Mitglieder dem IJB angehören" sollten. Alle anderen derzeitigen Mitglieder sollten in den Rang von „Bundesgästen" zurückgestuft werden, weitere Mitarbeiter der Peripherie galten demnach als „Sympathisanten", bis sie „in jahrelanger Arbeit ihre

---

69   Protokoll der 3. Mitgliederversammlung der Gesellschaft der Freunde der Philosophisch-Politischen Akademie vom 11.8.1921, in: Bundesarchiv Potsdam, Nachlaß Nelson, Mappe 373, Bl. 108f. Urkunde des Notars Dr. Fritz Oppenheimer, in: Geheimes Staatsarchiv Preußischer Kulturbesitz, Abt. Merseburg, Bestand Preußisches Finanzministerium, Rep. 151, IA, Nr. 8103, Bl. 56f.

70   Monatsantwort vom 16.6.1923, in: Archiv der sozialen Demokratie, IJB-ISK Bestand, Mappe 1.

71   Rede Nelsons auf dem 6. Bundestag am 9.8.1924, in: Bundesarchiv Potsdam, Nachlaß Nelson, Mappe 252, Bl. 1

Eignung bewiesen" hätten.[72] Dieses System der Mitgliedschaft erinnert unzweifelhaft an den Jesuitenorden (vgl. Ohr 1911), Nelson selbst sprach denn auch vom „Noviziat". Der Bundestag des IJB im August 1924 nahm dann die neue Regelung zur Kenntnis, derzufolge es keine Mitgliedschaft mehr gab, sondern den Grundsatz des „ständigen Noviziats" unter der Leitidee, „alle Mitarbeiter sind Gäste". Hier wurden auch noch einmal explizit die Forderungen an die Mitarbeiter genannt: Mitgliedschaft in der SPD, Abstinenz von Alkohol und Nikotin[73], Mitgliedschaft in sozialistischer Abstinenzorganisation, Kirchenaustritt und Vegetarismus.[74] Mit diesem System der Mindestforderungen, die eine Kombination aus Forderungen der Arbeiterbewegung, Relikten der Jugendbewegung und Ableitungen aus Nelsons Ethik darstellte, schuf Nelson sowohl eine „corporite identity", wie auch die von ihm gewünschte Exklusivität des Bundes. Die Forderung, vegetarisch zu leben, war direkt aus der Nelsonschen Philosophie abgeleitet, die den Tieren einen eigenen Rechtszustand zusprach: „Ich behaupte, daß es ein Recht der Tiere gibt, nicht von den Menschen zu beliebigen Zwecken mißbraucht zu werden. [...] Es ist der untrüglichste Maßstab für die Rechtlichkeit des Geistes einer Gesellschaft, wie weit sie die Rechte der Tiere anerkennt."[75] In der Schrift „Lebensnähe" forderte Nelson, daß ein Arbeiter an keiner Form der Ausbeutung teilnehmen dürfe. „Ein Arbeiter, der nicht nur ein verhinderter Kapitalist sein will und dem es also Ernst ist mit dem Kampf gegen die Ausbeutung, der beugt sich nicht der verächtlichen Gewohnheit, harmlose Tiere auszubeuten, der beteiligt sich nicht an dem täglichen millionenfachen Tiermord [...]."[76]

Während die Sozialdemokratie in der Weimarer Republik den marxistischen Atheismus aufgab[77], machte der IJB diesen zu einer „conditio sine qua non". Hinsichtlich der Abstinenz von Alkohol und Nikotin griff Nelson auf die Tradition der Jugendbewegung zurück, die auch in Teilsegmenten der Arbeiterbewe-

---

72 Monatsantwort vom 26.11.1923, in: Archiv der sozialen Demokratie, IJB-ISK Bestand, Mappe 1.

73 Nelson in einem Brief an Willi Eichler vom 17.10.1925: „Eine Bitte von mir: Zigarren! Mein Vorrat geht noch hier zu Ende." In: ebenda, Nachlaß Nelson, Mappe 38, Bl. 18.

74 Bericht der Bundesleitung an den 6. Bundestag vom 9./10.8.1924, in: Bundesarchiv Potsdam, Nachlaß Nelson, Mappe 252, Bl. 42. Vgl. auch: Antworten auf Fragen über den IJB, nach einem Protokoll von vier Abendaussprachen in der Walkemühle, Mai 1925, in: Archiv der sozialen Demokratie, IJB-ISK Bestand, Mappe 1. - Monatsantwort Nelsons vom 14.3.1923, in: ebenda.

75 Nelson: Rechtslehre und Politik, a.a.O., S. 288f.

76 Leonard Nelson: Lebensnähe (1926), in: Gesammelte Schriften Bd. 9, S. 376.

77 In der Einleitung „Zur Kritik der Hegelschen Rechtsphilosophie" hatte Marx geschrieben: „Die Religion ist der Seufzer der bedrängten Kreatur, das Gemüt einer herzlosen Welt, wie sie der Geist geistloser Zustände ist. Sie ist das Opium des Volkes." In: Marx-Engels-Werke, Bd. 1, S. 378.

gung praktiziert wurde[78] (vgl. Walter 1991, S. 97-239). In der „Meißner-Formel"
von Oktober 1913 hieß es: „Als Grundsatz für gemeinschaftliche Veranstaltungen
gilt: Alle gemeinsamen Veranstaltungen der Freideutschen Jugend sind alkohol-
und nikotinfrei" (Flitner/Kudritzki 1961, S. 279). Daß Nelson jedoch für den
engeren Funktionärskreis das Zölibat einführte[79], brachte den IJB und später den
ISK in fast dauernde Auseinandersetzungen, Belastungen und Trennungen. Jakob
Jutzler, ein wichtiges IJB-Mitglied der ersten Stunde, wollte die Anforderungen
Nelsons nicht mehr mittragen. Zumal es dem engeren Führungskreis des Jugend-
Bundes nicht entgangen sein dürfte, daß manche der Mindestforderungen für
Nelson selbst nicht galten. Vor die Alternative der ausschließlichen Arbeit für
und im Jugend-Bund oder die von ihm beabsichtigten Eheschließung gestellt,
entschied er sich gegen den IJB.[80] Damit zog sich nach Hans Mühlestein ein
zweiter wichtiger Funktionär zurück. Nelson setzte die harte Linie jedoch durch,
wobei gerade die Zölibatsforderung mit zu dem „Ordenscharakter" des IJB
beitrug. Hinweise auf die Diskussionen finden sich unter dem IJB-eigenen
Terminus „Frage der persönlichen Bindung" häufig. Nelson stellte fest, „daß ein
erotisches Verhältnis, wie sie es einzugehen im Begriff waren, sich nicht mit der
Arbeit im Jugend-Bund [...] verträgt" und daß die Ehen im Jugend-Bund „für
unsere Arbeit von jeher zu schwersten Störungen Anlaß gegeben" hätten.[81] Man
dürfe jedoch nicht in der Härte der Forderungen nachlassen. Als Gegenmaß-
nahme legte die Bundesleitung fest, daß alle Ehepaare im IJB mit Ausnahme von
Leitern der Ortsgruppen nur noch als Sympathisanten geführt würden. Um die
Forderungen durchzusetzen, bedürfe es der Führerschaft. Die Monatsantwort
Nelsons enthielt auch eine selbstkritische Betrachtung, wenn er feststellte, zur
Zeit haben wir keine Führerschaft, „da ich kein Führer bin". Er wolle
„ausdrücklich gestehen, daß in der Person des Bundesleiters Mängel" vorhanden
seien und nannte „fortgeschrittenes Alter, unglückseliger Beruf und mörderische
Schlaflosigkeit" als Gründe. Er sprach sich dafür aus, „so bald wie möglich einen
Wechsel in der Person des Bundesleiters herbeizuführen", schränkte dies aber mit

---

78 Willi Eichler zitierte dies im Einklang mit der Arbeiter-Abstinentenbewegung so: „Ein
trinkender Arbeiter denkt nicht und ein denkender Arbeiter trinkt nicht." In: „ISK", 1. Jg.
(1926) H. 1, S. 6.

79 Monatsantwort vom 14.3.1923, a.a.O.

80 Monatsantwort von Juli 1925, in: Archiv der sozialen Demokratie, IJB-ISK Bestand,
Mappe 1.

81 Monatsantworten vom 10.4. und 23.10.1924, in: ebenda. Nelsons Haltung zur Sexualität
war philosophisch geprägt. In einem Brief schrieb er, man müsse voraussetzen, daß es
auch höhere, von den sinnlichen unabhängige Interessen gebe und „daß die Befriedigung
der sinnlichen Interessen, welche es nun auch sein mögen, nur insofern wahren Wert hat,
als sie zur Befriedigung der höheren Interessen erforderlich ist". In: Brief von Juni 1916,
a.a.O. - Es sei nur angemerkt, daß in diesem Zusammenhang die Formulierung von
Nelson-Schülern, Nelson habe in einer Arbeits- und Lebensgemeinschaft mit Minna Specht
gelebt, die Inkonsequenz von Anspruch und eigener Realität offenbart.

der Frage ein, „ob dies den Bund nicht in größere Gefahren" bringe.[82]

Nelsons bereits geschilderte Schwierigkeiten mit seinem eigenen Beruf als Hochschullehrer übertrugen sich auf die Mitgliedsstruktur des IJB. 1924/25 „proletarisierte" die Bundesleitung den Jugend-Bund, als Begründung wurden die enttäuschenden Erfahrungen mit der akademischen Jugend angegeben. Das bisherige „bloße Debattieren" sollte durch die soziologische Umstellung verhindert werden. Der IJB, so die Neukonzeption, werde zu einem „Bund der Arbeiter"[83], man betreibe eine „proletarische Auslese"[84]. Als Beleg für die gestiegene „Mitgliedermoral" wurde die Durchsetzung der Verschärfung der Arbeitsbedingungen (Alkoholabstinenz, vegetarische Lebensweise, Kirchenaustritt, Zugehörigkeit zur SPD) angesehen.

Mitarbeit in der SPD und Erfolge in der Jugendarbeit

Insbesondere bei den Jungsozialisten (vgl. Walter 1983) zeigte sich die Stärke von Kaderarbeit, wie der Jugend-Bund sie seit Sommer 1923 leistete. Die Jungsozialisten, 1919 gegründet, unterstanden zunächst den Bildungsausschüssen der SPD. 1923 wurde die Geschäftsstelle beim Hauptvorstand der Sozialistischen Arbeiterjugend angesiedelt, was zu internen Konflikten zwischen diesen beiden konkurrierenden Jugendverbänden führte. Die Jusos hatten 1925 ca. 4.000 Mitglieder, während die SAJ im gleichen Jahr 70.000 Mitglieder verzeichnete. Die IJB-Kader waren jederzeit und allerorten präsent, wohl vorbereitet, bienenfleißig, übernahmen auch unangenehme Aufgaben, schlossen persönliche Vorteile generell aus und waren durch ihre Ausbildung sowohl praktisch-organisatorisch wie theoretisch versiert (Walter 1986, S. 122).

Der IJB dominierte, dank der Koordination von Maria Hodann, bald die Gruppen in Frankfurt, Hannover, Köln, Magdeburg, Braunschweig und zum Teil auch in Berlin, also dort, wo auch starke IJB-Ortsgruppen existierten. In den innerverbandlichen Auseinandersetzungen der Jungsozialisten engagierten sich die Vertreter des IJB auf Seiten der Linken. Beide riefen Pfingsten 1924 zu einer Konferenz nach Hannoversch-Münden ein, aus der dann der „Hannoveraner Kreis" der Jungsozialisten entstand. Dieser nannte sich auf der Reichskonferenz in Jena 1925 „Marxistischer Arbeitskreis der Jungsozialisten". Der IJB konnte fraktionspolitisch innerhalb der Juso-Linken für seine inhaltlichen Ziele wirken. Link berichtete von mehreren Schulungskursen mit Jungsozialisten 1924/25. Willi Eichler führte in Hannover eine sechstägige Arbeitsgemeinschaft durch, Maria Hodann leitete in Schwelm einen Kurs mit Jungsozialisten aus dem Rheinland und Westfalen (Link 1964, S. 84). Der IJB stellte dabei nicht so sehr

---

82 Monatsantwort vom 23.10.1923, a.a.O.

83 IJB-Bundesleitung von Januar 1925, in: Bundesarchiv Potsdam, Nachlaß Nelson, Mappe 224, Bl. 218.

84 Brief Nelsons an Herbert Reinemann vom 18.3.1925, in: ebenda, Mappe 20, Bl. 341.

sein ethisches Grundverständnis vom Sozialismus in den Vordergrund, sondern betonte vor allem sein Bekenntnis zum Klassenkampf.

Der rechte Gegenpart, der Hofgeismarer Kreis, Ostern 1923 gebildet, war national gesinnt. Deren Romantizismen erinnerte die Jugendbündler an die alte freideutsche Jugendbewegung. Eine wichtige Rolle spielten die Vertreter des IJB auf der dritten Reichskonferenz der Jungsozialisten am 12. und 13. April 1925 in Jena, auf der eine richtungspolitische Entscheidung zwischen der Hannoveraner- und der Hofgeismarer-Richtung anstand. Zu einem informellen Vorgespräch zwischen diesen beiden Richtungen, das der geschäftsführende Reichsausschuß der Jungsozialisten in Berlin initiierte, wurden vom Hannoveraner-Kreis neben Heinz Hornung, einem aus Düsseldorf stammenden Anhänger des Austromarxismus, die IJB-Mitglieder August Bolte und Maria Hodann eingeladen. Doch die Dominanz und organisatorische Stärke der IJB-Mitglieder lag auch in der Struktur des Jugend-Bund begründet. Sämtliche Delegierte aus den Reihen des IJB, die von den örtlichen Jusogruppen gewählt worden waren, wurden intern zur IJB-Zentrale nach Göttingen gemeldet. Direkt vor der Reichskonferenz hielt Nelson in der Walkemühle für diese einen achttägigen Schulungs- und Vorbereitungskurs ab. Die Delegierten des IJB dominierten denn auch die Diskussion der Reichskonferenz, Maria Hodann wurde in die Reichsleitung gewählt (Walter 1986, S. 169f.). Der IJB konnte so zu der Linkswendung der Jungsozialisten einiges beitragen, in einer Resolution konnte die Linke die Ansicht durchsetzen, daß „das sozialistische Proletariat dem bürgerlichen Klassenstaat gegenüber keine staatspolitische Verantwortung übernehmen darf, wenn dies dem Interesse des internationalen proletarischen Klassenkampfes widerspricht" (Protokoll zitiert bei: Link 1964, S. 87). Neben der Mitwirkung an der Durchsetzung dieser Hauptresolution gelang dem IJB noch die Annahme zweier weiterer Resolutionen. Die erste forderte den Kampf gegen die Kirche, während die andere dazu aufrief, im Arbeiter-Abstinentenbund den Kampf gegen den Alkoholismus aufzunehmen.

Auf regionaler Ebene (Gaue) wurden die IJB-Mitglieder Maria Hodann (Berlin), Hellmut von Rauschenplat (Hessen) und August Bolte (Hannover) in den Reichsausschuß delegiert. Walter Fließ, ein Kölner IJB-Mitglied, wurde dort Bezirksvorsitzender. Maria Hodann gelang es, in einer Kampfkandidatur in der Reichsleitung zur Juso-Vertreterin im Exekutivkomitee der Sozialistischen Jugendinternationale gewählt zu werden. Dort, wo der IJB starke Ortsgruppen hatte, konnte er lokal begrenzte Erfolge in der Sozialdemokratischen Partei erzielen. Am erfolgreichsten war die Zentrale in Göttingen. 1924 wurde Willi Eichler dort zum 2. Vorsitzenden der Göttinger SPD gewählt, damit honorierte die Partei den aktivistischen Einsatz der IJB-Mitglieder.

Infolge der verstärkten Mitarbeit von IJB-Mitgliedern in der Sozialdemokratischen Partei wurde der Nelsonbund auch innerparteilich bekannt. Nelson notierte, daß die oppositionelle Tätigkeit in der SPD in Berlin, Göttingen, Magdeburg, Hamburg und Frankfurt „Erregung und zum Teil auch Widerstand hervorgerufen" habe.[85] Zwar seien die Bedenken, die gegen ein Verbleiben in der Sozialdemokratie sprächen, größer geworden, aber in der KPD sei es für die Mitglieder des IJB noch schlimmer als in der SPD. „Die Arbeit in der KPD ist schon deshalb unmöglich, weil dort die Unduldsamkeit gegenüber einer anderen Meinung als der öffentlichen Parteilinie zu groß ist." Ausschlüsse seien an der Tagesordnung.[86] Das wichtigste Argument für das Verbleiben des Nelsonbundes in der SPD war deren bedingtes Zugeständnis, innerhalb der Partei unterschiedliche Meinungen zuzulassen. Der IJB vertrat vor allem eine „Anti-Kirchen-Politik" in der Partei. Der Göttinger SPD-Ortsverein forderte zum Beispiel Anfang 1925 den SPD-Parteivorstand auf, Kirchenaustritte zu organisieren.

Konflikte mit der Sozialdemokratie

1925 zeichneten sich auch die ersten Konflikte mit der Sozialdemokratie ab, sie endeten im gleichen Jahr mit dem Unvereinbarkeitsbeschluß des SPD-Parteivorstandes. Als offizieller Grund wurde die „organisationsschädigende Zellenbauerei" angegeben, da der IJB auch weiterhin eine selbständige Organisation war. Maßgeblich zu dem Beschluß hatten auch beigetragen:

• die Beibehaltung des „Kirchenkampfes" des IJB, als die SPD mit dem katholischen Zentrum koalierte,
• die Linkswendung der sozialdemokratischen Jugendorganisationen, zu der der IJB mit beigetragen hatte, einschließlich einer beachtlichen Übernahme von Funktionen,
• das Festhalten Nelsons am Klassenkampf und die Absicht, diesen in der Praxis zu verwirklichen,
• Nelsons Demokratie- und Marxismuskritik und
• das Aufrechterhalten der eigenen politischen Organisation und die Erziehungsarbeit des IJB, aus der gut geschulte und leistungsfähige Kader hervorgingen.

Diese Politik führte dann zu dem Konflikt, der mit dem Ausschluß des Jugend-Bundes aus der Sozialdemokratie endete. Im März 1925 stellte Nelson fest, daß die Kirchenaustrittspropaganda „den Hauptbonzen" ein großes Ärgernis bereitet habe.[87] Bei der nach dem Tode Friedrich Eberts notwendig gewordenen Reichspräsidentenwahl im März/April 1925 hatte die SPD ihren Kandidaten Otto Braun, der mit 7,8 Millionen Stimmen im ersten Wahlgang das zweitbeste Ergebnis erreicht hatte, im zweiten Wahlgang am 26. April 1925 zurückgezogen und eine Wahlempfehlung für den Kandidaten des katholischen Zentrums Wilhelm Marx abgegeben, der jedoch knapp Hindenburg unterlag. Der IJB warb vehement in der

---

85 Monatsantwort Nelsons vom 12.2.1924, in: Archiv der sozialen Demokratie, IJB-ISK Bestand, Mappe 1.
86 Monatsantwort Nelsons vom 10.3.1925, in: ebenda.
87 Ebenda.

Mitgliedschaft der SPD für die Nichtwahl von Marx.[88] Johannes Stelling, haupt-amtliches SPD-Parteivorstandsmitglied, hatte auf dem Heidelberger Parteitag der SPD im September 1925 gefordert, eine Organisation wie der IJB dürfe nicht in der Partei geduldet werden. Im Bericht des Parteivorstandes warnte er offen vor dem IJB. Der mache sich an die Jungsozialisten und die Arbeiterjugend heran, dabei verstünden sie nichts von Demokratie und Sozialismus. „Was diese Sekte lehrt, ist das Gegenteil von Marxismus und Demokratie. Wir müssen dem mit allen Mitteln entgegentreten [...]. Ich bitte sie, allenthalben, wo der Nelsonbund auftaucht, diesen Bestrebungen entgegenzutreten und darauf hinzuweisen, daß Organisationen solcher Art nicht geduldet werden können."[89] Diese Linie der „Einheit und Geschlossenheit der Partei" (Dittmann 1995, S. 893) war sicherlich auch mitbedingt durch den auf dem Heidelberger Parteitag wieder anstehenden sogenannten „Sachsenkonflikt", der 1926 zum Ausschluß der Mehrheit der säch-sischen SPD-Landtagsfraktion führte. Auffallend war, daß auf dem Parteitag die Parteilinke nicht zugunsten der neuen Juso-Linken intervenierte. Wahrscheinlich waren andere inhaltliche Themen für einen Konflikt mit und in dem SPD-Partei-vorstand wichtiger, als der Streit unter knapp 4.000 Jungsozialisten. Alleine Heinrich Schulz versuchte, allgemein die Unzufriedenheit der Führungsgremien der SPD bezogen auf die Linkswendung der Jungsozialisten zu relativieren.

Bereits im August 1925 war in der Funktionärszeitschrift „Der Führer", die von Erich Ollenhauer für den Hauptvorstand der Sozialistischen Arbeiterjugend herausgegeben wurde, ein warnender Appell erschienen. Nelson und sein Kreis versuchten, systematisch in die Organisationen der Arbeiterjugend einzudringen. Der Hauptvorstand müsse sich mit diesen Vorgängen auseinandersetzen, die SAJ könne nicht als „Agitationsgebiet für Bünde gelten, die mit unserem Ideal, dem demokratischen Sozialismus nicht nur nichts zu tun haben, sondern ihn bekämp-fen".[90]

Nelson versuchte, in einem Brief an den SPD-Parteivorstand in Berlin die Verdächtigungen zu widerlegen, dabei nahm er auch auf die zitierten Pressear-tikel Bezug, die er als „einseitige und unwahre Berichterstattung" zurückwies. Nelson nahm dabei eine Position ein, in der er selbst nicht alles offenlegte, sondern gerade soviel zugab, wie schon bekannt war.[91] Dies soll an zwei Beispie-

---

88 Im Londoner Exil 1940 gab Willi Eichler in einem internen Rückblick zu, daß „unsere Mitglieder für Hindenburg stimmten". Begründet hatte er diese überraschende Wahl-empfehlung mit Hindenburgs Alter, er sah weiterhin in Hindenburgs monarchistischer Einstellung keine Gefahr, daß sie zur Einführung der Monarchie führe und war der Ansicht, daß Hindenburg ein formal streng rechtlich denkender Mann sei, der sich an die Verfassung hielte. In: Denkschrift von Mai 1940, a.a.O., S. 3. - Erst 1928 rief der Nelson-Bund zur Stimmabgabe für die KPD bzw. Thälmann auf.

89 Johannes Stelling: Allgemeiner Bericht des Parteivorstandes, in: Protokoll des SPD-Partei-tages in Heidelberg 1925, S. 106.

90 „Der Führer" von August 1915.

91 Brief Nelsons an den Vorstand der SPD vom 2.10.1925, in: Archiv der sozialen Demokra-tie, Nachlaß Nelson, Mappe 39.

len belegt werden. Den Vorwurf, der IJB habe innerparteilich zur Nichtwahl von Marx aufgefordert, konterte er mit der Aussage, „dieser Vorwurf ist bisher durch keine einzige Tatsache belegt worden. In Wahrheit verhält es sich so, daß vom IJB aus keinerlei Propaganda gegen die Wahl von Marx getrieben worden ist" (S. 2). Dies stimmt - wie oben dargestellt - nachweislich nicht. Im übrigen sei nur angeführt, daß Nelson den Vorwurf nicht zurückweist, sondern der Gegenseite nur vorhält, daß sie noch keinen Zeugen gefunden habe.

Auch den auf dem Heidelberger SPD-Parteitag vom Parteivorstandsmitglied Johannes Stelling vorgenommenen Vorwurf der „Zellenbauerei", also der Organisationsbildung innerhalb einer bestehenden Organisation, widerlegte Nelson nicht. Er hob besonders darauf ab, daß der IJB jede über die SPD hinausgehende Tätigkeit aufgehoben habe, die besondere Arbeit des IJB liege nur noch auf pädagogischem Gebiet. Als weiteren Beleg führte er die neue Satzung an, die in wesentlichen Punkten verändert oder aufgehoben sei. Intern gab Nelson jedoch eine andere Anweisung, er schrieb: „ [...] ist aus der Satzung alles das Innenleben des Bundes Betreffende entfernt worden, soweit es für die Öffentlichkeit nicht unbedingt bekannt gegeben zu werden braucht. [...] Alles mehr Vertrauliche wird in besonderen, nicht für die Öffentlichkeit bestimmten Richtlinien enthalten sein [...].“[92] Ehrlicher war da Nelsons Schlußbemerkung, der IJB wolle an seinem Ziel, die sozialistische Theorie mit den Ergebnissen der fortschreitenden Wissenschaft in Einklang zu bringen, festhalten, auch wenn der Parteivorstand zu dem Schluß käme, dies sei mit dem Ziel der SPD nicht vereinbar.

Als Antwort auf den Brief Nelsons schlug der SPD-Parteivorstand ein gemeinsames Gespräch vor, daß zwischen Artur Crispien und der IJB-Vertreterin Maria Hodann am 8. Oktober 1925 stattfand. Dort vereinbarte man ein Treffen zwischen dem Parteivorstand und Nelson.[93] Nelson beschwerte sich am 19. Oktober 1925 schriftlich beim SPD-Parteivorstand über geäußerte „Unwahrheiten". Wenn der IJB nicht sachlich in der Partei arbeiten könne, „dann entfällt jeder Grund zum Verbleib in der SPD". In einem Brief an seinen engsten Mitarbeiter Willi Eichler sprach sich Nelson dafür aus, in den die Parteivorstandsbesprechung vorbereitenden IJB-Gruppenleitertreffen keine Strategie festlegen zu lassen. Man dürfe für die Besprechung keine gebundenen Hände haben, da auch die Taktik des SPD-Parteivorstandes nicht bekannt sei.[94] Ob Nelson bewußt einen Bruch mit der Sozialdemokratie inszenieren wollte, wird aus den vorliegenden Quellen nicht deutlich. Zumindestens gegenüber dem Parteivorstand drohte Nelson mit dem Austritt der IJB-Mitglieder. Daß dies den Intentionen des Parteivorstandes entsprach, sei nur angemerkt.

---

92 Monatsantwort Nelsons vom 22.2.1923, in: ebenda, IJB-ISK Bestand, Mappen 1 und 4.

93 Brief SPD-Parteivorstand an Nelson vom 9.10.1925, in: ebenda, Nachlaß Nelson, Mappe 39.

94 Brief Nelsons an den SPD-Parteivorstand vom 19.10.1925, in: Bundesarchiv Potsdam, Nachlaß Nelson, Mappe 19, Bl. 64. - Brief Nelsons an Willi Eichler vom 17.10.1925, in: Archiv der sozialen Demokratie, Nachlaß Nelson, Mappe 38.

Der Hauptvorstand der Sozialistischen Arbeiterjugend Deutschlands (SAJ) schloß am 15. Oktober 1925 bei zwei Enthaltungen alle IJB-Mitglieder aus. Begründet wurde dies mit der Zielsetzung des IJB, eine neue Partei zu bilden. „Der Internationale Jugend-Bund ist unserer Bewegung nicht nur in seinem völlig undemokratischen Aufbau, sondern auch in seiner geistigen Haltung und politischen Zielsetzung wesensfremd. [...] Unsere Bewegung ist kein Rekrutierungsfeld für die dem Sozialismus fremden Ziele des IJB."[95] Die Jungsozialisten verloren durch den IJB-Ausschluß etwa 140 Mitglieder.

Am 2. November 1925 kam es dann im Berliner Sitz des SPD-Parteivorstandes in der Lindenstraße zu dem Gespräch zwischen den IJB-Vertretern und dem Parteivorstand. Von Seiten des IJB nahmen Nelson, Willi Eichler, Minna Specht, Max Hodann und Maria Hodann teil, der Parteivorstand war fast komplett anwesend, zusätzlich kamen noch Max Westphal von der SAJ und Franz Lepinski von den Jusos hinzu. Otto Wels, Parteivorsitzender, erläuterte einleitend den IJB-Konflikt, er forderte Nelson auf, zur Frage Stellung zu nehmen, ob der IJB als eigene Organisation außerhalb der Partei tätig sei und einige Ausführungen zu theoretischen Grundsätzen zu machen. Das Verhältnis von Demokratie und Führerschaft war ein weiteres Gesprächsthema, zu dem Wels feststellte: „Wer über Demokratie so absprechend redet, kann für die SPD nicht viel übrig haben".[96] In der bereits oben erwähnten „Satzungsdiskussion" versuchte Nelson die Gegenargumente des Parteivorstandes dadurch zu entkräften, indem er erklärte, daß die Satzung des IJB durch die Bundesleitung und den politisch beratenden Ausschuß außer Geltung gesetzt sei. Dies läßt sich nicht aufrechterhalten, tatsächlich hatte der IJB, wie oben geschildert, auch weiterhin eine existierende Satzung aus dem Jahr 1923.[97]

Willi Eichler hatte mit Datum vom 31. Oktober 1925 an die Gruppenleiter des IJB „die heute neu zusammengestellte Satzung des IJB, wie wir sie in der Besprechung mit dem Parteivorstand am Montag vormittag verwenden werden" geschickt.[98] Diese Satzung war für den SPD-Parteivorstand „präpariert" worden, alle IJB-Spezifika wurden entfernt. Das Ziel, der „Aufbau der Partei der Vernunft", fehlte genau so wie die führerschaftliche Organisation und die

---

95   „Jungsozialistische Blätter", 4. Jg. (1925), S. 345.

96   Protokoll der Besprechung zwischen Vertretern des IJB und des Parteivorstandes der SPD am 2.11.1925, in: Archiv der sozialen Demokratie, IJB-ISK Bestand, Mappe 4.

97   In einer Monatsantwort von Oktober 1925 schrieb Nelson: „Für den Fall, daß wir danach gefragt werden, welche Paragraphen der Satzung aufgehoben sind, aufgehoben sind §2, 5, 9, 10, 11, 15, sonst fällt der Hinweis auf den inneren Kreis weg, z.B. §12, 13, 14." - Hier bezog sich Nelson offensichtlich nicht auf die gültige Satzung von 1923, sondern auf die erste Satzung des IJB von 1919, die der Öffentlichkeit, und damit auch dem SPD-Parteivorstand zugänglich war. Die von ihm angeführten Paragraphen sind zum Teil unverändert, zum Teil geändert bzw. in der geltenden Satzung des IJB gestrichen worden, in: ebenda.

98   Brief Willi Eichlers an die Gruppenleiter des IJB vom 31.10.1925, in: Bundesarchiv Potsdam, Nachlaß Nelson, Mappe 224, Bl. 99-102.

genauen Bestimmungen für die Mitgliedschaft. Die Existenz der 1922 gegründeten Philosophisch-Politischen Akademie wurde gänzlich verschwiegen. Warum Nelson hier bewußt die Unwahrheit sagte, kann nicht mehr nachvollzogen werden. In §2 der Satzung hieß es, daß der IJB seiner Aufgabe insbesondere „durch Förderung der Bestrebungen zur Schaffung einer philosophisch-politischen Akademie" dienen wollte. §12a enthielt Bestimmungen, die nach der Gründung der Akademie gelten sollten.[99] In einem Artikel sprach der IJB-Funktionär Fritz Schmidt von dem „Hinauswurf ehrlicher Sozialisten" aus der SPD und bekräftigte noch einmal, daß die politische Tätigkeit des IJB in Solidarität mit der SPD und in Unterordnung unter das Parteiprogramm erfolge. „Die besondere Arbeit des IJB in den letzten Jahren liegt nur noch auf dem pädagogischen Gebiet."[100] Auch mit diesem Artikel wurde nicht die Realität geschildert.

Es spricht vieles dafür, daß der Bruch von beiden Seiten inszeniert wurde. Er vollzog sich auf einem unbedeutenden Nebenschauplatz. Nelson hatte sich zu seiner Mitgliedschaft in der USPD geäußert, die auch bestanden hatte, Wilhelm Dittmann (vgl. Krause 1975), 1922 USPD-Vorsitzender, bestritt dies energisch. Nelson forderte daraufhin von Otto Wels, er möge ihn in Schutz nehmen, „sonst muß ich gehen". Daraufhin antwortete dieser, „ich will sie nicht halten"[101] (Saran 1979, S. 72). Nach dem Auszug der IJB-Delegation faßte der SPD-Parteivorstand einstimmig folgenden Beschluß: „Der IJB (Nelsonbund) ist eine selbständige Organisation mit eigenen Strukturen und eigener Leitung, die innerhalb der Sozialdemokratischen Partei für ihre besonderen Ziele zu wirken beabsichtigt. Diese Tätigkeit trägt den Charakter der Zellenbauerei und muß daher organisationsschädigend wirken. Aus diesem Grund ist die Zugehörigkeit zum IJB (Nelsonbund) unvereinbar mit der Zugehörigkeit zur Sozialdemokratischen Partei Deutschlands." Vor dem Beschluß hatte der Juso-Vertreter noch einmal zugunsten des IJB interveniert, wenn er feststellte, daß der IJB hauptsächlich erzieherische Aufgaben habe und politisch nicht mit der Partei konkurriere. Der Parteivorstand hob in seiner Begründung vor allem auf die Demokratiekritik des IJB ab, diese stehe in schroffem Gegensatz zur Partei. „Dies sind Ausführungen, in denen sich Professor Nelson mit den Völkischen, den ärgsten Feinden der Demokratie begegnet und die den notwendigen Widerspruch in der gesamten Partei hervorrufen müssen."[102] Nelson konnte zwar noch eine Gegendarstellung im „Vorwärts" vom 12. November 1925 veröffentlichen, doch war der Bruch der Nelsonbewegung mit der Sozialdemokratie bis zur Wiederannäherung in der im britischen Exil am 19. März 1941 gegründeten „Union deutscher sozialistischer Organisationen in Großbritannien" endgültig.

---

99 Satzung des Internationalen Jugend-Bundes, in: ebenda.

100 Fritz Schmidt: Warum mußte der IJB aus der SPD ausgeschlossen werden, in: „Junge Menschen" 7. Jg (1926), H. 2, S. 34

101 Protokoll vom 2.11.1925, a.a.O. - Das Protokoll verzeichnete Unruhe und Tumulte, Nelson selbst verließ den Raum kommentarlos, Willi Eichler hatte einen „lauteren" Abgang.

102 „Vorwärts" vom 4.11.1925.

Franz Walter interpretierte den IJB-Konflikt als Versuch des SPD-Parteivorstandes, die Linkswendung bei den Jungsozialisten zu stoppen bzw. wieder rückgängig zu machen (Walter 1983, S. 42 f.). Die Ausgrenzung des IJB aus der Partei konnte erfolgen, ohne daß dagegen ein erheblicher Widerstand aus der Gesamtpartei zu erwarten war. Da der IJB der „Kopf" und das „aktivistische Element" bei den Juso-Linken sei, könne mit dessen Ausschluß die Linkswende gestoppt werden. Unterstützung in dem Konflikt mit der SPD-Parteiführung erhielten die Jugendbündler von wenigen Teilen der Partei bzw. ihrer Jugendorganisationen. Hellmut von Rauschenplat war Vertreter des Gaues Hessen in der Reichsleitung der Jungsozialisten. Die Gaukonferenz beschloß am 22. November 1925 einstimmig, daß sie Solidarität mit Rauschenplat übe und verlangte vor der Reichsleitung der Jusos die Rücknahme der administrativen Zwangsmaßnahmen.[103] Der linke Hannoveraner Kreis der Jungsozialisten verlor durch den Ausschluß des Nelsonkreises mehrere führende Mitglieder. Im Reichsausschuß der Jungsozialisten konnten sie aber dennoch gegen den Hofgeismarer Kreis eine Resolution durchsetzen, in der der Ausschluß mißbilligt wurde (Rathmann 1983, S. 110). Der SPD-Parteivorsitzende Otto Wels hielt auf dem Kieler Parteitag 1927 fest, daß dem Richtungsstreit in der Partei kein Platz mehr eingeräumt werde, „denn nur so zerschlagen wir die Hoffnung der Kommunisten auf einen Erfolg in ihrer immer wieder versuchten Zellenbildung" (Weber 1992, S. 165).

4.2 Entwicklung des Internationalen Sozialistischen Kampf-Bundes von 1926 bis zu Nelsons Tod 1927

In einer Tagung am 28. und 29. November 1925 in der Walkemühle berieten die führenden Funktionäre des Internationalen Jugend-Bundes die Konsequenzen aus dem SPD-Ausschluß. Man beschloß den Aufbau einer neuen Organisation. Der Bruch mit der Sozialdemokratie, so Nelson in seinem Referat, sei zu früh gekommen, aber er habe vorausgesehen, daß das Verbleiben in der Partei nicht lange dauern werde.[104] Das Verhältnis der neuen Organisation zum IJB bestimmte Nelson darin, daß der IJB neue Aufgaben nicht ohne weiteres übernehmen könne, noch dürfe er in dieser aufgehen. Der Jugend-Bund mache mit seiner pädagogischen Aufgabe diese neue Arbeit erst möglich.

Gründung einer neuen Partei

Ende November wurde in einem Flugblatt, das von August Bolte (Hannover), Willi Eichler (Göttingen), Zeko Torboff (Bulgarien) und Si-luan Wei (Shanghai)

---

103 Protokoll der Gaukonferenz der Hessischen Jungsozialisten am 22.11.1925, in: Hauptstaatsarchiv Wiesbaden, Bestand Landerziehungsheim Walkemühle, Bl. 388f.

104 Rede Nelsons in der Walkemühle am 28.11.1925, in: Bundesarchiv Potsdam, Nachlaß Nelson, Mappe 224, Bl. 230.

unterzeichnet war, zur Gründung des „Internationalen Sozialistischen Kampf-Bundes" aufgerufen. Als Gründe für den Ausschluß aus der SPD gaben die Verfasser den Kampf des Internationalen Jugend-Bundes gegen die Kirche, den „Todfeind aller freien Arbeiterschaft", das Aufdecken des Machtmißbrauchs der Regierenden im Staat aber auch der „Bonzenherrschaft in der Partei" unter dem Deckmantel der Demokratie an, sowie ihren Versuch, „durch unsere Mitarbeit in der SP[D] aus ihr noch eine revolutionäre sozialistische Organisation zu machen". Unter dem Appell „Schluß mit der SPD. Solidarität mit den hinaus-geworfenen Genossen des IJB" rief der Internationale Sozialistische Kampf-Bund das klassenbewußte Proletariat zum Bruch mit der SPD auf: „Wir wissen sehr wohl, was es heißt, heute von vorn zu beginnen. Wir wissen, was es heißt, auf den machtvollen Apparat der Partei zu verzichten. [...] Der machtvolle Apparat arbeitet hier wie dort gegen unsere gute Sache. Der Parteiapparat dient heute dazu, Sozialisten aus der Partei hinauszuwerfen. Wer bereit ist, den Kampf zu wagen gegen das Pfaffentum in jeder Gestalt, wer bereit ist, mit seiner ganzen Kraft dafür einzustehen, daß das Werk unserer großen Vorkämpfer nicht unter-geht, der reiche uns die Hand! Wir haben den Mut zum eigenen Denken; wir haben den Mut zur sozialistischen Tat [...]."[105]

In mehreren öffentlichen Veranstaltungen versuchte der Nelsonbund für seine neue Organisation zu werben und unzufriedene SPD-Mitglieder zum Übertritt zu bewegen. Am 6. Januar 1926 fand in Kassel eine große Veranstaltung mit etwa 1.000 Teilnehmern statt, die von Willi Eichler geleitet wurde und auf der neben Nelson der Göttinger SPD-Reichstagsabgeordnete und Redakteur des „Göttinger Volksblattes" Richard Schiller sprach. Nelson plante, seine Rede zu veröffent-lichen, dies gelang nicht mehr.[106]

Nelson wies in seiner Rede darauf hin, daß das Programm des IJB die Forde-rung „Proletarier aller Parteien, vereinigt euch" enthalte habe.[107] Er zog den Schluß: „Wer noch den Wunsch hat, das Proletariat möge sich vereinigen, der gehört nicht mehr in die Sozialdemokratische Partei" (S. 4). Unwiderruflich stellte Nelson fest: „Was uns trennt von der SP ist unsere Auffassung von sozia-

---

105 Flugblatt: „Warum mußte der Internationale Jugend-Bund aus der SPD ausgeschlossen werden" von Mitte (wahrscheinlich 22.) November 1925, in: Archiv der sozialen Demo-kratie, IJB-ISK Bestand, Mappe 5.

106 In der zweiten Auflage seiner Schrift „Demokratie und Führerschaft" (1927) kündigte er sie unter dem Titel „Das zerschnittene Tischtuch. Sozialismus oder Demokratie?" an. Veröffentlicht wurden unter dem Titel „Lebensnähe" nur die Passagen, die sich mit dem Thema „Demokratie" befaßten. In: „ISK", H. 3 u. 5 (1926). Auch als: Lebensnähe. Aus einer Rede vor der Kasseler Arbeiterschaft, in: Gesammelte Schriften Bd. 9, S. 361f. Die Formulierung „zerschnittenes Tischtuch" war eine Entlehnung aus einem Brief von Fried-rich Engels an Karl Marx nach dem Bruch mit dem Bund der Kommunisten 1851. Ob der Grund für die Nichtveröffentlichung in dem Tod Nelsons im Jahr 1927 lag oder in einer veränderten Politik des ISK in der Anfangsphase der Gründung, die man später nicht mehr öffentlich machen wollte, läßt sich heute nicht mehr beurteilen.

107 Leonard Nelson: Das zerschnittene Tischtuch. Rede vor der Kasseler Arbeiterschaft am 6.1.1926, in: Bundesarchiv Potsdam, Nachlaß Nelson, Mappe 345, Bl. 4.

listischer Arbeit." Nelson sprach hier seine Überzeugung aus, nicht nur in Partei-versammlungen Referate zu hören und Aussprachen darüber durchzuführen, sondern mit dem theoretisch Erkannten auch Ernst zu machen. Dazu gehöre unmittelbar, daß an die Mitglieder und Funktionäre Forderungen zu stellen seien. Zusätzlich sollten die erhöhten Forderungen an die Führungsebene die Gewähr bieten, daß niemand nur wegen vermeintlicher Vorteile sich politisch engagiere. „Denn während der Lohnarbeiter dem Kapitalisten nur seine Arbeitskraft verkauft, verkauft der politische Angestellte zugleich seine politische Gesin-nung."[108] Für den Klassenkampf würden Klassenkämpfer benötigt, bereits Lenin habe erkannt, daß für eine Revolution Berufsrevolutionäre erforderlich wären. Eine Aussage über die Konzeption des ISK zur „Einheit der Arbeiterklasse" machte Nelson allerdings nicht, die Politik des „Kristallisationspunktes" wurde an anderer Stelle erörtert. Zum Verhältnis des ISK zur KPD bzw. zur Sowjet-union führte Nelson aus, daß die SPD über jeden Fehler jubele, der bei der KPD zu beobachten sei. Er bezeichnete die UdSSR als „großes sozialistisches Nach-barreich" und kritisierte die seiner Meinung nach von Seiten der Sozialdemokra-ten fehlende objektive Berichterstattung darüber. Willi Eichler plädierte für engere Kontakte zu den russischen Gewerkschaften.[109] Damit sollte der Kontakt zur KPD verbessert werden. In einer öffentlichen Versammlung des ISK im Göttinger „Volksheim" Ende Januar 1926 stellte Nelson noch einmal die Gründe für den Ausschluß aus der SPD und die bedingte Annäherung an die KPD dar. Der Jugend-Bund habe problemlos in der Göttinger Partei mitgearbeitet, man habe seinen Mitgliedern sogar Ämter übertragen. Der Wandel sei in dem Moment eingetreten, als die Göttinger SPD „statt des Zusammengehen mit den Kommu-nisten eine Verbindung mit dem Zentrum" suchte.[110] Der Hinauswurf aus der SPD wurde jetzt nachträglich mit einer Kooperation mit der KPD dargestellt.

In einer weiteren Rede nahm Nelson noch einmal Stellung zu der Frage der „Unterwanderung" der Sozialdemokratie durch den Internationalen Jugend-Bund. Den Vorwurf der „Zellenbauerei" konterte Nelson mit dem Hinweis, daß dies „auf jeden Ziegenzuchtverein und die Laubenkolonien Berlins" zutreffe.[111] Der Unterschied zum IJB lag allerdings darin, daß diese über keine Weltanschauung im Sinne der Nelsonschen Theorie verfügten und auch nicht das visionäre Ziel der Durchsetzung ihrer politischen Ziele auch in der SPD hatten.

---

108   Nelson: Lebensnähe, a.a.O., S. 379.

109   Bezirkssekretariat der KPD Hessen-Waldeck: Bericht von der Nelson-Bewegung in Kassel vom 12.1.1926, in: Stiftung Archiv Parteien und Massenorganisationen der DDR im Bundesarchiv, Bestand Kommunistische Partei Deutschlands, Bezirk Hessen-Waldeck, I 3/22/17, Bl. 6. - Der KPD-Bericht gibt auch eine anschauliche Skizzierung der Veranstal-tung, die von SPD-Funktionären „gesprengt" werden sollte. Deren Vertreter mußte aber seine Rede abbrechen, letztendlich zog man aus.

110   „Göttinger Zeitung" vom 31.1.1926.

111   Rede Leonard Nelsons „Unser Weg zum Sozialismus" am 28.1.1926, in: Bundesarchiv Potsdam, Nachlaß Nelson, Mappe 345, Bl. 69.

Nelson sah den Internationalen Sozialistischen Kampf-Bund als die letzte Chance an, sein politisches Ziel zu verwirklichen, nach einem Zerfall des ISK sei keine politische Organisation mehr möglich. Nach den Schwierigkeiten mit der KPD konnte man noch in die SPD gehen, so Nelson, als die Schwierigkeiten dort zu groß wurden, „gründeten wir den ISK. Versagt dieser, muß unser Ziel überhaupt aufgegeben werden".[112] Diese apodiktische Argumentation kann so nicht nachvollzogen werden, da sie in sich nicht schlüssig ist. Wahrscheinlich sollte der moralische Impetus die Mitgliedschaft motivieren, alles für die neue Organisation einzusetzen.

Der Internationale Sozialistische Kampf-Bund (ISK) wurde formal am 1. Januar 1926 gegründet. Der IJB bestand noch bis April 1926 weiter. Nelson teilte im April 1926 in einem Brief an die Gruppenleiter nur am Rande mit, daß der IJB aufgelöst sei. Er notierte: „Ich kann nur feststellen, daß es einen IJB nicht mehr gibt."[113] Es war ursprünglich die Absicht Nelsons, den IJB neben dem ISK weiterbestehen zu lassen. Der IJB sollte ähnlich wie die Akademie die Funktion einer Schulungseinrichtung übernehmen, aus deren Reihen dann die Funktionäre des ISK hervorgehen sollten. Nelson löste den IJB jedoch im April 1926 auf, weil seiner Meinung nach aufgetretene Disziplinlosigkeiten nicht zufällige Mängel, sondern Ausdruck einer allgemeinen Haltung wären. „Die Mitglieder des IJB waren in ihrer Konzentration auf ihre Aufgabe nicht erheblich weiter gelangt als der ISK."[114] Die im IJB-Jargon so genannten „persönlichen Bindungen" waren wieder einmal der Grund für die organisationspolitischen Schwierigkeiten. Willi Eichler schrieb an Nelsons chinesischen Schüler Si-luan Wei, „Nelson habe den IJB aufgelöst, weil viele Vorkommnisse im Gebiet der persönlichen Bindungen nicht mehr den Geist erkennen lassen, der nötig ist".[115]

Aufbau der Parteiorganisation

Der Internationale Sozialistische Kampf-Bund war zunächst als Verein mit Sitz in Göttingen von Nelson, Willi Eichler, Otto Pfotenhauer, Si-luan Wei, Erich Graupe, Maria Hodann, Hellmut von Rauschenplat und Minna Specht gegründet worden. Als Vorstand wurden zunächst Eichler, Pfotenhauer und Wei bestimmt. Max Hodann brach nach der ISK-Gründung 1926 mit Nelson, da er „die

---

112 Brief Nelsons an die Gruppenleiter des IJB vom 25.4.1926, in: Archiv der sozialen Demokratie, IJB-ISK Bestand, Mappe 11.

113 Ebenda.

114 Über die Auflösung berichtete Willi Eichler in der bereits erwähnten Denkschrift von Mai 1940, a.a.O., S. 9f., der Anlaß für die Auflösung war die nach Nelsons Meinung fehlende „getrennte Unterbringung" der IJB-Mitglieder bei einer Fahrt mit Übernachtung.

115 Brief Eichlers an Si-luan Wei vom 15.6.1926. Auch ein IJB-Mitglied bestätigte, daß die „Berliner Vorkommnisse" Nelson veranlaßt hätten, den IJB aufzulösen. Vgl. Brief Liesbeth Ebers an Willi Eichler vom 2.7.1926, beide in: Archiv der sozialen Demokratie, IJB-ISK Bestand, Mappe 22.

Neugründung einer sozialistischen Partei in der gegenwärtigen Lage" für falsch hielt.[116] Dem Gründungsprotokoll waren noch ein Satzungsentwurf und ein besonderer Vertrag zwischen ISK und der Philosophisch-Politischen Akademie beigefügt. Dieser regelte in fünf Paragraphen die Kompetenzen zwischen den beiden Organisationen. Die pädagogische Arbeit liege alleine bei der Akademie. Die Wahl des ISK-Vorstandes könne nur nach der Bestimmung durch den Leiter der Akademie, also Nelson, erfolgen. Dieser entscheide auch über deren Verbleib. §3 beinhaltete die Verfahrensfrage, was bei einer Nichtübereinstimmung der Vorstandsmitglieder des ISK zu geschehen habe. Über die Vereinbarung, daß dann alleine der Akademieleiter entscheide, mußte laut einer Vorbemerkung von Nelson „absolute Verschwiegenheit" bewahrt werden. Bei den Tagungen des „Beratenden Ausschusses", bei Satzungsänderungen oder der Auflösung des ISK müsse ebenfalls der Akademieleiter hinzugezogen werden. Dieses „Geheimprotokoll" dürfte nur dem engsten Führungszirkel der Nelsonbewegung bekannt geworden sein. Der Vertrag zwischen dem ISK und der Philosophisch-Politischen Akademie wurde von Seiten der Akademie von Nelson sowie von Seiten des ISK von den sieben Vereinsmitgliedern mit Ausnahme von Nelson unterzeichnet.[117]

Der erste Satzungsentwurf datierte bereits von November 1925.[118] Als Zweck des ISK wurde angegeben, daß er gegen jede Art der Ausbeutung (Mensch, Tier, Klasse, Geschlecht, Rasse) sei (§3). Mitglied könne jeder werden, der gewillt sei, seine Kraft als „Vorkämpfer der Arbeiterschaft" in den Dienst der Verwendung des Programms zu stellen (§5). In dieser „leninistischen" Formulierung wird noch einmal Nelsons Bewunderung der Organisationskraft der Bolschewisten, bei vieler anderer Kritik deutlich. Ausdrücklich wurde die Funktionärsschulung dem IJB übertragen (§11). In dem Satzungsentwurf waren führerschaftliche Elemente genauso vertreten wie IJB-Spezifika. Als Beispiel sei nur die Forderung der Alkohol- und Nikotinabstinenz bei Veranstaltungen des ISK (§8) angeführt. In einer Anmerkung zu dem Satzungsentwurf hielten die Schüler der Walkemühle, also der zentralen Schulungsstätte der Nelsonbewegung, gerade diese Forderung für zweifelhaft. Weiterhin monierten sie, daß, entgegen dem Führerschaftsprinzip, die Mitglieder des Bundesvorstands eines Vertrauens der Mehrheit des Bundestages bedürften. Leider existiert keine Antwort Nelsons auf diese für IJB/ISK-Verhältnisse geradezu „basisdemokratischen" Forderungen, die Walkemühle-Schüler galten als die „Elite" innerhalb der Nelsonbewegung.

---

116 Hodann: Klarstellung, in: „Jungsozialistische Blätter", 5. Jg. (1926), S. 158.

117 Brief Nelsons an Eichler, Hodann, Wei, Pfotenhauer, Graupe, Rauschenplat und Specht vom 1.1.1926, in: Archiv der sozialen Demokratie, IJB-ISK Bestand, Mappe 66. Vertrag zwischen ISK und Philosophisch-Politischer Akademie vom 1.1.1926, in: ebenda.

118 Entwurf Satzung ISK vom November 1925; 2. Satzungsentwurf vom 29.12.1925, beide in: ebenda. - Die dritte und endgültige Fassung wurde veröffentlicht in: „ISK", H. 1, 1926, S. 29-31, auch in: Bundesarchiv Koblenz, Bestand Reichssicherheitshauptamt (R 58), Mappe 373, Bl. 1f.

Anfang Januar 1926 legte der ISK die endgültige Satzung vor, die zwischenzeitlich zweimal überarbeitet worden war. Als Zweck des Bundes wurde der Kampf für die Verwirklichung der ausbeutungsfreien Gesellschaft benannt (§2). In dem zweiten Entwurf war noch der Hinweis auf die Zielbestimmung „Sozialismus" enthalten.[119] Auch die Frage der Mitgliedschaft war nicht so rigide wie im zweiten Entwurf gehandhabt worden, dennoch trug sie einige leninistische Züge. Mitglied konnte werden, wer keine andere Partei eigenmächtig unterstützte[120], sich zur Programmatik bekannte und, als aktivistischer Bestandteil, nicht nur theoretisierte, sondern „seine Kraft für die Verwirklichung des Bundesprogramms" einsetzte. Die Mitgliedschaft galt nur für das Kalenderjahr und wurde unter der Voraussetzung erneuert, daß der jeweilige Ortsvereinsvorstand eine Bürgschaft für eine weitere erfolgreiche Mitarbeit übernahm (§4).[121]

In einer internen „Richtlinie zum Gebrauch der ISK-Satzung" vom 16. Januar 1926 wurde die jährliche Überprüfung der Mitgliedschaft als „Vorbeugung vor der Entstehung von Gewohnheitsrechten" bezeichnet. Als Mindestforderungen waren „vegetarische Lebensweise, Kirchenaustritt und Abstinenz" festgelegt, von den Leitungskadern wurde ein zölibatäres Leben gefordert.[122]

Die Organisationsstruktur des ISK (§10-21) sah folgende Gliederung vor: die Ortsvereine mit der Vorstufe von Arbeitsgemeinschaften, die Bezirks- und Landesverbände, der Bundesvorstand, der Beratende Ausschuß und der Bundestag. Zentrales Gremium des führerschaftlich strukturierten Bundes war der Vorstand, der aus drei gleichberechtigten Vorsitzenden bestand. Entscheidungen konnten nur einstimmig erfolgen. Die in dem „Geheimprotokoll" bereits dargelegten Einflußmöglichkeiten des Akademievorsitzenden waren in der Satzung in der Formulierung enthalten, daß der Vorstand „Bestimmungen für die besonderen Fälle" zu treffen habe. Der Beratende Ausschuß sollte jährlich einmal zusammentreten und wichtige Angelegenheiten erörtern, eine Beschlußfassung war demnach nicht vorgesehen. Der Bundestag, der alle drei Jahre einberufen werden sollte, hatte ebenfalls nur eine beratende Funktion. Detaillierte Regelungen sah die Satzung für den Funktionärsbereich des Bundes vor (§7-9). Die Funktionäre waren auf die Mindestforderungen verpflichtet, die vom Bundesvorstand festgesetzt wurden und entsprechend „den Fortschritten der im Bund geleisteten

---

119 Die Streichung wurde von Rauschenplat und Graupe kritisiert, sie konnten sich aber nicht durchsetzen. Vgl. Brief von Hellmut von Rauschenplat an Eichler vom 26.1.1926, in: Archiv der sozialen Demokratie, IJB-ISK Bestand, Mappe 22.

120 Im 2. Satzungsentwurf: angehört.

121 Im 2. Satzungsentwurf: „bei nicht erfolgreicher Mitarbeit keine Erneuerung der Mitgliedschaft".

122 Richtlinien zum Gebrauch der ISK-Satzung vom 16.1.1926, unterzeichnet von Willi Eichler, Si-luan Wei, Otto Pfotenhauer, in: Archiv der sozialen Demokratie, IJB-ISK Bestand, Mappe 66; Protokoll des Ostertreffens der OV-Vorsitzenden 1929, in: ebenda, Mappe 6. Monatsantwort vom 14.3.1923, in: ebenda, Mappe 1. - Die Mindestanforderungen hob der Bund im September 1944 auf: Bericht über die Arbeit des Londoner OV vom 19.1.1945, in: ebenda, Mappe 55.

Erziehungsarbeit zu steigern" waren. Eine Ernennung wurde nur jährlich ausgesprochen und konnte jederzeit widerrufen werden. Die Satzung des ISK schien von Nelson alleine verantwortet worden zu sein, wobei er dies „unter Berücksichtigung aller geäußerten Bedenken und Wünsche" vollzogen hatte. Es sei gelungen, die hauptsächlichen Zielpunkte der Kritik aus der Satzung zu beseitigen, schrieb er am 11. Januar 1926 an die Gruppenleiter des IJB.[123]

1926 existierten Ortsvereine des Internationalen Sozialistischen KampfBundes in Berlin, Braunschweig, Bremen, Frankfurt a. M., Gera, Göttingen, Halle, Hamburg, Hannover, Kassel, Köln, Leipzig, Magdeburg, München und Weimar, als weitere Gruppe war China verzeichnet, die wohl nur auf dem Papier existierte.[124] In der Anfangsphase gelang es, einige unzufriedene Sozialdemokraten mit herüberzuziehen. Ludwig Gehm schilderte dies so: „Als die führenden Leute aus der Sozialistischen Arbeiterjugend und aus der SPD ausgeschlossen wurden, hatte das bei uns zur Folge, daß sich hier in Frankfurt 120 junge Menschen aus der sozialistischen Jugend, zum Teil auch aus der Jungsozialistenbewegung mit den Ausgeschlossenen solidarisch erklärten und aus der SPD austraten; dazu kamen noch einige weitere, die aus ähnlichen Gründen aus der KPD ausgeschieden waren. Diese Ausgeschlossenen oder aus Solidarität Ausgeschiedenen bildeten dann in Frankfurt den Grundstock für die Arbeit im anschließend gegründeten Internationalen Sozialistischen Kampf-Bund. Das änderte sich aber sehr bald. Die Zahl derer, die anfangs dabei waren, hat sehr schnell abgenommen, weil im ISK an die Mitglieder und an die Mitarbeiter ziemlich scharfe Forderungen gestellt wurden. Diese Forderungen waren für manche gar nicht erfüllbar. [...] Die Zahl derer, die schließlich beim Internationalen Sozialistischen Kampf-Bund blieben, ist dann doch verhältnismäßig klein gewesen" (Dertinger 1989, S. 30).[125]

Der dreiköpfige Bundesvorstand der Organisation ISK bestand aus Willi Eichler, Nelsons engstem politischen Mitarbeiter, sowie Nelsons akademischen Schülern Si-luan Wei und Zeko Torboff. Der Kontakt zu Si-luan Wei, der an der Dungchi Universität in Wusung, China arbeitete, wurde über einen Briefwechsel aufrechterhalten. Wei bemühte sich dort, Nelson eine Gastprofessur zu vermitteln und eine eigene Schule, ähnlich wie die Walkemühle, zu gründen.[126] Da auch Torboff in Bulgarien lebte, kann dieser Vorstand nur auf dem Papier bestanden haben. Die eigentliche Führung des ISK, einer führerschaftlich organisierten Kader- und Funktionärspartei mit bündischem Einschlag (Link 1976, S. 110), lag jedoch bei Nelson als dem Vorsitzenden der Philosophisch-Politischen Akademie

---

123 Brief Nelsons an die sieben Vereinsmitglieder des ISK von Januar 1926 und Brief Nelsons an die Gruppenleiter des IJB vom 11.1.1926, beide in: ebenda, Mappe 66.

124 Monatsantwort vom 18.12.1925, in: ebenda, Mappe 11.

125 Die genannte Zahl von 120 erscheint um ein Vielfaches zu hoch. Belege dafür ließen sich weder in der ISK- noch in der SPD-Presse finden.

126 Vgl. entsprechende Briefe von Wei an Nelson vom 31.3.1926 und 1.5.1926, beide in: Bundesarchiv Potsdam, Nachlaß Nelson, Mappe 22, Bl. 68f.

und nach dessen Tod 1927 bei Minna Specht als der Nachfolgerin im Akademie-vorsitz.[127]

Die ISK-Gründung war die einzige Möglichkeit, weiterhin politische Arbeit zu leisten. Die Unvereinbarkeitsbeschlüsse beider Arbeiterparteien machten den Vorgriff auf die „Partei der Vernunft" notwendig.[128] Karl-Heinz Klär stellte in einer Analyse von Nelsons Monatsantworten der Jahre 1923/24 die Vermutung auf, daß die durch den Ausschluß aus der SPD notwendige Gründung des ISK Nelson „nicht ungelegen" kam, da er eine „schleichende Sozialdemokratisierung" seiner Kader fürchten mußte (Klär 1982, S. 317). Die These wird durch eine Monatsantwort Nelsons gestützt, in der er davon sprach, daß seine Bemühungen durch eine passive Resistenz behindert würden.[129]

Die Konstituierung des ISK als politische Partei war auch der Bruch mit den ehemaligen Verbündeten innerhalb der Jungsozialisten. Die Reichsleitung der Jusos, in der der „Hannoveraner Kreis" bzw. der „Marxistische Arbeitskreis" die Mehrheit stellten, warnte eindringlich vor „den Überredungsversuchen der Nelsonbündler" und betrachtete sie als „politischen Gegner". Der Nelsonbund habe die Frage beantwortet, ob er wegen der Durchsetzung des Sozialismus oder aus eigennützigen Sonderzielen in der SPD sei. „Er hat durch diese Tat einge-standen, wie wenig ihm die Sache der Arbeiterklasse am Herzen lag. Seine utopi-schen Ideen vom absoluten Recht und von der Herrschaft der Weisen galten ihm mehr als der Sozialismus."[130]

In einem internen Rückblick auf die ISK-Geschichte kennzeichnete Willi Eichler die ersten drei Jahre des ISK als „Phase der Konsolidierung" und „Festigung des Funktionärskörpers", in der die Stabilität der Organisation durch „Erhebung der Mindestforderungen" gewährleistet werden sollte.[131] Notwendi-gerweise mußte der ISK zunächst deutlicher das Trennende von den anderen Arbeiterparteien hervorheben, um seine Existenz zu begründen. Dazu diente auch die eigene Zeitschrift, der „ISK", die zunächst Hellmut von Rauschenplat für den Vorstand des ISK herausgab, seit August 1929 übernahm dann Eichler diese Position.

Kooperationen

Die in der Satzung des ISK vorgesehene Zusammenarbeit mit „verwandten Unternehmungen" scheint ohne große Erfolge gewesen zu sein. Zwar trafen sich am 31. Januar 1926 in Berlin Vertreter verschiedener linker Gruppierungen, doch

---

127 Vertrag zwischen ISK und Philosophisch-Politischer Akademie, a.a.O.. Protokoll des Weihnachtskurses 1927, in: Archiv der sozialen Demokratie, IJB-ISK Bestand, Mappe 5.

128 Nelson: Rechtslehre und Politik, a.a.O., S. 475.

129 Monatsantwort vom 25.4.1926, in: Archiv der sozialen Demokratie, IJB-ISK Bestand, Mappe 11.

130 „Jungsozialistische Blätter", 4. Jg. (1925), S. 353.

131 Denkschrift von Mai 1940, a.a.O., S. 9.

waren die Gegensätze zwischen diesen zu groß, als daß eine Zusammenarbeit möglich geworden wäre. Neben dem ISK nahmen die „Unabhängige Sozialdemokratische Partei" (USP) mit Theodor Liebknecht, der „Sozialistische Bund" mit Georg Ledebour, die „Deutsche Linke" mit Kurt Hiller, der „Spartakusbund Hanau" und die „Freie Sozialistische Jugend" aus Leipzig teil.[132]

Die Zusammenarbeit mit anderen Gruppierungen beschränkte sich auf „subkulturelle Gruppen und Organisationen der Arbeiterbewegung" (Link 1976, S. 115). In gewerkschaftlichen Organisationen konnte der ISK keine Führungsposition erreichen. Im „Deutschen Arbeiter-Abstinenten-Bund" war der ISK durch seinen Spitzenfunktionär Fritz Schmidt von 1923 bis 1928 im Bundesvorstand vertreten, zusätzlich beherrschte man zeitweilig die Gaue Köln und Hannover - dort allerdings unter dem Vorsitz von Otto Brenner - , in München und Kassel war man ebenfalls stark vertreten. Schmidt gehörte auch zur Führungsriege des „Verbandes für Freidenkertum und Feuerbestattung", 1927 übernahm er die Leitung des Kultursekretariats und 1928 die Schriftleitung des Verbandsorgans „Der Freidenker". In der ersten Ausgabe unter der Schriftleitung von Schmidt stammten alle Artikel von ISK-Mitgliedern. 1927 trat der ISK der „Liga gegen koloniale Unterdrückung", der späteren „Liga gegen den Imperialismus" kooperativ bei. Eine Denkschrift der Liga von 1929 verzeichnete den ISK als Mitgliedsorganisation. Auf Initiative von Willi Münzenberg, der auch Generalsekretär der Liga war, wurde im Mai 1931 in Berlin ein antiimperialistischer Jugendkongreß veranstaltet, an dem auch der ISK teilnahm, der ISK soll auch Mitglied der „Jugendliga gegen Imperialismus" gewesen sein.[133] Zu den Abspaltungen „Kommunistische Partei-Opposition" (vgl. Tjaden 1964), 1928 gegründet, und „Sozialistische Arbeiterpartei" (vgl. Drechsler 1965, Bremer 1978), 1931 gegründet, entwickelten sich keine engeren organisatorischen Verbindungen. Ziel des ISK war es nicht, als eine von mehreren konkurrierenden „Zwischengruppen" um die führende Stellung in dem Raum zwischen SPD und KPD zu streiten, dies wäre auch illusorisch gewesen, sondern als Vorgriff auf die „Partei der Vernunft" die Staatsideen Nelsons umzusetzen. Einzig zu dem 1928 gegründeten „Leninbund" bestanden freundschaftliche Beziehungen, die wohl darauf gründeten, daß Mitglieder des Leninbundes bei ISK-Veranstaltungen den Ordnerdienst übernahmen (Lemke-Müller 1988, S. 85).

Die Politik des ISK gegenüber den Gewerkschaften zeichnete sich durch eine gewisse Pragmatik aus. Obwohl auf das engste mit der Sozialdemokratie verbun-

---

132 Bericht Reichskommissar für die Überwachung der öffentlichen Ordnung Nr. 117 vom 1.4.1926, in: Bundesarchiv Koblenz, Bestand Reichskommissar für die Überwachung der öffentlichen Ordnung und Nachrichtensammelstelle im Reichsministerium des Innern (R 134), Mappe 29, Bl. 35.

133 Brief Willi Eichlers vom 26.4.1927, in: Archiv der sozialen Demokratie, IJB-ISK Bestand, Mappe 11. Bericht der Nachrichtensammelstelle im Reichsministerium des Innern vom 20.9.1932, in: Bundesarchiv Koblenz, Bestand Reichskommissar für die Überwachung der öffentlichen Ordnung und Nachrichtensammelstelle im Reichsministerium des Innern (R 134), Mappe 72, Bl. 513.

den, ordnete der ISK im ADGB seine eigenen Ziele allgemeinen gewerkschaftlichen Forderungen unter. Jedes ISK-Mitglied sollte einer Gewerkschaft beitreten. Insbesondere in der letzten Phase der Weimarer Republik setzte der Bund sehr stark auf die Gewerkschaften, die er als wichtigste Basis zur Verhinderung des Faschismus ansah.

1927 legte die „Philosophisch-Politische Akademie e.V." eine neue Satzung vor. Zweck des Vereins war die „Errichtung und der Ausbau einer freien internationalen Akademie [...] zur Herausbildung von Erziehern und Führern im Sinne Nelsons".[134] Auch die neue Satzung machte den führerschaftlichen Charakter der Akademie deutlich; der Vorsitzende leitete die Akademie alleine, er bestimmte nach §13 die Mitglieder der Akademie für einen Zeitraum von drei Jahren. Ein Kuratorium unterstützte den Akademievorsitzenden „beratend und helfend" bei der Leitung (§7). Einzig das Kuratorium wäre in der Lage gewesen, den Vorsitzenden abzusetzen. Paragraph 11 der Satzung bestimmte: „Falls der Vorsitzende nach dem übereinstimmenden Urteil der übrigen Kuratoriumsmitglieder die zur Führung seines Amts erforderlichen Eigenschaften nicht oder nicht mehr besitzt, sind sie berechtigt und verpflichtet, an seiner Stelle einen anderen Vorsitzenden aus der Mitte des Kuratoriums zu bestimmen."

Organisationskrise

1927 war der Internationale Sozialistische Kampf-Bund in eine organisationspolitische Krise geraten. Die anfängliche Euphorie, die in der Gründung einer eigenen selbständigen Partei lag, war schnell verflogen. Die Zahl der Mitglieder und der Ortsvereine ging zurück. Alleine in Berlin traten im November 1926 31 Mitglieder aus. Minna Specht benannte offen die Ursachen: „[...] schärfere Forderungen der Bundesleitung, Mangel an tüchtigen Leuten, Mangel an zentralen Veranstaltungen, die das Zusammengehörigkeitsgefühl stärken, Nelson zurückgezogen in Göttingen, Willi Eichler überlastet."[135] In den Ortsvereinen von Köln, Frankfurt, Bremen und Hannover erkannte sie eine allgemeine Depression. Als Ausweg aus der Krisensituation schlug Specht vor, verschiedene Kurse einzurichten. Für jüngere ISK-Mitglieder sollten Ausbildungskurse mit praktischer Arbeit, Sport sowie abendlichen pädagogischen und politischen Aussprachen eingerichtet werden, ältere Mitglieder sollten ihre Kenntnisse in „politischen Übungsgebieten" wie Agrarpolitik und Kritik der Demokratie festigen. Den Mitgliederrückgang versuchte man durch die Aufnahme von außerordentlichen Mitgliedern auszugleichen, die noch nicht alle Bedingungen zu erfüllen brauchten. Hinzu kam, daß die Arbeit der Führungselite des ISK selbst nicht konfliktfrei war. Julie Pohlmann berichtete von Auseinandersetzungen in der Walkemühle

---

134   Satzung der Philosophisch-Politischen Akademie e.V. vom 12.8.1927, in: Archiv der sozialen Demokratie, IJB-ISK Bestand, Mappe 5.
135   Brief Minna Spechts an Willi Eichler vom 8.2.1927, in: ebenda, Nachlaß Specht.

und Nelson selbst stellte fest, daß es zwischen Willi Eichler und Minna Specht Meinungsverschiedenheiten gebe, deren Ursachen tiefere Gründe hätten.[136] Die Eichler-Biographin Sabine Lemke-Müller berichtete auch von Spannungen zwischen Nelson und Eichler, die in deren unterschiedlichen Naturellen begründet lagen. Eichlers absolute Loyalität wurde nur einmal von ihm öffentlich aufgehoben. Nach einer internen kritischen Diskussion und einem entsprechenden Bericht darüber, protestierte Eichler dagegen, weil es „den Anschein erwecke, als ob wir einen Herrgott im Jugend-Bund hätten, ohne den wir Versammlungen nicht durchführen könnten" (Lemke-Müller 1988, S. 54).

Als Lösung der Mitgliederprobleme, einige waren in der Tat weniger aus Sympathie mit den Nelsonschen Ideen, sondern aus Antipathie der SPD gegenüber nach dem IJB-Ausschluß mit in die neue Organisation ISK übergewechselt, wurde eine Periode der inneren Konsolidierung eingeleitet, die Neumitglieder sollten sich in einem Probeverhältnis zunächst bewähren. Nelsons Tod am 29. Oktober 1927 führte nicht zu einem Organisationsbruch, da das fast mystische Schülerverhältnis, das manchmal an einen Personenkult erinnerte, zugleich mit der tiefen Verankerung der Nelsonschen Philosophie und Politik in der Partei für eine Kontinuität sorgte.

4.3 Entwicklung des Internationalen Sozialistischen Kampf-Bundes von 1927 bis 1933

Nach Nelsons Tod steigerte Willi Eichler als dessen Nachfolger im Vorsitz des Internationalen Sozialistischen Kampf-Bundes dessen Rigidität in bezug auf die Anforderungen an die Mitglieder, Verstöße wurden mit Ausschlüssen geahndet, auch langjährige Funktionäre blieben davon nicht verschont. Entsprechende Ausschlüsse veröffentlichte Eichler in den Monatsantworten zunächst unter der Rubrik „Gegner", später unter der neutraleren Bezeichnung „Namentliche Liste" (Lemke-Müller 1988, S. 61f.). Er machte selbst vor langjährigen und verdienten IJB- oder ISK-Funktionären nicht halt. Erna Blencke wurde 1928 ausgeschlossen, weil sie die Anordnung mißachtet hatte, keine privaten Briefe an Schüler der Walkemühle zu senden.[137] Allein im Januar 1929 wurden 35 Mitglieder aus dem ISK ausgeschlossen, dies bei einer Gesamtmitgliederzahl von etwa 200.[138] Legte der IJB in seiner letzten Phase einige sektiererische Momente ab, so schlug nach

---

136 Brief Julie Pohlmanns an Nelson vom 23.8.1926, in: Bundesarchiv Potsdam, Nachlaß Nelson, Mappe 21, Bl. 88. Brief Nelsons an Willi Eichler vom 10.9.1927, in: Archiv der sozialen Demokratie, Nachlaß Nelson, Mappe 38.

137 Mündliche Mitteilung von Erna Blencke am 18.5.1986. - Blenckes „Vergehen" lag darin, daß sie auf einen offiziellen Brief an den in der Walkemühle sich aufhaltenden Kassierer ihrer Frankfurter ISK-Gruppe einen „kurzen Gruß an alle" geschrieben hatte.

138 Monatsantwort vom 24.1.1929, in: Archiv der sozialen Demokratie, IJB-ISK Bestand, Mappe 11.

der Gründung des ISK und nach Nelsons Tod die entgegengesetzte Tendenz durch. In einer ersten Phase bis 1929 wurde besonders das herausgestellt, was die Sonderexistenz des ISK rechtfertigte. Die Festigung des Funktionärskörpers und die Forderung der Einhaltung der Mindestforderungen sollte eine Organisationsstärkung bewirken. Tatsächlich jedoch verlor der ISK mehr als ein Drittel seiner Mitglieder. Das Durchsetzen des Führerschaftsprinzips in der Organisation kann weniger mit Führung, denn mit Kapitulation verglichen werden, hier zeigte sich die Vergeblichkeit, ISK-Prinzipien umzusetzen (Lemke-Müller 1988, S. 96).

Diese Organisationskrise bewirkte 1929/30 einen Wandel. Dieser zeichnete sich durch eine selbstkritische Prüfung der Belastung der Kader aus, dadurch bedingt wurde das hohe Maß an Normierung und Kontrolle auch des privaten Bereiches gemindert. Dies wurde nach außen in einer verstärkten Hinwendung zur Tagespolitik sichtbar.

Die Entwicklung wurde auch in den Mitgliederzahlen deutlich, bei der Gründung 1926 hatte der ISK um die 300 Mitglieder, danach stagnierten die Zahlen. Nach einer internen ISK-Statistik aus dem Jahr 1931 umfaßte die Mitgliedschaft im Jahr 1929 37% Arbeiter, 36% Angestellte, 14% Lehrer und knapp 5% Angehörige freier Berufe, ein Drittel war weiblich. Bei den Alterskohorten war auffällig, daß rund 66% der Mitglieder unter 30 Jahren waren, der IJB und später der ISK waren tatsächlich Jugendbünde.[139] Werner Link nahm eine sozialstatistische Auswertung der ISK-Mitgliedschaft mit einem Sample von 145 Personen vor (Link 1978, S. 111).[140] Danach bestand der Bund aus 29% Arbeitern, 43% Angestellten und 28% Angehörigen der Intelligenz. Zieht man die Grenzen der Arbeiterschaft enger und berücksichtigt lediglich die Industriearbeiter, so ergibt sich ein prozentualer Anteil von nur noch 21%. Der ISK war eher mittelschichtsorientiert geprägt. Die Gruppe der Intelligenz bestand zur Hälfte aus Lehrern, dies hing zum einen mit Nelsons Tätigkeit an der Universität zusammen, zum anderen mit Nelsons sokratischer Methode, für die insbesondere in der Lehrerschaft vielfältig geworben wurde.

Der erste Bundestag des Internationalen Sozialistischen Kampf-Bundes wurde in alter IJB-Tradition vom 10. bis 12. August 1928 in Göttingen abgehalten. Neben einer Leonard-Nelson-Gedenkfeier wurden Berichte des Bundesvorstandes und der einzelnen Ortsvereine vorgetragen und diskutiert. Den Abschluß bildeten ein gemeinsames Sportfest, eine Demonstration durch Göttingen sowie eine Rede von Hellmut von Rauschenplat zum Wirtschaftsprogramm des ISK. An Einnahmen konnte der ISK von 1926 bis Mitte 1928 2.613 Mark verbuchen. Die Zeitschrift „ISK" wurde von 1.000 Lesern abonniert, weitere 5.000 Hefte wurden durch die Ortsvereine verkauft, der Verlag Öffentliches Leben war allerdings ein

---

139 Monatsantwort vom 15.12.1931 mit Anlagen, in: ebenda, Mappe 12.

140 Es muß angemerkt werden, daß sich die Angaben bei Link auf die Zeit nach 1933 beziehen, er analysierte 145 Exilanten und illegale Widerstandskämpfer des ISK.

Zuschußunternehmen.[141] Eine Bewertung des Bundestages durch die Ortsvereinsvorsitzenden zeigte eine vernichtende Kritik. Die Ohnmachtsanfälle infolge der schlechten Luft bei der Nelson-Gedenkfeier seien „ein Zeichen innerer Schlappheit und Mangel an Disziplin", bei Rauschenplats Rede seien viele eingeschlafen, die Organisation der Sportveranstaltung sei mangelhaft und die Aussprache über die Berichte noch nicht gelungen. Vom Bundesvorstand sei nur Willi Eichler in Erscheinung getreten, Otto Pfotenhauer und Zeko Torboff hätten sich an der Vorbereitung und Durchführung des Bundestages nicht beteiligt, dies sei auf Dauer untragbar.[142] Pfotenhauer, der versuchsweise in den Bundesvorstand kooptiert worden war, gab diese Position 1929 wieder auf. 1928 führte der ISK eine eigene Steuerordnung ein. Dabei ging man davon aus, daß ein bestimmtes Einkommen (normale Lebenskosten) steuerfrei sei. Der andere Teil mußte mit 30% besteuert werden, bei höheren Verdiensten lag die Abgabequote noch höher. Eine interne Berechnung ging bei einem Ledigen in Steuerklasse A von Lebenskosten von 140 Mark pro Monat aus. Dies entsprach einer Steuer bzw. einem Mitgliedsbeitrag von 18 Mark.[143]

Die Freundesgesellschaft der Akademie wurde in den Jahren 1929 und 1930 deutlich verstärkt. 1929 konnte eine Verdopplung der Mitgliederzahl erreicht werden, 1930 kamen noch einmal 75 Neuaufnahmen hinzu, insgesamt umfaßte sie 245 Mitglieder. Der größte Teil (203) stammte aus Deutschland, ferner waren Amerikaner, Chinesen, Engländer, Franzosen, Holländer, Österreicher, Schweizer und Tschechen vertreten. An Mitgliedsbeiträgen wurden 1930 5.430,- Mark verbucht, hinzu kamen monatlich 1.500,- Mark an Patengeldern für die Walkemühle.[144]

Verhältnis zur Arbeiterbewegung

Das Verhältnis des ISK zur SPD war naturgegeben feindselig. 1930 griff der ISK die KPD-Terminologie auf und sprach „von einem Faschismus von links bis rechts".[145] Die Beziehungen zur KPD gestalteten sich ambivalent, zunächst war eine gewisse Öffnung zur KPD hin festzustellen, wenn Eichler forderte, die

---

141 Protokoll des 1. Bundestages des ISK vom 10.-12.8.1928, in: Archiv der sozialen Demokratie, IJB-ISK Bestand, Mappe 5.

142 Protokoll der Besprechung der Ortsvereinsvorsitzenden am 12.8.1928, in: ebenda, Mappe 5.

143 Steuerordnung vom 1.3.1928, in: Archiv der sozialen Demokratie, IJB-ISK Bestand, Mappe 66. - Bei einem Einkommen von 600 Mark und einem Lebenskostenanteil von 140 Mark waren 314 Mark Steuern bzw. Mitgliedsbeitrag zu zahlen, dies entsprach einer Quote von 68%.

144 Arbeitsberichte der Gesellschaft der Freunde der Philosophisch-Politischen Akademie von November 1930 und November 1931, in: Bundesarchiv Koblenz, Bestand Reichsministerium des Innern, Mappe 6042/5.

145 „ISK", Heft 5, 1930, S. 76.

„Beziehungen zu festigen".[146] Später verurteilte der ISK die „scheinrevolutionäre Politik" der deutschen Kommunisten und bezog eine deutlich ablehnende Position gegenüber der inhaltlichen wie praktischen Politik der KPD. Das Verhältnis zur KPD war problematisch. Mit „allergrößter Vorsicht" müsse man vorgehen, denn die KPD treibe nicht eine ehrliche Politik und nutze den ISK nur als Aushängeschild. „Wo sie uns nicht brauchen, bekämpft sie uns in niedrigster Weise."[147] Der „Weihnachtskurs" des ISK 1927 legte fest, daß bei den Reichstagswahlen die KPD zu wählen sei, sie sei das geringere Übel im Vergleich zu der SPD.[148] Die entsprechenden Wahlaufrufe wurden in der ISK-Presse veröffentlicht:

Reichstagswahl 1928:	"Stimme für KP"
Reichstagswahl 1930:	"Unterstützung KP"
Reichspräsidentenwahl 1932:	"Für einen gemeinsamen Arbeiterkandidaten"; „Trotz anderer Bemühungen im 1. und 2. Wahlgang für Thälmann"
Preußische Landtagswahl 1932:	"Für KPD votieren"
Reichstagswahl Juli 1932:	"Unterstützung KP"
Reichstagswahl November 1932:	"KPD"[149]

Die Zusammenarbeit mit anderen linken politischen Gruppen verlief weiterhin schwierig. Im Februar 1930 kam es in Berlin zu einem Treffen zwischen Willi Eichler und Jakob Walcher sowie Heinrich Brandler von der Kommunistischen Partei Deutschland-Opposition (KPO). Eichler hielt fest, daß die KPO grundsätzlich dasselbe sei wie die KPD. Alle organisatorischen Beziehungen zur KPO seien vom ISK aufgelöst worden.[150]

Als Begründung für die Unterstützung der KPD bei den Reichstagswahlen 1930 führte der ISK an, daß die SPD endgültig mit dem Bürgertum eine Arbeitsgemeinschaft geschlossen habe. Demgegenüber vertrete die KPD eine grundsätzlich andere Position. Der ISK sah die Kommunisten noch als Vertreter des Proletariats, als Klassenpartei an.[151] Das Verhältnis des ISK zur KPD war in der

---

146 Monatsantwort vom 9.4.1927, in: Archiv der sozialen Demokratie, IJB-ISK Bestand, Mappe 11.

147 Protokoll der Aussprache der Ortsvereinsvorsitzenden vom 6.-7.6.1927, a.a.O.

148 Protokoll Weihnachtstreffen 1927, in: Archiv der sozialen Demokratie, IJB-ISK Bestand, Mappe 5.

149 Willi Eichler: Das kleinere Übel, in: „ISK", 3 (1928), S. 70. - Kampf dem Bürgerblock, in: „ISK", 5 (1930), S. 165. - „Der Funke" vom 1.3.1932 und 15.3.1932, S. 1. - „Der Funke" vom 17.4.1932, S. 3. - „Der Funke" vom 17.7.1932, S. 1. - „Der Funke" vom 30.10.1932, S. 1.

150 Monatsantworten vom 13.2.1930 und 29.4.1931, in: Archiv der sozialen Demokratie, IJB-ISK Bestand, Mappe 12.

151 Protokoll Ortsvereinsvorsitzenden-Tagung vom 17.8.1930, in: ebenda, Mappe 6.

Endphase der Weimarer Republik aber ambivalent. Zwar rief der Bund noch zur Stimmabgabe für die Kommunisten auf, doch angesichts der „Sozialfaschismus-theorie" und der Spaltung der Gewerkschaften durch die Kommunisten (vgl. Flechtheim 1986, Weber 1969), ging man auf Distanz. Doch auch die KPD untersagte dem Bund den Verkauf seiner Zeitschrift „ISK" auf ihren Veranstaltungen.[152] Noch 1930 hatte der ISK gemeinsam mit der Göttinger KPD-Gruppe eine gemeinsame Erste-Mai-Demonstration organisiert.

Erneute Organisationskrise

Ziel des ISK war es, durch ständige Erhöhung der Mindestforderungen zu einer immer qualifizierteren „Elite" zu gelangen. Der Funktionärsbereich wurde durch diese Ausbildung allerdings stark belastet. Zu den bereits dargestellten Mindestforderungen kamen weitere hinzu. Der Plan für 1929 sah eine Unterteilung in rechtlich-moralische Ausbildung, rechtlich-politische Ausbildung (Alkohol- und Nikotinabstinenz, Kirchenaustritt, Schlachthofbesuch, Pünktlichsein, Sauberkeit und Ordnung, Laut sprechen, Pläne machen, Aufträge aufschreiben u.a.), geistige Ausbildung (Unterstufe: Lage der jungen Arbeiter: Arbeitslohn und Arbeitszeit, Jugendschutz, Mietpreise; Zwischenstufe: Gewerkschaften, andere Jugendorganisationen, wirtschaftliche und geistige Ausbeutung; Erwachsene: Gewerkschaften in Deutschland, Kampf innerhalb der Gewerkschaften zwischen SPD und KPD u.a.), ästhetische Ausbildung (Text ausdrucksvoll laut vorlesen, Lieder gemeinsam singen, Ausgestaltung einfacher geselliger Abende u.a.), technische Ausbildung (Notizbuch zweckmäßig führen, Maße kennen, Grundrechenarten handhaben, Prozent- und Zinsrechnung, graphische Darstellungen, Orientierung im Gelände, u.a.) sowie Sport vor.

Die zunehmenden Forderungen, verbunden mit der Rigidität des Bundesvorstandes, führten zu Problemen in den Ortsvereinen. Der Weimarer Ortsverein berichtete im März 1929, daß eine große Zahl von Mitgliedern ausgeschieden oder ausgeschlossen sei und forderte: „Wenn wir wollen, daß der ISK nicht verwässert wird, und daß er in Zukunft seine Mindestforderungen steigern kann, um den wachsenden äußeren Anforderungen zu genügen, dann erscheint uns die Neugründung einer breiten Mitgliederbasis unbedingt notwendig."[153] Dieses „Pyramidenmodell" - um eine funktionsfähige „Elite" zu erhalten, bedarf es einer weitaus größeren Basis, die entsprechend geschult werden muß - wurde innerhalb des ISK zur Neustrukturierung der Arbeit diskutiert. Das Verhältnis von „Binnenarbeit", oder anders ausgedrückt, die Beschäftigung mit sich selbst, zur „Außenarbeit" stand zur Disposition.

---

152 Monatsantwort vom 16.1.1931, in: ebenda, Mappe 12.

153 Brief des Ortsvereins Weimar an den Bundesvorstand des ISK vom 20.3.1929, in: ebenda, Mappe 66.

Die Krise wurde auch in der Mitgliederentwicklung deutlich: [154]

Jahr:	1926	1927	1928	1929	1930	1931
Mitglieder:	300	264	215	171	188	190

Der Osterkurs 1929 griff die organisationspolitische Debatte noch einmal auf. Auf der Grundlage von frühen Schriften Lenins diskutierte man die Bedeutung einer berufsrevolutionären Organisation. In diesem Zusammenhang sind auch verschiedene Sicherungsmaßnahmen der Organisation zu sehen. Im Juni 1929 wurden ein „Merkblatt Verhaftung" sowie ein „Merkblatt Haussuchung" vorgelegt.[155]

Zur Unterstützung der Arbeit des überlasteten Bundesvorstandes führte der ISK im August 1929 die Funktion von Bezirksvorsitzenden als mittlere Funktionärsebene ein. Bezirksvorsitzende wurden Klara Deppe (für die Ortsvereine Hamburg, Bremen, Hannover), Walter Fließ (Köln, Bochum, Frankfurt), Maria Hodann (Berlin, Magdeburg, Sachsen), Walter Probst (Braunschweig, Göttingen, Melsungen, Kassel), Amy Moore (England) und Lotte Weber (München).[156] Neben diesen Ortsvereinen existierten noch der Weimarer Ortsverein und als einzige Neugründung Essen. Der Internationale Sozialistische Kampf-Bund hatte nur einen einzigen Ortsverein im Ausland, der „internationale Experte" des ISK Helmut Kumleben hatte diese Gründung 1927 in London angebahnt, in Frankreich war er weniger erfolgreich. Weitere Verbindungen gab es in die Schweiz, nach Österreich, Bulgarien und China. Damit umfaßte die Basisstruktur des ISK 17 Untergliederungen. Hinzu kamen noch 14 Arbeitsgemeinschaften in Bergedorf, Braunsberg, Celle, Eisenach, Erfurt, Hagen, Hannoversch-Münden, Jena, Leipzig, Mainz, Scheibe-Alsbach, Worms, Wien und Zwickau, die eine Art Vorläuferorganisation für Ortsvereine darstellten.[157]

Diese Auflistung darf nicht darüber hinwegtäuschen, daß der ISK keine reichsweite Verbreitung erreichen konnte. Er blieb auf wenige Zentren (Berlin, Hamburg, Hannover, Göttingen, Köln, Frankfurt a. M. und München) beschränkt, in denen aber auf Grund der spezifischen Mitgliederstruktur des ISK - seine Mitglieder waren fast ausnahmslos „Kader" und daher mit „normalen" Mitgliedern anderer Parteien nicht zu vergleichen - wesentlich mehr bewirkt werden konnte. Viele Neugründungen von Arbeitsgemeinschaften wurden zudem planmäßig durch bewährte Kader initiiert, dies war nur durch den vom Bundesvorstand koordinierten Personaleinsatz möglich. Neue „Richtlinien für die organisatorische Arbeit" legte der Bundesvorstand im September 1929 vor. Für jedes

---

154 Monatsantwort vom 15.12.1931 mit Anlagen, in: ebenda, Mappe 12.
155 Bundesarchiv Potsdam, Nachlaß Nelson, Mappe 378, Bl. 63f.
156 Protokoll der Aussprache vom 3.8.1929, in: Archiv der sozialen Demokratie, IJB-ISK Bestand, Mappe 6.
157 Monatsantwort vom 18.12.1932, in: ebenda, Mappe 12.

Mitglied mußten „Persönliche Papiere" - Kaderakten - angelegt werden. Als Aufnahmebedingungen für neue Mitglieder galten Alkoholabstinenz, Kirchenaustritt, vegetarische Lebensweise, Schlachthofbesuch, Gewerkschaftszugehörigkeit, für Lehrer die Mitgliedschaft im Lehrerkampfbund sowie die Bestimmung, daß Schüler und Studenten in jedem Fall von der Mitgliedschaft ausgeschlossen werden sollten.[158] Weiterhin wurde das Übermaß an Berichten innerhalb der Organisation eingeschränkt. Die bisherigen Monatsberichte der Ortsvereine wurden auf einen vierteljährlichen Zeitraum gestreckt. Dazu sollten die Bezirksvorsitzenden als weitere Ansprechpartner der Untergliederungen fungieren und so den Bundesvorstand entlasten. Die Funktionäre des ISK, aber auch die Absolventen der Walkemühle, waren zu einem gewissen Teil für die Organisation frei verfügbar. Der Weihnachtskurs 1929 legte einen „Austausch von Genossen" fest, bewährte Kader hatten kleinere oder problematische Ortsvereine zu unterstützen. Von Bedeutung für die Gesamtorganisation war ein volkswirtschaftlicher Kurs der engsten ISK-Führungsspitze im Juni 1930. Unter der Leitung von Hellmut von Rauschenplat diskutierten die Nelson-Vertrauten Willi Eichler, Minna Specht und Grete Hermann, der „Sponsor" des ISK Hermann Roos sowie Volkswirtschaftler und Walkemühle-Schüler mit volkswirtschaftlicher Ausbildung gemeinsam mit Franz Oppenheimer dessen Theorie. Ziel war es, die Theorie des liberalen Sozialismus weiterzuentwickeln.[159] Praktisch versuchte der ISK dies in seinem landwirtschaftlichen Projekt „Gut Mönchshof" in Thüringen in der Nähe von Meiningen umzusetzen. Nach der Oppenheimerschen Theorie der Bodensperre stellte der Bund das Gut 40 Siedlern als Siedlungsgenossenschaft zur Verfügung, 1931 waren noch 20 Plätze frei.[160] Diese inhaltliche Arbeit stärkte aber den Organisationszusammenhang.

Kampf gegen den Faschismus

Die Auseinandersetzung des ISK mit dem Faschismus wurde durch die Rezeption des italienischen Faschismus bewirkt. Die entsprechenden Beiträge in der Zeitschrift „ISK" verdeutlichten, daß man zunächst eine detaillierte Beschreibung und eine ideologische Abgrenzung vornahm. Der ISK wies aber auf die eindeutig ökonomischen Ursachen des Faschismus hin und sah dessen Funktion darin, daß die Großindustrie die Nationalsozialisten zur Profitsicherung und für die Besiegung der organisierten Arbeiterbewegung benötigten.[161] Der entscheidende Durchbruch der NSDAP bei der Reichstagswahl 1930 veranlaßte den ISK-Vorsitzenden Willi Eichler, die Mitglieder anzuweisen, die Aktivitäten der

158 Richtlinien für die organisatorische Arbeit vom 11.9.1929, in: ebenda, Mappe 66.

159 Protokoll Volkswirtschafts-Kurs vom 15.-21.6.1930 in der Walkemühle, in: Bundesarchiv Potsdam, Nachlaß Nelson, Mappe 364, Bl. 1f.

160 Tagung der Ortsvereinsvorsitzenden vom 3.-6.4.1931, in: Archiv der sozialen Demokratie, IJB-ISK Bestand, Mappe 7.

161 Minna Specht: Die Nationalsozialisten, in: „ISK", Heft 5, 1930, S. 51.

Nationalsozialisten genau zu beobachten und geeignete Gegenmaßnahmen zu suchen.[162]

Im August 1931 führte der ISK seinen zweiten Bundestag durch. Zur Vorbereitung diente eine Parteiausschußtagung vom 5. bis 7. August. Wichtigstes Ergebnis war die stärkere Betonung der Selbständigkeit des ISK. Die erforderliche Unabhängigkeit wurde damit begründet, daß sowohl SPD wie auch KPD für den ISK nicht mehr koalitionsfähig seien, ob diese überhaupt eine Koalition mit dem ISK eingehen wollten, ist sehr fraglich. Als zweiten Grund gab man die nicht ausreichende Arbeit des ISK in den Gewerkschaften und dem Freidenkerverband an, die anders organisiert werden müßte. Die Krise der Arbeiterschaft, so der ISK, erfordere drittens eine eigene unabhängige Stellungnahme. Diese verlange eine theoretische Klärung und ein noch zu konzipierendes Aktionsprogramm. Als Methode des politischen Unterrichts sollte das sokratische Gespräch fungieren. Die Parteiausschußtagung konkretisierte praktische Aufgaben wie die Werbung neuer Mitglieder, den Diskurs mit anderen konkurrierenden politischen Strömungen und den Ausbau der eigenen Presse.

Die Bundestagung wurde vom 8. bis 10. August 1931 in Braunschweig abgehalten. Um dem bereits geschilderten negativen Verlauf des letzten Bundestages vorzubeugen, wurden jetzt zum Teil vorbereitete Diskussionsbeiträge zu den Referaten vorher festgelegt. Am ersten Tag stand eine Rede von Walter Probst über „Die politische Lage" auf dem Programm, die Aussprache dazu war in einen Part mit bereits festgelegten Diskussionsteilnehmern und einer freien Diskussion geteilt. Der zweite Tag umfaßte Referate von Erna Mros zur „Kulturpolitik des ISK" und von Fritz Grob, der von der USPD den Weg zum ISK gefunden hatte und dort nach Maria Hodann die Berliner Gruppe leitete, zur „Wirtschaftspolitik des ISK". Mehr in die Zukunft gerichtet waren die Beiträge des Abschlußtages, Fritz Schmalz referierte über „Entwicklung des ISK" und Minna Specht grundlegend zu dem Thema „Politik und Erziehung im ISK".

In seiner programmatischen Rede führte Willi Eichler die aktuelle Einschätzung der politischen Lage aus, diese hat leichte Anklänge an Verschwörungstheorien. Vier Machtgruppierungen seien heute von entscheidender Bedeutung, alle stünden mehr oder weniger auf der Seite der Gegner: Wirtschaft und Staat in Deutschland einschließlich der Brüning-Regierung, Mussolini, der Papst und die Regierung Stalins. Nach Eichlers Meinung würden die Monopolisten durch die Wirtschaftsideologie der SPD gestützt, die zudem hinter der Regierung Brüning stünden. Die KPD stelle keine Gefahr dar, da sie einen zu großen Mitgliederwechsel habe, über keinen nennenswerten parlamentarischen Einfluß verfüge und, bedingt durch das Republikschutzgesetz, keinen außerparlamentarischen Einfluß nehmen könne. Auch stehe das kollektivistische Rußland an der Seite der Gegner des ISK, da es ein anderes Ideal von der ausbeutungsfreien Gesellschaft

---

162   Willi Eichler: Zum Kampf gegen die Nationalsozialisten, in: „ISK", Heft 5, 1930, S. 180f.

besitze.[163] Der Bundestag beschloß, alle Kräfte auf die Selbständigkeit des Internationalen Sozialistischen Kampf-Bundes als politische Partei zu konzentrieren, sowie in dem politischen Diskurs für eine internationale Entspannung und Vermeidung eines Krieges einzutreten und innenpolitisch die Bekämpfung des Nationalsozialismus voranzutreiben. Alle Aktivitäten des ISK, mit Ausnahme der Kindererziehung in der Walkemühle, die nicht unmittelbar diesen Zielen dienten, wurden eingestellt. Beschlossen wurde auch die Herausgabe einer eigenen Tageszeitung. Die ISK-Zentrale siedelte von Göttingen nach Berlin in die Wohngemeinschaft „Inselstraße 8a" um, neben Grete Hermann zogen auch die Lehrer der Walkemühle Minna Specht - die allerdings im Herbst 1932 wieder in die Walkemühle zurückkehrte - Gustav Heckmann und Hellmut von Rauschenplat dorthin. Damit waren Anfang 1932 neben der Führungsspitze des ISK der Verlag Öffentliches Leben, die Internationale Verlagsanstalt, die Redaktionsstäbe von „ISK" und „Der Funke. Tageszeitung für Recht, Freiheit und Kultur" an einem Ort konzentriert. Der Name der Zeitung „Der Funke" wurde unter Anspielung an Lenins „Iskra" gewählt (Miller 1983, S. 89f; Koszyk 1966). 17 Mitarbeiter standen für den Betrieb der Zeitung zur Verfügung, deren wichtigste Aufgabe die Bemühungen um die Schaffung einer antifaschistisch-proletarischen Einheitsfront war. Das publizistische „Flaggschiff" des ISK erschien mit 325 Ausgaben vom 1. Januar 1932 bis zum Verbot am 17.2.1933. Täglich wurden 3.500 - 4.000 Exemplare hergestellt und vertrieben. Die Tageszeitung war allerdings ein politisch gewolltes Zuschußgeschäft, insgesamt betrug das Defizit 76.000 Mark.[164] Sie stellte dennoch ein äußerst ambitioniertes publizistisches Projekt dar.

Seit 1930 proklamierte der ISK eine außerparlamentarische Einheitsfront von unten und von oben. Die so verstandene Politik sollte nicht die „Massen bzw. Wähler" von den „verräterischen Führern" abziehen, sondern versuchte, die „reformistischen" Politiker und ihre Anhänger in die Einheitsfront durch Aktionen „hineinzutreiben".[165] Der ISK stellte deutlich die Gründe heraus, die eine Einheitsfrontpolitik (bisher) verhindert hätten. Die SPD-Führung sei so fest mit dem Bürgertum verwachsen, daß sie eine selbständige Politik der Arbeiterklasse scheue. Bei der KPD erkannte man an, daß sie zwar die Voraussetzungen richtig analysiert habe, daraus aber zum Teil falsche Schlußfolgerungen ziehe. Denn gerade die kommunistische Politik der Spaltung der Gewerkschaften in Form der Revolutionären Gewerkschaftsopposition sei das Gegenteil einer Einheitsfrontpolitik. Das Konzept der Einheitsfront übertrug der ISK bei den Reichspräsiden-

---

163 Protokoll des 2. Bundestages des ISK vom 8.-10.8.1931, S. 46f., in: Archiv der sozialen Demokratie, IJB-ISK Bestand, Mappe 7.

164 Bericht Bundesarbeit, Ersatz-Bundestag vom 11. und 12.7.1942, in: ebenda, Mappe 10, S. 3.

165 Darstellung der Einheitsfrontkonzeption nach: Willi Eichler: Wie schafft man die sozialistische Einheit?, in: „ISK", Heft 6, 1931, S. 32f. Fritz Grob: Für die Einheitsfront, in: „ISK", Heft 7, 1932, S. 51f. Hanna Fortmüller: Vorwärts zur Einheitsfront, in: „ISK", Heft 7, 1932, S. 145f.

tenwahlen auch auf die parlamentarische Ebene. Ein erster Schritt zum gemeinsamen Kampf und zur wirklichen Einheitsfront gegen den Faschismus sollte ein gemeinsamer Arbeiterkandidat sein. Doch der Vorschlag wurde von den anderen Parteien und Organisationen ignoriert. Daraufhin schaltete die ISK-Presse wieder auf das Konzept der „Einheit von unten" um, die Funktionäre der anderen Parteien wurden angegriffen und deren Mitglieder aufgerufen, gegen den Funktionärskörper den antifaschistischen Kampf zu führen.[166]

Im Juni 1932 versuchte der ISK, zur Abwehr des Faschismus, zur Bildung einer Einheitsfront beizutragen. Am 15. Juni 1932 leitete der ISK ein sogenanntes „Volksbegehren" ein, auf Sammellisten sollten sich Arbeiter eintragen, um den ADGB aufzufordern, bei der Herstellung der Einheitsfront die Initiative zu ergreifen. Quellenmäßig ließen sich die Ergebnisse dieser Initiative nicht nachweisen, Willi Eichler berichtete jedoch später im Exil, daß die kommunistische Presse dies als sozialdemokratisches, die sozialdemokratische Presse dies als kommunistisches Manöver abgetan habe.[167]

Einen publizistischen Erfolg stellte der am 24. Juni 1932 in der ISK-Zeitschrift „Der Funke" vorgestellte „Dringende Appell" dar. Anläßlich der Reichstagswahl am 31. Juli 1932 riefen die Unterzeichner warnend vor der bevorstehenden Vernichtung aller persönlichen und politischen Freiheit in Deutschland zum Aufbau einer einheitlichen Arbeiterfront auf. Durch den Appell sollte ein Zusammengehen der Sozialdemokratie mit der Kommunistischen Partei in der Form gemeinsamer Kandidatenlisten oder Listenverbindungen ermöglicht werden.

Der „Dringende Appell" hatte folgenden Wortlaut: „Die Bestrebungen für die Bildung einer antifaschistischen Front, um deren Zustandekommen sich die Arbeiterschaft gerade in jüngster Zeit auf verschiedene Weise bemüht, werden unterstützt durch den hier folgenden Aufruf: Dringender Appell! Die Vernichtung aller persönlichen und politischen Freiheit in Deutschland steht unmittelbar bevor, wenn es nicht in letzter Minute gelingt, unbeschadet von Prinzipiengegensätzen alle Kräfte zusammenzufassen, die in der Ablehnung des Faschismus einig sind. Die nächste Gelegenheit dazu ist der 31. Juli. Es gilt, diese Gelegenheit zu nutzen und endlich einen Schritt zu tun zum Aufbau einer einheitlichen Arbeiterfront, die nicht nur für die parlamentarische, sondern auch für die weitere Abwehr notwendig sein wird. Wir richten an jeden, der diese Überzeugung mit uns teilt, den dringenden Appell, zu helfen, daß ein Zusammengehen der Sozialdemokratischen und Kommunistischen Partei für diesen Wahlkampf zustande kommt, am besten in der Form gemeinsamer Kandidatenlisten, mindestens jedoch in der Form von Listenverbindung. Insbesondere in den großen Arbeiterorganisationen, nicht nur in den Parteien, kommt es darauf an, hierzu allen erdenklichen

---

166   „Der Funke" vom 28.1.1932, S. 1.
167   „Der Funke" vom 15.6.1932, S. 4; Sozialistische Wiedergeburt. Gedanken und Vorschläge zur Erneuerung der sozialistischen Arbeit, Hrsg.: ISK, 1934, S. 18.

Einfluß aufzubieten. Sorgen wir dafür, daß nicht Trägheit der Natur und Feigheit des Herzens uns in die Barbarei versinken lassen!"[168]

Dem ISK gelang es, Albert Einstein, Anton Erkelenz, Emil Gumbel, Walter Hammer, Kurt Hiller, Erich Kästner, Karl und Käthe Kollwitz, Heinrich Mann, Pietro Nenni, August Siemsen, Ernst Toller, Arnold Zweig und andere Persönlichkeiten für eine Unterstützung des Appells zu gewinnen. Während die Unterschriften von Karl und Käthe Kollwitz nach einer Mitteilung von Gustav Heckmann leicht zu erhalten waren, lehnte Einstein zunächst ab. Er hielt die Methode eines öffentlichen Appells zuerst für nicht erfolgversprechend. Sein Gegenvorschlag war, daß Käthe Kollwitz und er „die drei entscheidenden Leute, nämlich Otto Wels von der SPD, Ernst Thälmann von der KPD und Theodor Leipart vom Allgemeinen Deutschen Gewerkschaftsbund zu einem persönlichen Gespräch einladen, dann werden wir das klarkriegen". Aus dieser Idee entstand ein gemeinsamer Brief von Einstein, Käthe Kollwitz und Heinrich Mann an die drei Spitzenvertreter der Arbeiterbewegung. Während Wels und Leipart mit dem Hinweis ablehnten, daß eine solche Einheitsfront zu begrüßen wäre, aber der Widerstand auf Seiten der Kommunisten so stark wäre, daß es völlig aussichtslos sei, antwortete Thälmann, obwohl ein Schüler Einsteins den Brief persönlich überreicht hatte, überhaupt nicht (Krohn 1983, S. 20f.). Der ISK veranstaltete im Wahlkampf über 70 Veranstaltungen in fast allen Großstädten im Sinne des Appells (Miller 1990, S. 198).

Begleitet wurde diese Initiative durch eine Reihe von Artikeln zur Einheitsfrontforderung in der ISK-Presse. Die Herstellung der Einheitsfront im Kampf gegen den Faschismus wurde als das Haupterfordernis jeder Tagespolitik angesehen. Eine Einheitsfront nur unter der Führung einer Partei sei nicht möglich, sie könne nur gebildet werden, wenn man durch die Politik die Führer mit ihren Massen in die Einheitsfront hineinzwinge. Der ISK sah auch kritisch die Gründe, die bisher eine Bildung einer Einheitsfront verhindert hätten. Die sozialdemokratische Führung sei fest mit dem Bürgertum verwachsen und scheue eine selbständige Politik der Arbeiterklasse. Aber die SPD habe die Masse der Mitglieder und Wähler hinter sich. Grundfehler der vom ISK abgelehnten Einheitsfrontpolitik der KPD sei, daß sie zwar die richtigen Voraussetzungen erkannt habe - die SPD als Stütze des kapitalistischen Staates - daraus aber zum Teil falsche Forderungen ziehe. Entgleisungen wie die Sozialfaschismustheorie oder die kommunistische Taktik der Gewerkschaftsspaltung in Form der Revolutionären Gewerkschaftsopposition seien gerade das Gegenteil einer Einheitsfrontpolitik.[169] Intern schien diese Einheitsfronttaktik von Eichler nicht unumstritten gewesen zu sein, statt der Konzeption Einheitsfront in den ADGB-Gewerkschaften wurde von anderen Mitgliedern die aktive Mitarbeit in der KPD oder SPD vorgeschlagen.

---

168   „Der Funke" vom 24.6.1932, S. 1.

169   Fritz Grob: Für die Einheitsfront, in: „ISK", Heft 3, 1932, S. 51f. - Vgl. auch: Hanna Fortmüller: Vorwärts zur Einheitsfront, in: „ISK", Heft 7, 1932, S. 145f. Willi Eichler: Wie schafft man die sozialistische Einheit?, in: „ISK", Heft 6, 1931, S. 232f.

Eichler konnte solche Vorschläge aber zurückweisen (Lemke-Müller 1988, S. 70).

Realistisch schätzte der ISK die politische Arbeit im Fall des Sieges des Faschismus ein. Bereits im August 1932 warnte der Bund vor der Ansicht, daß nach einer Machtergreifung das Naziregime abwirtschaften werde.[170] 5 Tage vor der Machtübernahme stellte Eichler fest, daß die Faschisierung nichts anderes als eine kapitalistisch-imperialistische Krisenüberwindung sei. Dies führe zur Militarisierung und gewaltsamen Unterdrückung der Opposition, letztlich zum imperialistischen Krieg und erfordere eine unerhörte Brutalität in der Anwendung der Machtmittel.[171] Von der Machtergreifung wurde der ISK nicht überrascht, die Umstellung auf die Illegalität hatte er schon eingeleitet. Erste Vorsichtsmaßnahmen begannen im November 1931, so wurden wichtige Dokumente, Sammlungen von Mitgliederadressen und Mitgliedsausweise vernichtet. Zentrale Dokumente, wie die Mitgliedskartei sollten in Sicherheit gebracht werden. Nach der Machtergreifung wurde die endgültige Umstellung auf die Illegalität vorgenommen.

Zur Reichstagswahl im März 1933 - wenn man hier überhaupt noch von einer freien und demokratischen Wahl sprechen kann - forderte Willi Eichler die ISK-Mitglieder auf, auf keinen Fall Wahlenthaltung zu üben, sondern „wir wählen auf jeden Fall die am weitesten links stehende Liste".[172] Öffentliche Veranstaltungen kündigte der ISK für Januar und Februar 1933 für folgende Orte an: Berlin, Braunschweig, Bremen, Eisenach, Essen, Frankfurt/Main, Göttingen, Hamburg, Hannover, Kassel, Köln, Magdeburg, Mainz und München.[173] Otto Bennemann (vgl. Grabenhorst 1991), Leiter der Braunschweiger ISK-Gruppe, referierte im Februar 1933 in einer ISK-Veranstaltung zu dem Thema „Der Faschismus in Italien", in der er auch auf die bevorstehende Situation in Deutschland einging. Dies sei für eine längere Zeit wohl die letzte Veranstaltung des ISK gewesen, so sein Resümee.

Widerstand und Exil

Auf der Ostertagung 1933 wurde die offizielle Auflösung des deutschen Zweiges des ISK beschlossen, um die illegale Weiterführung der Arbeit zu erleichtern.[174] Die ISK-Presse war bereits verboten, die Zeitung „Der Funke" erschien am 17. Februar zum letztenmal, das letzte „ISK"-Heft konnte mit der Februarausgabe herausgegeben werden. „Der Funke" war bereits am 20.11.1932 für die Dauer von vier Wochen verboten worden, weil er anläßlich des Treffens von Hitler und

---

170 „ISK", Heft 7, 1932, S. 149.
171 „Der Funke" vom 25.2.1933, S. 1.
172 „Liebe Genossen" [Brief Willi Eichlers] vom 1.3.1933, in: Archiv der sozialen Demokratie, IJB-ISK Bestand, Mappe 12.
173 „ISK", Heft 1, 1933 und Heft, 2 1933.
174 Protokoll Ersatzbundestag, a.a.O.

Hindenburg mit der Schlagzeile aufmachte: „Nieder mit Hindenburg! Nieder mit dem Schützer des Faschismus!" Die pädagogische Arbeit in der Walkemühle fand ihr Ende mit der Auflösung und Beschlagnahmung durch die Regierung in Kassel am 17. März, am 31. Mai wurde sie von der SA besetzt.[175] Hellmut von Rauschenplat gelang es, einen Teil des Vermögens des ISK ins Ausland zu retten. Der Verlag Öffentliches Leben, der aus der illegalen Arbeit herausgehalten wurde, brachte 1937 den sechsten und letzten Band der „Abhandlungen der Friesschen Schule" heraus, bevor auch er eingestellt werden mußte. Grete Hermann konnte bis 1937 wissenschaftlich-philosophische Arbeiten in Deutschland publizieren, dies nutzte sie zur Anleitung der illegalen ISK-Kader. Das Projekt „Gut Mönchshof" überdauerte die Machtergreifung für einen gewissen Zeitraum, um 1934 wurde die Genossenschaft von den Nationalsozialisten aufgelöst (Damkowski 1981, S. 162f.).

Der Anteil des ISK am Widerstand der Arbeiterbewegung war im Verhältnis zur geringen Zahl seiner Mitglieder hoch. Seine Gruppen konnten sich längere Zeit dem Zugriff der Gestapo entziehen. Die organisierte illegale Arbeit des ISK kam 1937/38 zum Erliegen, um diese Zeit gerieten die meisten am Widerstand beteiligten ISK-Mitglieder in Haft, sofern es ihnen nicht geglückt war, sich der drohenden Verhaftung durch Flucht ins Ausland oder Untertauchen in Deutschland zu entziehen (Miller 1983a, S. 62f.). Die pädagogische Arbeit setzte der ISK ebenfalls fort. In Dänemark konnten durch Vorarbeiten von Mary Saran im Herbst 1933 Minna Specht, Gustav Heckmann und Liselotte Wettig mit acht Kindern aus der Walkemühle die Erziehungsarbeit fortsetzen. Die Schule, die in Dänemark mehrmals umziehen mußte, siedelte im November 1938 nach Wales über. 1940, mit der Internierung der Lehrer, endete die pädagogische Arbeit in der Schule (vgl. Nielsen 1985; Saran 1979).

1934/35 wurden die Philosophisch-Politische Akademie und die Gesellschaft der Freunde der Philosophisch-Politischen Akademie von der Gestapo aufgelöst und verboten, das Vermögen der beiden Organisationen wurde eingezogen.[176] Bereits 1933 war der Grundbesitz der Akademie in Göttingen eingezogen worden.[177] Minna Specht wurde laut Ausbürgerungsliste Nr. 38 im Jahr 1937 ausgebürgert.[178]

---

175 Bericht der Regierung zu Kassel an den Preußischen Minister für Wissenschaft, Kunst und Volksbildung vom 18.3.1933, in: Staatsarchiv Marburg, Bestand 166-6437. Kasseler Post vom 30.6. und 1.7.1933.

176 „Deutscher Reichsanzeiger" Nr. 119 vom 25.5.1934.

177 Staatspolizeistelle für den Regierungsbezirk Kassel vom 25.2.1935, in: Hauptstaatsarchiv Wiesbaden, Bestand Landerziehungsheim Walkemühle, Abt. 483-6505b, Bl. 447. - Geheimes Staatspolizeiamt vom 1.6.1934, in: Geheimes Staatsarchiv Preußischer Kulturbesitz, Abt. Merseburg, Bestand Preußisches Finanzministerium, Rep. 151, IA, Nr. 8103, Bl. 185.

178 Deutscher Reichsanzeiger/Preußischer Staatsanzeiger Nr. 216 vom 18.9.1937.

Die Weiterentwicklung des ISK und seine Auflösung 1945[179] kann hier nicht weiterverfolgt werden, dies ist an anderer Stelle geschehen (vgl. Link 1964, Klär 1982, Lemke-Müller 1988, Vorholt 1991, Ethik des Widerstands 1996).

---

179 Brief von Willi Eichler vom 10.12.1945, in: Archiv der sozialen Demokratie, IJB-ISK Bestand, Mappe 63.

5   Die Aktualität der Nelsonschen Theorie

Angesichts verbreiteter Tendenzen zur Beliebigkeit und zu einem weitgehenden Verzicht auf normative Begründungen und Zielsetzungen in der politischen und pädagogischen Praxis erscheint die von Leonard Nelson konzipierte integrale Theorie als ein Orientierungsangebot auf philosophischer, politischer und pädagogischer Grundlage. Diese kann gerade im heutigen Kommunikations- und Medienzeitalter mit der zunehmenden postmodernen Beliebigkeit ästhetisierender Medieninszenierungen auch im politischen Raum (vgl. Meyer 1992; Habermas 1985; Beck 1993) ein Angebot für diejenigen sein, die sich statt von einem reinen Pragmatismus, von rational begründbaren Zielsetzungen leiten lassen wollen. Denn dies war das Sinnzentrum der Nelsonschen Philosophie, daß er sich nicht mit einem theoretischen Erkenntnisgewinn zufrieden geben wollte, sondern seine Theorie um der Anwendung in der Praxis willen entwickelte. Jegliche Praxis bedarf der vorher erfolgten theoretischen Bestimmung, und sie setzt sie unverzichtbar voraus.

Nelson war um den Nachweis bemüht, daß es eine in wissenschaftliche Form zu bringende und planmäßig zu erforschende ethische Wahrheit gibt, die nach strengen philosophischen Regeln entwickelt werden kann und jeglichen Zweifel beseitigt. Nach diesem Verfahren hat Nelson ein Sittengesetz entwickelt, das die Beziehungen der Menschen untereinander verbindlich regeln kann. Es basiert auf der Gewißheit, daß jeder Mensch die gleiche Würde besitze. Das Sittengesetz fordert darum für jede Person das gleiche Recht der Achtung ihrer jeweiligen Interessen.

Der Absolutheitsanspruch, der von einer letzten Gewißheit ausging, führte bei Nelson zu problematischen Beweisführungen. Zusätzlich ist seine Philosophie in sich sehr viel unfertiger, brüchiger und fragmentarischer, als es der erste Eindruck seiner geschlossenen Begriffsarchitektonik nahelegt (Birnbacher 1997, S.15). Es hat sich jedoch gezeigt, daß wichtige Teile der Nelsonschen Philosophie auch ohne diesen Absolutheitsanspruch ihres philosophischen Begründungsverfahrens eine praktische relevante politische Philosophie mit wichtigen, aktuellen Bezügen darstellen. Welche der Theorieelemente der Nelsonschen politischen Philosophie können beim Stand der gegenwärtigen Erkenntnis den Anspruch erheben, für den wissenschaftlichen und politischen Diskurs von Bedeutung zu sein?

Der verspätete Verdienst von Leonard Nelson war es, vermittelt über seine Mitstreiter und hier vor allem der Person Willi Eichlers, wichtige Beiträge zur Durchsetzung eines ethischen Sozialismusverständnisses (vgl. Holzhey 1994) gegenüber den rein ökonomisch begründeten, auf marxistischer Grundlage argumentierenden Sozialismustheorien in der deutschen Sozialdemokratie geleistet zu haben. Das Selbstverständnis der Sozialdemokratischen Partei Deutschlands als eine grundwerteorientierte Reformpartei (vgl. Meyer 1978) war 1959 mit dem

Godesberger Programm festgeschrieben und im Berliner Grundsatzprogramm von 1989 (vgl. Eppler 1990) bekräftigt worden. Das Verständnis der sittlichen Grundwerte als Zielbestimmungen einer linken Reformpolitik beinhaltete auch die Absicht, möglichst viele Menschen unter dieser Zielsetzung zu vereinen, so daß die weltanschaulichen Letztbegründungen der einzelnen für eben diese Zielsetzungen nicht thematisiert werden mußten (Begründungspluralismus). Es ist eine eigentümliche Dialektik, daß Nelsons entscheidendes Motiv, die Durchsetzung einer grundwerteorientierten Konzeption des demokratischen Sozialismus, gerade dadurch von seinen Schülern möglich gemacht werden konnte, daß sie von der Verbindlichkeit der Nelsonschen Letztbegründungsvariante absahen, der Nelson doch allein zugetraut hatte, daß sie den ethisch-rechtlichen Durchbruch in der Fundierung der Politik des „liberalen Sozialismus" gewährleisten würde. Das ethische Sozialismusverständnis kann auch in der aktuellen Debatte über „Modernität versus Progressivität" oder „what's left" wichtige Impulse beitragen.

Nelsons Konzeption eines liberalen oder freiheitlichen Sozialismus zeigte denn auch schon in den zwanziger Jahren dieses Jahrhunderts auf, daß eine Veränderung der ökonomischen Grundstruktur einer Gesellschaft, sei es in der Form einer Vergesellschaftung oder einer Verstaatlichung, entweder der Schlüsselindustrien oder der gesamten Wirtschaft, keinen gesellschaftlichen Fortschritt im Hinblick auf mehr soziale und politische Gerechtigkeit für den einzelnen bringt. Die Konzeption eines demokratischen Sozialismus (vgl. Heimann 1991), oder einer sozialen Demokratie (vgl. Meyer 1991), die in der Tradition des Freiheitsbegriffs und der persönlichen Selbstbestimmung des Liberalismus steht, diese aber auf die Bedingung der Gerechtigkeit oder der gleichen Freiheit aller bezieht, kann nur in der Form eines gestaltenden Prinzips für die Reform einer Gesellschaftsordnung realisiert werden. Nur als eine regulative Idee, die ständig neu überprüft, veränderten Bedingungen angepaßt und sich dem gesellschaftlichen Diskurs und der Abstimmung stellen muß, kann der liberale Sozialismus, wie Nelson ihn entwickelt hat, zu einer Zukunftsperspektive werden (vgl. Meyer 1991c).

Die neuere wirtschaftspolitische Entwicklung im Rahmen globalisierter Märkte, Alain Touraine nennt sie „capitalisme sauvage", mit ökonomischem Wachstum bei gleichzeitigem Anstieg der sozialen Folgeprobleme wie Arbeitslosigkeit und Armut, beruht nicht mehr auf dem Konsens einer *sozialen* Marktwirtschaft. Nelson wollte die Organisation des Wirtschaftssystems nicht dem freien und beliebigen Spiel der Kräfte überlassen, in dem die stärkeren Interessen und Mächte sich durchsetzen und damit die Freiheit der Schwächeren aufgehoben wird. Die Konzepte, die Leonard Nelson und Franz Oppenheimer entwickelt haben, könnten die Debatte bereichern (vgl. Oppenheimer 1996, 1997). Beide akzeptierten die ökonomische Funktion des Privateigentums, aber sie begründeten aus ihrer jeweiligen philosophischen oder gesellschaftstheoretischen Grundposition heraus zugleich die Sozialpflichtigkeit des Eigentums. Die Frage der Verteilungsgerechtigkeit bei Nelson ist aktueller denn je, wobei er allerdings

Vorschläge einer sozialen Mindestsicherung für alle, die heute in die politische Diskussion eingeführt werden, verwarf. Er ging von einem Konzept aus, das auf der Selbsttätigkeit der Menschen aufbaute. Sein Arbeitsbegriff, die von ihm diskutierte Frage der Entlohnung unter Berücksichtigung der zugrunde liegenden Arbeitsmotivation und die Argumentation zur Arbeitszeitverkürzung, können in die aktuelle Debatte (vgl. v. Lüde 1996) ohne weiteres eingeführt werden, zum Teil entsprechen sie dem jetzigen Diskussionsstand. Seine Ideen zu einer sozial-politischen Korrektur der Marktkräfte im Dienste der gleichen Freiheit sind uneingelöste Handlungsperspektiven, die heute von Viviane Forrester (1997) beispielhaft thematisiert werden.

Nelsons Ethik gestand den Tieren einen eigenen Rechtszustand zu, da sie Träger schutzwürdiger Interessen seien (vgl. Birnbacher 1995a), doch erweiterte er dies nicht auf die Natur insgesamt. Seine theoretische Begründung von Tier-rechten, die ein Lebensrecht für Tiere fordert und damit ein generelles Tötungs-verbot ausspricht, wird heute in der politischen Diskussion rezipiert (Maren-Grisebach 1983, S. 41).

Die ökologische Komponente, die in den siebziger und achtziger Jahren in den Vereinten Nationen unter dem Begriff „common heritage of mankind" eingeführt wurde, wurde von Nelson noch vernachlässigt. Dabei hatte der liberale Vorden-ker John Stuart Mill in der Tradition des angelsächsischen „commons" auf die Rechtsfigur der natürlichen Grundlagen der Erde Bezug genommen, die ein Erbe der Menschen sei. Dieser Grundsatz des Zukunftsrechts der nachfolgenden Gene-rationen (vgl. Jonas 1979, Meyer/Miller 1986, Birnbacher 1979, 1988), wonach jede Generation nur soviel an irreversiblen Schäden hinterlassen darf, wie sie selbst vorgefunden hat, war bereits in der Erklärung der Menschen- und Bürger-rechte der französischen Verfassung von 1793 enthalten (vgl. Guggenberger 1985, S. 8). Dort war in Artikel 28 der Grundsatz so formuliert, daß eine Genera-tion die künftigen Generationen nicht an ihre Gesetze binden könne.

Nelson gelangte, dies mag ein Zeitproblem oder ein Rest voraufklärerischen Denkens gewesen sein, zu einer „westlichen oder abendländischen" Interpretation von Menschenrechten, bei der die trotz seiner Betonung der konstitutiven Rolle wirtschaftlicher und sozialer Faktoren die ökologischen und kulturellen Menschenrechte für die Sicherung von Freiheit und Gleichheit keine formelle Bedeutung gewannen. Diese Universalität wurde erst in den letzten Jahrzehnten thematisiert (vgl. Kühnhardt 1992). Anknüpfend und weiterentwickelnd an Nelson kann unter Berücksichtigung der grundlegenden kulturellen Differenz durchaus eine universelle Menschenrechtsbegründung gegeben werden. Sein engster politischer Mitarbeiter Willi Eichler hat dies beispielhaft mit seinem Dialog der Kulturen vollzogen (vgl. One World Only 1970, Meyer 1997).

Im Bereich der transnationalen und internationalen Politik forderte Nelson einen Weltstaatenbund mit starken Kompetenzen für die Zentralregierung, den Weltstaat. Die, etwa in der Frage des Zwangsanschlusses von Staaten an einen solchen Weltbund sicherlich nicht akzeptable, Sichtweise Nelsons ist aber aus seiner Position stringent. Er war zutiefst davon überzeugt, daß ein Leben in gleicher Würde mit für alle verbindlichen Menschen-, Zivil- und Grundrechten in einer nach den Prinzipien von Völkerfreundschaft und Gewaltlosigkeit gestalteten internationalen Ordnung sich nur so durchsetzen ließe.

Ökonomisch könnte eine zivile Weltgesellschaft zu einem politisch-sozialen Ordnungsrahmen führen, der eine für alle Staaten und Regionen verbindliche positive Antwort auf die Globalisierung der Produktion und der Märkte sein kann, statt in der von Nelson, in Fortführung der Kantischen Argumentation, heftig bekämpften nationalstaatlichen Konkurrenz der Einzelstaaten die Lösung zu suchen, in der es natürlich Gewinner, aber eben auch Verlierer geben wird. Zu dem Konzept eines „Weltregierens" gibt es keine Alternative mehr, diese Aussage Nelsons ist heute wichtiger denn je. Die Globalisierung hat die Möglichkeiten nationalstaatlicher Eingriffe in ökonomische, soziale und ökologische Probleme und Fehlentwicklungen drastisch reduziert (vgl. Senghaas 1994). Jegliche Konzepte, die ausschließlich auf das Prinzip der nationalstaatlichen Konkurrenz gestützt sind und so versuchen, die Krisen zu bewältigen, sind internationalpolitisch zum Scheitern verurteilt. Zwar können sie bedingt auf nationaler Ebene in Teilbereichen erfolgreich sein, doch nur um den Preis der Aufgabe der Gleichberechtigung und der Solidarität zugunsten der Durchsetzung von partikularen Interessen. Die Idee der sozialen Gerechtigkeit, wie Nelson sie entwickelt hat, ist nicht nur für die Grenzen eines Nationalstaates gedacht, sondern kann nur im internationalen Maßstab verwirklicht werden.

Man kommt auch heute an Nelsons Lösungsvorschlag, einer mit allen Machtkompetenzen einschließlich des Gewaltmonopols ausgestatteten Zentralregierung, nicht vorbei. Das Dilemma liegt in der Frage begründet, wie bei einer fortschreitenden Globalisierung, bei gleichzeitiger Abwesenheit eines mit allen Kompetenzen ausgestatteten Weltstaatenbundes - die Vereinten Nationen stellen dies zur Zeit und wohl auch in absehbarer Zukunft nicht dar - eine nach vernünftigen, sozial- und umweltverträglichen Prinzipien (vgl. den seit 1987 durch die World Commission on Environment and Development - die sog. Brundtland-Kommission - eingeführten Begriff „Sustainable Development") organisierte Weltpolitik erreicht werden kann (vgl. Birnbacher 1980, Birnbacher/Schicha 1996). Eine Weltinnenpolitik (Weizsäcker 1979, S. 243f.) kann jedoch vor der Frage der Durchsetzung der universellen Menschenrechte gegenüber dem Beharren auf einer nationalstaatlichen Souveränität nicht zurückweichen. Es bleibt die aus einer demokratischen Position abzulehnende Lösung einer Weltregierung, die in der Nelsonschen Vorgabe die demokratischen Mitwirkungs- und Selbstbestimmungsrechte der beteiligten Staaten negiert, oder der zu bevorzugende schwierige, mit Rückschlägen ausgestattete Weg eines weltweiten Diskurses über die notwendigen Gestaltungsprinzipien mit eben dem Nachteil, daß sie nicht immer durchgesetzt werden können (vgl. Matthies 1993).

Welche politikwissenschaftlichen Erkenntnisse sind aus Nelsons integraler politischer Philosophie und ihrem Verhältnis zur politischen Praxis zu gewinnen?

Das Theorie-Praxis-Verhältnis stellt das zentrale Element in der Betrachtung des Wirken Nelsons dar. Unabhängig, ob der Architektur der Theorie zugestimmt wird oder nicht, läßt sich eine Form der Geschlossenheit erkennen, um die sich sonst nur wenige andere Theoretiker bemüht haben. Ausgehend von seinen zunächst vorgelegten Studien zur Philosophie baut er ein abgestimmtes System von politischen, sozialphilosophischen, ethischen und pädagogischen Subsystemen auf. Diese distinkte Theorie wurde jedoch von Nelson einzig um ihrer Anwendung und Realisierung in der Praxis willen entwickelt. Nelson sah es als seine Pflicht an, dieses Theoriegebäude nicht anderen mit der Aufforderung zur Umsetzung zu überlassen oder es nur in den gesellschaftlichen Diskurs einzubringen, sondern den Prozeß der gesellschaftlichen und politischen Durchsetzung selbst zu organisieren. In diesem Prozeß vermochte Nelson, der auch nicht davor zurückscheute, eine eigene Partei für seine Ziele zu gründen, eine kleine „Avantgarde" für seine Vision zu gewinnen. Diese aktivistische, sich durch eine hohe innere Gruppenkohäsion auszeichnende Bewegung ist ein Beispiel für die Möglichkeiten, auch in kleinen politischen Organisationen oder Bewegungen zu arbeiten und, wie sich am Beispiel des Abwehrkampfes gegenüber dem Faschismus gezeigt hat, mehr zu bewegen als andere größere politische Gruppierungen mit Massenwirksamkeit.

Der liberale Kern der Nelsonschen Theorie - Moral und Recht - gewährleistete, daß am Ende der verallgemeinerungswürdige Teil einen breiten Konsens gefunden hat. Damit ist eine Argumentationsbasis geschaffen, die es erlaubt, systemtheoretisch formulierte Argumentationen zurückzuweisen, nach denen moderne Gesellschaften nur noch durch eine Entmoralisierung zentraler Bereiche funktionsfähig seien (Luhmann 1993, S. 32f.). Es geht heute mehr denn je um die Revitalisierung des Politischen (Meyer 1994a, S. 264f.) und eine Theorie der Gerechtigkeit, die aber nicht nur nationalstaatlich verstanden werden darf (vgl. Rawls 1994). Zentrale Aufgabe bleibt auch heute noch, die Erfordernis einer politischen Verantwortungsethik gegen eine apolitische Gesinnungsethik des Alltags herauszustellen (vgl. Weber 1980, S. 549; Apel 1996).

Nelsons Theorie umfaßte einige Besonderheiten, die, wenn sie im Ganzen akzeptiert wurden, einerseits zur hohen Motivation der Anhängerschaft beitrugen, indem sie die eindeutige Abgrenzung zu anderen politischen Richtungen und Überzeugungen ermöglichten. Andererseits trug diese „corporate identity" gleichzeitig zu der Exklusivität der Nelsonbewegung bei, da nur wenige zu dieser Akzeptanz bereit waren und dies auch in der Praxis gegenüber ihrem sozialen Umfeld und ihrer Alltagsumgebung durchhalten konnten. Erst mit der Aufgabe dieser spezifischen Besonderheiten der Theorie als einer allgemein verpflichtenden Forderung, bei einer gleichzeitig zum Teil individuell weiter aufrechterhaltenden persönlichen Akzeptanz, konnte eine breitere Wirksamkeit erreicht werden. Dieser Prozeß der Überwindung einiger formaler Besonderheiten beinhaltete nicht den Verlust der moralisch-rechtlichen Inhalte. So wird zum Beispiel trotz der weiter gültigen Ansicht, daß Tiere gleichberechtigte Rechtssubjekte sind, die Konsequenz einer vegetarischen Lebensweise dem einzelnen überlassen. Die Theorie Leonard Nelsons erzeugte bei seinen Anhängern eine hochgradige, unbedingte Motivation für die Umsetzung wichtiger, theoretisch begründeter Handlungsperspektiven in der Praxis. Nur so ist der geleistete Verzicht auf Individualität und Hintansetzung von persönlichen und privaten Zielen zu erklären, die sie auf sich nahmen. Es wurde uneingeschränkt akzeptiert, daß die allgemeinen gesellschaftlichen Ziele gleichzeitig auch die persönlichen Ziele waren. Die Leitidee, an der Verbesserung der gesellschaftlichen Bedingungen, dem Zustreben zu einem theoretisch bestimmten Ziel - der Herrschaft der Vernunft im öffentlichen Leben - mitzuwirken, war so überzeugend, daß dies große Aktivitätspotentiale freisetzte. Das theoretisch als richtig Erkannte in der politischen Praxis nicht umzusetzen, dies war bei dem von Nelsons Theorie überzeugten Personenkreis nicht vorstellbar.

6   Quellen- und Literaturverzeichnis

1.   Unveröffentlichte Quellen

Archiv der Philosophisch-Politischen Akademie e.V.:
Varia
Archiv der sozialen Demokratie, Bonn:
Nachlaß Leonard Nelson, Mappen 26-41, 55-56
Nachlaß Minna Specht
IJB und ISK - Bestand, Mappen 1, 3-7, 11-22, 66, 68
Archiv für Hessische Schulgeschichte der Universität Frankfurt:
Nelson Archiv
Bundesarchiv, Abt. Potsdam:
Nachlaß Leonard Nelson (90 Ne 1), Mappen 2, 13-23, 44, 51, 115, 129, 131,
135, 136, 215, 221, 224, 225, 227, 230-232, 239-241, 245-249, 251, 252, 256,
257, 312-315, 345, 346, 364, 373, 374, 376-380, 405, 426, 434, 440, 441
Bundesarchiv, Koblenz:
Bestand Reichsministerium des Innern R 18, Mappen 6040, 6042
Bestand Reichssicherheitshauptamt R 58, Mappen 373, 705
Bestand Reichskommissar für die Überwachung der öffentlichen Ordnung und
Nachrichtensammelstelle im Reichsministerium des Innern R 134, Mappen 29,
72
Geheimes Staatsarchiv Preußischer Kulturbesitz, Merseburg:
Bestand Kultusministerium, Rep 76 Va, Sekt 6, Tit IV, Nr. 4, Band 5, Rep 76
Va, Sekt 6, Tit IV, Nr. 1, Band 26-29.
Bestand Finanzministerium, Rep 151, IA, Nr. 8103
Hessisches Hauptstaatsarchiv Wiesbaden:
Bestand: Landerziehungsheim Walkemühle - Abt 483-6505b
Hessisches Staatsarchiv Marburg:
Sonderakte des Regierungspräsidenten zu Cassel betr. das Erziehungsheim
Walkemühle, Kreis Melsungen, Band I (1924-1934), Bestand 166, Nr. 6437
Stiftung Archiv der Parteien und Massenorganisationen der DDR im Bundes-
archiv (SAPMO, BArch), Berlin:
Bestand: KPD Bezirk Hessen-Waldeck
Institut für Zeitungsforschung, Dortmund:
Varia

2. Veröffentlichte Quellen

2.1 Schriften Nelsons

Nelson, Leonard (1992): Ausgewählte Schriften, Hrsg.: Heinz-Joachim Heydorn, Frankfurt

Nelson, Leonard: Gesammelte Schriften in neun Bänden, Hrsg.: Paul Bernays / Willi Eichler / Arnold Gysin / Gustav Heckmann / Grete Henry-Hermann / Fritz von Hippel / Stephan Körner / Werner Kroebel / Gerhard Weisser, Hamburg 1970 f.

Nelson, Leonard (1970): Gesammelte Schriften, Band 1, Die Schule der kritischen Philosophie und ihre Methode, Hamburg

Nelson, Leonard (1904): Vorwort zur neuen Folge der Abhandlungen der Friesschen Schule, Band 1, S. 1-7

Nelson, Leonard (1904): Die kritische Methode und das Verhältnis der Psychologie zu Philosophie. Ein Kapitel aus der Methodenlehre, Band 1, S. 9-78

Nelson, Leonard (1905): Jakob Friedrich Fries und seine jüngsten Kritiker, Band 1, S. 79-150

Nelson, Leonard (1914): Die sogenannte neukantianische Schule in der Philosophie, Band 1, S. 207-217

Nelson, Leonard (1918): Von der Kunst zu philosophieren, Band 1, S. 219-245

Nelson, Leonard (1929): Die sokratische Methode, Band 1, S. 269-316

Nelson, Leonard (1973): Gesammelte Schriften, Band 2, Geschichte und Kritik der Erkenntnistheorie, Hamburg

Nelson, Leonard (1905): Rezension von H. Cohen: System der Philosophie, Band 2, S. 1-27

Nelson, Leonard (1908): Über das sogenannte Erkenntnisproblem, Band 2, S. 59-393

Nelson, Leonard (1912): Untersuchungen über die Entwicklungsgeschichte der Kantischen Erkenntnistheorie, Band 2, S. 405-457

Nelson, Leonard (1918): Die Unmöglichkeit der Erkenntnistheorie, Band 2, S. 459-483

Nelson, Leonard (1974): Gesammelte Schriften, Band 3, Die kritische Methode in ihrer Bedeutung für die Wissenschaft, Hamburg

Nelson, Leonard (1905): Bemerkungen über die nicht-euklidische Geometrie und den Ursprung der mathematischen Gewißheit, Band 3, S. 3-52

Nelson, Leonard (1906): Kant und die die nicht-euklidische Geometrie, Band 3, S. 53-94

Nelson, Leonard (1908): Bemerkungen zu den Paradoxien von Russel und Burali-Forte, Band 3, S. 95-127

Nelson, Leonard (1908): Ist metaphysikfreie Naturwissenschaft möglich?, Band 3, S. 233-281

Nelson, Leonard (1908): Über wissenschaftliche und ästhetische Naturbetrachtung, Band 3, S. 283-303

Nelson, Leonard (1914): Über die Grundlagen der Geometrie, in: Gesammelte Schriften Band 3, S. 157-185

Nelson, Leonard (1921): Spuk, Einweihung in die Wahrsagerkunst Oswald Spenglers, Band 3, S. 349- 552

Nelson, Leonard (1972): Gesammelte Schriften, Band 4, Kritik der praktischen Vernunft, Vorlesungen über die Grundlagen der Ethik, 1. Band, 2. Aufl., (1. Aufl. 1917) Hamburg

Nelson, Leonard (1970): Gesammelte Schriften, Band 5, System der philosophischen Ethik und Pädagogik. Aus dem Nachlaß herausgegeben von Grete Hermann und Minna Specht, Vorlesungen über die Grundlagen der Ethik, 2. Band, 3. Aufl. (1. Aufl. 1932) Hamburg

Nelson, Leonard (1976): Gesammelte Schriften, Band 6, System der philosophischen Rechtslehre und Politik, Vorlesungen über die Grundlagen der Ethik, 3. Band, 2. Aufl. (1. Aufl. 1924) Hamburg

Nelson, Leonard: (1977): Gesammelte Schriften, Band 7, Fortschritte und Rückschritte der Philosophie. Von Hume und Kant bis Hegel und Fries, aus dem Nachlaß herausgegeben von Julius Kraft, 2. Aufl. Hamburg

Nelson, Leonard (1971): Gesammelte Schriften, Band 8, Sittlichkeit und Bildung. Mit einem Vorwort von Gustav Heckmann, Hamburg

Nelson, Leonard (1913): Die Theorie des wahren Interesses und ihre rechtliche und politische Bedeutung, Band 8, S. 3-26.

Nelson, Leonard (1913): An die freie deutsche Jugend und ihre Freunde, Band 8, S. 331-335

Nelson, Leonard (1914): Die kritische Ethik bei Kant, Schiller und Fries, eine Revision ihrer Prinzipien, Band 8, S. 27-192

Nelson, Leonard (1915): Vom Beruf der Philosophie unserer Zeit für die Erneuerung des öffentlichen Lebens, Band 8, S. 193-211

Nelson, Leonard (1916): Erziehung zur Tapferkeit, Band 8, S. 353-362

Nelson, Leonard (1916): Führer und Verführer, Band 8, S. 387-415

Nelson, Leonard (1917): Wilhelm Ohr als politischer Erzieher, Band 8, S. 417-447

Nelson, Leonard (1918): Öffentliches Leben, Band 8, S. 247-275

Nelson, Leonard (1920): Erziehung zum Führer, Band 8, S. 497-522

Nelson, Leonard (1921): Ethischer Realismus, Band 8, S. 277-302

Nelson, Leonard (1917): Erziehung zum Knechtsgeist, Band 8, S. 449-495

Nelson, Leonard (1921): Führererziehung als Weg zur Vernunftpolitik, Band 8, S. 523-549

Nelson, Leonard (1922): Vom Bildungswahn, Band 8, S. 551-574

Nelson, Leonard (1926): Über das Landerziehungsheim Walkemühle, Band 8, S. 575-578

Nelson, Leonard (1972): Gesammelte Schriften, Band 9, Recht und Staat. Mit einem Vorwort von Arnold Gysin, Hamburg

Nelson, Leonard (1908): Was ist liberal, Band 9, S. 1-26

Nelson, Leonard (1910): Die philosophischen Grundlagen des Liberalismus, Band 9, S. 27-42

Nelson, Leonard (1914): Denkschrift betreffend die Einführung eines Staatenbundes und der damit zu verbindenden inneren Reformen, Band 9, S. 59-110

Nelson, Leonard (1914): Vom Staatenbund, Band 9, S. 43-57

Nelson, Leonard (1927): Demokratie und Führerschaft, Band 9, S. 386-571

Nelson, Leonard (1922): Der Internationale Jugendbund, Band 9, S. 343-350

Nelson, Leonard (1926): Lebensnähe, Band 9, S. 361-383

Nelson, Leonard (1927): Die bessere Sicherheit. Ketzereien eines revolutionären Revisionisten, Band 9, S. 573-594

Nelson, Leonard (1927): Franz Oppenheimer, der Arzt der Gesellschaft, Band 9, S. 595-602

Nelson, Leonard (1927): Zum Reichsschulgesetzentwurf, Band 9, S. 603-604

Nelson, Leonard (1922): Die Reformation der Gesinnung durch Erziehung zum Selbstvertrauen, 2. Aufl. Leipzig (Erstausgabe: 1917)

Nelson, Leonard (1924): Philosophische Vorfragen der Sozialpolitik, in: Wirtschaft und Gesellschaft. Beiträge zur Ökonomik und Soziologie der Gegenwart. Festschrift für Franz Oppenheimer, Frankfurt 1969

Nelson, Leonard (1975): Vom Selbstvertrauen der Vernunft. Schriften zur kritischen Philosophie und ihrer Ethik, Hrsg.: Grete Henry-Hermann, Hamburg

2.2 Zeitgenössische Periodika

„Abhandlungen der Friesschen Schule. Neue Folge", Band 1-6

„Der Funke. Tageszeitung für Recht, Freiheit und Kultur", Berlin 1932/33

„ISK. Mitteilungsblatt des Internationalen Sozialistischen Kampf-Bundes", Göttingen/Berlin 1926-1933

3. Literatur

Adant, Philippe (1996): Widerstand und Wagemut. René Bertholet, eine Biographie, Frankfurt

Adler, Max (1918): Demokratie und Rätesystem, Wien

Adler, Max (1925): Kant und Marxismus. Gesammelte Aufsätze zur Erkenntniskritik und zur Theorie des Sozialen, Berlin

Adler, Max (1926): Die Aufgaben der marxistischen Arbeiterbildung, Dresden

Adler, Max (1926a): Neue Menschen. Gedanken über sozialistische Erziehung, 2. Aufl., Berlin

Albert, Hans (1969): Traktat über kritische Vernunft, Tübingen

Alexy, Robert (1979): R. M. Hares Regeln des moralischen Argumentierens und

L. Nelsons Abwägegesetz, in: Vernunft, Erkenntnis, Sittlichkeit, Hamburg, S. 95-122

Apel, Karl-Otto (1976): Das Problem der philosophischen Letztbegründung im Lichte transzendentaler Sprachpragmatik, in: Sprache und Erkenntnis, Festschrift f. G. Frey, Hrsg.: B. Kanitschneider, Innsbruck, S. 55-78

Apel, Karl-Otto (1989): Das Sokratische Gespräch und die gegenwärtige Transformation der Philosophie, in: Krohn, Dieter u.a. (Hrsg.): Das Sokratische Gespräch, Hamburg, S. 55-77

Apel, Karl-Otto (1996): Diskursethik als Verantwortungsethik - eine postmetaphysische Transformation der Ethik Kants, in: Kant in der Diskussion der Moderne, Hrsg.: Gerhard Schönrich / Yasushi Kato, Frankfurt, S. 326-359

Arendt, Hannah (1985): Das Urteilen. Texte zu Kants politischer Philosophie, München

Bauer, Otto (1920): Bolschewismus oder Sozialdemokratie, Wien

Beck, Lewis White (1967): Neo-Kantianism, in: The Encyclopedia of Philosophy, Vol. 5, New York, S. 468-473

Beck, Ulrich (1993): Die Erfindung des Politischen. Zu einer Theorie reflexiver Modernisierung, Frankfurt

Beiträge zur Friedensforschung im Werk Leonard Nelsons (1974): Hrsg.: Friedrich Knigge, Beiheft 1 zur Zeitschrift Ratio, Hamburg

Bernays, Paul (1929): Die Grundgedanken der Friesschen Philosophie in ihrem Verhältnis zum heutigen Stand der Wissenschaft, in: „Abhandlungen der Friesschen Schule N.F", Band 5, Göttingen, S. 97-113

Bernays, Paul (1953): Über die Friessche Annahme einer Wiederbeobachtung der unmittelbaren Vernunft, in: Leonard Nelson zum Gedächtnis, Frankfurt, S. 113-131

Bernstein, Eduard (1899): Die Voraussetzungen des Sozialismus und die Aufgaben der Sozialdemokratie, 2. Aufl. 1921, 8. Aufl. Bonn 1984

Bernstein, Eduard (1917): Sozialdemokratische Völkerpolitik, Leipzig

Bernstein, Eduard (1918): Was ist Sozialismus?, in: Eduard Bernstein: Ein revisionistisches Sozialismusbild, Hrsg.: Helmut Hirsch, 2. Aufl. Berlin 1976, S. 137-167

Bernstein, Eduard (1919): Völkerrecht und Völkerpolitik, Berlin

Bertholet, Hanna (1960): Gedanken über die Walkemühle, in: Erziehung und Politik, Minna Specht zu ihrem 80. Geburtstag, Hrsg.: Hellmut Becker / Willi Eichler / Gustav Heckmann, Frankfurt, S. 272-280

Bertholet, René (1960): Die Probleme schreckten uns nicht mehr, in: Erziehung und Politik, Frankfurt, S. 323-326

Beyer, Anna (1984): Mit dem Frankfurter ISK im Widerstand, in: Hessische Gewerkschafter im Widerstand 1933-1945, 2. Aufl. Gießen, S. 202-209

Bialas, Volker / Häßler, Hans-Jürgen (Hrsg.) (1996): 200 Jahre Kants Entwurf „Zum ewigen Frieden". Idee einer globalen Friedensordnung, Würzburg

Birnbacher, Dieter (1979): Plädoyer für eine Ethik der Zukunft, in: „Zeitschrift für Didaktik der Philosophie", 1. Jg., S. 119-123

Birnbacher, Dieter (Hrsg.) (1980): Ökologie und Ethik, Stuttgart

Birnbacher, Dieter (1982): Philosophieunterricht als sokratisches Gespräch, in: „Zeitschrift für Didaktik der Philosophie", 4. Jg., Heft 1, S. 43-45

Birnbacher, Dieter (1988): Verantwortung für zukünftige Generationen, Stuttgart

Birnbacher, Dieter (1995): Rezension, in: „Zeitschrift für Didaktik der Philosophie", 4. Jg., Heft 1, S. 146-147

Birnbacher, Dieter (1995a): Dürfen wir Tiere töten?, in: Hammer, C. / Meyer, J. (Hrsg.): Tierversuche im Dienste der Medizin, Lengerich, S. 26-41

Birnbacher, Dieter (1996): Philosophie als sokratische Praxis, in: Girndt, Helmut (Hrsg.): Philosophen über das Lehren und Lernen von Philosophie, Sankt Augustin 1996., S. 1-16

Birnbacher, Dieter (1997): Nelsons Philosophie. Eine Evaluation, Manuskript

Birnbacher, Dieter / Schicha, Christian (1996): Vorsorge statt Nachhaltigkeit. Ethische Grundlagen der Zukunftsverantwortung, in: Nachhaltige Entwicklung. Zukunftschancen für Mensch und Umwelt, Hrsg.: Hans G. Kastenholz u.a., Berlin, S. 141-156

Blanshard, Brand (1958): Nelson. System der Ethik, in: Ratio, S. 79

Blencke, Erna (1960): Leonard Nelsons Leben und Wirken im Spiegel der Briefe an seine Eltern, 1891-1915, Material für einen Biographen, in: Erziehung und Politik, Frankfurt, S. 9-72

Blencke, Erna (1978): Zur Geschichte der neuen Friesschen Schule und der Jakob Friedrich Fries-Gesellschaft, in: „Archiv für Geschichte der Philosophie", Jg. 60, S. 199-208

Blencke, Erna (1983): Leonard Nelsons Mitteilungen an seine Eltern im Kriegsjahr 1916, in: Detlef Horster / Dieter Krohn (Hrsg.): Vernunft, Ethik, Politik, Hannover, S. 55-76

Böhm, Benno (1929): Sokrates im achtzehnten Jahrhundert, Leipzig (Neuausgabe 1966)

Bondy, Curt (1922): Die proletarische Jugendbewegung in Deutschland, Lauenburg

Born, Max (1975): Mein Leben. Die Erinnerungen des Nobelpreisträgers, München

Borsodi, William (1922): Eine Akademie für politische Führer, Berlin

Botz, Gerhard (1983): Methoden und Theorieprobleme der historischen Widerstandsforschung, in: Helmut Konrad / Wolfgang Neugebauer (Hrsg.): Arbeiterbewegung, Faschismus, Nationalbewußtsein, Wien, S. 137-151

Brecht, Arnold (1976): Politische Theorie. Die Grundlagen politischen Denkens im 20. Jahrhundert, 2. Aufl. 1976 Tübingen

Breitenstein, Desiderius (1930): Die sozialistische Erziehungsbewegung, Freiburg

Bremer, Jörg (1978): Die Sozialistische Arbeiterpartei Deutschlands (SAP). Untergrund und Exil 1933-1945, Frankfurt

Brockhaus, Wilhelm (1983): Gibt es einen gerechten Lohn? Leonard Nelsons Theorie der gerechten Einkommensverteilung, in: „Die Neue Gesellschaft", 30. Jg., S. 841-845

Cassirer, Ernst (1906): Der kritische Idealismus und die Philosophie des 'gesunden Menschenverstandes', Gießen

Cassirer, Ernst (1907): Die Frage nach der Methode der Erkenntniskritik, in: „Vierteljahresschrift für wissenschaftliche Philosophie und Soziologie", Band 31, S. 440-465

Cohen, Hermann (1915): Kant, in: Friedrich Albert Lange: Geschichte des Materialismus und Kritik seiner Bedeutung in der Gegenwart, Leipzig

Cremer, Will / Baselau, Ulrich / Brocker, Ralf (1991): Das sokratische Gespräch - eine Methode der demokratischen Diskussion und Entscheidungsfindung, in: Methoden in der politischen Bildung - Handlungsorientierung, Bonn, S. 31-53

Dahms, Hans-Joachim (1987): Aufstieg und Ende der Lebensphilosophie. Das philosophische Seminar der Universität Göttingen zwischen 1917 und 1950, in: Die Universität Göttingen unter dem Nationalsozialismus, Hrsg.: Hellmut Becker u. a., München, S. 169-199

Damkowski, Marta - Ein Gespräch (1981): Aufgezeichnet von Elke Kröplin in: Der alltägliche Faschismus, Frauen im Dritten Reich, Berlin und Bonn, S. 162-179

De George, Richard T. (1959/60): Duties and ideals in Leonard Nelson's ethics, in: „Kant-Studien" 51, S. 259-271.

Dehms, Alexander (1953): Leonard Nelson und die Walkemühle, in: Leonard Nelson zum Gedächtnis, S. 265-269

Deppe, Klara (1920): Aufgaben und Gefahren, in: Der Völkerbund der Jugend, Leipzig, S. 22-32

Der Völkerbund der Jugend, (1920): Hrsg.: Bertha Gysin im Auftrag des Vorstandes des Internationalen Jugend-Bundes, Leipzig

Dertinger, Antje (1989): Der treue Partisan. Ein deutscher Lebenslauf: Ludwig Gehm, Bonn

Dertinger, Antje (1995): Die drei Exile des Erich Lewinski, Gerlingen

Die Tagesberichte der Geheimen Staatspolizei über die Provinz Hessen-Nassau 1933 bis 1936 (1986): 2 Bände, Hrsg.: Thomas Klein, Köln

Dittmann, Wilhelm (1995): Erinnerungen, Bearbeiter: Jürgen Rojahn, 3 Bände, Frankfurt

Drechsler, Hanno (1965): Die Sozialistische Arbeiterpartei Deutschlands (SAPD), Meisenheim

Dubislav, Walter (1926): Die Friessche Lehre von der Begründung, Darstellung und Kritik, Dömitz

Eichler, Willi (1949): Politische Bildung und Erziehung, Minna Specht zum 70. Geburtstag, in: „Geist und Tat", 4. Jg., Nr. 12, S. 547-550

Eichler, Willi (1953): Ethischer Realismus, in: Leonard Nelson zum Gedächtnis, Frankfurt, S. 133-145

Eichler, Willi (1954): Der handelnde Mensch, Minna Specht zum 75. Geburtstag, in: „Geist und Tat", 9. Jg., Nr. 12, S. 382-383

Eichler, Willi (1961): Minna Specht zum Gedächtnis. Rede anläßlich der Trauerfeier, in: „Geist und Tat", 16. Jg., H. 3, S. 86-88

Eichler, Willi (1962): Hundert Jahre Sozialdemokratie, Bonn

Eichler, Willi (1967): Weltanschauung und Politik. Reden und Aufsätze, Hrsg.: Gerhard Weisser, Frankfurt

Eichler, Willi (1970): Individuum und Gesellschaft im Verständnis demokratischer Sozialisten, Bonn

Eichler, Willi (1972): Sozialisten, Biographische Aufsätze, Bonn

Eichler, Willi (1979): Emigration als politische Entscheidung. Rede in der Politischen Akademie Tutzing 12.10.1966, in: Klaus Lompe / Lothar F. Neumann (Hrsg.): Willi Eichler Beiträge zum demokratischen Sozialismus, Berlin, S. 49-63

Eichler, Willi (1979a): Die ethischen Wurzeln des Sozialismus, in: Klaus Lompe/ Lothar F. Neumann (Hrsg.): Willi Eichlers Beiträge zum demokratischen Sozialismus, Berlin, S. 271-280

Eichler, Willi / Hart, Martin [=Willi Eichler] (1938): Leonard Nelson. Ein Bild seines Lebens und Wirkens, aus seinen Werken zusammengefügt und erläutert von Willi Eichler und Martin Hart in Gemeinschaft mit anderen seiner Freunde, Paris

Eisermann, Gottfried (1963): Alexander Rüstow (1885-1963), in: „Kölner Zeitschrift für Soziologie und Sozialpsychologie", Nr. 15, S. 593-604

Engels, Friedrich: Herrn Eugen Dührings Umwälzung der Wissenschaft („Anti-Dühring"), in: Marx-Engels-Werke, Band 20, Berlin 1962, S. 5-292

Eppler, Erhard (1990): Plattform für eine neue Mehrheit, 2. Aufl. Bonn

Erinnerungen an Minna Specht (1980), aus Anlaß ihres 100. Geburtstages am 22. Dezember 1979, Hrsg.: Philosophisch-Politische Akademie, Frankfurt

Erziehung und Politik. Minna Specht zu ihrem 80. Geburtstag (1960): Hrsg.: Hellmut Becker / Willi Eichler / Gustav Heckmann, Frankfurt

Ethik des Widerstands (1996): Der Kampf des Internationalen Sozialistischen Kampf-Bundes (ISK) gegen den Nationalsozialismus, Hrsg.: Sabine Lemke-Müller, Bonn

Euchner, Walter (1983): Karl Marx, München

Falkenfeld, Hellmuth (1928): Leonard Nelson, in: „Kant-Studien", Band 33, S. 247-255

Fetscher, Iring (1985): Karl Marx und der Marxismus. Von der Ökonomiekritik zur Weltanschauung, 4. Aufl. München

Fetscher, Iring (Hrsg.) (1965): Der Marxismus. Seine Geschichte in Dokumenten, Band 3, München

Figal, Günter (1995): Sokrates, München

Finscher, Hans (1924): Untersuchung der von Leonard Nelson in seiner „Kritik der praktischen Vernunft" vorgelegten Begründungen des Sittengesetzes, phil.

Diss. Bonn

Flechtheim, Ossip K. (1986): Die KPD in der Weimarer Republik, 2. Aufl., Frankfurt

Flitner, Wilhelm / Kudritzki, Gerhard (Hrsg.) (1961): Die deutsche Reformpädagogik, Düsseldorf

Forrester, Viviane (1997): Der Terror der Ökonomie, Wien 1997

Franke, Holger (1991): Leonard Nelson - ein biographischer Beitrag unter besonderer Berücksichtigung seiner rechts- und staatsphilosophischen Arbeiten, Ammersbek

Franke, Holger (1994): Die praktische Philosophie Leonard Nelsons und ihre Rezeptionsschwierigkeiten, in: Leonard Nelson in der Diskussion, Frankfurt, S. 15-25

Freiheitlicher Sozialismus (1973): Beiträge zu seinem heutigen Selbstverständnis, Hrsg.: Heiner Flohr / Klaus Lompe / Lothar F. Neumann, Bonn-Bad Godesberg

Fries, Jakob Friedrich (1803): Philosophische Rechtslehre, in: Ders.: Sämtliche Schriften, Band 9, Aalen 1971

Fries, Jakob Friedrich (1807): Neue oder anthropologische Kritik der Vernunft. 3 Bände, in: Ders.: Sämtliche Schriften, Band 4-6, Aalen 1967

Fries, Jakob Friedrich (1818): Handbuch der praktischen Philosophie oder der philosophischen Zwecklehre, 2 Bände, in: Ders.: Sämtliche Schriften, Band 10-12, Aalen 1970

Fries, Jakob Friedrich (1824): System der Metaphysik, in: Ders. (1970): Sämtliche Schriften, Band 8, Aalen 1970

Fürst, Max (1976): Talisman Scheherezade. Die schwierigen zwanziger Jahre, München/Wien

Galtung, Johan (1982), Strukturelle Gewalt, Reinbek

Gerhardt, Volker (1995): Immanuel Kants Entwurf „Zum ewigen Frieden", Darmstadt

Gerhardt, Volker (1996): Ausübende Rechtslehre. Kants Begriff der Politik, in: Kant in der Diskussion der Moderne, Hrsg.: Gerhard Schönrich / Yasushi Kato, Frankfurt, S. 464-488

Giese, Friedrich (1919): Die Verfassung des Deutschen Reiches vom 11. August 1919, Berlin

Giesecke, Hermann (1981): Vom Wandervogel bis zur Hitlerjugend, Jugendarbeit zwischen Politik und Pädagogik, München

Gigon, Olof (1987): Die Gestalt des Sokrates als Problem, in: Patzer, Andreas (Hrsg.): Der historische Sokrates, Darmstadt, S. 319-352

Goosmann, Paul (1991): Erinnerungen eines Bremer Reformpädagogen, Bremen

Grabenhorst, Carsten (1991): Otto Bennemann. Beitrag zu einer politischen Biographie, Braunschweig

Grebing, Helga (1966): Geschichte der deutschen Arbeiterbewegung, München

Grondin, Jean (1994): Kant zur Einführung, Hamburg

Grunebaum, Lutz (1951): Führerschaft, Demokratie, Ethik. Eine Kritik von Leonard Nelsons Demokratie und Führerschaft, in: „Zeitschrift für die gesamte Staatswissenschaft", Heft 107, S. 36-89

Guggenberger, Bernd (1985): An den Grenzen der Mehrheitsdemokratie, in: An den Grenzen der Mehrheitsdemokratie. Drei Beiträge von Bernd Guggenberger, Iring Fetscher und Dieter Rucht, Opladen, S. 2-13

Gustafsson, Bo (1972): Marxismus und Revisionismus. Eduard Bernsteins Kritik des Marxismus und ihre ideengeschichtlichen Voraussetzungen, Frankfurt

Gysin, Arnold (1973): Franz Oppenheimer. 1864-1943, in: Freiheitlicher Sozialismus, Hrsg.: Heiner Flohr / Klaus Lompe / Lothar F. Neumann, Bonn, S. 35-48

Haas-Rietschel, Helga / Hering, Sabine (1990): Nora Platiel. Sozialistin - Emigrantin - Politikerin. Eine Biographie, Köln

Habermas, Jürgen (1962): Über das Verhältnis von Politik und Moral, in: Sechster Deutscher Kongress für Philosophie. Das Problem der Ordnung, Hrsg.: Helmut Kuhn / Franz Wiedemann, Meisenheim

Habermas, Jürgen (1985): Die neue Unübersichtlichkeit, Frankfurt

Habermas, Jürgen (1996): Kants Idee des Ewigen Friedens - aus dem historischen Abstand von 200 Jahren, in: Kritische Justiz, 28. Jg., H. 3, S. 293-319

Hansen-Schaberg, Inge (1992): Minna Specht. Eine Sozialistin in der Landerziehungsheimbewegung (1918-1951), Frankfurt

Harder-Gersdorff, Elisabeth (1989): Minna Specht. Sozialismus als Lebenshaltung und Erziehungsaufgabe, in: Mütterlichkeit als Profession? Lebensläufe von Pädagoginnen in diesem Jahrhundert, Hrsg.: Ilse Bremer, Pfaffenhofen, S. 165-174

Hare, Richard M. (1983): Freiheit und Vernunft, Frankfurt

Harsanyi, John C. (1982): Morality and the theory of rational behaviour, in: Utilitarianism and beyond, Ed.: Amartya Sen / Bernard Williams, Cambridge, S. 39-62

Haselbach, Dieter (1985): Franz Oppenheimer. Soziologie, Geschichtsphilosophie und Politik des „liberalen Sozialismus", Opladen

Heckmann, Gustav (1953): Das sokratische Gespräch, die Wahrheit und die Toleranz, in: Leonard Nelson zum Gedächtnis, S. 203-236

Heckmann, Gustav (1973): Leonard Nelsons Kampf um die Rationalität, in: „Neue Sammlung", 13. Jg., H. 3, S. 364-379

Heckmann, Gustav (1984): Große Philosophen als Lehrer. Leonard Nelson, in: „Zeitschrift für Didaktik der Philosophie", Heft 1, S. 52-53

Heckmann, Gustav (1985): Vorwort in: Grete Henry-Hermann: Die Überwindung des Zufalls. Kritische Betrachtungen zu Leonard Nelsons Begründung der Ethik als Wissenschaft, Hamburg, S. XI-XX

Heckmann, Gustav (1993): Das sokratische Gespräch. Erfahrungen in philosophischen Hochschulseminaren, Frankfurt

Heckmann, Gustav / Krohn, Dieter (1988): Über Sokratisches Gespräch und

Sokratische Arbeitswochen, in: „Zeitschrift für Didaktik der Philosophie", 10. Jg., Heft 1, S. 38-43

Hegel, Georg Wilhelm Friedrich (1964): Grundlinien der Philosophie des Rechts oder Naturrecht und Staatswissenschaft im Grundriß, Stuttgart, (Erstveröffentlichung: 1820)

Heimann, Horst (1988): Theorien der Arbeiterbewegung in der Weimarer Republik. Marxismus und Marxismus-Leninismus, in: Lern- und Arbeitsbuch deutsche Arbeiterbewegung, 2. Aufl. Bonn, S. 425-454

Heimann, Horst (1991): Die Voraussetzungen des demokratischen Sozialismus und die Aufgaben der Sozialdemokratie, Bonn

Heimann, Horst (Hrsg.) (1990): Eduard Bernstein. Texte zum Revisionismus, 2. Aufl. Bonn

Heimann, Horst / Meyer, Thomas (Hrsg:) (1978): Bernstein und der demokratische Sozialismus, Bonn

Heimann, Horst / Meyer, Thomas (Hrsg:) (1982): Reformsozialismus und Sozialdemokratie. Zur Theoriediskussion des Demokratischen Sozialismus in der Weimarer Republik, Bonn

Heller, Alfred (1918): Der Nationalverein, in: Wilhelm Ohr zum Gedächtnis, Gotha, S. 55-72

Henry-Hermann, Grete (1953): Die Überwindung des Zufalls. Kritische Betrachtungen zu Leonard Nelsons Begründung der Ethik als Wissenschaft, in: Leonard Nelson zum Gedächtnis, S. 25-111, Frankfurt

Henry-Hermann, Grete (1967): Leonard Nelson, in: Encyclopedia of Philosophy, Band 5, S. 463-46

Henry-Hermann, Grete (1985): Im Gespräch mit Leonard Nelson und Kameraden der Akademie, in: Grete Henry-Hermann: Die Überwindung des Zufalls. Kritische Betrachtungen zu Leonard Nelsons Begründung der Ethik als Wissenschaft, Hamburg, S. 99-178

Hering, Sabine (1992): „40 Jahre durch die Wüste". Eine biographische Studie über die Sozialistin, Emigrantin und Politikerin Nora Platiel (1896-1979), in: Aufklärung als Lernprozess. Festschrift für Hildegard Feidel-Mertz, Hrsg.: Monika Lehmann / Hermann Schnorbach, Frankfurt, S. 129-137

Hermann, Armin (1994): Einstein. Der Weltweise und sein Jahrhundert. Eine Biographie, München

Herrlitz, Hans-Georg (1987): Von Herbart zu Nohl - Göttinger Pädagogik im 19. Jahrhundert, in: Pädagogik an der Georg-August-Universität Göttingen, Hrsg.: Dietrich Hoffmann, Göttingen, S. 83-107

Herrschaft, Lutz (1991): Geltung und philosophische Argumentation. systematische Untersuchungen zu Thema und Begriff der Geltung im neukantianischen Kritizismus und in der Diskurstheorie, Tübingen

Heuss, Theodor (1963): Friedrich Naumann, 3. Aufl. Stuttgart

Heydorn, Heinz-Joachim (1952): Leonard Nelson, in: „Gewerkschaftliche Monatshefte", H. 12, S. 748-749

Heydorn, Heinz-Joachim (1994/95): Werke. Bildungstheoretische und pädagogische Schriften, 4 Bände, Hrsg.: Irmgard Heydorn u.a., Vaduz

Heydorn, Irmgard (1992): Minna Specht - ein Leben im Dienst der Erziehung des Menschen, in: Aufklärung als Lernprozess. Festschrift für Hildegard Feidel-Mertz, Hrsg.: Monika Lehmann / Hermann Schnorbach, Frankfurt, S. 138-149.

Hieronimus, Eckehard (1964): Theodor Lessing, Otto Meyerhof, Leonard Nelson. Bedeutende Juden in Niedersachsen, Hannover

Hilferding, Rudolf (1909): Das Finanzkapital. Eine Studie über die jüngste Entwicklung des Kapitalismus, Frankfurt 1968

Hiller, Kurt (1969): Leben gegen die Zeit, Hamburg

Hinkel, Karl (1964): Weder Kapitalismus noch Kommunismus. Zu Franz Oppenheimers 100. Geburtstag, in: „Geist und Tat", 19. Jg., S. 166-173

Hinkel, Karl (1965): Lebenserinnerungen eines fast Vergessenen, in: „Geist und Tat", 20. Jg., S. 304-305

Hodann, Maria (1926): Internationaler Jugendbund, in: „Junge Menschen". Monatshefte für Politik, Kunst, Literatur und Leben, Hrsg.: Walter Hammer, 7. Jg., H. 2, S. 32-33

Hodann, Max (1917): Freideutsche Jugend und Politik, in: „Freideutsche Jugend" (Hamburg), 3. Jg., S. 35-39

Hodann, Max (1918): Neue Reformation, in: „Die Tat" (Jena), 10. Jg., H. 5, S. 385-389

Hodann, Max (1919): Internationaler Jugendbund, in: „Der Vortrupp", 8. Jg., S. 112-115

Hodann, Max (1919a): Partei der Vernunft, in: „Die weißen Blätter" (Zürich), 6. Jg., S. 265-269

Hodann, Max (1920): Die sozialistische Jugendbewegung in Deutschland, in: „Freideutsche Jugend" (Hamburg), 6. Jg., S. 196-201

Hodann, Max / Koch, Walther (Hrsg.) (1917): Die Urburschenschaft als Jugendbewegung. In zeitgenössischen Berichten zur Jahrhundertfeier des Wartburgfestes, Jena

Höffe, Otfried (1988): Immanuel Kant, 2. Aufl. München

Höffe, Otfried (1996): Kant als Theoretiker der internationalen Rechtsgemeinschaft, in: Kant in der Diskussion der Moderne, Hrsg.: Gerhard Schönrich / Yasushi Kato, Frankfurt, S. 489-505

Höffe, Otfried (Hrsg.) (1995): Immanuel Kant. Zum ewigen Frieden, Berlin

Hoffmann, Dietrich (1989): Leonard Nelson und die philosophische Pädagogik, in: Neukantianismus. Kulturtheorie, Pädagogik und Philosophie, Hrsg.: Jürgen Oelkers u. a., Weinheim, S. 351-386

Holzhey, Helmut (Hrsg.) (1994): Ethischer Sozialismus. Zur politischen Philosophie des Neukantianismus, Frankfurt

Holzhey, Helmut (1994a): Hermann Cohen, Frankfurt

Horster, Detlef (1983a): Kleine Kommentare zu Hegel und zum Sokratischen Gespräch, in: Detlef Horster / Dieter Krohn (Hrsg.): Vernunft, Ethik, Politik,

Hannover, S. 301-308

Horster, Detlef (1986): Das Sokratische Gespräch in der Erwachsenenbildung, Hannover

Horster, Detlef (1989): Sokratische Gespräche in der Erwachsenenbildung, in: Krohn, Dieter / Horster, Detlef (Hrsg.): Das Sokratische Gespräch, Hamburg, S. 147-165

Horster, Detlef (1993): Politik als Pflicht. Studien zur politischen Philosophie, Frankfurt

Horster, Detlef (1994): Das Sokratische Gespräch in Theorie und Praxis, Opladen

Horster, Detlef (1995): Sokrates, in: Metzler Philosophen Lexikon. Von den Vorsokratikern bis zu den Neuen Philosophen, Hrsg.: Bernd Lutz, 2. Aufl. Stuttgart, S. 836-841

Horster, Detlef (1995a): „Der Apfel fällt nicht weit vom Stamm". Moral und Recht in der postchristlichen Moderne, Frankfurt

Horster, Detlef / Krohn, Dieter (Hrsg.) (1983): Vernunft, Ethik, Politik. Gustav Heckmann zum 85. Geburtstag, Hannover

IJB/ISK Bestand (1981): Materialien des Internationalen Jugend-Bundes (IJB) und des Internationalen Sozialistischen Kampf-Bundes (ISK) im Archiv der sozialen Demokratie, verzeichnet und eingeleitet von Karl-Heinz Klär, Bonn

Jakovljevic, Dragan (1988): Leonard Nelsons Rechtfertigung metaphysischer Grundsätze der theoretischen Realwissenschaft, Frankfurt

Jonas, Hans (1979): Das Prinzip Verantwortung. Versuch einer Ethik für die technologische Zivilisation, Frankfurt

Jutzler, Jakob (1919): Internationaler Jugendkurs bei Leonard Nelson im Fextal, in: „Die junge Schweiz", 1. Jg., Heft 3/4, Schaffhausen, S. 90-93

Kalbitzer, Hellmut (1997): Widerstehen und Mitgestalten, Hamburg

Kandel, Johannes (1981): Schwarzes Kreuz auf rotem Grund. Anmerkungen zum religiösen Sozialismus in der Weimarer Republik, in: Horst Heimann / Thomas Meyer: Reformsozialismus und Sozialdemokratie, Bonn, S. 59-74

Kandel, Johannes (1988): Theorien der Arbeiterbewegung in der Weimarer Republik. Religiöser Sozialismus, in: Lern- und Arbeitsbuch deutsche Arbeiterbewegung, 2. Aufl. Bonn, S. 455-483

Kant in der Diskussion der Moderne (1996): Hrsg.: Gerhard Schönrich / Yasushi Kato, Frankfurt

Kant, Immanuel (1785): Grundlegung zur Metaphysik der Sitten, in: Kants Gesammelte Schriften, Hrsg.: Königlich Preußische Akademie der Wissenschaften, Band 4, Berlin 1911, S. 385-463

Kant, Immanuel (1787): Kritik der reinen Vernunft, in: Kants Gesammelte Schriften, Hrsg.: Königlich Preußische Akademie der Wissenschaften, Band 3, (2. Aufl.) Berlin 1911

Kautsky, Karl (1918): Die Diktatur des Proletariats, Wien

Klär, Karl-Heinz (1982): Zwei Nelson-Bünde: Internationaler Jugend-Bund (IJB) und Internationaler Sozialistischer Kampf-Bund (ISK) im Lichte neuer Quellen, in: „IWK. Internationale Wissenschaftliche Korrespondenz zur Geschichte der deutschen Arbeiterbewegung", 18. Jg., Heft 3, S. 310-360

Klafki, Wolfgang (1983): Zur Frage nach der pädagogischen Bedeutung des Sokratischen Gesprächs und neuerer Diskurstheorien, in: Detlef Horster / Dieter Krohn (Hrsg.): Vernunft, Ethik, Politik, Hannover, S. 277-287

Kleinknecht, Reinhard (1989): Wissenschaftliche Philosophie, philosophisches Wissen und Philosophieunterricht, in: „Zeitschrift für Didaktik der Philosophie", 11. Jg., Heft 1, S. 18-31

Kleinknecht, Reinhard (1994): Leonard Nelsons Theorie der Begründung, in: Leonard Nelson in der Diskussion, Hrsg.: Barbara Neißer / Reinhard Kleinknecht, Frankfurt, S. 26-37

Klotzbach, Kurt (1981): Bibliographie zur Geschichte der deutschen Arbeiterbewegung 1914-1945. Sozialdemokratie, Freie Gewerkschaften, Christlich-Soziale Bewegung, Kommunistische Bewegung und Linke Splittergruppe. Mit einer forschungsgeschichtlichen Einleitung, 3. Aufl. Bonn

Kneip, Rudolf (1974): Jugend der Weimarer Zeit. Handbuch der Jugendverbände 1919-1938, Frankfurt

Kofler, Leo (1955): Marxistischer oder ethischer Sozialismus?, Bovenden b. Göttingen

Kofler, Leo (1955a): Ethischer oder marxistischer Sozialismus, in: Die Neue Gesellschaft, 2. Jg., S. 44-54

König, Gerd / Geldsetzer, Lutz (1982): Einleitung zur Gesamtausgabe, in: Fries, Jakob Friedrich: Sämtliche Schriften, Band 1, Aalen, S. 7-128

Korn, Karl (1922): Die Arbeiterjugendbewegung. Einführung in ihre Geschichte, Berlin

Körner, Stephan (1979): Leonard Nelson und der philosophische Kritizismus, in: Vernunft, Erkenntnis, Sittlichkeit, Hamburg, S. 1-17

Körner, Stephan (1980): Kant, Göttingen

Koszyk, Kurt (1958): Zwischen Kaiserreich und Diktatur. Die sozialdemokratische Presse von 1914 bis 1933, Heidelberg

Koszyk, Kurt (1966): Hellmut von Rauschenplats Mitarbeit am „isk", in: „Publizistik" 11, 3/4

Koszyk, Kurt (1972): Deutsche Presse 1914-1945. Geschichte der deutschen Presse Teil III, Berlin

Koszyk, Kurt / Eisfeld, Gerhard (1980): Die Presse der deutschen Sozialdemokratie. Eine Bibliographie, 2. Aufl. Bonn

Kraft, Julius (1953): Leonard Nelson und die Philosophie des XX. Jahrhunderts, in: Leonard Nelson zum Gedächtnis, Frankfurt, S. 13-18

Krause, Hartfrid (1975): USPD. Zur Geschichte der Unabhängigen Sozialdemokratischen Partei Deutschlands, Frankfurt

Kremendahl, Hans / Meyer, Thomas (Hrsg.) (1974): Sozialismus und Staat, 2 Bände, Kronberg

Krohn, Dieter (1983): Gustav Heckmann, in: Detlef Horster / Dieter Krohn

(Hrsg.): Vernunft, Ethik, Politik, Hannover, S. 9-32

Krohn, Dieter (1993a): Gustav Heckmann zum 95. Geburtstag, in: Zeitschrift für Didaktik der Philosophie, 15. Jg., H. 3, S. 200-202

Kronfeld, Arthur (1929): Zum Gedächtnis Leonard Nelsons, in: „Abhandlungen der Friesschen Schule. Neue Folge", Band 5, H. 1, Göttingen, S. XIX-XXVII

Kühnhardt, Ludger (1992): Die Universalität der Menschenrechte, Bonn

Kutzer, Elisabeth (Hrsg.) (1968): Hermann Lietz. Zeugnisse seiner Zeitgenossen, Stuttgart

Lange, Friedrich Albert (1902): Geschichte des Materialismus und Kritik seiner Bedeutung in der Gegenwart, Vorwort: Hermann Cohen, 7. Aufl. Leipzig

Langer, Claudia (1986): Reform nach Prinzipien. Untersuchungen zur politischen Theorie Immanuel Kants, Stuttgart

Langewiesche, Dieter (1988): Liberalismus in Deutschland, Frankfurt

Laquer, Walter (1978): Die deutsche Jugendbewegung, Köln

Lehmann, Hans (1983): Leonard Nelson in Sokratischen Gesprächen, in: Detlef Horster / Dieter Krohn (Hrsg.): Vernunft, Ethik, Politik, Hannover, S. 77-82

Leipart, Theodor / Erdmann, Lothar (1928): Die Organisation der Arbeiterbildung, in: Arbeiterbildung und Volksbildung, Berlin

Lemke-Müller, Sabine (1988): Ethischer Sozialismus und Sozialdemokratie. Der politische Weg Willi Eichlers vom ISK zur SPD, Bonn

Leonard Nelson Gedenkfeier. Aus Anlaß des 50. Todestages am 29. Oktober 1977 in Göttingen (1978): Hrsg.: Philosophisch-Politische Akademie

Leonard Nelson in der Diskussion (1994): Hrsg.: Barbara Neißer / Reinhard Kleinknecht, Frankfurt

Leonard Nelson zum Gedächtnis (1953): Hrsg.: Willi Eichler / Minna Specht, Frankfurt

Lern- und Arbeitsbuch deutsche Arbeiterbewegung. Darstellung, Chroniken, Dokumente (1988): Hrsg.: Thomas Meyer / Susanne Miller / Joachim Rohlfes, 4 Bände, 2. Aufl. Bonn

Leser, Norbert (1968): Zwischen Reformismus und Bolschewismus. Der Austromarxismus als Theorie und Praxis, Wien

Lewinski, Erich (1953): Von der Menschenwürde, in: Leonard Nelson zum Gedächtnis, Frankfurt, S. 271-290

Leithold, Christa (1975): Fünfzig Jahre erste internationale Lehrerdelegation in die Sowjetunion, in: Jahrbuch für Erziehungs- und Schulgeschichte, 15, Berlin, S. 207-223

Lexikon des Sozialismus (1986): Hrsg: Thomas Meyer / Susanne Miller u.a., Köln

Lietz, Hermann (1935): Lebenserinnerungen. Neu herausgegeben und durch Briefe und Berichte ergänzt von Alfred Andreesen, Weimar

Link, Werner (1964): Die Geschichte des Internationalen Jugend-Bundes (IJB) und des Internationalen Sozialistischen Kampf-Bundes (ISK). Ein Beitrag zur Geschichte der Arbeiterbewegung in der Weimarer Republik und im dritten

Reich, Meisenheim

Link, Werner (1964a): Der Nationalverein für das liberale Deutschland, in: „Politische Vierteljahreszeitschrift", 5. Jg., S. 422-444

Link, Werner (1976): Führungseliten im Internationalen Sozialistischen Kampf-Bund (ISK), in: Herkunft und Mandat. Beiträge zur Führungsproblematik in der Arbeiterbewegung, Frankfurt, S. 110-120

Lompe, Klaus / Neumann, Lothar F. (Hrsg.) (1979a): Willi Eichlers Beiträge zum demokratischen Sozialismus. Eine Auswahl aus dem Werk, Berlin

Lösche Peter (1982): Über den Zusammenhang von reformistischen Sozialismustheorien und sozialdemokratischer Organisationspraxis in der Weimarer Republik, in: Horst Heimann / Thomas Meyer (Hrsg.): Reformsozialismus und Sozialdemokratie. Zur Theoriediskussion des Demokratischen Sozialismus in der Weimarer Republik, Bonn, S. 13-32

Lösche, Peter (1967): Der Bolschewismus im Urteil der deutschen Sozialdemokratie, Berlin

Lösche, Peter (1994): Kleine Geschichte der deutschen Parteien, 2. Aufl. Stuttgart

Lösche, Peter / Walter, Franz (1996): Die FDP. Richtungsstreit und Zukunftszweifel, Darmstadt

Lost, Christine (1992): Das Moskauer Tagebuch. Minna Specht im Jahre 1927, in: Aufklärung als Lernprozess. Festschrift für Hildegard Feidel-Mertz, Hrsg.: Monika Lehmann / Hermann Schnorbach, Frankfurt, S. 205-216

Lübbe, Hermann (1963): Politische Philosophie in Deutschland, Basel

Lüde, Rolf v. (1996): Die Reorganisation der Fabrik und die Wiederentdeckung der Arbeit, Opladen

Luhmann, Niklas (1993): Die Ehrlichkeit der Politiker und höhere Amoralität der Politik, in: Peter Kemper (Hrsg.): Opfer der Macht. Müssen Politiker ehrlich sein?, Frankfurt, S. 27-41

Lukácz, Georg (1979): Der Nelson-Bund, in: Georg Lukácz: Demokratische Diktatur. Politische Aufsätze, Band 5, Hrsg.: Frank Benseler, Darmstadt, S. 55-61

Luxemburg, Rosa (1918): Die russische Revolution, in: Rosa Luxemburg: Politische Schriften, Band 3, Hrsg: Ossip K. Flechtheim, Frankfurt 1975, S. 106-141

Mallmann, Klaus-Michael (1996): Kommunisten in der Weimarer Republik, Darmstadt

Maren-Grisebach, Manon (1983): Philosophie der Grünen, München

Martens, Ekkehard (1992): Die Sache des Sokrates, Stuttgart

Martens, Ekkehard / Schnädelbach, Herbert (Hrsg.) (1985): Philosophie. Ein Grundkurs, Reinbek

Marx, Karl (1871): Der Bürgerkrieg in Frankreich, in: Karl Marx - Friedrich Engels. Studienausgabe in vier Bänden, Band 4, Geschichte und Politik, Hrsg.: Iring Fetscher, Frankfurt 1966, S.194-235

Marx, Karl (1867): Das Kapital, in: Marx-Engels-Werke, Band 23, Berlin 1972

Marx, Karl (1867): Zur Kritik der Hegelschen Rechtsphilosophie, in: Marx-Engels-Werke, Band 1, Berlin 1974, S. 378-391

Matthies, Volker (Hrsg.) (1993): Frieden durch Einmischung, Bonn

Messer, August (1922): Die freideutsche Jugendbewegung, 4. Aufl. Langensalza

Metzler Philosophen Lexikon. Von den Vorsokratikern bis zu den Neuen Philosophen (1995): Hrsg.: Bernd Lutz, 2. Auflage Stuttgart

Meyer, Thomas (1977): Bernsteins konstruktiver Sozialismus, Bonn

Meyer, Thomas (1978): Grundwerte und Wissenschaft im Demokratischen Sozialismus, Berlin

Meyer, Thomas (1982): Die Aktualität Leonard Nelsons, in: „Die Neue Gesellschaft", 29. Jg., Nr. 6, S. 585-588

Meyer, Thomas (1982a): Elemente einer Gesamttheorie des demokratischen Sozialismus und Hindernisse ihrer Durchsetzung in der Weimarer Republik, in: Horst Heimann / Thomas Meyer (Hrsg.): Reformsozialismus und Sozialdemokratie, Bonn 1982, S. 413-440

Meyer, Thomas (1983): Die Aktualität Leonard Nelsons, in: Vernunft - Ethik - Politik, Hannover, S. 35-54

Meyer, Thomas (1987): Eine Philosophie für die Praxis, in: Wie Vernunft praktisch werden kann. Zur Aktualität des philosophischen Werkes von Leonard Nelson, Hrsg.: Philosopisch-Politische Akademie, S. 10-17

Meyer, Thomas (1988): Theorien der Arbeiterbewegung in der Weimarer Republik - Ethischer Sozialismus, in: Lern- und Arbeitsbuch deutsche Arbeiterbewegung, Band 2, 2. Aufl. Bonn, S 485-497

Meyer, Thomas (1988a): Theorien der Arbeiterbewegung in der Weimarer Republik - Organisierter Kapitalismus, Demokratie und Staat, in: Lern- und Arbeitsbuch deutsche Arbeiterbewegung, Band 2, 2. Aufl. Bonn, S. 393-406

Meyer, Thomas (1989): Philosophie, Pädagogik, Politik. Ihr Zusammenhang im Werk Leonard Nelsons, in: Krohn, Dieter u.a. (Hrsg.): Das sokratische Gespräch, Hamburg, S. 33-54

Meyer, Thomas (1991): Demokratischer Sozialismus - Soziale Demokratie. Eine Einführung, 3. Aufl., Bonn

Meyer, Thomas (1991a): Willi Eichler - Vater des Godesberger Programms. Eine Erinnerung zum 20. Todestag, in: „Neue Gesellschaft/Frankfurter Hefte", H. 11, S. 1048-1049

Meyer, Thomas (1991b): Eduard Bernstein, in: Walter Euchner (Hrsg.) Klassiker des Sozialismus, München, S. 203-217

Meyer, Thomas (1991c): Was bleibt vom Sozialismus, Reinbek

Meyer, Thomas (1992): Die Inszenierung des Scheins, Frankfurt

Meyer, Thomas (1992a): Einleitung, in: Leonard Nelson: Ausgewählte Schriften, Frankfurt, S. 7-12

Meyer, Thomas (1994): Ethischer Sozialismus bei Leonard Nelson, in: Ethischer Sozialismus. Zur politischen Philosophie des Neukantianismus, Hrsg.: Helmut

Holzhey, Frankfurt, S. 301-315

Meyer, Thomas (1994a): Die Transformation des Politischen, Frankfurt

Meyer, Thomas (1995): Leonard Nelson, in: Metzler Philosophen Lexikon. Von den Vorsokratikern bis zu den Neuen Philosophen, Hrsg.: Bernd Lutz, 2. Aufl. Stuttgart, S. 618-621

Meyer, Thomas (1996): Moralist, Realist, Integrator: Willi Eichler, in: „Vorwärts", H. 1, S. 32

Meyer, Thomas (1997): Identitäts-Wahn. Die Politisierung des kulturellen Unterschieds, 2. Aufl. Berlin

Meyer, Thomas / Miller, Susanne (1986): Zukunftsethik und Industriegesellschaft, München

Meyerhof, Otto (1907): Der Streit um die psychologische Vernunftkritik. Die Friessche Schule und ihre Gegner, in: „Vierteljahresschrift für wissenschaftliche Philosophie und Soziologie", Band 31, S. 421-439

Meyerhof, Otto (1909): Erkenntnisinteresse und Vernunftkritik, in: „Zeitschrift für Philosophie und philosophische Kritik", Band 136, S. 22-55

Miller, Susanne (1973): Zur Rezeption des Marxismus in der deutschen Sozialdemokratie, in: Freiheitlicher Sozialismus, Hrsg.: Heiner Flohr / Klaus Lompe/ Lothar F. Neumann, Bonn, S. 21-33

Miller, Susanne (1974): Burgfrieden und Klassenkampf. Die deutsche Sozialdemokratie im Ersten Weltkrieg, Düsseldorf

Miller, Susanne (1976): Deutsche Arbeiterführer in der Emigration, in: Herkunft und Mandat, S. 165-170

Miller, Susanne (1977): Das Problem der Freiheit im Sozialismus. Freiheit, Staat und Revolution in der Programmatik der Sozialdemokratie von Lassalle bis zum Revisionismusstreit, Berlin

Miller, Susanne (1978): Redebeitrag, in: Leonard Nelson Gedenkfeier. Aus Anlaß des 50. Todestages am 29. Oktober 1977 in Göttingen, Hrsg.: Philosophisch-Politische Akademie, S. 32-34

Miller, Susanne (1982): Leonard Nelson - ein revolutionärer Revisionist. In: „Die Neue Gesellschaft", 29. Jg., Nr. 6, S. 582-584.

Miller, Susanne (1983): Gustav Heckmann als Redakteur der Tageszeitung „Der Funke", in: Detlef Horster / Dieter Krohn (Hrsg.): Vernunft, Ethik, Politik, Hannover, S. 89-98

Miller, Susanne (1983a): Kritische Philosophie als Herausforderung zum Widerstand gegen den Nationalsozialismus, in: Dialektik 7. Antifaschismus oder Niederlagen beweisen nichts, als daß wir wenige sind, Köln, S. 53-67

Miller, Susanne (1984): Sozialistischer Widerstand im Exil. Prag - Paris - London (Beiträge zum Thema Widerstand, Jg. 25), Hrsg.: Informationszentrum Berlin, Gedenk- und Bildungsstätte Stauffenbergstraße, Berlin

Miller, Susanne (1985): Grete Henry, geborene Hermann - zur Person, in: Grete Henry-Hermann: Die Überwindung des Zufalls, Hamburg, S. 219-223

Miller, Susanne (1986): Autobiographische Erinnerungen - politisches Engagement - Wissenschaftlerin. Ein Gespräch mit Wolfgang Luthardt, in: „Perspektiven des Demokratischen Sozialismus", H. 4, S. 306-313

Miller, Susanne (1986): Leonard Nelson und die sozialistische Arbeiterbewegung, in: Juden in der Weimarer Republik, Hrsg.: W. Grabs / J. Schoeps, Stuttgart, S. 263-275

Miller, Susanne (1987): Leonard Nelson, in: Wie Vernunft praktisch werden kann. Zur Aktualität des philosophischen Werkes von Leonard Nelson, Hrsg.: Philosopisch-Politische Akademie, S. 5-10

Miller, Susanne (1988): Änne und Jupp Kappius - Handeln nach sozialistischer Ethik, in: Bernd Faulenbach / Günther Högl (Hrsg.), Eine Partei in ihrer Region. Zur Geschichte der SPD im Westlichen Westfalen, Essen, S. 176-183

Miller, Susanne (1990): Der Internationale Sozialistische Kampfbund (ISK), in: Helga Haas-Ritschel / Sabine Hering: Nora Platiel. Sozialistin-Emigrantin-Politikerin. Eine Biographie, Köln, S. 195-206

Miller, Susanne (1995): „Ich wollte ein anständiger Mensch bleiben." Frauen des Internationalen Sozialistischen Kampfbundes (ISK) im Widerstand, in: Miller, Susanne: Sozialdemokratie als Lebenssinn, Bonn, S. 246-262

Miller, Susanne / Potthoff, Heinrich (1991): Kleine Geschichte der SPD, 7. Aufl. Bonn

Miller, Susanne (1997): Leonard Nelson, in: Demokratische Wege. Deutsche Lebensläufe aus fünf Jahrhunderten, Hrsg.: Manfred Asendorf / Rolf von Bockel, Stuttgart, S. 446-448

Miller, Susanne. Personalbibliographie zum 70. Geburtstag überreicht von der Bibliothek des Archivs der sozialen Demokratie (1985): Bearb. Hermann Rösch-Sondermann und Rüdiger Zimmermann, Bonn

Mommsen, Wilhelm (1960): Deutsche Parteiprogramme, München

Mühlestein, Hans (1918): Der Neue Geist im Völkerleben und seine Durchsetzung im Friedensschluß [= Schriftenreihe Öffentliches Leben, Nr. 2], Leipzig

Mühlestein, Hans (1918a): Die Herrschaft der Weisen [= Schriftenreihe Öffentliches Leben, Nr. 3], Leipzig

Mühlestein, Hans (1919): Europäische Reformation, Leipzig

Mühlestein, Hans (1920): Die Not der Zeit und die Verpflichtung der Jugend [= Schriftenreihe Öffentliches Leben, Nr. 8/9], Leipzig

Mühlestein, Hans (1920a): Ein Ausblick auf Europa im Geiste des Wartburgfestes, in: Der Völkerbund der Jugend, Leipzig, S. 8-21

Mühlestein, Hans (1920b): Die Politik des Internationalen Jugendbundes, in: Der Völkerbund der Jugend, Leipzig, S. 33-51

Naumann, Friedrich (1918): Ein Gedenkblatt, in: Wilhelm Ohr zum Gedächtnis, Gotha, S. 29-34

Neumann, Lothar F. (1979): Die Bedeutung der kritischen Ethik für die Sozialwissenschaften, in: Vernunft, Erkenntnis, Sittlichkeit, Hamburg, S. 169-188

Neurath, Otto (1919): Durch die Kriegswirtschaft zur Naturalwirtschaft, München

Nielsen, Birgit S. (1985): Erziehung zum Selbstvertrauen. Ein sozialistischer Schulversuch im dänischen Exil 1933-1938, Wuppertal

Nölting, Erik (1924): Der liberale Sozialismus Franz Oppenheimers als proletarische Ideologie, in: Wirtschaft und Gesellschaft. Beiträge zur Ökonomik und Soziologie der Gegenwart. Festschrift für Franz Oppenheimer, Frankfurt, S. 365-383

Novy, Klaus (1978): Strategien der Sozialisierung, Frankfurt

Oehlkers, Friedrich (1918): Gedanken zur Neuorientierung der Hochschulen [= Schriftenreihe Öffentliches Leben, Nr. 4], Leipzig

Oettli, Mascha (1983): Vier Jahre in der Walkemühle - ein Versuch und ein Wagnis, in: Detlef Horster / Dieter Krohn (Hrsg.): Vernunft, Ethik, Politik, Hannover, S. 83-87

Ohr, Wilhelm (1911): Die Jesuiten, München

Ollig, Hans-Ludwig (1979): Der Neukantianismus, Stuttgart

Ollig, Hans-Ludwig (Hrsg.) (1982): Neukantianismus. Texte der Marburger und der Südwestdeutschen Schule, ihre Vorläufer und Kritiker, Stuttgart

One World Only. How Can World Religions Help to Survive (1970): An international forum under the auspieces of the Friedrich-Ebert-Stiftung, Tokyo, Editor: Willi Eichler, Bonn

Oppenheimer, Franz (1919): Die soziale Forderung der Stunde. Gedanken und Vorschläge [= Schriftenreihe Öffentliches Leben, Nr. 7], Leipzig

Oppenheimer, Franz (1922): Die Siedlungsgenossenschaft. Versuch einer positiven Überwindung des Kommunismus durch die Lösung des Genossenschaftsproblems und der Agrarfrage, 3. Auflage, Jena

Oppenheimer, Franz (1922a): Großgrundeigentum und soziale Frage, 2. Auflage, Berlin

Oppenheimer, Franz (1927): Leonard Nelson, in: „Frankfurter Zeitung" vom 2.11.1927

Oppenheimer, Franz (1929): Mein wissenschaftlicher Weg, Leipzig

Oppenheimer, Franz (1962): Weder Kapitalismus noch Kommunismus, 3. Auflage, Stuttgart (Originalausgabe: Jena 1932)

Oppenheimer, Franz (1964): System der Soziologie, Band 3: Theorie der reinen und politischen Ökonomie, 2. Auflage, Stuttgart (Originalausgabe: Jena 1924)

Oppenheimer, Franz (1964a): Erlebtes, Erstrebtes, Erreichtes. Lebenserinnerungen, 2. Aufl. Düsseldorf

Oppenheimer, Franz (1990): Der Staat. Eine soziologische Studie, 5. Auflage, Berlin (Originalausgabe: Frankfurt 1905)

Oppenheimer, Franz (1996): Gesammelte Schriften, Band 2: Politische Schriften, Hrsg.: Julius H. Schoeps, Alphons Silbermenn, Hans Süssmuth, Berlin

Oppenheimer, Franz (1997): Gesammelte Schriften, Band 3: Schriften zur Marktwirtschaft, Berlin

Osterroth, Franz (1960): Biographisches Lexikon des Sozialismus. Band 1. Verstorbene Persönlichkeiten, Hannover

Osterroth, Franz / Schuster, Dieter (1975): Chronik der deutschen Sozialdemokratie, Band 2: Vom Beginn der Weimarer Republik bis zum Ende des Zweiten Weltkrieges, Berlin

Paetzold, Heinz (1995): Ernst Cassirer - Von Marburg nach New York. Eine philosophische Biographie, Darmstadt

Patzer, Andreas (Hrsg.) (1987): Der historische Sokrates, Darmstadt

Patzig, Günther (1978): Der Unterschied zwischen subjektiven und objektiven Interessen und seine Bedeutung für die Ethik, Göttingen

Philosophen-Lexikon (1949): Handwörterbuch der Philosophie nach Personen, Hrsg.: Werner Ziegenfuß, 2 Bände, Berlin

Philosophisch-Politische Akademie (1996): Bonn

Platon: Theaitetos, Hamburg 1958

Platon (1971): Der Staat, in: Platon. Werke in acht Bänden, 4. Band, Übersetzung von Friedrich Schleiermacher, Darmstadt

Platon: Theaitetos, Hamburg 1958, Popper, Karl R. (1979): Die beiden Grundprobleme der Erkenntnistheorie, Tübingen

Potthoff, Heinrich (1991): Die Sozialdemokratie von den Anfängen bis 1945, in: Miller, Susanne / Potthoff, Heinrich: Kleine Geschichte der SPD, 7. Aufl. Bonn, S. 11-171

Programmatische Dokumente der deutschen Sozialdemokratie (1984), Hrsg: Dieter Dowe / Kurt Klotzbach, 2. Aufl. Bonn

Radbruch, Gerhard (1925): Leonard Nelson, in: „Juristische Wochenschrift", Band 54, S. 1252-1253

Rathmann, August (1983): Erinnerungen an Weimar und danach. Ein Arbeiterleben, Wuppertal

Raupach-Strey, Gisela (1983): Über den autoritären Rest in Heckmanns Auffassung vom sokratischen Gespräch, in: Detlef Horster / Dieter Krohn (Hrsg.): Vernunft, Ethik, Politik, Hannover, S. 315-325

Rawls, John (1994): Eine Theorie der Gerechtigkeit, 8. Aufl. Frankfurt (zuerst Oxford 1971)

Rode, Berta (1928): Über die Walkemühle, in: Gesellschaft der Freunde der Philosophisch-Politischen Akademie e.V., S. 3-5

Röhrs, Hermann (1980): Die Reformpädagogik, Hannover

Rosenberg, Arthur (1955): Entstehung und Geschichte der Weimarer Republik, Frankfurt

Ross, Alf (1933): Kritik der sogenannten praktischen Erkenntnis, Kopenhagen

Rustow, Dankwart A. (1981): Alexander Rüstow (1885-1963), eine biographische Skizze, in: „Kölner Zeitschrift für Soziologie und Sozialpsychologie", Sonderheft 23, S. 369-373

Sandkühler, Hans Jörg / de la Vega, Rafael (Hrsg.) (1970): Austromarxismus, Frankfurt

Sandkühler, Hans Jörg / de la Vega, Rafael (Hrsg.) (1974): Marxismus und Ethik. Texte zum neukantianischen Sozialismus, Frankfurt

Saran, Mary (1979): Gib niemals auf. Erinnerungen, Bonn

Schmidt, Fritz (1926): Warum mußte der IJB aus der SPD ausgeschlossen werden, in: „Junge Menschen. Monatshefte für Politik, Kunst, Literatur und Leben", Hrsg.: Walter Hammer, 7. Jg., H. 2, S. 34-36

Schnädelbach, Herbert (1983): Philosophie in Deutschland 1831-1933, Frankfurt

Schnädelbach, Herbert (1985): Vernunft, in: Ekkehard Martens / Herbert Schnädelbach (Hrsg.): Philosophie, Reinbek, S. 77-115

Schnädelbach, Herbert (1989): Zum Verhältnis von Diskurswandel und Paradigmenwechsel in der Geschichte der Philosophie, in: Krohn, Dieter u.a. (Hrsg.): Das sokratische Gespräch, Hamburg, S. 21-31

Schnädelbach, Herbert (1996): Kant - der Philosoph der Moderne, in: Kant in der Diskussion der Moderne, Hrsg.: Gerhard Schönrich / Yasushi Kato, Frankfurt, S. 11-26

Schütt, Johannes (1956): Aufbruch einer Jugend. Der Weg der deutschen Arbeiterjugendbewegung, Bonn

Schwemmer, Oswald (1997): Ernst Cassirer. Ein Philosoph der europäischen Moderne, Berlin

Senghaas, Dieter (1994): Wohin driftet die Welt? Zur Zukunft internationaler Politik, Frankfurt

Sieg, Ulrich (1994): Aufstieg und Niedergang des Marburger Neukantianismus. Die Geschichte einer philosophischen Schulgemeinschaft, Würzburg

Specht, Minna (1920): Hermann Lietz. Gedächtnisrede, gehalten am 10. Oktober 1919 auf dem ersten Bundestag des Internationalen Jugend-Bundes, Öffentliches Leben N. F., Heft 12, Leipzig

Specht, Minna (1926): Leonard Nelson als Erzieher, in: Junge Menschen. Monatshefte für Politik, Kunst, Literatur und Leben. Aus dem Geiste der jungen Generation, Hrsg.: Walter Hammer, 7. Jg., Heft 2, S. 31

Specht, Minna (1927): Jakob Friedrich Fries, Göttingen [Öffentliches Leben N. F., Heft 4]

Specht, Minna (1927a): Vom Sinn der Jugendweihe. Rede, gehalten am 10. April 1927 zur Jugendweihe des Verbandes für Freidenkertum und Feuerbestattung, Ortsgruppe Göttingen, Göttingen [Politik und Erziehung, Heft 3]

Specht, Minna (1928): Leonard Nelson als Erzieher, in: „Der Aufbau. Sozialistische Wochenzeitung", 9. Jg., Nr. 4, S. 13-14

Specht, Minna (1928a): Leonard Nelson im Gespräch mit seinen Schülern, in: „ISK. Organ des Internationalen Sozialistischen Kampf-Bundes", März 1928, S. 47-51

Spemann, Hans (1968): Hermann Lietz und die deutschen Landerziehungsheime, in: Kutzer, Elisabeth (Hrsg.): Hermann Lietz. Zeugnisse seiner Zeitgenossen, Stuttgart, S. 36-47

Steinberg, Hans-Josef (1979): Sozialismus und deutsche Sozialdemokratie, 5. Aufl. Bonn

Steinforth, Ulrich (1985): Gerechtigkeit, in: Ekkehard Martens / Herbert Schnädelbach (Hrsg.): Philosophie, Reinbek, S. 306-347

Stiens, Frank-Rochus (1975): Leonard Nelsons Beitrag zur Begründung der Ethik als Wissenschaft im Licht neuer Ansätze zur Entwicklung und Rechtfertigung ethischer Lehren, Düsseldorf

Tegelen, Otto Wilhelm (1958): Leonard Nelsons Rechts- und Staatslehre, Bonn

The Cambridge Dictionary of Philosophy (1996): Editor: Robert Audi, 2. Aufl. Cambridge

Tjaden, Karl Hermann (1964): Struktur und Funktion der KPO-Opposition, Meisenheim

Tönnies, Ferdinand (1991): Gemeinschaft und Gesellschaft, Darmstadt (zuerst 1887)

Torboff, Zeko (1985): Erinnerungen an Leonard Nelson. (1924-1929), Sofia

van der Linden, Harry (1996): Neo-Kantianism, in: The Cambridge Dictionary of Philosophy, Editor: Robert Audi, 2. Aufl. Cambridge, S. 524-525

Verantwortung und Bewährung. Max Mayr, Erich Lewinski, Nora Platiel (1996): Red.: Nora Walter, Bonn

Vernunft, Erkenntnis, Sittlichkeit (1979): Internationales philosophisches Symposion in Göttingen vom 27. - 29. Oktober 1977, Hrsg.: Peter Schröder, Hamburg

Vernunftbegriff und Menschenbild bei Leonard Nelson (1996): Frankfurt

Vollrath, Ernst (1977): Zur Kritik der politischen Urteilskraft, Stuttgart

Vorholt, Udo (1984): Die politische Pädagogik Leonard Nelsons, Dortmund

Vorholt, Udo (1991): Die Sowjetunion im Urteil des sozialdemokratischen Exils 1933 bis 1945. Eine Studie des Exilparteivorstandes der SPD, des Internationalen Sozialistischen Kampf-Bundes, der Sozialistischen Arbeiterpartei und der Gruppe Neu Beginnen, Frankfurt

Vorholt, Udo (1993): Josef Kappius. 1907-1967, in: Vom Außenposten zur Hochburg der Sozialdemokratie. Der SPD-Bezirk Westliches-Westfalen 1893-1993, Hrsg.: Bernd Faulenbach u.a., Essen, S. 146-147

Vorholt, Udo (1995): Die Bewertung der UdSSR im Internationalen Jugend-Bund (IJB) und im Internationalen Sozialistischen Kampf-Bund (ISK), in: Beiträge zur Geschichte der Arbeiterbewegung, 37. Jg., H. 3, S. 27-43.

Vorländer, Karl (1977): Immanuel Kant. Der Mann und das Werk, Hamburg (1924)

Walter, Franz (1983): Jungsozialisten in der Weimarer Republik. Zwischen sozialistischer Lebensform und revolutionärer Kaderpolitik, Göttingen

Walter, Franz (1986): Nationale Romantik und revolutionärer Mythos. Politik und Lebensweisen im früheren Weimarer Jungsozialismus, Berlin

Walter, Franz (1991): Der Deutsche Arbeiter-Abstinenten Bund (DAAB), in: Franz Walter / Viola Denecke / Cornelia Regin: Sozialistische Gesundheits- und Lebensreformverbände, Bonn, S. 97-239

Walter, Nora (1983): Mit Kindern in Dänemark, in: Detlef Horster / Dieter Krohn (Hrsg.): Vernunft, Ethik, Politik, Hannover, S. 99-105

Weber, Hermann (1969): Die Wandlung des deutschen Kommunismus. Die Stalinisierung der KPD in der Weimarer Republik, 2 Bände, Frankfurt

Weber, Hermann (1992): Das Prinzip Links. Beiträge zur Diskussion des demokratischen Sozialismus in Deutschland 1848-1990. Eine Dokumentation, 2. Aufl. Berlin

Weber, Max (1972): Wirtschaft und Gesellschaft, Tübingen

Weber, Max (1980): Politik als Beruf, in: Ders.: Gesammelte Politische Schriften, 4. Aufl. Tübingen, S. 505-560

Wehling, Hans-Georg (1977): Konsens à la Beutelsbach? Nachlese zu einem Expertengespräch, in: Siegfried Schiele / Herbert Schneider (Hrsg.): Das Konsensproblem in der politischen Bildung, Stuttgart, S. 178-180

Weisser, Gerhard (1951): Politik als System aus normativen Urteilen, Göttingen

Weisser, Gerhard (1953): Über die Unbestimmtheit des Postulats der Maximierung des Sozialproduktes, in: Leonard Nelson zum Gedächtnis, Göttingen, S. 15-191

Weisser, Gerhard (1961): Leonard Nelson, in: Handwörterbuch der Sozialwissenschaften, Band 7, Göttingen, S. 557-559

Weisser, Gerhard (1970): Die politische Bedeutung der Wissenschaftslehre, Göttingen

Weizsäcker; Carl Friedrich von (1979): Wege aus der Gefahr. Eine Studie über Wirtschaft, Gesellschaft und Kriegsverhütung, München

Werner, Kurt (1928): Oppenheimers System des liberalen Sozialismus, Jena

Westermann, Christoph (1969): Recht und Pflicht bei Leonard Nelson, Bonn

Westermann, Christoph (1977): Argumentationen und Begründungen in der Ethik und Rechtslehre, Berlin

Westermann, Christoph (1979): Über die kritische Methode und das sogenannte Problem der unmittelbaren Erkenntnis, in: Vernunft, Erkenntnis, Sittlichkeit, Hamburg, S. 209-241

Wie Vernunft praktisch werden kann (1987): Zur Aktualität des philosophischen Werkes von Leonard Nelson. Ausstellungskatalog, Hrsg.: Philosophisch-Politische Akademie, Bonn

Wilhelm Ohr zum Gedächtnis (1918): Gotha

Winkler, Hans-Joachim (1963): Die Weimarer Demokratie. Eine politische Analyse der Verfassung und ihrer Wirklichkeit, Berlin

Wissell, Rudolf (1919): Praktische Wirtschaftspolitik, Berlin

Wolff, Winfried (1993): Max Hodann, 1894-1946, Hamburg

Personenregister

Adler, Max 61, 136

Albert, Hans 56

Apel, Karl Otto 15, 66

Apelt, Ernst Friedrich 24, 50, 55, 62

Arendt, Hannah 65

Barbusse, Henri 172

Bauch, Bruno 61

Bauer, Otto 135

Baumann, Julius 24

Bebel, August 32

Becker, Heinrich 42

Berens, Hermann 150

Bernays, Paul 39

Bernstein, Eduard 32, 36, 132f., 137f.

Bertholet, René 160

Bittel, Karl 142

Blencke, Erna 16, 193

Block, Nora 171

Böhm, Benno 72

Bolte, August 177, 183

Born, Max 45f.

Brandler, Heinrich 196

Braun, Otto 178

Brenner, Otto 191

Brinkmann, Carl 24

Bucharin, Nikolaj 121

Cassirer, Ernst 26, 61f.

Cohen, Hermann 24f., 61, 130

Cohn, Jonas 61

Copei, Friedrich 66

Courant, Richard 24, 37

Crispien, Artur 180

Dehms, Alexander 46

Deppe, Klara 148,150, 153, 198

Dilthey, Wilhelm 63f.

Dühring, Eugen 130

Eckert, Erwin, 136

Eichler, Willi 13, 16, 40, 44, 94, 119, 129, 141, 171, 173, 177, 181, 183, 186, 109, 192f., 196, 199f., 203f., 207

Einstein, Albert 39, 155, 172, 203

Ellert, Gertrud 169

Engels, Friedrich 111, 120, 130

Erkelenz, Anton 39, 43, 155, 163, 172, 203. 151

Fischer, Kuno 54,61

Fließ, Walter 177, 198

Fries, Jakob Friedrich 21, 23f., 43, 48f., 50f., 53, 55, 64, 74, 84, 93, 106

Fries, Otto 25, 30, 67f.

Gehm, Ludwig 189

Goesch, Heinrich 24

Gramsci, Antonio 135f.

Graupe, Erich 186

Leipart, Theodor 203

Lenin 93, 116, 118, 124, 136f.

Leonhard, Susanne 150

Lepinski, Franz 181

Lessing, Theodor 26

Lewis, C.I. 58

Liebknecht, Karl 43

Liebknecht, Theodor 191

Lietz, Hermann 27, 34, 38, 43f., 144, 146, 164

Locke, John 35

Lorenzen, Paul 15

Löwe, Adolf 163

Lukács, Georg 115f., 136

Lunacarskij, Anatolij 130

Luxemburg, Rosa 43, 137

Mann, Heinrich 203

Mannheim, Karl 61

Marquard, Kurt 150

Marx, Karl 90, 107, 111f., 113f., 130, 135f.

Meyerhoff, Otto 39

Mill, John Stuart 64

Moore, Amy 198

Mros, Erna 200

Mühlestein, Hans 148f., 153, 155, 157f., 175

Mühlestein, Alice 150, 155

Müller, Georg Elias 21

Münzenberg, Willi 191

Natorp, Paul 27, 61, 130

Naumann, Friedrich 28, 33

Nelson, Gerhard 27

Nelson, Heinrich 21, 22, 25, 163f., 167, 171

Nenni, Pietro 203

Neuhaus, Elli 150

Noak, Ulrich 164

Nohl, Hermann 66

Nowack, Leo 150

Oehlkers, Friedrich 150

Ohr, Wilhelm 29f.

Ollenhauer, Erich 179

Oppenheimer, Franz 36, 39, 42, 101, 107f., 122, 163, 167, 172, 199, 208

Otto, Rudolf 24

Pfotenhauer, Otto 186, 195

Philippson, Julius 148, 150, 164, 173

Pohlmann, Julie 39, 145, 150, 167

Probst, Walter 198, 200

Querfurth, Caroline 150

Radbruch, Gustav 82

Rauschenplat, Hellmut von 16, 35, 128, 171, 177, 183, 186, 190

Rickert, Heinrich 24, 61

Riehl, Alois 61

Rodey-Buxton, Charles 172

Roos, Hermann 41, 173, 171, 199